FINANCE

应用型本科经济管理类 · 金融学系列教材

金融学 （第四版）

主　编　吴军梅

副主编　谢晓娟　杨小红

厦门大学出版社
XIAMEN UNIVERSITY PRESS
国家一级出版社
全国百佳图书出版单位

图书在版编目（CIP）数据

金融学 / 吴军梅主编. -- 4 版. -- 厦门：厦门大学出版社，2024.1

应用型本科经济管理类·金融学系列教材

ISBN 978-7-5615-9259-5

Ⅰ. ①金… Ⅱ. ①吴… Ⅲ. ①金融学-高等学校-教材 Ⅳ. ①F830

中国版本图书馆CIP数据核字(2024)第003897号

责任编辑　许红兵
美术编辑　李嘉彬
技术编辑　朱　楷

出版发行　厦门大学出版社

社　　址　厦门市软件园二期望海路39号
邮政编码　361008
总　　机　0592-2181111　0592-2181406(传真)
营销中心　0592-2184458　0592-2181365
网　　址　http://www.xmupress.com
邮　　箱　xmup@xmupress.com
印　　刷　厦门市金凯龙包装科技有限公司

开本　　787 mm×1 092 mm　1/16
印张　　19.75
字数　　482 千字
版次　　2015 年 8 月第 1 版　2024 年 1 月第 4 版
印次　　2024 年 1 月第 1 次印刷
定价　　48.00 元

本书如有印装质量问题请直接寄承印厂调换

厦门大学出版社
微信二维码

厦门大学出版社
微博二维码

第四版前言

"金融学"是经济类尤其是金融专业的基础理论课,也是国家教育部所确定的经济类专业的基础性核心课程。因此,"金融学"这一课程在经济类专业教学中具有非常重要的地位。

金融是现代经济的核心,在资源配置中起着非常关键的作用。金融学作为研究资金如何在不同主体间调剂余缺进而实现在全社会范围内合理优化配置的一门学科,具有很强的理论性和实践性。特别是近年来,随着我国经济实力的不断增长、金融对外开放水平的逐渐扩大、金融体制改革的不断深入、金融市场的蓬勃发展以及金融服务、金融产品创新的日益丰富,金融人才需求呈现出多样化趋势,尤其是对拥有扎实专业基础的复合性创新性应用型金融人才的需求量呈现出不断增长的趋势。为此我们编写了应用创新型金融学本科教材。本教材自 2015 年出版第一版以来,受到众多高等院校采用,历经多次修订。此次第四版根据"闽教材办〔2022〕10 号福建省大中小学教材委员会办公室关于做好党的二十大精神进教材工作的通知",以党的二十大精神为指引,结合课程思政内容,对全书内容进行了一定程度的修订。

本教材从实用的角度出发,注重金融基础理论与实践的结合,注重吸收金融改革实践的新成果,反映金融领域的新进展、新动向,力求"宽口径、厚基础、重理论、强应用",通过简洁明晰的阐释使学习者了解现代金融的核心概念,熟悉现代金融的体系框架,掌握现代金融的运行机制和实务操作。本教材具有以下几点鲜明的特征:

1. 基础性

本教材共有九章内容,包括货币与货币制度、信用与利息、金融机构体系、金融市场、货币需求与货币供给、货币政策、国际收支与外汇、金融创新与金融发展、金融监管与金融稳定。全书系统地介绍了金融学基础理论,知识涵盖面广,结构上体现了完整性,内容上强调了基础性。

2. 实用性

本教材突出和强化以学生的职业素养、实践能力培养为重点,章前设有"本章知识导图"、"案例导读",章中设有"知识拓展"、"延伸阅读"、"课堂讨论"、"课外阅读"等栏目,章后设有"关键词"、"思考讨论题"和"参考文献",便于学生对知识的理解、掌握和总结,同时可以把突出和强化职业性落到实处,突出了应用型人才培养的特色。

3. 案例导读

本教材每一章的章首都设计了一个引例,案例的选择以近年发生的金融事件为主,也有传统经典案例,并且案例的内容与本章教学内容紧密相关。案例导入的目的是,通过案例提出问题,利用案例引起学生对相关内容学习的兴趣,促使学生提炼本章知识点。

4. 通用性

本教材突出对金融学基本知识、基本理论的介绍和基本管理技能的传授,力求规范化、准确化、简洁化。在系统介绍成熟的金融理论过程中,紧密结合我国金融体制改革的进程,理论联系实际。全书条理清晰、结构分明、由浅入深、层层推进,介绍了国内外金融理论和实践的最新动态。

参加本教材编写的人员有:吴军梅(第一章)、谢晓娟(第八、九章)、杨小红(第二、五章)、李杰辉(第四章)、陈莺(第三章)、李西平(第六章)、郑水珠(第七章)。全书由吴军梅总纂,初稿由谢晓娟、杨小红审阅。

本教材可作为应用型高等院校金融学专业和其他专业的"金融学"课程教材,也可为经济金融工作者和有兴趣的读者提供参考。

本教材是编写组成员通力协作的成果。但由于水平有限,错误之处在所难免,恳请读者批评指正。另外,本教材在编写过程中借鉴了大量的参考文献,在此谨向所有文献的作者致谢。

编者

2023 年 12 月

目　录

第1章

货币与货币制度

本章导图

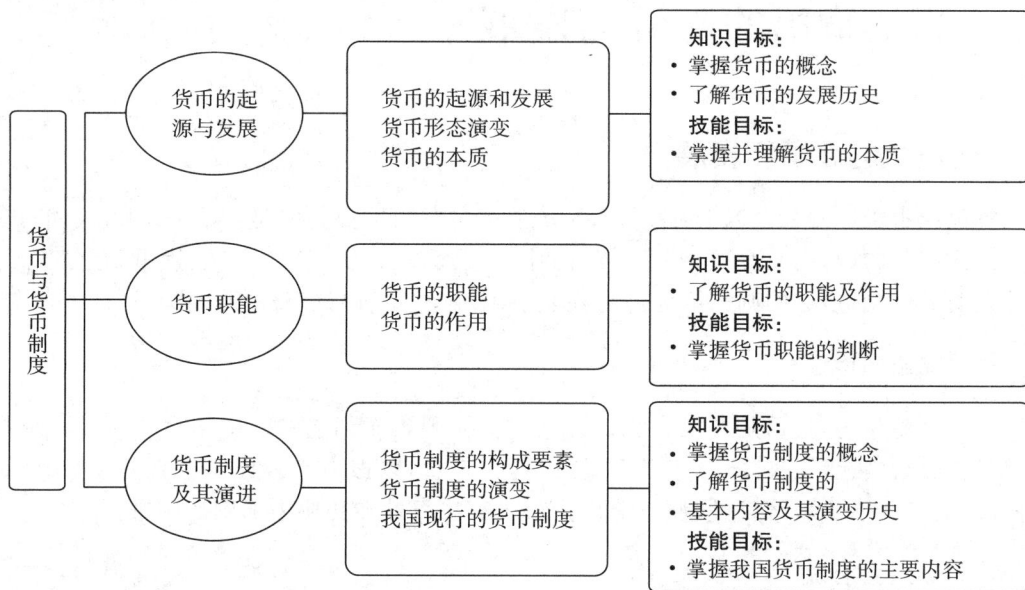

案例导读

战俘营里的货币——香烟

二战期间,在纳粹的战俘集中营中流通着一种特殊的商品货币:香烟。当时的红十字会设法向战俘营提供了各种人道主义物品,如食物、衣服、香烟等。由于数量有限,这些物品只能根据某种平均主义的原则在战俘之间进行分配,而无法顾及每个战俘的特定偏好。但是人与人之间的偏好显然是会有所不同的,有人喜欢巧克力,有人喜欢奶酪,还有人则可能更想得到一包香烟。因此这种分配显然是缺乏效率的,战俘们有进行交换的需要。

但是即便在战俘营这样一个狭小的范围内,物物交换也显得非常不方便,因为它要求交易双方恰巧都想要对方的东西,也就是所谓的需求的双重巧合。为了使交换能够更加顺利地进行,需要有一种充当交易媒介的商品,即货币。那么,在战俘营中,究竟哪一种物品适合做交易媒介呢?许多战俘营都不约而同地选择香烟来扮演这一角色。战俘们用香烟来进行计价和交易,如一根香肠值 10 根香烟,一件衬衣值 80 根香烟,替别人洗一件衣服则可以换得 2 根香烟。有了这样一种记账单位和交易媒介之后,战俘之间的交换就方便多了。

香烟之所以会成为战俘营中流行的"货币",是和它自身的特点分不开的。它容易标准化,而且具有可分性,同时也不易变质。这些正是和作为"货币"的要求相一致的。当然,并不是所有的战俘都吸烟,但是,只要香烟成了一种通用的交易媒介,用它可以换到自己想要的东西,自己吸不吸烟又有什么关系呢?我们现在愿意接受别人付给我们的钞票,也并不是因为我们对这些钞票本身有什么偏好,而仅仅是因为我们相信,当我们用它来买东西时,别人也愿意接受。

第一节　货币的起源与发展

一、货币的起源和发展

货币产生于原始社会末期,距今已有五千年左右的历史。但是,长期以来,人们对货币是怎样产生的,与商品交换、商品生产是什么关系,众说纷纭。有人把货币归之于某个天才发明家的创造,有的则归结为为解决交换困难而通过协议出现的产物。

(一)先王制币说

这种理论认为,货币是圣王先贤为解民间交换困难而创造的。中国古代传说单穆公劝谏景王时说"古者天灾降戾,于是乎量资币,权轻重,以振(赈)救民",也就是说,由于天灾降临,先王为赈灾救济百姓,便制造出货币以解决百姓在交换中遇到的困难。

(二)创造发明说

N.奥雷司姆(1325—1382 年)认为,物品常常表现为在一地很缺乏,而在别处却很丰富,于是,便产生交换方式。又因物品交换常常产生纠纷和争议,聪明的人便发明了货币。因此,货币不是用来满足人类生活的自然财富,而是被人为发明出来的便于交换的工具;也还有人直接断言,货币是人们共同协议的产物。

(三)国定货币说(法定货币说)

国定货币说起源于古希腊的亚里士多德(公元前 384—前 322 年)。他提出,货币不是自然发生的,而是由人们的协议或国家的法律所创造的用以交换他物的凭证。现代国定论与资本主义的发展和垄断的形成有关,如德国新历史学派经济学家克纳普(1842—1926 年)在其《货币国定理论》一书中指出,货币是法律的创造物,国家是无上的权威,法律是万能的主宰,国家可以制造法律,可以自己选择支付手段。

(四)马克思关于货币起源的观点

马克思认为货币并非人们主观臆想或者协商的结果,更不是皇帝钦定、上帝赐予或者圣人贤者的创造发明。货币根源于商品本身,它是商品内在矛盾(使用价值与价值矛盾)发展的必然产物,是商品交换发展的必然结晶。

商品具有价值和使用价值两重性,是使用价值和价值的统一体。商品生产者是为价值而生产的。对商品生产者来说,商品对他只有价值而无使用价值。他所关心的是自己的产品能否获得价值。如果他的产品符合他人的需要或社会需要,产品就能顺利地交换出去获得价值;如果他的产品不符合别人的需要或社会需要,产品就卖不出去,实现不了商品的价值,他的劳动也就白费了。只有自己的商品销售出去,他才有能力或条件购买别人的产品,这时就必须放弃价值,获得自己所要的东西,获得使用价值。

货币产生是商品生产和商品交换发展的必然结果。从社会发展来看,当生产力极度低下,人们的劳动成果仅能维持生存而无剩余时,是不存在商品交换的。随着生产力的发展尤其是社会分工的出现,生产效率得到提高,出现了剩余产品和私有制,为劳动产品的交换提供了条件,被交换的产品就成为商品。因此,商品具有两个条件:一是必须是劳动产品,不通过劳动而从自然界随时取得的东西,如阳光、空气,不是商品;二是只有当劳动产品用来交换时,才是商品。商品交换一般会遵循两个原则:一是用来交换的劳动产品具有不同的使用价值;二是相交换的两种产品必须具有相等的价值,即生产这两种商品时所消耗的人类劳动是相等的。这就是等价交换原则。一种商品的价值通常是用另一种商品的价值来表现,这就是价值形式。

综观各国的历史,我们发现,货币的产生或起源都经历了商品价值形式发展的四个阶段,即简单的、偶然的价值形式,扩大的价值形式,一般价值形式,最后出现了货币价值形式。可以说,货币价值形式发展的历史,也就是商品生产和商品交换发展的历史。因此,货币是由商品交换的发展演变而来的,其产生的根源在于商品。

1. 简单的偶然的价值形式

最初的交换带有偶然的性质,一种商品的价值偶然地、简单地由另一种商品来表示。

人类社会尚未发生大分工以前,商品交换只是偶然现象。极为低下的生产力水平,决定了人们不可能经常有剩余产品拿来交换,更谈不上专门为交换而进行生产。但这种偶然的商品交换已经具有了商品价值表现的简单形式,即商品的价值通过另一种商品相对表现出来。它说明商品已经有了等价物,价值不再是完全抽象的,而具有了"物的形式"。作为交换,商品只是满足交换者对不同使用价值的需求,作为等价物,它的意义并不在使用价值方面,而在价值方面。一种商品一旦作为等价物,便具有了如下特征:

第一,使用价值成为价值的表现形式。等价物并不能用自身的价值来表现出其他商品的价值,因为它自身的价值也是内在的、不可捉摸的,只能以自身的外在形式即一定量的使用价值来表现。

第二,具体劳动成为抽象劳动的表现形式。等价物也是具体劳动的产物,但它却被用来衡量别的商品所含劳动的质和量,成为抽象劳动的代表。生产等价物的具体劳动,使凝结在与其交换的商品当中的抽象劳动具体化了。

第三,私人劳动成为社会劳动的表现形式。一种商品主动与等价物交换,其实质是使生产这种商品的私人劳动求得社会的承认,转化为社会劳动。但生产等价物的劳动也是私人劳动,只因为等价物在交换关系中被他人所追求,具有与别的商品直接交换的能力,这种私人劳动便具有了直接的社会性,成为社会劳动的代表。

等价物的上述特征提醒人们,在商品价值的简单表现形式中已经孕育了货币的胚芽,等价物的特征中蕴藏着货币的本质,货币是一种发展成熟了的等价物。

2. 扩大的价值形式

扩大的价值形式证明了价值的无差别性,暴露了物物直接交换的缺陷。

随着生产力的发展,尤其是社会分工的出现,商品交换不再是偶然发生的事情,而成为一种经常性的有规律的现象。这样,每一种商品不再是偶然地和另一种商品相交换,而是经常地与其他许多种商品相交换;其价值不再是由另一种商品简单地表现,而是由许多种商品来表现;每一种商品的等价物不止有一个,而是有一系列。这种情况说明,商品价值同它借以表现的使用价值的特殊形式没有关系,每一种进入交换的商品都可以充当其他商品的等价物。价值是无差别的人类劳动的凝结,在这种扩大了的价值表现形式中得到了证明。这时候,商品之间的交换比例不再是偶然确定的,而是更加接近于它们内部实际包含的价值量。

尽管如此,商品价值的表现仍然是不充分的,尤其是不统一的。其根本原因在于,这时的商品交换都是直接的物物交换,商品借以表现自己价值的材料还没有与交换者本人对其使用价值的直接需求分开,因而许多商品事实上并不能充当等价物,使价值表现受到限制。而且,一种商品的等价物,对另一种商品来说很可能不是等价物,因为前者需要它的使用价值,而后者不需要,商品价值没有统一的表现尺度。生产越发展,参加交换的商品越多,就越发暴露出这种价值表现不统一的缺陷;用于交换的商品必须在品种、数量、质量等方面都符合交换双方的需求,且价值量相等,才能实现交换。这给商品交换的进一步发展造成极大的困难;为了换到所需要的商品,往往需要进行若干次迂回曲折的交易。交换中的这种困难,要求价值形式的进一步发展。

3. 一般等价物

当人们在直接的物物交换中遇到困难时,便开始自发地或本能地在市场上发现一种商品,这种商品进入交换的次数最多,其使用价值是大家都共同需要的,只要将自己的商品先换成这种商品,再换他实际所希望的商品就不成问题了。谁都这样做,谁都把这种商品当作等价物,那么,这种商品实际上就成了所有商品的公共的或一般的等价物了。人们终于摆脱了各种不同的使用价值在交换中对他们的束缚,使直接的物物交换变成由一般等价物为媒介的间接交换。

显然,一般等价物已经不再是普通的商品,它有两个重要特征:

第一,一般等价物不再是消费的对象,而成了交换的媒介。它说明,作为一般等价物的商品,并不是人们交换的目的,而是交换的手段。

第二,一般等价物不是用其自然的使用价值,而是用由社会赋予它的使用价值——直接与其他商品相交换的能力——来表现商品的价值。它说明,商品价值的表现形式完全可以脱离商品的躯体,采取任意的形式。

4. 货币的产生

一般等价物的出现,解决了直接物物交换的矛盾和困难,使商品交换在一般等价物的媒介作用下获得了新的发展。但这时候充当一般等价物的商品还是不固定的,时而是这种,时而又是那种,这种情况必然阻碍商品交换的进一步发展。因此,人们很自然地要求在较大的范围内(如一个民族市场甚至一个国家)将一般等价物统一起来,使其成为长期固定的一般等价物。这种固定化了的一般等价物就是货币。

由于许多充当一般等价物的商品存在难以分割、价值不统一、难以保存等缺点,使得贵金属最终成为最适合充当一般等价物的商品。当人们选择贵金属作一般等价物时,货币就产生了。因此马克思说:金银天然不是货币,但货币天然是金银。

辨析概念:与货币有关的概念

辨析以下几个"钱"的含义,是否符合"货币"的定义:您带"钱"了吗? 张三很有"钱"。您一年挣多少"钱"?

其实这三个"钱"分别体现了三个不同的概念,即现金、财富、收入。那么货币与这三者之间又是怎样的关系呢?

1. 货币与现金

货币是由国家或国家集团发行的用于商品流通、价值计量、交易或转移支付的最普遍最一般的等价物。也就是说货币是固定充当一般等价物的特殊商品。

现金或者通货(currency)是指流通中的货币,即人们通常所使用的钞票和硬币。这些现金保留在家庭、企业、金融机构与政府部门之中,直接行使购买与支付职能,是能够被人们直接观察并被用到的货币形态。现金是货币的组成部分,这部分货币流动强、使用频率高,对人们的日常支付结算影响大。一国现金数量的多少,与该国货币支付结算制度有关。支付结算制度越发达,通过支票、信用卡与转账等方式进行的商品与劳务交易数量越多,现金需要量就越少;反之,则越多。随着电子、网络技术的发展,信用卡、ATM、支付终端机(POS)的广泛应用,流通中的现金量占比会逐渐缩小。

在现实生活中,通常存在着一种误解,认为货币就是现金。如果把货币理解为现金,在现代经济生活中就大错特错了。现金与货币是部分与整体的关系,以现金替代货币,就犯了以偏概全的错误。

2. 货币与财富

人们所拥有的财富包括人力财富与非人力财富。人力财富是指能够为个人带来货币收入的工作能力,这种工作能力取决于个人的先天禀赋、后天知识与经验积累等等。非人力财富包括实物资产与金融资产。实物资产包括房屋、大件消费品、黄金等贵金属、古玩、字画等艺术品等等,金融资产则包括现金、存款、股票、债券、基金股份、保险单等。

如果把现金定义为货币就缩小了货币的范围,但是在日常生活中也有人误把货币等同于财富,这就扩大了货币的范围,使得货币涵盖范围过于宽泛。通过以上分析我们可以看出,货币只是财富的重要组成部分而不是全部,财富所涵盖的范围要宽泛得多。

3. 货币与收入

收入是指经济主体在某一段时期内收入的多少。货币与收入两个概念存在着很大的不同,二者之间是存量与流量的区别。收入是流量意义上的概念,譬如说某人一年收入是10万元,这是指动态的收入增加;而货币一词则属于存量意义上的概念,是指某一时点上的一个确定的量,譬如2014年12月31日我国广义货币供给总量余额为122.84万亿元。

在某些特殊情况下,收入可能表现为实物形态而不是货币形态。在通货膨胀严重的时期,人们的收入就会直接变现为实物,譬如粮食、日常用品等。

二、货币形态演变

货币作为一种人们能够普遍接受的支付工具,在不同时期有不同的表现形式。自货币产生以来,货币形式的演进经历了数千年的过程,充当货币的材料种类繁多。其演进过程遵循了一个规律:货币形式要适应经济形势,适应生产力发展水平。从总体进程上看,货币形式依次经历了实物货币——金属货币——代用货币——信用货币——电子货币的演进。

(一)实物货币

实物货币又称为商品货币,是最古老的货币。在人类历史上,有很多种实物商品都曾在不同时期扮演过货币的角色。在我国古代,海贝、龟壳、蚌珠、皮革、猎器、布帛、农具、牲畜等都曾充当过交易媒介,其中最早的货币是贝,出现在公元前两千年前。

这些实物货币的共同特点是:人们普遍愿意接受和使用;与其他商品相比较为珍贵等。随着商品交换的发展,这些实物货币逐渐暴露出缺点,比如许多实物体大价小、不易分割、不便携带、容易变质腐烂等等。这样就妨碍了货币发挥价值标准和价值贮藏的职能,所以,实物货币逐渐被金属货币所取代。

(二)金属货币

凡是用金属做成的货币均称为金属货币。严格地说,金属货币也是实物货币的一种。作为货币材料的金属早先是铜、铁等贱金属,随着商品生产和交换的发展,贱金属逐步让位于金、银等贵金属。贵金属具有价值含量高、体积小易携带、不易变质、均质而耐分割、耐磨等优点。在古代,交通、通信不发达,东方和西方的文明几乎是在相互隔绝的条件下产生的,但东西方各国都不约而同地用金银作为货币,可见是贵金属的特性使金银自然成为货币。因此,马克思总结说,"金银天然不是货币,但货币天然是金银"。

金属充当货币材料采用过两种形式:一是称量货币,即以金属条块方式流通的金属货币。金属货币最初都是以块状流通的。二是铸币,即铸造成一定的形状并由国家印记证明其重量和成色的金属货币。铸币克服了称量货币在使用中的弊端,便利了商品交换。世界最早的金属铸币是中国春秋初期约公元前800年的布币、刀币、铜贝。足值的金属货币在长期流通过程中不断磨损,为此,不足值的货币开始流通。同时由于金银产量跟不上经济的发展、金银的国际分布极不平衡等原因,于是作为金属货币象征符号的纸币出现了。

（三）代用货币

代用货币，又称可兑换的信用货币。它代表贵金属流通，是可随时兑换成贵金属的一种纸制的货币。

代用货币是为克服金属货币使用中的不便而发行的，与金属货币同时流通。它凭借现金保证（可随时兑现）和信用保证被人们作为铸币的代表而接受。一般说来，代用货币主要是指政府或银行发行的纸币，一定单位的纸币代表着一定量的贵金属，这一定量的贵金属通常以货币单位的含金量表示出来。一定单位的纸币能够与所代表的贵金属自由兑换，所以，代用货币不过是流通的一张实物收据。这种收据能够由政府发行、银行发行，也能够由企业和个人发行。无论由谁发行，必须有足够的贵金属作为保证，即保证代用货币能自由兑换，代用货币以它所代表的贵金属的价值进行流通。金属货币制度崩溃以后，代用货币退出历史舞台。

（四）信用货币

信用货币又称不兑换的信用货币。它是以信用作为保证，通过信用程序发行和创造的货币。它与代用货币的最大不同在于，它不能与贵金属兑换，不是贵金属货币的代表。

中国在 10 世纪末的北宋年间，已有大量用纸印制的货币——"交子"成为经济生活中重要的流通和支付手段。元代则在全国范围内实行纸钞流通的制度，其中具有代表性的是忽必烈在位时发行的"中统元宝钞"。

目前世界上几乎所有的国家都采用这种货币形式。现代信用货币的主要形式有现金和银行存款两种。

1. 现金

现金包括辅币、纸币。辅币多用贱金属制造，一般由政府独占发行，由专门的铸币厂铸造。其主要功能是充当小额或零星交易中的媒介手段。纸币是国家发行并强制使用的货币，依靠国家政权强制流通，不能与金属货币自由兑换。其主要功能是承担人们日常生活用品的购买手段。

2. 存款货币

存款货币是指能够发挥货币作用的银行存款，主要指能够签发支票办理转账结算的活期存款。活期存款就是指存款人可随时开出支票即期提取的一种存款（包括各种银行卡）。

信用制度发达的国家，货币收付绝大多数是采用支票形式。支票本身只是一种结算工具，活期存款才是真正的货币。所以，这种可签发支票的存款也被称为"存款通货"。存款通货与流通中的现钞一样，都是具有相同流动性的交换媒介。但与现钞相比，存款货币支付具有快速、安全、方便的优点。在现代经济中，存款通货的量几倍于现钞的量。

（五）电子货币

随着社会生产力的提高，社会商品交换的需求和数量在不断增长，货币的形态也从贝壳、贵金属、普通金属到纸币和票据，发展到今天的电子货币。以计算机技术为核心的信息技术的发展，引起了人们的生产和生活方式的巨大变革，也推动了货币形态的发展。方兴未艾的电子商务,开发出了种种的电子支付手段和工具,人们称之为电子货币。

电子货币是以金融电子化网络为基础,以商用电子化机具和各类交易卡为媒介,以电子计算机技术和通信技术为手段,以电子数据(二进制数据)形式存储在银行的计算机系统中,并通过计算机网络系统以电子信息传递形式实现流通和支付功能的货币。

1. 电子货币的特点

(1)以电子计算机技术为依托,进行储存、支付和流通;

(2)可广泛应用于生产、交换、分配和消费领域;

(3)融储蓄、信贷和非现金结算等多种功能为一体;

(4)具有使用简便、安全、迅速、可靠的特征;

(5)现阶段电子货币的使用通常以银行卡(磁卡、智能卡)为媒体。

就现阶段而言,大多数电子货币是以既有的实体货币(现金或存款)为基础存在的具备"价值尺度"和"价值保存"职能,且电子货币与实体货币之间能以1:1比率交换这一前提条件而成立的。而作为支付手段,大多数电子货币又不能脱离现金或存款,是用电子化方法传递、转移,以清偿债权债务。因此,现阶段电子货币的职能及其影响,实质是电子货币与现金和存款之间的关系。

2. 电子货币的类型

目前,我国流行的电子货币主要有4种类型。

(1)储值卡型电子货币。一般以磁卡或IC卡形式出现,其发行主体除了商业银行之外,还有电信部门(普通电话卡、IC电话卡)、IC企业(上网卡)、商业零售企业(各类消费卡)、政府机关(内部消费IC卡)和学校(校园IC卡)等。发行主体在预收客户资金后,发行等值储值卡,使储值卡成为独立于银行存款之外新的"存款账户"。同时,储值卡在客户消费时以扣减方式支付费用,也就相当于从存款账户支付货币。储值卡中的存款目前尚未在中央银行征存准备金之列,因此,储值卡可使现金和活期储蓄需求减少。

(2)信用卡应用型电子货币。指商业银行、信用卡公司等发行主体发行的贷记卡或准贷记卡。可在发行主体规定的信用额度内贷款消费,之后于规定时间还款。信用卡的普及使用可扩大消费信贷,影响货币供给量。

(3)存款利用型电子货币。主要有借记卡、电子支票等,用于对银行存款以电子化方式支取现金、转账结算、划拨资金。该类电子化支付方法的普及使用能减少消费者往返于银行的费用,致使现金需求余额减少,并可加快货币的流通速度。

(4)现金模拟型电子货币。主要有两种:一种是基于Internet网络环境使用的且将代表货币价值的二进制数据保管在微机终端硬盘内的电子现金;一种是将货币价值保存在IC卡内并可脱离银行支付系统流通的电子钱包。该类电子货币具备现金的匿名性、可用于个人间支付、并可多次转手等特性,是以代替实体现金为目的而开发的。该类电子货币的扩大使用,能影响到通货的发行机制,减少中央银行的铸币税收入,缩减中央银行的资产负债规模等。

电子货币是在传统货币基础上发展起来的,与传统货币在本质、职能及作用等方面存在着许多共同之处。如电子货币与传统货币的本质都是固定充当一般等价物的特殊商品,这种特殊商品体现在一定的社会生产关系。二者同时具有价值尺度、流通手段、支付手段、贮藏手段和世界货币五种职能。它们对商品价值都有反映作用,对商品交换都有媒介作用,对商品流通都有调节作用。

电子货币与传统货币相比,二者的产生背景不同,如社会背景、经济条件和科技水平等不同,其表现形式为:电子货币是用电子脉冲代替纸张传输和显示资金的,通过微机处理和存储,没有传统货币的大小、重量和印记;电子货币只能在转账领域内流通,且流通速度远远快于传统货币的流通速度;传统货币可以在任何地区流通使用,而电子货币只能在信用卡市场上流通使用;传统货币是国家发行并强制流通的,而电子货币是由银行发行的,其使用只能宣传引导,不能强迫命令,并且在使用中,要借助法定货币去反映和实现商品的价值,结清商品生产者之间的债权和债务关系;电子货币对社会的影响范围更广,程度更深。

📦 延伸阅读

数字货币

在金融科技持续变革的大背景下,货币的形态也在不断演变。电子计算机和网络通信技术的兴起、成熟使电子支付方式在经济生活中普及,纸质货币逐渐被电子货币替代。基于区块链技术的新型数字货币更是引起社会公众的广泛关注,一方面,以比特币为代表的私人数字货币总市值多处创下历史新高;另一方面,数字货币受到各国货币当局的重视,各国央行纷纷开始进行数字货币的理论和应用探索。从纸质信用货币到电子货币,再到数字货币的货币形态演变,印证了虚拟化、数字化这一货币形态发展趋势。

2008 年,比特币的创始人使用假名"中本聪"在互联网上发表了一篇题为《比特币:一种点对点电子现金系统》的报告,次年年初中本聪公布了比特币系统的开源代码,并挖出了第一批 50 枚比特币。比特币是世界上第一种也是目前最主要的私人数字货币之一。随着比特币的出现,数字加密货币技术不断升级与进步,一些扩展变形的数字货币也得到了市场的认可,包括以太币、莱特币、瑞波币等。私人数字货币在后金融危机时代全球货币竞争性超发的背景下迅速发展,但私人数字货币的先天缺陷使其无法成为真正意义上的货币。这是因为,虽然数字货币解决了电子支付的信任问题,但其背后缺乏强大的资产支撑,难以解决资产价值信任问题。这一先天缺陷导致私人数字货币普遍存在价值不稳定、公信力较弱、可使用范围受限等问题。同时,私人数字货币影响金融稳定且难以被有效监管,因而各国央行开始探索发行法定数字货币。

央行所进行的数字货币研发英文名叫"DC/EP",有两层含义,是数字货币,是电子支付。这意味着既可以是以区块链或分布式记账技术为基础的数字货币,也可以是在现有的电子支付基础上演变出来的技术。数字货币的出现有技术发展的必然性,传统的纸币、硬币在未来可能会逐渐减少,甚至可能消失。

三、货币的本质

概括地说,货币的本质就是固定充当一般等价物的特殊商品,体现了一定的社会生产关系。

1. 货币是固定充当一般等价物的特殊商品

货币之所以能够充当一般等价物,首先是因为它本身也是商品,同其他商品一样,货币一方面具有使用价值,例如金银可以作为装饰品,也可以作为工业生产的原料等;另一方面具有价值,在它身上凝结着人们的抽象劳动。货币与普通商品存在的这种共性,是货币与其他商品相交换的基础。其次货币不是普通的商品,而是一种特殊的商品。具体表现在两个方面:

(1)货币是表现一切商品价值的材料,而其他商品则没有这种特性。

(2)货币具有同一切商品直接交换的能力,而其他商品则没有这种能力。

2. 货币体现一定的社会生产关系

货币出现以后,商品生产者之间的商品交易以货币为媒介。这种物与物的交换的背后,实质是商品生产者之间不同劳动的交换。通过与货币的交换,将不同类型的具体劳动转化为同质的抽象劳动,把个别劳动转化为社会劳动。因此,货币是联系商品生产者的纽带,反映着一定的生产关系。

在不同的社会形态中,货币反映着不同的生产关系。在私有制社会中,货币成为剥削者占有他人劳动的工具,体现着阶级剥削关系;在公有制为主体的社会主义社会中,货币成了社会主义商品交换、按劳分配和经济核算的工具,反映了社会主义新型的生产关系。

第二节 货币的职能

一、货币的职能

货币的本质决定货币的职能,货币的职能是货币本质的具体表现。随着商品经济的发展,货币先后形成了价值尺度、流通手段、贮藏手段、支付手段和世界货币五种职能。前两种是货币的基本职能,后三种是派生出来的职能。

(一)价值尺度职能

当货币被用以表现和衡量商品的价值时,它就发挥了价值尺度职能。简单地说,就是货币作为比较价值的工具。在日常生活中,我们用秤来度量距离;同理,各国都用自己的货币来计算商品和劳务的价值。由于货币是大家普遍接受的交换媒介,因此所有商品用货币计价十分方便,商品价值的比较也就比较容易。价值尺度职能是货币最基本、最重要的职能之一。

货币之所以能够具有价值尺度职能,是因为货币最初是从商品实践中产生的,具有价值和使用价值,就像衡量长度的尺子本身也有长度一样,如果货币本身没有价值,就无法衡量其他商品的价值。货币执行价值尺度职能时有如下特点:

(1)可以是观念上的货币,并不需要有现实的货币。就像商店里对商品的标价只需在商品旁边摆放一个写上价格的标签而不需要放一堆相应价值的货币一样。

(2)必须是十足的货币,这是价值尺度职能存在和正常发挥的先决条件。在金属货币流通条件下,货币以其实际价值来衡量商品价值。"十足"是指货币的金属含量必须符合国家规定的标准,其实际价值必须与名义价值相等。在信用货币流通条件下,货币是用发行者强制赋予的名义价值来衡量商品价值的,因此,"十足"是指信用货币的名义价值量相对稳定,也就是币值必须相对稳定。

(3)要通过价格标准来完成。为便于不同商品之间价值的比较,我们利用货币作为工具,按货币量来衡量并表示商品和劳务的价值,并确定一个价值的计量单位,由此形成价格。价格就是商品价值的货币表现,而代表一定的货币金属量的货币计量单位就是价格标准。

价格标准最初是以金属重量单位的名称命名的,如我国古代的贵金属秤量制,其贵金属货币流通的货币单位与重量单位斤、两、钱、分、厘完全一致。后来国家以较贱的金属甚至用纸代替贵金属做货币材料,才使货币单位的名称和金属重量单位名称开始脱离。

(二)流通手段职能

当货币充当商品交换中的媒介时,就执行了流通手段的职能。流通手段职能将直接的物物交换变成了有媒介的交换,将买卖两位一体的过程分割成买和卖两个独立的过程,克服了时间和空间的局限性,从而使商品交换在规模上、地域上、品种上、速度上都有了极大的进步。流通手段职能也是货币最基本、最重要的职能之一。货币执行流通手段职能有如下特点:

(1)必须是现实的货币,而不能是观念上的货币。流通手段体现"一手交钱,一手交货"的等价交换原则,因此货币必须是具体和现实的。

(2)可以是不足值的货币,因而可以用价值符号来代替。因为货币作为交换的媒介,是交换的手段,而不是交换的目的。对交易者来说,他们所关心的是货币能否换回与自己交换出去的商品相等值的商品,而不会去计较货币本身究竟实际具有多大的价值。纸币正是基于这种可能性而进入流通的。

(3)包含着爆发危机的可能性。在商品直接交换条件下,买和卖在时间上和空间上是统一的。而在商品流通条件下,买和卖分成了两个独立的过程,在时间上和空间上都分开了。这样就可能出现买和卖的脱节,造成商品流通的中断,甚至有可能发生经济危机。

(三)贮藏手段职能

当货币由于各种原因退出流通,被持有者当作独立的价值形式和社会财富的一般形式而保存起来处于静止状态时,就执行了贮藏手段职能。货币的贮藏手段职能是在货币的价值尺度和流通手段职能的基础上产生的。货币执行贮藏手段职能有如下特点:

(1)必须是现实的货币。

(2)必须是十足的或在比较长的时间内稳定地代表一定的价值量。货币的贮藏实质上是价值的贮藏,因此金属货币必须足值,信用货币必须币值相对稳定。

货币贮藏在不同历史阶段的表现形式是不同的。在前资本主义社会,贮藏货币主要表现为金银商品窖藏的形式,这是最原始、最朴素的货币贮藏形式。随着社会生产力的发展,人们除了以金银积累和储存价值外,更为普遍的还是采取银行存款和储蓄的方式,也有直接储存纸币的。但纸币有国家信誉作保证,因此在币值稳定的前提下,纸币的贮藏和储蓄,对于单位和个人来讲,具有推迟购买力的作用;而对于国家和社会来讲,仅仅是通过银行信用动员社会闲置资金用于社会扩大再生产的一种方式,没有价值贮藏的实际意义。

不同货币形式的贮藏手段职能发挥的作用也是不一样的。在金属货币流通条件下,贮藏手段可以自发地调节货币流通量,并以此调节物价。其原理在于:金属货币有充足的实际价值,当流通中的货币量过多而导致物价上升时,人们出于对货币的信心宁愿持币待购或索性长期贮藏货币,再加上金属货币的贮藏主要是窖藏方式,这样就会使流通中的货币实实在在地减少,从而拉动物价回落。反之,当物价下降过多时,贮藏货币会出笼形成购买力,拉动物价回升。所以说,金属货币的贮藏手段职能就像蓄水池,多则蓄,少则放,可自发调节。而在信用货币流通条件下,贮藏手段无法调节货币流通量和物价。因为信用货币是依靠国家强制赋予的名义价值流通的,当物价上涨时,人们对它的信赖度降低,因此不会减少购买扩大货币贮藏,相反还会形成更庞大的购买力,加之信用货币的贮藏方式主要是存款,所以信用货币量无法进行自我调节,因此也无力调节物价,这就需要宏观调控机制发挥作用了。

(四)支付手段职能

在交换价值转移后不是马上支付货币,而是约定一定期限后支付,这种伴随价值运动而作单方面转移的货币,执行的就是支付手段职能。货币的支付手段职能最初是由商品的赊销引起的,一般与商品交换直接相联系,如预付、赊销、大宗商品交易的付款方式;另外一种与商品交换脱钩,如偿还债务、缴纳税款、支付工资等,货币也执行了支付手段职能。货币进行支付手段职能有如下特点:

(1)必须是现实的货币。

(2)可以由价值符号来执行这一职能。

(3)货币的危机性最大。货币支付手段职能的出现,一方面促使商品流通进一步扩大,但另一方面则意味着买卖的进一步脱节。因为当赊账交易出现以后,许多商品生产者之间彼此都结成了债权债务关系,这样在整个债务关系的链条中,如果有一个债务人不能按期支付欠款,就有可能引起整个债务关系的连锁反应,从而造成许多商品生产者经营上的困难,甚至造成某些经营者的破产。这就加深了由于货币执行支付手段职能而隐藏的发生经济危机的可能性。

案例

蓬齐现象

查尔斯·蓬齐(Charles Ponzi)是个历史上著名的小个子,他是千万个在美国的意大利移民中的一位,一开始他只是一个普通的混混,后来他成了富有而又如此著名的人物,实在是他血液中作为骗子的成分过于浓稠。

在1919年,当时31岁的蓬齐进入了自己"事业"的巅峰时代,他当时的身份是金融家,办有一个投资公司。蓬齐用他富有智慧的大脑,敏锐地发现,利用战后欧洲金融的混乱状况,可以在欧洲低价购买国际票据,然后再找到渠道全额卖出去,就能从中发大财,也就是说,倒买倒卖,利润可以高达1000%。他从群众中募集资金,再派出十几个代理人远赴欧洲,用这些资金购买票据。这家公司向人们保证,所有的投资将在45天内得到50%的回报。

几万个意大利移民和别的穷人们,纷纷把自己的钱投入蓬齐的"炼金术"。在一年间,有4万人投入了1500万美元在蓬齐的公司。这些细碎的钱汇集成了小河、大江。蓬齐穿着昂贵的西装,用着镶嵌着钻石的烟斗,口袋里都是钞票。他的美丽的女秘书兼情人露西也是如此。

可是,事情最终还是败露了,或许是眼红的其他商人干的,或许是政府主动所为,总之,蓬齐被调查,而且最终被带到法庭。

在法庭上,法官问蓬齐的女秘书、美丽的露西:"你们有国际票据吗?"

"有的",她甜蜜蜜地回答,"一两张样票"。蓬齐当时坐在旁边,他张口想说点什么,但一下子忍不住大笑了起来。

一切再清楚不过了,蓬齐是个骗子,他没有任何票据业务或者别的其他什么鬼业务,他的高额回报无非是用后进入的集资者的钱来支付前面的人而已。在整个我想说得轻松的故事中,最沉重的事情发生了:穷人们的发财梦破灭了。如果没有那么多家庭的眼泪,整个事情真是一出荒诞的闹剧,带着喜剧的成分,蓬齐像个天才的导演和演员一样,演了这样一场逼真的戏剧。可是,事实是,它是一出轻信而无助的穷人们的悲剧。

(五)世界货币职能

当货币超越国界,在世界市场上发挥一般等价物作用时,就执行世界货币职能。

货币执行世界货币职能的特点:必须是直接以重量计算的有十足价值的金块或银块。信用货币因其名义价值都是发行国强制赋予的,跨出国境后,其强制力不再有效,因此世界上只有为数不多的国家的货币具有此职能,如美元、英镑、日元等。

一国的信用货币取得国际货币职能的前提条件是:其一,发行国的经济实力强且国际贸易发达,货币币值相对稳定;其二,是自由兑换货币,在国际市场上有较大的需求量。货币发挥世界货币职能主要作用表现在以下几方面:

(1)作为一般的支付手段,用来平衡国际收支差额。国家间发生政治、经济和文化的交往以后,就会引起相互之间的货币支付。由于这种支付关系带有相互的性质,所以并不需要每次支付都以金银来进行,只有在抵销后存在差额才需要货币来支付。如果没有硬通货或硬通货不够时,才用金银来支付。目前,这一职能仍然发挥着重要作用。

(2)作为一般购买手段,进行国际贸易。

(3)作为国际间转移财富的一般手段。如战争赔款、资本输出和对外援助等。

货币具有上述五大职能,并不是各自孤立的,每一种职能都是货币作为一般等价物的本质的反映。所有的商品首先要借助货币的价值尺度来表现其价格,然后通过流通手段来实现其价值;货币不仅可以在当前实现消费,而且只要货币不贬值,货币就可以贮藏起来,以用于将来购买消费品;为方便交换,货币不一定要当场交付流通,可以先期交付或延期再交付;而世界货币则是建立在货币的价值尺度、流通手段、支付手段的基础上的。需要说明的是,作为货币,并不是五大职能都要具备,只要具备价值尺度和流通手段的统一就可以是货币。

延伸阅读

央行:人民币正式纳入特别提款权 SDR 货币篮子

2016 年 9 月 30 日(华盛顿时间),国际货币基金组织(IMF)宣布纳入人民币的特别提款权(SDR)新货币篮子于 10 月 1 日正式生效,拉加德总裁发表声明称,这反映了人民币在国际货币体系中不断上升的地位,有利于建立一个更强劲的国际货币金融体系。中国人民银行对人民币正式纳入 SDR 以及拉加德总裁的声明表示欢迎。

新的 SDR 货币篮子包含美元、欧元、人民币、日元和英镑 5 种货币,权重分别为 41.73%、30.93%、10.92%、8.33% 和 8.09%,对应的货币数量分别为 0.58252、0.38671、1.0174、11.900、0.085946。IMF 每周计算 SDR 利率,并将于 10 月 7 日公布首次使用人民币代表性利率,即 3 个月国债收益率计算的新 SDR 利率。

人民币纳入 SDR 是人民币国际化的里程碑,是对中国经济发展成就和金融业改革开放成果的肯定,有助于增强 SDR 的代表性、稳定性和吸引力,也有利于国际货币体系改革向前推进。中方将以人民币入篮为契机,进一步深化金融改革,扩大金融开放,为促进全球经济增长、维护全球金融稳定和完善全球经济治理作出积极贡献。

资料来源:新浪财经 2016 年 10 月 1 日。

二、货币的作用

货币与人类社会以及经济发展是息息相关的,在各个方面都发挥了重要作用。

首先从货币的功能来看,货币的积极作用表现在:作为交换媒介,货币降低了产品交换成本,提高了交换效率;降低了价值衡量和比较的成本,为实现产品交换提供了便利;作为价值贮藏形式,货币提供了最具流动性的价值贮藏形式,丰富了贮藏手段。

其次,货币成为推动经济发展和社会进步的特殊力量,它使人们的生产活动和生活突破了狭小的天地。因为在缺少货币的社会,人们积累的是实物财富,而实物财富的转移相对困难,这必然会限制人们行动的自由,人们的思想也多受禁锢;而货币出现以后,人们的活动领域得到了很大的扩展,货币"使臣轻背其主,而民易去其乡",与此同时,人们的思想也就不再受一地传统习俗及偏见的束缚,激发了人们的想象力和创造力,对商品生产的扩大,思想文化的进步产生了积极的作用。另一方面,也是更重要的,人们可以利用货币去进行财富的积累和承袭,这就激发了人们创造财富的无限欲望,随之而来的,它为扩大再生产创造了条件。没有货币的出现,就没有资本的积累和社会资本的利用。因为若只有物质财富的累积,人们只能在简单再生产的小圈子内循环,不可能出现扩大的社会再生产。所以货币对社会和经济的发展起到了重要的推动作用。

最后,货币在整体经济社会运行中发挥着重要作用。在商品生产和交换占主导地位的现代社会中,货币的作用已经渗透到社会经济的各个角落。在生活中人们所需要的各种商品,都需要用货币去购买;人们所需要的各种服务,也需要支付货币来获得;人们劳动工作所获得的报酬——工资,也是用货币支付的;人们积累财富、保存财富的主要方式是积攒和存储货币(银行存款)。除个人外,企业、行政事业部门的日常运行同样也离不开货币,现代财政收支也都用货币形式,整个经济运行状况也与货币相关,如果货币供求失衡发生通货膨胀或通货紧缩,就会制约经济运行和发展。各国政府运用各种政策对经济进行调控时,都要利用货币信用形式,而货币政策本身就是最重要的经济政策。不仅国内的各种经济活动离不开货币,国际经济贸易和各种交往活动中也需要货币。因此,货币对经济发展、充分就业、物价稳定和国际收支都具有重要的作用。人们甚至把货币称为经济发展的"第一推动力"。

第三节 货币制度

货币制度简称"币制",是指一个国家以法律形式所确定的关于货币发行和流通的结构、体系和组织形式。制定货币制度的宗旨是加强对货币发行和流通的管理,维护货币的信誉,管理金融秩序,促进经济发展。建立有序的、稳定的货币制度,是每个国家共同追求的目标。

货币制度的发展并不完全与货币本身的发展同步。在远古的实物货币流通阶段,几乎没有成形的货币制度,金属货币阶段开始有对货币铸造和流通的一些具体规定,但由于受不发达商品经济的限制,货币制度呈现币材众多、铸币权分散、货币规格各不相同、成色较低等情况,货币制度表现为分散且混乱的状况。随着资本主义生产方式的确立,为适应资本主义国家建立统一的市场体系和稳定的市场环境的要求,各国政府都先后以法令和条例的形式对货币发行和流通做出种种规定,建立起了严格的、统一的和规范的货币制度。

一、货币制度的构成要素

(一)货币币材的规定

即规定以什么材料制作货币,这在金属货币阶段是非常重要的。在金属货币制度下,不同的货币金属就构成了不同的货币制度,如确定黄金作为本位货币的金属材料,那么货币制度就是金本位制度。确定货币金属是金属货币流通条件下整个货币制度的基础。

币材的确定是受客观经济规律制约的,国家不能滥用权力,随心所欲地指定某一金属作为币材。一旦原有的币材不能适应生产力水平的发展,经济就会"自动"选择新的材料来取代。

历史上曾有许多商品充当过货币材料。尤其是金属货币阶段,随着经济的发展,其币材经历了由贱金属向较贵重金属和贵金属渐进的过程,并且存在多种币材同时并存的状况,例如 19 世纪前欧洲实行的金银复本位制。现在各国都实行不兑现的信用货币制度,法令中没有关于币材的任何规定。原因在于信用货币不具有实际价值,它是靠国家强制力量赋予的名义价值流通的,货币发行权又由中央银行垄断,所以币材的规定已经毫无意义。

(二)货币单位的规定

货币单位即价格标准,是国家法定的货币计量单位,具体包括货币单位名称和货币单位价值量。

在金属秤量制下,货币单位与重量单位完全一致,其后的金属铸币制中货币单位名称则开始与重量单位名称分离,货币单位价值量就是货币的含金量,仍以重量单位为标准。比如,美国的货币单位名称为美元,1900 年的金本位法案规定 1 美元含成色 9∶10 的黄金 25.8 格令,纯金 23.22 格令。

在可兑现的信用货币制度下,货币单位名称与铸币相同,货币含金量即可兑换的金币量或金块量。在不可兑现的现代信用货币制度下,货币单位名称可能会用铸币名称,但币单位价值量则完全与金属分离。国家的货币发行实行经济发行原则,以商品物资为基础,通过各种措施保证币值的稳定。

货币单位名称与货币名称是两个不同的概念,货币名称是指一国货币的称谓。大部分国家货币单位名称就是货币名称,或在货币单位名称前冠以国名即为货币名称,如瑞士货币单位名称是法郎,货币名称为瑞士法郎。我国情况比较特别,货币单位名称为元,货币名称为人民币,其在国内缩写为 RMB,国际上缩写为 CNY。

(三)本位币与辅币的铸造、发行与流通程序

本位币又称主币,是一国货币制度中的基本货币。主币主要用于大宗商品交易和劳务供应的需要,具有无限法偿能力。在金属货币制度下,主币具有如下特点:第一,本位币是足值货币,可以自由铸造。所谓足值是指货币的名义价值等于实际的内在价值,即法定含金量与实际含金量相等。所谓自由铸造,就是按照法律规定,每个公民都有权把货币金属送到国家设立的造币机构请求铸成本位币,其数量不受限制,国家只收取少量的费用或免费。并且可以将流通中的主币熔化为金属条块。第二,本位币是无限法偿的货币,即具有无限的法定偿付能力。凡以本位币进行购买和支付时,不论数额多少,收款人均不得拒绝接受。

辅币是本位币以下的小额通货,主要用于日常零星支付和主币找零。在金属货币流通条件下,为节省流通费用,辅币多用贱金属铸造,是一种不足值的货币。因此,一般国家政府规定,辅币铸造由国家来垄断并强制流通;辅币与主币的兑换比率是通过法律形式固定下来的;辅币是有限法偿货币,即每次交付的辅币数量有一定限制,超过限额,收款者可以拒收。

在现代信用货币制度下,本位币和辅币的铸造与偿付规定有了很大的变化。现在大多数国家的本位币和辅币均为无限法偿货币,由央行统一发行。本位币都是钞票,即通常所说的纸币;辅币多为不足值硬币。

(四)银行券与纸币发行和流通的规定

在金属货币制度下,流通中的货币除了铸币形式的主币及其辅币以外,还有银行券、纸币或不兑现的信用货币。银行券是一种黄金凭证,是商业银行通过信用渠道发行的规定了含金量的不定期信用凭证,其发行必须有黄金保证和信用保证的双重保证。最初的银行券持有者可以随时向发行者或指定的商业银行兑换足额黄金。19 世纪中叶以后,银行券的发行逐渐由中央银行垄断并受到国家政权控制,虽然规定了含金量,但不需要严格的双重保证,也不能兑换黄金。纸币是由国家发行并依靠国家政权强制流通的既无任何保证也不规定含金量的货币符号。

现代信用货币制度已与黄金无直接联系。货币由中央银行垄断发行,国家承担维护币值稳定的职责。

(五)准备金制度

为了稳定货币,各国货币制度中都包含准备金制度的内容。在不同的货币制度下,货币发行的准备金制度是不同的。在金属货币制度下,货币发行以法律规定的贵金属黄金或白银作为准备金,且全额准备;在可兑现的信用货币制度下,货币发行也是以法律规定的贵金属或银作为准备金,但为部分准备;在当今不可兑现的信用货币制度下,各国中央银行发行的信用货币不能再直接兑现黄金,准备金的具体内容也有所变化,充当发行准备金的除了黄金外,还有国家债券、商业票据、外汇、政府信用等,以便应付突发的金融危机。当今世界,黄金虽已退出流通领域,但作为国际支付准备金的作用依然存在。

二、货币制度的演变

纵观世界各国货币制度的演变过程,货币制度主要经历了金属货币本位制和信用货币本位制两大阶段,其中金属货币制度又可分为银本位制、金银复本位制和金本位制。

(一)银本位制

银本位制是以白银作为本位币币材的一种货币制度。其主要内容包括:以白银作为本位币币材,银币具有无限法偿能力;银币是足值货币,其价值与其所含白银的价值相等;银币可自由铸造,银币代表物可自由兑换银币;白银和银币可以自由输出入国境。

银本位制是历史上最早的、最为悠久的货币制度,实行了 300～400 年。其产生于货币制度萌芽的中世纪,盛行于 16 世纪到 17 世纪。最早实行的国家有墨西哥、西班牙以及后来的西欧各国。中国虽然在很早就有白银和银币流通(汉朝武帝公元 119 年),但由于一直未被法律所确认,其真正确认是在清宣统二年也就是 1910 年的 4 月,清政府颁布的《币制则例》,正式确立银本位制。

由于当时商品经济不发达,商品交易主要是小额交易,白银价值较黄金低,适合这种交易的需要,许多国家都实行银本位制。但由于白银的价值含量低且价格很不稳定,使得货币单位价值不能相对固定,银本位制就不能满足货币制度稳定性的要求。到 19 世纪末,除印度、中国、墨西哥等少数落后国家外,许多国家相继放弃银本位制,转而实行金银复本位制或金本位制。我国于 1934 年 11 月放弃银本位制。

(二)金银复本位制

金银复本位制是指金和银两种金属同时作为一国本位币币材的货币制度。其主要内容包括：以金和银同时作为本位币币材，金币和银币都具有无限法偿能力；金币和银币均可自由熔毁、自由铸造；两种本位币均可自由兑换；黄金和白银都可以自由输出入国境。

在 16 世纪至 18 世纪，金银复本位制是新兴资本主义国家广泛采用的较为典型的货币制度。根据金币和银币间兑换比例的确定方式，金银复本位制可以分为平行本位制、双本位制和跛行本位制三种类型。

1. 平行本位制

平行本位制是银币和金币均按其所含金属的实际价值流通和相互兑换的一种复本位制。即金币与银币的价值由市场上生金银的价值决定；金币与银币之间的兑换比率国家不加规定，而是由市场上生金银的比价自由确定。

在平行本位制下，市场商品出现了两种价值，由于市场上金银比价频繁变动，金币银币的兑换比率也不断变动，用金币银币表示的商品价格自然也随市场金银比价的波动而波动，这在一定程度上引起了价格紊乱，金币银币难以有效发挥价值尺度职能，因而它是一种不稳定的、不能持久的货币制度。为克服这一局限性，双本位制便应运而生。

2. 双本位制

双本位制是指国家依据市场金银比价为金币与银币规定固定的兑换比率，金银币按法定比率流通。双本位制是复本位制的主要形式。

双本位制在一定程度上解决了平行本位制所造成的价格混乱问题，但又产生了新的矛盾。在双本位制下，当金银法定比价同市场比价不一致时，金属价值高于法定价值的良币就会被熔化或输出国外而退出流通，金属价值低于法定价值的劣币则会充斥市场，发生"劣币驱逐良币"的现象。这种现象由 16 世纪的英国铸造局长格雷欣最早发现，故又称"格雷欣法则"。例如，若金银币的法定比价为 1∶15，而由于种种原因银价跌落使市场比价为 1∶16。显然，金币的法定价值低于黄金的市场价值，即所谓的良币；银币则相反，即所谓的劣币。在这种情况下，任何一个持有金币者(1 个金币)均可将金币熔化为金块，按黄金的市场价值换取白银，再通过铸币厂将其铸成银币(16 个)，再按法定比价用 15 个银币换回 1 个金币，从而获取了 1 个银币的利益。然后再将金币熔化，如此周而复始，金币逐渐退出流通，市场流通的主要是银币。这种劣币驱逐良币的现象使得银贱则银币充斥市场，金贱则金币充斥市场，必然造成货币流通的混乱。由此可知，在复本位制下，虽然法律规定金币银币可同时流通，但在某一时期，市场上实际流通的主要是一种铸币，两种货币很难同时流通。

3. 跛行本位制

跛行本位制是指金币和银币都规定为本位币，并有法定兑换比率，但金币可以自由铸造而银币则不能自由铸造。在跛行本位制下，由于银币限制铸造，银币的币值实际上不再取决于其本身的白银市场价值，而取决于银币与金币的法定比率，银币实际上已演变为金币的符号,起着辅币的作用。从严格意义上来说,跛行本位制已经不是金银复本位制,而是由复本位制向金本位制过渡的一种货币制度。

(三)金本位制

金本位制是以黄金作为本位币币材的货币制度。金本位制在其发展过程中采取了金币本位制、金块本位制和金汇兑本位制三种具体形式。金币本位制是典型的金本位制,而金块本位制和金汇兑本位制则是残缺不全的金本位制。

1. 金币本位制

金币本位制是指法律确定金铸币为本位币的货币制度。其特点有:以黄金为币材,金币为本位币;金币可自由铸造和熔毁,具有无限法偿能力;银行券可以自由兑换金币,不受时间和数量的限制,金准备全部是黄金;黄金可以自由输出入国境。

由于金币可以自由铸造,金币的面值与其所含黄金的价值就可保持一致,可自发调节流通中的货币量;金币可以自由兑换,各种代用货币能稳定地代表一定数量的黄金进行流通,从而保证币值的稳定;黄金可在各国之间自由转移,这就保证了本国货币与外国货币兑换比价的相对稳定。因此,金币本位制是一种比较稳定、健全的货币制度,它促进了信用制度的发展,促进了国际贸易和资本输出,从而推动了资本主义生产和商品经济的发展。

金币本位制也存在缺点:流通中的货币需要量随经济运行的需要而变动,但金币受黄金数量的严格约束,缺乏弹性,无法满足经济发展的货币需要;资本主义各国经济的发展不平衡,使世界黄金存量分配极不均衡。到 1913 年末,英、美、法、德、俄五国拥有世界黄金存量的 2/3,绝大部分黄金为少数强国占有,削弱了其他国家金币本位制的基础;在第一次世界大战爆发后,不少国家为了应付战争的需要,政府支出急剧增长,大量发行银行券,从而逐渐破坏了银行券自由兑换的条件。欧洲各参战国首先停止了银行券的可兑换性,以便于将黄金集中于国库用来向国外购买军火,并且依靠发行不兑换的银行券弥补军费开支的不足;到帝国主义时期,垄断资本为获得高额垄断利润,往往限制外国商品进口,被限国出口商品受阻,只得以黄金进行交易,但黄金大量外流又会影响本国银行券的兑换,因此许多国家宣布禁止黄金自由输出。这样,金币本位制到 1914 年就崩溃了。

2. 金块本位制

金块本位制又称生金本位制,是指国内不铸造、不流通金币,只是发行代表一定重量黄金的银行券来流通,黄金统一由国家储备;银行券规定含金量,可以在限制额度内兑换黄金;私人持有的金块可以自由输出入。金块本位制稳定性不强,其实质是金属本位向纸币本位过渡的一种形式。

3. 金汇兑本位制

金汇兑本位制又称虚金本位制。其主要内容是:货币单位规定有含金量,但国内不铸造、不流通金币,而是以发行的银行券作为本位币进入流通;规定本国货币同另一实行金币(块)本位制国家的主币的兑换比率,并在该国存放黄金或外汇作为平准基金,以便随时用来稳定法定的兑换比率;银行券在国内不能兑换黄金,只能按法定比率用本国银行券兑换实行金币(块)本位制国家的货币,再向该国兑换黄金。这是一种间接使货币与黄金相联系的本位制度,它既节省了一国国内的黄金,也节省了国际范围内的黄金,从而大大缓解了黄金量对货币量的制约。如二战后以美国为首成立的布雷顿森林体系,就实行了双挂钩,即规定美元按 35 美元兑换 1 盎司的比例与黄金挂钩,其他货币则与美元挂钩,实行固定汇率。

金块本位制和金汇兑本位制都是削弱了的、残缺不全的金本位制。这是因为:

(1)这两种货币本位制都没有金币流通,货币作为价值储藏的职能丧失,金币本位制中金币自由铸造所形成的自发调节货币流通量并保持币值相对稳定的机制不复存在。

(2)银行券虽然仍规定有含金量,但其兑换能力大为下降。在金块本位制下银行券兑换黄金有一定限制;在金汇兑本位制下银行券的兑换要通过先兑换外汇才能进行,银行券兑换黄金的能力大为下降,从而动摇了银行券稳定的基础。

(3)实行金汇兑本位制的国家,一般将本国货币依附于它国货币,并把黄金或外汇存储于他国,一旦它国经济动荡不定,依附国的货币也将发生波动。这就使得金汇兑本位制具有很大的不稳定性。这种脆弱的本位制,经 1929 年至 1933 年世界性经济危机的冲击,很快就瓦解了,代之而起的则是信用本位制。

案例

布雷顿森林体系形成及崩溃

1944 年 7 月,在美国新罕布什尔州的布雷顿森林召开有 44 个国家参加的联合国与联盟国家国际货币金融会议,通过了以"怀特计划"为基础的"联合国家货币金融会议的最后决议书"以及"国际货币基金组织协定"和"国际复兴开发银行协定"两个附件,总称为"布雷顿森林协定"。

布雷顿森林体系主要体现在两个方面:第一,美元与黄金直接挂钩;第二,其他会员国货币与美元挂钩,即同美元保持固定汇率关系。布雷顿森林体系实际上是一种国际金汇兑本位制,又称美元—黄金本位制。它使美元在战后国际货币体系中处于中心地位,美元成了黄金的"等价物",各国货币只有通过美元才能同黄金发生关系。从此,美元就成了国际清算的支付手段和各国的主要储备货币。

以美元为中心的布雷顿森林体系的建立,使国际货币金融关系又有了统一的标准和基础,结束了战前货币金融领域里的混乱局面,并在相对稳定的情况下扩大了世界贸易。美国通过赠与、信贷、购买外国商品和劳务等形式,向世界散发了大量美元,客观上起到了扩大世界购买力的作用。同时,固定汇率制在很大程度上消除了由于汇率波动而引起的动荡,在一定程度上稳定了主要国家的货币汇率,这有利于国际贸易的发展。据统计,世界出口贸易总额年平均增长率,1948—1960 年为 6.8%,1960—1965 年为 7.9%,1965—1970 年为 11%;世界出口贸易年平均增长率,1948—1976 年为 7.7%,而战前的 1913—1938 年,平均每年只增长 0.7%。基金组织要求成员国取消外汇管制,以利于国际贸易和国际金融的发展,因它可以使国际贸易和国际金融在实务中减少许多干扰或障碍。

布雷顿森林体系是以美元和黄金为基础的金汇兑本位制,它必须具备两个基本前提:

一是美国国际收支能保持平衡;二是美国拥有绝对的黄金储备优势。但是进入 20 世纪 60 年代后,随着资本主义体系危机的加深和政治经济发展不平衡的加剧,各国经济实力对比发生了变化,美国经济实力相对减弱。1950 年以后,美国除个别年度略有顺差外,其余各年度都是逆差,并且有逐年增加的趋势。至 1971 年,仅上半年,逆差就高达 83 亿美元。随着国际收支逆差的逐步增加,美国的黄金储备也日益减少。1949 年,美国的黄金储备为 246 亿美元,占当时整个资本主义世界黄金储备总额的 73.4%,这是战后的最高数字。此后,逐年减少,至 1971 年 8 月,尼克松宣布"新经济政策"时,美国的黄金储备只剩下 102 亿美元,而短期外债为 520 亿美元,黄金储备只相当于积欠外债的 1/5。美元大量流出美国,导致"美元过剩",1973 年年底,游荡在各国金融市场上的"欧洲美元"就达 1000 多亿。由于布雷顿森林体系前提的消失,也就暴露了其致命弱点,即"特里芬难题"。体系本身发生了动摇,美元国际信用严重下降,各国争先向美国挤兑黄金,而美国的黄金储备已难于应付,这就导致了从 1960 年起,美元危机迭起,货币金融领域陷入日益混乱的局面。为此,美国于 1971 年宣布实行"新经济政策",停止各国政府用美元向美国兑换黄金,这就使西方货币市场更加混乱。1973 年美元危机中,美国再次宣布美元贬值,导致各国相继实行浮动汇率制代替固定汇率制。美元停止兑换黄金和固定汇率制的垮台,标志着战后以美元为中心的货币体系瓦解。

(四)信用货币本位制

信用货币本位制,也叫纸币本位制,是一种以信用为基础的货币制度。这是当今世界各国普遍推行的一种货币制度。信用本位制有如下几个特点:

(1)流通的是信用货币,它一般由中央银行发行,并由国家法律规定赋予无限法偿能力;

(2)信用货币不与任何金属保持等价关系,不能兑换金属;

(3)货币发行不受黄金数量限制,而是视本国经济发展需要而定,其流通基础是人们对政府维持币值相对稳定的信心。

信用货币本位制的这些特点,使得政府一方面可以根据经济发展的实际需要调节货币供应量,不受贵金属对货币发行的约束;另一方面由于信用货币不受金准备的约束,不存在黄金对货币流通量的自动调节机制,极易导致通货膨胀。因此在这种货币制度下,政府必须严格控制货币的发行量,否则将导致货币信用基础的动摇。

三、我国的货币制度

我国现行的货币制度是信用货币制度,具有"一国多币"的特殊性。

(一)人民币制度

人民币制度是从人民币的发行开始的。1948 年 12 月 1 日,华北银行、北海银行和西北农民银行合并成立了中国人民银行,同时正式发行人民币作为全国统一的货币。人民币发行后,在通过逐步收兑、统一解放区货币的基础上,又迅速收兑了原国民党政府发行的伪法币、金圆券乃至银行券,并排除了当时尚有流通的金银外币等,从而建立了以人民币为唯一合法货币的、统一的货币制度。我国的人民币货币制度主要包括以下内容。

1. 人民币是我国的法定货币

我国的法定货币是人民币。人民币是中国人民银行发行的信用货币,是我国的无限法偿货币,没有规定含金量,也不能自由兑换黄金。人民币的单位为"元",元是本位币即主币,辅币的名称是"角"和"分"。1元等于10角,1角等于10分。人民币的票券、铸币的种类由国务院统一规定。以人民币支付中华人民共和国境内的一切公共的和私人的债务,任何单位和个人不得拒收。

2. 人民币是我国唯一合法的通货

国家规定了人民币限额出入国境的制度,在国内严禁一切外国货币流通,金银也不准计价流通。人民币由中国人民银行发行,严禁伪造、变造和破坏国家货币。《中国人民银行法》第20条还规定:"任何单位和个人不得印制、发售代币票券,以代替人民币在市场上流通。"

3. 人民币的发行坚持集中统一和经济发行的原则

集中统一是指人民币的发行权集中于中央,中国人民银行是国家唯一的货币发行机关。除中国人民银行外,任何单位任何部门,任何个人和任何地区都不得发行地区性货币,以及任何变相货币或货币代用品;无权动用国家发行基金以及突破货币发行计划。只有货币发行的高度统一,才能保证货币的正常流通和币值稳定。人民币的发行主要通过货币发行基金和业务库的管理来实现。

经济发行是指根据经济增长和商品流通的合理需要,按照货币流通规律要求,通过银行信贷收支发行货币。人民币的发行保证是国家拥有的商品物资,黄金、外汇储备主要是作为国际收支的准备金。与经济发行相对立的是财政发行,即通过发行货币来弥补财政赤字,弥补政策性亏损和企业亏损。财政向银行透支、借款、强制摊派债券或挤占银行信贷资金都可引起财政发行。这种货币发行会导致通货膨胀。

知识拓展

人民币制度的主要内容

一、人民币是我国的法定货币,具有无限法偿能力。以人民币支付中华人民共和国境内的一切公共的和私人的债务,任何单位和个人不得拒收。

二、人民币是不兑现的信用货币,它不与任何金属挂钩,不规定含金量,也不能自由兑换黄金。

三、人民币的单位为元,人民币辅币单位为角、分。1元等于10角,1角等于10分。人民币依其面额支付。人民币的符号是"¥",货币代码为"CNY"。

四、人民币由中国人民银行统一印刷、发行。中国人民银行设立人民币发行库,在其分支机构设立分支库。

五、禁止伪造、变造人民币。禁止出售、购买伪造、变造的人民币。禁止运输、持有、使用伪造、变造的人民币。禁止故意毁损人民币。禁止在宣传品、出版物或者其他商品上非法使用人民币图样。

六、任何单位和个人不得印制、发售代币票券,以代替人民币在市场上流通。

七、残缺、污损的人民币,按照中国人民银行的规定兑换,并由中国人民银行负责收回、销毁。

八、中国公民出入境、外国人入出境携带人民币实行限额管理制度,具体限额由中国人民银行规定。

(二)一国两制下的地区货币制度

1997 年和 1999 年,我国政府恢复了对香港和澳门行使主权,香港特别行政区、澳门特别行政区相继成立,我国的货币制度改为实行一个主权国家两种社会制度下的人民币、港元、澳元"一国多币"的特有货币制度。在内地仍然实行人民币制度,在香港、澳门分别实行港元制度、澳门元制度,在货币发行、流通与管理等方面分别自成体系。一国两制下的地区货币制度的改革和发展,是世界货币制度发展史上的创举,有力地促进了经济和金融的稳定和发展。

1. 港元制度

(1)根据《中华人民共和国香港特别行政区基本法》,港元为香港的法定货币。港元的发行权属于香港特别行政区政府。港元发行在香港实行的是商业银行发钞制度。渣打银行、汇丰银行、中国银行香港分行是港元的指定发行银行,港元的发行必须有百分之百的外汇作为发钞的准备。

(2)香港货币单位为"元",简称"港元",用符号"HK＄"表示。目前香港的货币包括由政府发行的硬币及三家银行发行的纸币。发行纸币面额有 10 元、20 元、50 元、100 元、500 元和 1000 元六种(中国银行发行的纸币没有 10 元券);由香港政府发行的硬币有 5元、2 元、1 元、5 毫、2 毫、1 毫及 1 仙纸币。

(3)港元实行与美元联系的汇率制度,7.8 港元兑换 1 美元。香港特别行政区的外汇基金由香港特别行政区政府管理和支配,主要用于调节港元汇价。港元兑美元的联系汇率制度始于 1983 年。

(4)香港特别行政区不实行外汇管制,港元可以自由兑换,外汇、黄金、证券、期货市场完全放开。

根据我国目前的外汇管理规定,港元仍然属于外汇,港元在内地以外币对待,同样,人民币在香港也以外币对待。

知识拓展

香港联系汇率制度

香港联系汇率制度,是指将香港本地的货币与某种特定的外币挂钩,按照固定汇率进行纸币发行和回收的一种货币制度。

1972 年以前,香港是英镑区成员,港元与英镑挂钩,故发钞银行须按规定比例缴存英镑或合格抵押品后才能发钞,并换取无息的负债证明书。1983 年 10 月 17 日,香港实施与美元挂钩的联系汇率,发钞行在发行港币时,须按 1 美元兑 7.8 港元的汇价缴存百分之百的美元准备,并换取金融管理局在外汇基金账目下发出的无息负债证明,才能发行等值港钞,港府发行硬币时,也须将港币或外汇拨入"硬币发行基金"作储备。1976 年硬币发行基金的全部资产均转拨入外汇基金内,并由外汇基金发回有息负债证明书。1978 年,硬币发行基金合并入外汇基金。港币的发行采取以 100% 外汇储备作后盾的形式,对维持港元汇价的稳定及对香港经济发展均有一定的支持作用。从中不难看出,以美元作为港元发行的基础和依据,并使两者保持固定的汇率,是香港联系汇率制度的两个基本要点。

2. 澳门元制度

(1)根据《中华人民共和国澳门特别行政区基本法》,澳门元为澳门的法定货币。澳门元的发行权属于澳门特别行政区政府。中国银行、大西洋银行是澳门元的指定发行银行。

(2)澳门货币单位为"澳门元",简称"澳元",用符号"Pat"表示。发行纸币面额有 5 元、10 元、50 元、100 元、500 元和 1000 元六种;发行的硬币有 1 角、2 角、5 角、1 元、5 元和 10 元六种。各种货币可自由出入境,不受任何限制。

(3)澳门元实行与港元挂钩的联系汇率制度。

根据我国目前的外汇管理规定,澳门元仍然属于外汇,澳门元在内地以外币对待,同样,人民币在澳门也以外币对待。

思政教学

易纲:建设现代中央银行制度

党的二十大报告提出"建设现代中央银行制度",为做好中央银行工作指明了方向。我们要全面贯彻习近平新时代中国特色社会主义思想,以加强党中央集中统一领导为引领,坚持金融工作的政治性、人民性和专业性,夯实现代中央银行制度,走中国特色金融发展之路,服务和保障社会主义现代化强国建设。

建设现代中央银行制度,要围绕党的二十大确立的金融改革发展稳定任务,完善货币政策体系,维护币值稳定和经济增长。高杠杆是宏观金融脆弱性的总根源,中央银行要管好货币总闸门。2008 年国际金融危机发生以来,特别是新冠肺炎疫情发生以来,在党中央的坚强领导下,我国保持政策定力,是少数实施正常货币政策的主要经济体之一。我们没有实施量化宽松、负利率等非常规货币政策,利率水平在全世界居中,在主要发展中国家中较低,人民币汇率也在合理均衡水平上保持基本稳定,物价走势整体可控,有力促进了我国经济稳定增长。

资料来源:《人民日报》2022 年 12 月 13 日第 13 版,http://paper.people.com.cn/rmrb/htGml/2022G12/13/nw.D11000renmrb_20221213_1G13.htm。

本章小结

1. 货币是从商品中分离出来,固定充当一般等价物的商品。货币的本质是一般等价物,即具有能够直接表现其他一切商品的价值,直接和其他一切商品相交换的本质和功能。

2. 货币的发展大体上经历了实物货币——金属货币——代用货币——信用货币等阶段后,通过信用卡的过渡,又迎来了电子货币时代。

3. 货币的职能也就是货币在人们经济生活中所起的作用。在发达的商品经济条件下,货币具有这样五种职能:价值尺度、流通手段、贮藏手段、支付手段和世界货币。其中,价值尺度和流通手段是货币的基本职能,其他三种职能是在商品经济发展中陆续出现的。

4. 货币制度,简称"币制",它是一个国家以法律形式所确定的关于货币发行和流通的结构、体系和组织形式。货币制度的基本内容包括货币币材的规定,货币单位的规定,本位币与辅币的铸造、发行与流通程序,银行券与纸币发行和流通的规定,金准备制度。纵观世界各国货币制度的演变过程,货币制度主要经历了金属货币本位制和信用货币本位制两大阶段,其中金属货币制度又可分为银本位制、金银复本位制和金本位制。

关键词

货币　纸币　铸币　辅币　主币　银行券　实物货币　金属货币　信用货币　存款货币　电子货币　流通手段　贮藏手段　价值尺度　支付手段　货币制度　货币单位无限法偿　有限法偿　金币本位制　格雷欣法则　金块本位制　金汇兑本位制

练习与思考

一、判断题

(　　)1. 价值尺度和流通手段是货币的两个最基本的职能。

(　　)2. 辅币必须是足值的货币。

(　　)3. 在金属货币条件下,辅币具有自由铸造和无限法偿的特点。

(　　)4. 现金是信用货币,银行存款不是信用货币。

(　　)5. 我国人民币的流通在于人们对国家银行的信赖,并非国家规定的强制流通。

(　　)6. 在金属货币制度下,本位币可以自由铸造与自由熔化。

(　　)7. 货币是伴随着商品交换而产生的,也因商品经济的发展而不断演变。

(　　)8. 用本位币支付的金额不管有多大,债权人都必须接受。

(　　)9. 金币本位制、金汇兑本位制和金块本位制条件下,金铸币都是流通中的货币。

(　　)10. 用一定的人民币可以买到金银制品,因此人民币可兑换为金银。

(　　)11. 港币、澳门元、新台币可以在中国大陆计价流通。

（　　　）12. 货币制度最基本的内容是确定货币名称和货币单位。货币名称和货币单位确定了,一国的货币制度也就确定了。

（　　　）13. 现代信用货币制度中都有金准备制度,说明与黄金还有直接联系。

（　　　）14. 国家货币说认为货币是国家法律所创造的用以交换他物的凭证。

（　　　）15. 现在大多数国家的本位币是无限法偿货币,辅币是有限法偿货币。

二、单项选择题

1. 目前世界各国都实行（　　　）。

　　A. 金本位制　　　　　　　　　　B. 黄金准备制

　　C. 外汇准备制　　　　　　　　　D. 不兑现的信用货币制度

2. 马克思的货币起源理论表明（　　　）。

　　A. 货币是国家创造的产物

　　B. 货币是先哲为解决交换困难而创造的

　　C. 货币是为了保存财富而创造的

　　D. 货币是固定充当一般等价物的商品

3. "劣币驱除良币"现象发生在（　　　）。

　　A. 银本位制　　　　　　　　　　B. 金本位制

　　C. 金银复本位制　　　　　　　　D. 现代信用货币制

4. 货币执行支付手段职能的特点是（　　　）。

　　A. 货币是商品交换的媒介

　　B. 货币运动伴随着商品运动

　　C. 货币是一般等价物

　　D. 货币作为价值的独立形式进行单方面转移

5. 价值形式发生质的飞跃是（　　　）。

　　A. 简单价值形式　　　　　　　　B. 扩大价值形式

　　C. 一般价值形式　　　　　　　　D. 货币价值形式

6. 下列属于货币流通手段的是（　　　）。

　　A. 偿还欠款　　　B. 支付工资　　　C. 支付房租　　　D. 购物付款

7. 某公司以延期付款方式销售给某商场一批商品,则该商场到期偿还欠款时,货币执行（　　　）。

　　A. 价值尺度　　　B. 流通手段　　　C. 贮藏手段　　　D. 支付手段

8. 增加贷款发放是基于生产和流通扩大的需要,因而由此增加的货币发行是适应经济需要的,通常称之为（　　　）

　　A. 经济发行　　　B. 财政发行　　　C. 非信用发行　　　D. 无正确答案

9. 流通中需要的货币量与（　　　）成反比。

　　A. 商品价格总额　　　　　　　　B. 货币流通速度

　　C. 商品的价值　　　　　　　　　D. 人们持币愿望

10. 典型的银行券属于（　　　）。

　　A. 实物货币　　　B. 代用货币　　　C. 信用货币　　　D. 电子货币

三、多项选择题

1. 人民币发行的原则有（   ）

    A. 集中统一发行　　　　　　　　　　B. 按计划发行

    C. 按经济规律的要求发行　　　　　　D. 按货币流通规律的要求发行

    E. 按财政收支的需要发行

2. 港币的发钞银行包括（   ）。

    A. 汇丰银行　　　　B. 渣打银行　　　　C. 中国银行　　　　D. 金融管理局

3. 现代信用货币主要形式有（   ）。

    A. 金属货币　　　　B. 代用货币　　　　C. 现金　　　　　　D. 存款货币

4. 信用货币制度的特点是（   ）。

    A. 以纸币为本位币，由国家强制力赋予无限法偿能力

    B. 纸币不规定含金量，也不可兑换黄金，货币发行不以金银作准备

    C. 中央银行垄断货币发行，货币通过银行信用程序投放到流通领域

    D. 国家对货币发行和流通进行管理和调节

5. 金属本位币特点（   ）。

    A. 自由铸造　　　　　　　　　　　　B. 自由熔毁

    C. 自由兑换　　　　　　　　　　　　D. 自由输入、输出国境

6. 澳门元的发钞银行包括（   ）。

    A. 大西洋银行　　　　B. 中国银行　　　　C. 人民银行　　　　D. 金融管理局

7. 本位货币的特点有（   ）。

    A. 具有无限法偿能力　　　　　　　　B. 其法偿能力有限

    C. 国家法定的标准货币　　　　　　　D. 指货币的材料

8. 关于人民币制度的说法正确的有（   ）。

    A. 人民币是信用货币

    B. 国有商业银行有权发行人民币

    C. 在我国，人民币是唯一合法流通的货币

    D. 人民币中所有的纸币都是主币，所有的金属币都是辅币

    E. 人民币同美元保持固定比价

9. 货币制度的构成要素有（   ）

    A. 货币材料　　　　　　　　　　　　B. 货币的铸造、发行和流通程序

    C. 货币单位　　　　　　　　　　　　D. 准备金制度

10. 下列属于货币支付手段的有（   ）。

    A. 财政的开支　　　　　　　　　　　B. 银行吸收存款

    C. 银行发放贷款　　　　　　　　　　D. 工资的支付

四、问答题

1. 货币产生的经济根源是什么？它有哪些形态？

2. 简述货币的职能，并举例说明。

3. 你是如何看待电子货币的？你对未来货币形式的演变有何看法？

4. 为什么金属货币的贮藏功能可以自发调节货币流通量,而信用货币却不行?

5. 金本位制有哪几种形式?各有什么特点?

6. 货币制度包括哪些内容?

五、案例分析题

1. 在下列有下划线的表述中,哪一种属于经济学家的货币定义?

(1)小张很富有,祖父留给他数百万的财产。

(2)她每月的收入很少。

(3)我到商场去买家用电器,带了很多的钱。

(4)贪财是万恶之源。

(5)银行投放了很多的现金。

2. [小岛上的石头货币]耶普岛是一个位于太平洋西部的小岛,人口约为6 300人,面积100.2平方公里。由于当地不出产金属,于是石头便成为当地最重要的资源,当地居民大部分劳动都耗费在搬运石头和磨制石头上了,石头逐渐成为当地劳动的代表物,并发展出以石头充当媒介的交易模式。当地居民把自己的这种交换媒介称作斐。

斐是由大而坚硬、厚重的石轮组成的,在石轮的中间有一个孔,人们可以在孔中插入一根杆,作为方便搬运之用。石轮的大小各异,直径从3.5厘米到3米不等。对于当地人来说,斐体积的大小,代表着价值的大小。虽然其计算单位比较粗糙,而且缺乏准确度,但从居民拥有多少石币大致可以计算出他财富的多少,交易时也会要求按照商品的贵贱支付不同大小、数量的石币。由于这些石币巨大且不易搬运,因此在交易完成后,石头本身一般并不挪动,只是由石头的主人作一个口头声明,告诉大家这块石头易主就行了。这些石头一般都整齐地排放在在村落外的一片空地上,这就是耶普岛居民们所谓的"石币银行"。

在这个小岛上,关于石币斐发生了许多有趣的故事,以下是其中的几件:

(1)在这小岛上有一户很富有的家庭,这家人拥有一块非常巨大的斐,对于当地来说这是一笔非常巨大的财富。然而,没有一个人甚至这家人自己,亲眼看见过或触摸过这笔财富。这是因为在很多年前,这家人的一位祖先,曾经在远处的小岛上找到了这块大得出奇并极具价值的石币。可是在将其搬上木筏运送回家的过程中,海上起了风暴,为了保护众人的生命,大家砍断了木筏的缆绳,石头也因此沉入了海底。这些人回家后,所有的人都证明说,这块斐的体积极巨大,质地优良,石币的丢失也不能怪罪于拥有者。于是从那时开始,所有的人都从心底里承认,虽然石币在物理上已消失,但理论上这块石币依然存在,只是不在这个人的家中,石币的购买力并不能因石币所处的地点而有所改变,所以这户人家拥有这块石币所代表的财富。

(2)由于耶普岛本地并不出产制造斐的石灰石,早些年间,耶普人为了获得制造斐的石料需要付出很大的代价。他们需要横渡大洋,到250海里以外一个叫帕劳的岛上开采,并且驾驶着非常简陋的独木舟运载石料,而石料是用贝壳制成的工具开采的,并且在运输过程中还经常遇上风暴,随时都有生命危险。但是这一切在1871年发生了一些变化。在这一年里,一位名叫戴维奥基夫的美国人驾驶的小船在该岛附近触礁。当他乘着舢板离开他的破船,登上耶普岛时发现,竟然有这么一群人用如此简陋的方式来搬运石头。于是,奥基夫决定帮助这些人,他用修复后的船作为耶普人来往于耶普岛和帕劳之间的运输船,并提供凿子、斧头等铁器,帮助当地人开采。作为回报,耶普人给奥基夫许多椰仁干作为报酬。正是由于奥基夫的帮助,当地人开采石头变得容易,但是同时他们也发现石头价值也变得比以前低了。一个曾经当过批发商和银行保管员的耶普人说:"现在我们想要多少就可以搞到多少石头,这么容易得来的石头值不了多少钱。"

(3)1898年,德国从西班牙手中获得了耶普岛的所有权。当时,岛上的道路或公路的状况非常差,因此德国人计划改造这里的交通状况。有几个部落首领接到通知,让他们必须把道路修好,而且要维护好。但是,对这些赤脚走路的当地人来说,当时用大块的珊瑚胡乱铺就的道路已经非常适宜了。所以,这个命令下达了很久都没有得到响应,工程迟迟无法开工。最后,德国统治者决定向抗拒命令的部落首领征收罚金,并想出了一个办法。他们派出了一个人,走遍了那些抗拒命令地区的每一家石屋和公共聚会场所,去收取罚金。到那儿之后,这个人只需在一批最有价值的斐上画上黑色的十字,表明这块石头已经被政府征收了。很快这个办法就发挥了效果,那些贫苦的当地人马上就修好了连接岛屿两端的道路,而且修得很齐整。看到工程已经完成,德国人又派出了几个人,擦掉了画在石头上的十字。一眨眼的工夫,罚金抵消了,幸福的耶普人又重新获得了他们对斐的所有权,并尽情享受着自己的财富。

要求:根据以上案例,结合本章所学的知识点,试谈论一下你对货币的看法。

第2章 信用与利息

本章导图

信用与利息

信用的演进
- 信用的概念
- 信用的产生
- 信用的发展

知识目标：
掌握并理解信用的概念
了解信用的产生及其发展所经历的三个阶段
技能目标：
理解经济学领域信用的含义及特征

信用形式
- 商业信用
- 银行信用
- 国家信用
- 消费信用
- 国际信用

知识目标：
熟悉信用的几种主要形式及其特点
技能目标：
熟知信用的几种形式在现实经济生活中的应用

信用工具
- 信用工具的概念及特点
- 信用工具的分类
- 传统信用工具
- 金融衍生工具

知识目标：
掌握信用工具的特点及种类
技能目标：
熟知货币市场工具、资本市场工具和几类金融衍生工具

利息与利息率
- 利息及其本质
- 利息的计算
- 利息率
- 决定和影响利率水平变动的因素
- 利率市场化

知识目标：
掌握利率的种类以及利息的计算，了解我国的利率市场化改革
技能目标：
理解现值与终值的概念，并应用于日常的理财和投资决策

案例导读

台湾作家刘墉某日到一位教授家拜访，适逢教授的一位朋友去还钱。那人走了之后，教授就拿着钱感叹说："失而复得的钱，失而复得的朋友。"

刘墉听了不解，问后一句话的意思。教授说："我把钱借给朋友，从来不指望他们还。

因为我想，如果他没钱而不想还，一定不好意思来；如果他有钱而想赖账，也一定不好意思来，那么我吃亏也就一次，等于花点钱，认清了一个坏朋友。谈到朋友借钱，只要数目不太大，我总会答应的，因为朋友应该有通财之谊。至于借出去之后，我从不去催讨，因为这难免伤了和气。因此每当我把钱借出去时，总有既借出去钱又借出去朋友的感觉。而每当他们把钱还回来时，我便有金钱与朋友一起失而复得的感觉。"

这个故事说明的就是信用问题。

在现代社会中，人们使用的货币都是信用货币，银行是主要的信用中介机构，任何货币、银行问题都与信用紧密相连。事实上，在商品经济高度发达的国家，信用关系已发展到一个前所未有的高度，成为经济中一个无时不有、无处不在的基本要素，信用关系已成为一种最复杂和最广泛的经济联系，信用活动已渗透到社会生活的各个领域，信用工具越来越多地被人们使用。因此，有人把现代经济称为信用经济。本章从信用的产生开始，逐次介绍信用的各种形式、各种信用工具、利息和利息率，为进一步学习金融机构体系、金融市场等内容打下基础。

第一节　信用的演进

一、信用的概念

在日常生活中，"信用"一词运用非常广泛。西方经济学中的"信用"一词源于拉丁语"credo"，其意为"信任、声誉"等；"信用"在英语中是"credit"，其意为"信任、赊账、信贷"等。在《辞海》中，对于"信用"一词的解释有三层意思：一是以诚信任用人，即信任使用；二是遵守诺言，实践承诺，从而取得别人对他的信任；三是以偿还为条件的价值运动形式。

经济学领域中，信用是与商品生产和货币经济相联系的范畴，与道德伦理方面使用的信用是有区别的。因此，金融学所研究的信用及信用关系主要是第三层意思，即在商品货币经济条件下，以还本付息为条件的一种借贷行为，是价值运动的特殊形式。所谓借贷行为，是指商品或货币的所有者，把商品或货币赊销或贷放出去给需要者使用，并且约定时间，到期由商品的赊购者或货币的借入者还本付息的行为。

信用具有以下三个特征：

（1）信用是以偿还本金和支付利息为条件的借贷行为。这种借贷行为是以收回本金为条件的付出，或以偿还为义务的取得；是以取得利息为条件的贷出，或以支付利息为前提的借入。现实生活中也有无息借贷，如西方一些国家对企业的活期存款不支付利息，从表面上看，存款者未获得让渡资金使用权的补偿，但由于银行向其提供了相应的服务及贷款的权利，实际上也是有息的。因此可以说，在市场经济条件下还本和付息是信用最基本的特征。

（2）信用是价值运动的特殊形式。在一般的商品与货币相交换的过程中，卖者卖出商品取得货币，买者让出货币取得商品，一手交钱一手交货，双方是对等交换。当交易结束后,买卖双方便不存在任何经济上的权利与义务了。而在信用活动中,一定数量商品和货币从贷者手中转移到借者手中,并没有同等价值的对立运动,只是商品或货币的使用权让渡,没有改变所有权。当贷款者将货币支付给借款人的时候,并不像一般商品交易那样意味着两者关系的结束,而正是两者关系的开始。只有当本息得到偿还后,才是两者关系的结束。所以,信用是价值的单方面的转移,是价值运动的特殊形式。

(3)信用关系是债权债务关系。本质上,信用关系是债权债务关系,信用行为就是放债和承债行为。在信用行为中,商品和货币的所有者因为让渡商品或货币的使用权而成为债权人,商品或货币的需要者则成为债务人。

二、信用的产生

信用与货币一样,不是从来就有的,它的产生同商品生产、货币经济,特别是货币的支付手段职能有着密切的关系。信用是商品货币经济发展到一定阶段的产物。当商品交换出现延期支付、货币执行支付手段职能时,信用就产生了。

(1)信用产生和发展的基础在于商品货币经济。任何一个时期的信用或任何一种形式的信用,它都表现为对商品或货币的借贷。因此,没有商品和货币的产生,就没有信用的产生。然而,在商品买卖过程中,由于商品和货币在各生产者之间的分布经常是不均衡的,这种不均衡必然导致买卖脱节。一方面,商品要出卖,但有货币的人不需要购买;另一方面,需要购买商品的人,则又可能没有货币。在此情况下,若要实现商品买卖,要么赊买赊卖,要么借钱购物。在赊买赊卖的情况下,卖者变成贷者或债权人,买者变成借者或债务人。在借钱购物的情况下,贷出货币的人变成贷者或债权人,借入货币的人变成借者或债务人。这样,在商品买卖关系之外,又形成了一种债权债务关系,即信用关系。

(2)信用的产生与货币的支付手段职能紧密相连。在赊买赊卖的情况下,商品的买卖和货币的支付在时间上发生分离,买者首先获得商品,等赊销到期才支付货币,在这种场合下,货币不是执行流通手段职能,而是执行支付手段职能,同时,卖者成为债权人,买者成为债务人,买者与卖者之间形成了债权债务关系,即信用关系。因此信用关系的产生是同货币支付手段职能的发展联系在一起的。

(3)信用产生的社会制度根源是私有制。在原始社会初期,社会生产力水平低下,人们的生产活动还难以维持温饱,没有剩余产品进行交换,因而也就没有信用存在的基础。到了原始社会末期,出现了两次社会大分工,劳动生产率有了明显提高,出现了剩余产品和商品交换,特别是由于在这个基础上出现了私有制,使原始社会内部发生了贫富的分化,出现了富裕家族和贫困家族。货币资财集中在富裕家族手中,而贫困家族因缺少生活资料和生产资料,为了维持生活和继续从事生产,或因遭到天灾人祸,他们不得不向富裕家族借贷,于是就出现了信用活动。可见,私有制是信用产生的社会制度根源。

最早的信用活动是实物借贷。货币产生之后,逐渐发展为货币借贷,并且经历了以实物借贷为主,辅之以货币借贷形式和逐步发展为以货币借贷为主的过程。

三、信用的发展

人类社会从奴隶社会和封建社会向资本主义社会和社会主义社会发展,推动着低级的简单的商品经济向社会化市场化方向发展。在此发展过程中,信用形式相适应地经历了高利贷信用、资本主义信用和社会主义信用三个发展阶段。

(一)高利贷信用

高利贷信用是以高利贷者通过贷放实物或货币而收取高额利息为特征的一种借贷行为,是生息资本的古老形态。它产生于原始社会末期,在奴隶社会特别是封建社会得到了广泛的发展,成为占统治地位的信用形式。

1. 高利贷信用的产生与发展

高利贷信用最初出现于原始社会的末期。第一次社会大分工促进了生产力水平的迅速提高和商品经济的发展,并使原始公社内部出现了私有制和贫富之分。贫穷者缺乏必要的生产资料和生活资料,不得不向富裕者借贷,并被迫接受支付高额利息的要求,这样就产生了高利贷。高利贷最初是部分地以实物形式出现的,随着商品货币关系的发展,货币借贷才逐渐成为高利贷的主要形式,并出现了专门从事货币贷放的高利贷者。

高利贷在奴隶社会和封建社会得到了广泛的发展,主要原因是,在这两个阶段,商品经济尚未得到充分的高度的发展,还是一种小商品经济,而在这样一种小商品经济条件下,生产力水平低,小生产者经济状况极不稳定,又要承担各种苛捐杂税、徭役、地租等沉重负担,因而一旦遇到天灾人祸,生产生活就难以为继。他们为了维持简单再生产和维持生活就不得不求助于高利贷者。所以,小生产者的广泛存在和商品货币经济不发达是高利贷赖以存在的经济基础。

旧中国的高利贷十分活跃,名目繁多,华北盛行"驴打滚",江浙一带有"印子钱",广东则有"九扣十三归",等等。

2. 高利贷信用中的借贷者

在前资本主义社会里,除了小生产者是高利贷的主要借者(需求者)以外,高利贷的需求者还包括一些破落的奴隶主和封建主,他们从高利贷者那里获取贷款,不是为了满足生产的需要,而是为了满足其穷奢极欲的生活需要,如购买昂贵的装饰品、建造豪华的宫殿等。有时他们是出于政治活动的需要而借高利贷,如贿赂官吏、豢养武士保镖等,以巩固和加强其统治地位。

在前资本主义社会里,高利贷活动的贷者,主要有三类。首先是商人,特别是专门从事货币兑换的商人。他们从事兑换、保管、汇兑货币的业务,手中经常掌握着大量的货币资财,这为他们发放高利贷提供了条件。其次是宗教机构,如寺院、庙宇、教堂和修道院等,他们发放高利贷的资财主要来自善男信女的施舍,或是一些富有者委托保管的财产。再次是奴隶社会和封建社会的统治者,他们通过巧取豪夺、残酷剥削得来的财富在未消耗之前,也通过高利贷手段进行超经济剥削。

3. 高利贷信用的特点

高利贷除了具有信用的一般特征如价值单方面让渡、到期偿还、收取一定利息外,还具有以下特点:

(1)利率高、剥削重。高利贷的利息率很高,较低的一般为年利率30%～40%,较高的达200%～300%。在旧中国,"驴打滚"就是利率在100%以上。因此高利贷所体现的是高利贷者、奴隶主和封建地主共同瓜分奴隶、农民和手工业者的剩余劳动,并对他们进行超经济剥削的经济关系。高利贷之所以利率特别高,一是因为高利贷的需求者是为了生产或生活之急需,其贷款性质不是为了追加资本,为此只能忍受高利盘剥。二是在自然经济占统治地位、商品货币经济不发达的条件下,高利贷资本的供应总是赶不上需求,这就为高利贷的高利盘剥提供了可能条件。

(2)非生产性。无论从高利贷资本形成还是从其运用来看,都不是在再生产中而是在再生产以外。高利贷资本形成于商人、官吏和宗教机构所聚集的货币财富,这些财富主要来自掠夺、剥削或施舍。从高利贷的用途来看,小生产者借高利贷大多用于生活急需、缴付租税,以维持生产和生活;奴隶主和地主借高利贷则是为了满足奢侈的、寄生性的生活,与社会再生产没有直接联系。

4. 高利贷信用的作用

在前资本主义社会,高利贷信用具有两方面的作用:

一方面,高利贷信用促进了自然经济的解体和商品经济的发展。小生产者借高利贷往往以破产告终,从而使小农经济受到极大的破坏,加速了自然经济的解体。由于高利贷主要采取货币借贷形式,借者为了按期支付利息和清偿债务,不得不努力发展商品生产,并通过出售商品而换回货币,这样又促进了商品经济的发展。

另一方面,高利贷信用破坏和阻碍了生产力的发展。自然经济中的小生产者本来就只能勉强维持简单再生产,高利贷使小生产者在艰难的条件下难以维持简单再生产。奴隶主和封建主为了清偿债务而更加残酷地压榨奴隶和农奴,使生产条件日益恶化,造成生产规模逐渐萎缩。

在向资本主义社会过渡时期,高利贷的作用仍然是双重的:

一方面,高利贷促进了资本主义生产方式前提条件的形成。高利贷通过其自身特有的“高利”特点使高利贷者积累了大量的资金,有了成为资本家的可能,为资本主义生产方式提供了资本,同时,大量农民、手工业者因遭受高利贷盘剥而破产,成为无产阶级,为资本主义生产方式的形成提供了庞大的雇佣工人。

另一方面,高利贷在一定程度上也阻碍了资本主义的发展。因为小生产者占优势的前资本主义生产方式是最适宜高利贷活动的基础,高利贷者当然不愿意这种生产方式覆灭,必然会想方设法维持这种旧的生产方式。而按照资本主义生产方式的要求,借贷是为生产作准备或直接用于生产的,高息可能使生产变得无利可图,使产业资本的扩张受到制约。因此,即便高利贷在一定程度上为资本主义生产方式奠定了基础,但由于其破坏性,在一定程度上也阻碍了资本主义的发展。

(二)资本主义信用

资本主义生产关系确立以后,以资本主义再生产为基础的资本主义信用便取代了高利贷信用,占据垄断地位。在资本主义制度下,信用表现为借贷资本的运动。借贷资本是货币资本的所有者为了获得利息而贷放给职能资本家使用的货币资本。借贷资本也是一种生息资本。

1. 借贷资本的产生

借贷资本是在产业资本循环和周转的基础上形成的,它直接与资本主义再生产过程相联系。在产业资本循环中,由于种种原因,必然会游离出一部分闲置的货币资本,而这些闲置的货币资本如果不能为它的所有者带来剩余价值,那就与资本的本性相矛盾了,因此资本家必然要把它运用出去。而当这部分资本家有闲置的货币资本的时候,另一些资本家为了维持资本不间断地周转,或扩大生产规模与经营范围,可能会出现货币资本暂时不足,需要临时补充货币资本。在这种情况下,资本家之间就有可能、也有必要通过有借有还的信用形式,进行货币资本的余缺调剂。这样,从产业资本中游离出来的闲置货币资本就转化为借贷资本。所以,借贷资本既是产业资本循环周转的必然结果,又是产业资本循环周转的必要条件。当然,在资本主义条件下,借贷资本还有其他来源,如食利阶层的货币资本和社会各阶层的货币收入,这是借贷资本的补充和次要因素。

2. 借贷资本的特点

借贷资本虽然是在产业资本运动的基础上产生的,但它又是从产业资本中独立出来的一种特殊的资本形式,因而具有如下特点:

(1)借贷资本是一种所有权资本。借贷资本家把借贷资本贷放出去,让渡的仅仅是资本的使用权,他自己仍保持对资本的所有权,并凭借这一所有权,向职能资本家索取本金与利息收入;而职能资本家则取得资本的使用权,当产品出售,增值了的资本先以货币形态回到职能资本家手中,职能资本家再把借来的货币资本连同利息还给借贷资本家。所以,借贷资本是"两权"分离的资本。

(2)借贷资本是一种商品资本。在资本主义条件下,借贷资本除了如同普通的货币那样,具有充当一般等价物这个使用价值以外,又具有另外一种使用价值,即带来剩余价值或产生利润的能力。所以作为借贷资本的资本,就被当作一种特殊的商品。

(3)借贷资本具有特殊的运动形式。借贷资本不同于产业资本和商业资本,产业资本的运动形式是 $G—W\cdots P\cdots W'—G'$,商业资本的运动形式是 $G—W—G'$,而借贷资本运动形式则是 $G—G'$。从表面上看,借贷资本的运动与职能资本运动相分离,对贷出者来说,流回和让渡的是同一货币形式,没有经过任何中间环节,好像借贷资本能自行增值,而与再生产过程无关。但实际上借贷资本运动是建立在产业资本运动的基础上的,借贷资本家所获得的利息是职能资本家把货币作为资本使用的结果。借贷资本的利息收入来源于产业利润或商业利润,而产业利润或商业利润又都来源于雇佣工人所创造的剩余价值,所以借贷资本运动的全过程是 $G—G_1—W\cdots P\cdots W'—G_1'—G'$。

资本主义信用具有两重性:一方面促进了资本主义的发展,资本主义信用对资本主义的发展功不可没;另一方面也加深了资本主义的基本矛盾,为其向社会主义过渡准备了物质条件。

(三)社会主义信用

在社会主义制度下,由于存在着商品货币关系,从而在社会主义社会再生产过程中,在各个企业中,还存在着资金运动。在企业的资金循环中,由于种种原因,必然会一方面形成货币资金的暂时闲置,另一方面又有临时资金不足和补充资金的需要,这在客观上就要求采取某种形式把暂时闲置的货币资金动员起来,调剂给需要补充货币资金的企业单位。但是在市场经济条件下,资金剩余者与资金短缺者都有各自的经济利益,这就决定了货币余缺的调剂只能借助于有借有还并要支付利息的信用形式才能实现,也只有如此,各个经济主体的地位才能得到尊重,其经济利益才能得到保证。因此,社会主义信用也是一种借贷行为,其运动形式同借贷资本有许多共同之处,其基本特征仍然是有借有还和支付利息。

第二节　信用形式

借贷关系表现出来的具体形式就是信用形式,它是信用活动的外在表现。随着商品货币经济的发展,信用的具体形式日趋多样化和复杂化。在发达的商品经济中,主要的信用形式有商业信用、银行信用、国家信用、消费信用、国际信用。

一、商业信用

商业信用是企业之间相互提供的、与商品交换直接相联系的信用活动。它是现代信用制度的基础,其具体形式有商品的赊购赊销、分期付款、预付货款、委托代销等。

在资本主义社会,商业信用有了很大的发展,这是因为,首先,社会化大生产使各生产部门、各企业之间存在着密切的联系,而它们在生产时间和流通时间上又往往存在不一致的现象,经常产生一些企业的商品积压待售,而需要这些商品的买主却因为自己的商品尚未生产出来或者未售出一时缺乏现金的矛盾。为了克服这种矛盾,就出现了卖方把商品赊销给买方,买方通过延期付款或分期付款的方法提前取得商品。企业之间相互提供信用,这是商业信用迅速发展的主要原因。其次,由于商业资本和产业资本相分离,因此,厂家向商家提供商业信用,既有利于商家减少资本持有量,也有利于加快其商品价值的实现,提高商品流通速度,从而促进社会经济的发展。所以,在现代市场经济中,商业信用获得了充分发展,并成为现代信用制度的基础。

(一)商业信用的特点

(1)从主体看,在商业信用关系中,无论是信用的提供者还是接受者都是企业。因为以商品形态提供的商业信用是在企业的商品交易活动中产生并得以存在、发展的,从事生产经营或流通活动的企业以货主的身份赊销商品给对方,成为债权人,而那些因暂时资金不足而赊销商品的企业则成了债务人。

(2)从客体看,商业信用所贷出去的资本是处于产业资本循环过程中最后一阶段的商品资本,是产业资本的一部分;同时,在商业信用活动中包含着两种不同性质的经济行为——商品买卖和货币借贷。一个企业把一批商品赊销给另一企业时,商品的所有权由卖者转移到买者手中,商品买卖行为完成了。但由于商品的货款并未立即支付,卖者变成了债权人,买者变成了债务人,买卖双方形成了债权债务关系,并以货币债务的形式存在。这种借贷行为的运动还没有从再生产过程独立出来。

(3)从运动状态上看,商业信用的供求在产业周期各个阶段与产业资本状态是一致的。因为它提供的信用资本是产业资本的一部分。在经济繁荣阶段,随着生产和流通的发展、产业资本的扩大,商品增加了,商业信用也随之增加;在经济衰退阶段,随着生产和流通的缩减,产业资本缩小,商品出现滞销,商业信用的供求也减少,整个商业信用规模和数量都大大缩减。

(二)商业信用的局限性

(1)规模和数量上的局限性。商业信用是在企业间展开的,其提供的信用资本是产业资本的一部分。也就是说,以商品或预付货款等形式所提供的信用,只是企业总资本的一部分,因而要受到资本总量的限制。而且,从个别企业来看,它以延期付款方式出售的商品,并非是其全部资本,主要是再生产过程最后阶段的商品资本和可以出售的半成品。

(2)方向上的局限性。由于商业信用的需求者是所售商品的直接购买者,这就决定了企业只能和与自己的经济业务有联系的部门发生信用关系,并且,只能向下游产品的生产者提供信用,例如:棉花商只能以出售棉花的形式向纺织厂提供信用,而不可能向机器加工厂提供信用。而且有时只能从一个方向授信或受信,如纺织行业内只能按下列方向逐级提供商业信用:棉花商—纺织厂—织布厂—印染厂—服装加工厂,而不能反方向提供商业信用。

(3)信用能力上的限制。商业信用之所以能在企业之间建立起一种直接的反映债权债务的信用关系,除了双方以商品买卖关系成立为前提外,更重要的是出售商品的企业比较确切了解购买者的偿还能力及诚信,否则,就不易发生商业信用。

(4)期限上的局限性。企业在向对方提供商业信用时,其所提供的只能是在生产过程中暂时闲置的货币资金,期限很短。所以商业信用只能解决短期资金融通的需要。

二、银行信用

银行信用是银行以及非银行金融机构以货币形式提供的信用。它是在商业信用的基础上发展起来的一种更高层次的信用形式,在现代信用制度中占据核心地位,发挥主导作用,它和商业信用一起成为经济社会信用体系的基本组成部分。

(一)银行信用的内容

银行信用包括两方面的活动:一是银行以债务人的身份将再生产过程中游离出来的暂时闲置的货币资金以及社会上的其他闲散资金聚集起来,即银行的资金来源业务;二是银行以债权人的身份将吸收存款所获得的资金贷放给资金需求者,即银行的资金运用业务。

(二)银行信用的特点

(1)银行信用是一种间接信用。银行信用的借贷双方,一方是银行和非银行金融机构,另一方是企业和个人,实际上银行是在借贷关系中充当中介。所以银行信用是一种间接信用。

（2）银行信用的客体是单一形态的货币资本。一方面,银行信用能有效地聚集社会上的各种闲置资金,形成巨额的借贷资本,从而克服商业信用在数量上的局限性;另一方面,银行信用是以单一货币形态提供的,可以不受商品流转方向的限制,从而克服了商业信用在方向上的局限性。

（3）银行信用的能力和作用范围是很大的。由于银行是特殊的部门,它可以依靠自身在社会经济生活中的重要地位,了解各企业的经营活动,建立广泛的信用关系,使自己的信誉及信用能力大大提高,作用的范围也相应扩大,克服了商业信用使用范围的局限性。

（4）在产业资本循环周转的各个阶段上,银行信用的动态与产业资本的动态是不一致的。

（5）银行信用具有创造信用的功能。其他经济实体要进行货币借贷必须先获得货币才能提供信用,而银行却能创造货币提供信用,使银行具有雄厚的资金实力,能为客户提供不同期限、不同数量的信用,满足客户的需要,克服了商业信用的局限性。

正是由于银行信用具有以上一些特点,更能适应商品经济发展的需要,使其成为现代信用的主要形式,在现代经济社会信用体系中占核心地位,发挥主导作用。在一些发达国家,由金融机构贷放而形成的信用市场资金占其国内对非金融部门贷款总量的 80% 左右。就我国来看,银行信用一直是最基本的资金融通方式,其他信用方式融资所占比重较低。随着我国经济与金融体制的不断改革与完善,企业资金融通方式日益多样化,直接融资比例不断增加;但银行信用融通资金仍然是我国资金融通的最基本形式。

三、国家信用

国家信用又称政府信用,是国家以债务人的身份向社会筹集资金的一种信用形式。国家信用的实质是国家举借债务,其债务人是国家。债权人若是国内居民、企业、团体,则形成的是内债;债权人若是国外居民、企业、团体和政府,则形成的是外债。

(一)国家信用的形式

国家信用就其内债而言,形式主要有:一是发行公债,这是国家信用的主要形式;二是发行国库券;三是向中央银行借款或透支。其中最主要的形式是国家发行公债和国库券。国库券和公债没有本质上的区别。在西方国家,国库券一般是由国库发行的一年期以内的短期政府债券,主要是为了解决财政年度内收支不平衡的矛盾。公债是以政府名义发行的一年期以上的中长期债券,主要是用于弥补财政赤字与其他非生产性开支,有的建设公债则用于国家的生产性投资项目。

国家信用就其外债而言,形式包括向外国政府借款、向国际金融机构借款、向国际银团借款和发行国际债券等。这些外债形式中经常使用且数额较大的是国际金融机构借款,如向国际货币基金组织、世界银行集团和亚洲金融公司等机构借款。由于国际金融机构借款一般期限较长且利率较低,所以是外债使用方式中比较好的一种。通过发行国际债券来筹措资金也是国际金融市场上一种流行的形式。其目的主要是弥补国际收支逆差或者为大型工程项目筹措资金。

(二)国家信用的作用

国家信用与其他信用形式发挥的作用不同,它与社会生产及流通过程没有直接联系。利用这种形式所动员的资金,被国家再利用并发挥着特殊的重要作用:

(1)调节货币供应,稳定国家经济发展。国家信用发挥这一作用是通过间接的方式进行的。当市场资金供求不平衡,产品过剩,经济萎缩时,可通过中央银行在公开市场上买进国家债券,增加货币投放量,从而对经济起扩张作用。反之,如果流通中货币过多,可通过中央银行在公开市场上卖出国家债券,回笼货币,以抑制经济过热。

(2)弥补财政赤字。当财政支出大于收入时,通常可通过三个途径解决:增税、举债和发行钞票。增税不仅立法程序繁杂,而且容易引起公众的不满情绪;过度发行钞票又常常导致通货膨胀。因此,大部分国家都把发行公债作为弥补财政赤字的重要手段。

(3)调剂政府收支不平衡。财政收入即便在正常情况下,在一个财政年度内,也常常发生收支不平衡的现象。例如,从整个财政年度看,财政收支是平衡的,但可能出现上半个财政年度支大于收,下半个年度收大于支,从而在一定时点上出现财政收支不平衡。国家往往借助于发行国库券解决财政年度内收支的暂时不平衡。

除此之外,政府还可以发行公债券筹集大量资金进行基础设施建设。

四、消费信用

消费信用是指企业、银行或其他金融机构向居民个人和家庭提供的用于生活消费的信用。消费信用可以直接采取商品形态,即由商业企业直接向消费者提供所需的消费品;也可以采取货币形态,即由商业银行或其他金融机构向消费者提供贷款,再由消费者购买商品。

(一)消费信用的形式

1. 分期付款

分期付款是商家向消费者提供的信用。其具体做法是先由消费者与商家签订分期付款合同,合同载明期限、利息、每次付款的金额等,消费者购货后,先付一部分价款后即可取走消费品使用,其余部分价款按合同期限分次偿还,货款本息付清后,商品的所有权即归消费者所有。分期付款是最常见的消费信用,主要用于购买小汽车、家电等高档耐用消费品。

2. 消费贷款

消费贷款是指银行和其他金融机构向消费者提供的专门性贷款,用于购买住房、其他耐用消费品以及支付旅游费用等,属于中长期信用。消费贷款有信用贷款和抵押贷款两种。信用贷款无须抵押品,而抵押贷款通常需要由消费者将其所购商品或其他商品作为抵押担保品。例如,汽车消费贷款即以消费者所购买的汽车作为取得贷款的抵押品,住房消费贷款即以消费者所购买的房屋作为取得贷款的抵押品。

3. 信用卡

信用卡是银行和商家联合向消费者提供的信用。信用卡是银行(或信用卡公司)对具有一定信誉的顾客发行的一种赋予信用的证书,消费者凭卡可在约定单位购买商品和支付劳务,定期与银行结账,还可凭卡向发卡银行或其代理机构在规定的额度内透支。

(二)消费信用的作用

1. 积极作用

一是对生产的促进作用。消费信用的存在和发展有效地扩大了消费品的需求,加速了商品价值的实现,从而导致商品生产规模的进一步扩大,刺激经济不断发展。二是对消费的调节作用。通过消费信用可以调节消费者购买消费品的时间和支付能力的不一致,满足不同消费者的不同消费需求。

2. 消极作用

消费信用的过度发展会增加经济的不稳定,造成通货膨胀和债务危机。20世纪90年代以来,随着我国金融体制改革的日益深入和居民收入水平的日渐提高,消费信用在我国也得到了长足的发展。目前,我国银行业向居民个人提供的消费信贷主要有以下几种类型:个人住房信贷、私人汽车信贷、教育信贷、耐用消费品信贷、旅游信贷、医疗信贷等。消费信贷的种类还有不断增长的趋势。

五、国际信用

国际信用是指国际间相互提供的信用,包括各国政府、企业、银行之间相互提供的信用和国际金融机构向各国政府、银行、企业提供的信用,它反映的是国际间的借贷关系。

国际信用的主要方式有:国际商业银行贷款、出口信贷、国际间政府贷款、国际金融机构贷款、国际租赁、补偿贸易。

国际商业银行贷款是指一些大的商业银行向外国政府及其所属部门、私营工商企业或银行提供的中长期贷款。

出口信贷是出口国政府为支持和扩大本国产品的出口,提高产品的国际竞争能力,通过提供利息补贴和信贷担保的方式,鼓励本国银行向本国出口商或外国进口商提供的中长期信贷。具体包括卖方信贷和买方信贷两种方式。

国际间政府贷款是一主权国家政府对另一主权国家政府提供的信用,它一般带有援助性质。

国际金融机构贷款,即国际金融机构向成员国政府提供的贷款。主要包括国际货币基金组织、世界银行及其附属机构——国际金融公司和国际开发协会,以及一些区域性国际金融机构提供的贷款。

随着市场经济的发展和逐步完善,上述五种信用形式得到了不断的发展和完善,同时民间信用、租赁信用、保险信用也在市场经济中发挥了重要的作用。

延伸阅读

我国的征信系统

目前我国对征信系统没有统一的定义。《征信业管理条例》所规范的征信业务为"对企业、事业单位等组织的信用信息和个人的信用信息进行采集、整理、保存、加工,并向信息使用者提供的活动"。征信系统作为征信业务的核心,是指专业化的、独立的第三方机构为信息主体建立信用档案和基础数据库,依法采集、客观记录信息主体的信用信息,并依法对外提供信用报告的系统。

我国征信系统经过 20 余年的建设和发展,已基本形成了政府主导、市场推动的产业模式,形成了传统征信系统持续发展、新兴大数据征信系统呼之欲出的市场格局,建立了信贷信息高度覆盖、行政事业信息加速整合、商业信息和互联网信息探索使用的征信系统格局。

其中,公共征信系统是指由国家机关、政府职能部门建立的征信系统,主要包括金融信用信息基础数据库和公共信用信息共享平台。

金融信用信息基础数据库是由中国人民银行征信中心组织银行业金融机构建立的我国集中统一的企业和个人征信系统。目前接入中国人民银行征信中心的机构,除银行业金融机构外,还有融资性担保公司、小额贷款公司、保理公司、证券公司、保险公司、融资租赁公司、公积金中心等金融信息源,基本做到了在全国范围内持牌金融机构放贷业务的全覆盖。截至 2019 年 6 月末,个人和企业数据库分别接入机构 3 642 家和 3 524 家,共收录 9.99 亿自然人、2757.5 万户企业和其他组织的有关信息,个人和企业信用报告日均查询量分别达 550 万次和 30 万次,已成为世界上收录人数最多、数据规模最大、覆盖范围最广的征信系统。

公共信用信息平台是指政府行政机关以及法律、法规授权的具有管理公共事务职能的组织在履行职责过程中产生或掌握的、可用于识别自然人或法人信用状况的数据和资料,归集于公共信用信息平台,对社会开放,为社会信用管理提供基础信用数据服务。如工商管理总局建立的企业信用信息公示系统提供企业信用信息、经营异常名录、严重违法失信企业名单查询服务,全国法院建立的失信被执行人信息查询平台,中央及各级地方政府建立的信用中国、信用山西等共享平台提供的企业信用信息查询、诚信红黑榜公示信息等都属于此类。

此外,经过多年的实践,各地多层级建立中小微企业和农户信用信息数据库,完善信息征集机制。截至 2019 年 6 月末,全国累计为 261 万户中小微企业和 1.87 亿农户建立信用档案,对全国金融信用信息基础数据库形成了有力补充。

市场征信系统是由民营征信机构、评级机构商业化运作建立的征信系统,主要包括传统民营征信系统和新兴互联网十大数据征信系统。目前我国已在中国人民银行完成备案的企业征信机构达 135 家。信用评级机构暂无官方统计数据,规模较大的主要有中诚信、联合资信、大公国际等 10 家机构。与此同时,新兴互联网十大数据征信系统兴起。例如,阿里巴巴等电商平台积累了大量的用户交易信息、支付结算信息、社交信息,借助云计算的海量数据处理技术,芝麻信用基于信用历史、身份特质、履约能力、行为偏好和人脉关系五个维度对个人赋予信用评分,实属征信系统建设的尝试。2015 年 1 月,人民银行印发《关于做好个人征信业务准备工作的通知》,允许芝麻信用、腾讯征信、前海征信、鹏元征信、中诚信征信、中智诚征信、拉卡拉征信、华道征信等 8 家公司开展第一批个人征信试点业务。尽管这八家个人征信机构牌照仍未发放,但八家公司已建立各自的征信系统。除了这八家试点机构外,还有很多创业平台为机构客户提供个人信用服务,如百融金服、算话征信、聚信立等。

资料来源:中国金融新闻网。

第三节 信用工具

信用工具的产生是信用的必然结果,它是维系信用活动的纽带。

一、信用工具的概念及特点

(一)信用工具的概念

信用工具是以书面形式发行和流通的,用以证明借贷关系即债权债务关系的凭证。它是信用的具体体现,同时也是现实的或潜在的流通手段和支付手段。在早期的信用活动中,借贷双方凭口头协议或记账而发生信用关系,因无法律上的保障,所以极易引起纠纷或坏账损失,并且也不易将债权或债务转让。信用工具的产生和发展克服了口头信用与账簿信用的缺点,使信用活动更加顺畅,更加规范。在金融市场,信用工具又称为金融工具。金融工具的称谓是从金融市场交易的角度来讲的,交易中它们是对象,是手段,是工具,也满足了不同的交易目的,如投资、保值、投机、避险等。它是资金或资本的载体,借助这个运载工具实现资金或资本由供给者手中转移到需求者手中。它是重要的金融资产,是金融市场上的重要交易对象。

(二)信用工具的特点

1. 偿还性

偿还性是指信用工具的发行主体和债务人按期还本付息的特征。信用工具一般载明期限,债务人到期必须偿还,如一张标明 3 个月后支付的汇票,偿还期为 3 个月;5 年到期的公债,偿还期为 5 年,等等。但对当事人来说,更有现实意义的是从持有信用工具之日起到该信用工具到期日所经历的时间。信用工具的偿还期限可以有零和无限期这两个极端,如活期存款的偿还期可以看作零,而股票或永久性债券的偿还期则是无限期的。

2. 流动性

流动性是指信用工具在不受或少受损失的情况下随时或迅速变为现金的能力。从这个角度看,政府和中央银行所发行的纸币和银行活期存款,具有很强的流动性。其他信用工具,或者短期内不易脱手,或者在变现时易受市场波动影响而蒙受损失,或者在交易过程中须耗费相当的交易成本,其流动性也相应减弱。一般的,流动性和偿还期成反比,即偿还期越长,流动性越差;与债务人信用能力成正比,即债务人的信誉越高,流动性越强。

3. 风险性

风险性是指信用工具的本金和预期收益遭受损失的可能性。风险主要来自三个方面：一是违约风险，指债务人不能按时履行契约，支付利息和偿还本息的风险；二是市场风险，指市场上信用工具价格下降可能带来的风险；三是购买力风险，指由于货币购买力下降所带来的风险。一般的，信用工具的偿还期与风险性成正比，即偿还期越长，其风险性越大；而信用工具的流动性与风险性成反比，即流动性越强的信用工具，其风险性就小。

4. 收益性

收益性是指信用工具能定期或不定期给持有者带来收益的特性。如股票可获得股息收益，债券能获得债券利息；另外还可利用金融市场的行情变化，买卖信用工具，带来价差收入。信用工具的收益大小是通过收益率来反映的，收益率是指持有信用工具所取得的收益与本金的比率，通常有三种表示方法：

名义收益率，即规定的利息与票面金额的比率，如某债券的面值 100 元，10 年还本，年息 8 元，则其名义收益率为 8%；

即期收益率，即规定的利息与信用工具市场价格的比率，如上述债券某日的市价为 105 元，则即期收益率为 7.62%(8/105)；

实际收益率，即实际收益与买入价格的比率。如上述债券，若某人在第一年年末以 90 元市价买进该面值 100 元的 10 年期债券，则对买者而言，该债券的偿还期为 9 年，如果他能持有该债券至到期日，则 9 年间除每年获得利息 8 元外，每年还获得本金收益 [(100−90)/9]＝1.11 元，故其实际年收益率为 [(8+1.11)/90]＝10.12%。反之，如在第一年年末以 110 元价格买进，则其实际收益率就只有 [(8−1.11)/110]＝6.26%。

总之，大多数信用工具都具有上述四个特征，但各种信用工具的特征表现是有差异的。这种差异便是金融工具购买者在进行选择时所考虑的主要内容。

二、信用工具的分类

(一)按期限分类

以偿还期限为标准，信用工具可划分为长期信用工具和短期信用工具两大类。长期信用工具也称为资本市场信用工具，如公债券、股票等。短期信用工具也称为货币市场信用工具，如国库券、商业票据、可转让存单等。长期与短期的划分没有一个绝对标准，目前一般把一年以下期限的称为短期信用工具，一年以上期限的称为长期信用工具。西方一般把一年以下的货币市场交易对象称为准货币，这是由于其偿还期短、流动性强，随时可变现，近似于货币。

(二)按是否与实际信用活动直接相关分类

按是否与实际信用活动直接相关，信用工具可以分为原生性信用工具和衍生性信用工具。原生性信用工具是指在实际信用活动中出具的、能证明信用关系的合法凭证，如商业票据、债券等。衍生金融工具是指在原生性金融工具之上派生出来的交易凭证，如各种金融期货合约、期权合约等。

(三)按发行者的性质分类

按发行者的性质,信用工具可以分为直接信用工具和间接信用工具。直接信用工具是指非金融机构,如工商企业、个人和政府所发行和签署的商业票据、股票、公债券、公司债券、国库券、抵押契约等。这些信用工具,是用来在金融市场上直接进行借贷或交易的。间接信用工具是指金融机构发行的银行券、存单、人寿保险单、各种借据和银行票据等。这些信用工具是由融资单位通过银行和信用机构融资而产生的。

(四)按信用工具的性质分类

按信用工具的性质,可分为债权凭证和所有权凭证。债权凭证指投入资金取得债权,表明有权按时收回本金和规定利息的凭证,如债券、可转让存单等。所有权凭证指记载投入资金取得所有权,但不可索回本金,只能转让的凭证,如股票等。

三、传统信用工具

传统信用工具即原生性信用工具,是指在实际信用活动中出具的、能证明信用关系的合法凭证,是引导资金进入产业领域的媒介,体现真正意义的资金融通。

(一)短期信用工具

短期信用工具主要是指那些期限在一年之内的具有一定格式的债务票据,是在货币市场交易的主要品种,因此又称货币市场工具。其常见的类型有以下几种:

1. 票据

票据是由出票人签发的,具有一定格式,载有一定金额、日期,约定出票人自己或要求他人,按照规定期限向收款人或持票人无条件支付确定的金额的书面凭证。票据一般具有流通性、自偿性、无因性、要式证券等特点。流通性是指票据可通过背书或贴现的方式变现;自偿性是指票据往往对应于商品生产和销售,随着产销过程的完成,形成了销售收入后,可用收入来偿还票据债务;无因性即不可争议性,简单的理解就是付款与出票原因无关,到期债务人必须无条件付款,一般负无限责任,背书人负连带责任;要式证券是指票据的签发有法定格式。票据一般分为汇票、本票和支票。

(1)汇票。汇票是出票人签发的,委托付款人在见票时或者在指定日期无条件支付确定的金额给收款人或者持票人的票据。汇票按出票人不同可分为银行汇票和商业汇票。

银行汇票是汇款人将款项交存当地银行,由银行签发给汇款人持往异地指定银行办理转账结算或向银行兑取现款的票据。

商业汇票是由债权人签发,命令债务人支付确定的金额给收款人或持票人的票据。根据承兑人的身份不同,商业汇票可分为商业承兑汇票及银行承兑汇票。经过银行承兑的汇票强化了商业票据的信用能力,因为银行在这里充当了担保人。

(2)本票。本票是出票人签发的,承诺自己在见票时无条件支付确定的金额给收款人或者持票人的票据。根据出票人的不同,本票分为银行本票和商业本票。银行本票是申请人将款项交存银行,由银行签发的承诺自己在见票时无条件支付确定的金额给收款人或持票人的票据。在我国现行票据制度规定中只有银行本票,且现行规定的本票也只为记名本票。本票还可分为定额本票和不定额本票、即期本票和远期本票等。

商业本票是企业单位或个人签发的,承诺自己在见票时或指定日期无条件支付确定的金额给收款人或持票人的票据。商业本票有远期和即期之分。远期商业本票简称期票,可分为定期付款、出票后定期付款和见票后定期付款期票。商业本票和商业汇票同是商业信用的信用工具,统称为商业票据。

(3)支票。支票是出票人签发的,委托办理支票存款业务的银行或者其他金融机构在见票时无条件支付确定的金额给收款人或者持票人的票据。凡在银行开立活期往来账户的客户,银行均售予其空白支票簿,客户凭此在存款金额内签发支票。据《中华人民共和国票据法(2004修正)》第八十三条,支票可以支取现金,也可以转账,用于转账时,应当在支票正面注明。支票中专门用于支取现金的,可以另行制作现金支票,现金支票只能用于支取现金。支票中专门用于转账的,可以另行制作转账支票,转账支票只能用于转账,不得支取现金。支票的出票人所签发的支票金额不得超过其付款时在付款人处实有的存款金额。出票人签发的支票金额超过其付款时在付款人处实有的存款金额的,为空头支票。

2. 信用卡

信用卡是银行或专营机构对具有一定信用的客户签发的代替现金和支票使用的信用凭证。持卡人可凭卡经签字在指定的商店、宾馆等购物或享受劳务,商店或宾馆则将签购的单据送发卡银行凭以收款结账。信用卡一般可以进行小额的透支。其主要优点是节约现金使用,便利大额零售买卖。信用卡的种类很多,这里只按发行信用卡的机构来划分,可分为三类:

(1)银行发行的信用卡。它是银行或银行信用卡公司为客户提供消费信用而发行的在指定地点支取现金、购买商品、享受劳务的信用凭证。银行是发卡人,它与特约商户有约定,由特约商户接受持卡人凭卡消费,然后凭持卡人签字的账单向银行收款,银行定期汇总向客户收款。持卡人除了可在特约商户购买商品、就餐、娱乐、住宿外,还可以向发卡银行的分支机构或自动柜员机提取现金或透支小额现金。发卡银行通常为持卡人规定一个透支限额,以展期信贷形式向持卡人提供延期支付的便利。发卡银行一般不向持卡人收取手续费,其发行和管理信用卡的费用支出,主要来源于向特约商户收取的回扣以及展期信贷中收取的利息。

(2)旅行娱乐卡。它是公司发给高级职员使用的,主要用于旅行及商业购物的信用卡。这种卡不规定每月支付金额,但不提供展期信贷,发卡公司在向个人发卡之前要对其信誉进行调查,通常按年向持卡者收取手续费。一般持有此卡的人能显示自己较高的社会地位。

(3)商业机构发行的零售信用卡。由零售百货公司、石油公司等单位发行,持卡人凭卡可在指定的商店购物或在汽油站加油等,定期结账。

3. 国库券

国库券是一国政府发行的用以调节国库收支差额的债务凭证。它具有流动性高、风险小、投资方便和收益较高等特点,是将流动性与收益性协调较好的信用工具。国库券的收益之所以相对较高,是因为其利率往往设定为与同期储蓄存款利率一致,但可以免除利息税,因此国库券是非常优质的投资工具。

国库券一般为一年期以内的短期债券。西方国家的国库券,分为 3 个月、6 个月、9 个月和 1 年期 4 种,是一种短期政府债券。但我国国库券的期限一般较长,有 3 年、5 年和 10 年的,少有一年期以下的品种,是一种中长期政府债券。国库券有采取贴现方式发行的,即以低于票面金额的价格发行,到期按票面金额偿付,其中差额为利息收入;也有按票面金额发行的,票面利率固定,按年(或半年)分次付息或一次还本付息。

4. 大额可转让定期存单

它是银行发行的一种定期存款凭证,产生于 20 世纪 60 年代初。基于活期存款不支付利息,定期存单支取困难两个因素,1961 年 2 月由美国花旗银行首次发行。大额可转让定期存单的主要特点包括:面额大且固定,有一个最低额度,往上必须是最低额度的整数倍;期限短,一般为 1 个月、3 个月、6 个月、9 个月、12 个月;不记名,不允许提前支取;流动性较高,有专门的二级市场。由于大额可转让定期存单将活期存款的流动性与定期存款的收益性较好地结合在一起,所以刚一发行就备受青睐,许多国家纷纷效仿,使大额可转让定期存单成为当时比较普遍的短期信用工具。

作为大额投资工具,大额可转让定期存单的最低额度一般较高。如美国的起存额为 10 万美元,至少 10 张一起交易,品种有储蓄机构存单、扬基存单和欧洲美元存单等;日本的最低面额为 1 亿日元;我国香港特区的最低面额为 10 万港元;我国内地第一张大额可转存单面世于 1986 年,当时将最低面额设定为个人 500 元和企业 50 000 元,后来由于各种原因而取消了大额可转让定期存单的发行。2015 年 6 月 2 日中国人民银行公布《大额存单管理暂行办法》,允许银行业存款类金融机构向个人、非金融企业、机关团体等发行大额存单。其中,个人认购的大额存单起点金额不低于 30 万元,机构投资人认购起点金额为 1 000 万元。自 2016 年 6 月 6 日起,个人投资人认购大额存单起点金额不低于 30 万元修改为不低于 20 万元。

5. 信用证

信用证是银行根据其存款客户的请求,对第三者发出的、授权第三者签发以银行或存款人为付款人的凭证。信用证包括商业信用证和旅行信用证两种。

商业信用证是指在国际或国内贸易中,银行用来保证买方支付能力的一种凭证。客户申请开立信用证时,必须预先向开证银行缴纳一定的保证金。在国内贸易中,购货商申请银行签发商业信用证后送交卖方,卖方可按信用证写明的条款向银行开发汇票收取货款。在国际贸易中,商业信用证是开证行有条件付款的凭证,从而确保受益人的安全收汇,是国际贸易中的一种主要支付方式。

旅行信用证又称货币信用证,是银行为方便旅游者在国内外旅游时取款而发给客户据以支取现款的一种凭证。旅行者在出国前将款项交存银行,银行开出旅行信用证。在开证时,旅行者必须在信用证上留下自己的印鉴或签字,当途中发生支付需求时,旅行者可凭信用证向指定银行取款。

(二)长期信用工具

长期信用工具是指期限在一年以上的各种信用凭证,是资本市场交易的品种,因此又称资本市场工具,主要包括一年期以上的债券和股票两种形式。

1. 债券

债券是债务人向债权人承诺在一定时期内还本付息的书面凭证。短期债券一般划归货币市场,而长期债券则属于资本市场。按发行主体的不同,债券可分为:政府债券、公司债券和金融债券。

(1)政府债券

政府债券是政府为筹集资金而发行的债务凭证。政府债券按行政层级可分为中央政府债券和地方政府债券。中央政府债券又称国债,是政府为了筹集预算资金而发行的债券,具有最高的信用度,几乎没有任何信用风险。中央政府债券包括公债券和国库券。地方政府债券又称市政债券,是地方政府为兴办公共事业、市政建设和发展本地区经济等筹集资金而发行的债券,如我国浦东建设债券就属于这种类型。

(2)公司债券

公司债券是企业或公司为筹措资金而发行的承诺在一定时期内还本付息的债务凭证。公司债券主要用于长期投资和扩大生产规模,发行者多为一流的大公司,但其信用度仍不可与政府债券相比,风险相对较大,利率一般高于其他债券。公司债券的种类有以下几种:抵押公司债券、无担保公司债券、偿债基金公司债券、转换公司债券等。

(3)金融债券

金融债券是银行或其他金融机构作为债务人发行的债务凭证。金融债券是金融机构较为理想的一种筹集长期资金的信用工具。由于金融机构的社会资信度高,其债券易为社会公众接受,安全性、流动性较好,是颇受公众青睐的信用工具。

2. 股票

股票是有限责任公司或股份有限公司发给股东作为入股、利润分成、领取股息和参与公司管理的凭证。由于有限责任公司不对外公开发行股票,所以通常所讨论的股票是指股份有限公司所发行的股票。股票代表股东对公司的所有权,同时承担公司的经营风险。股票持有者不能中途退股,但可以将股票转让,或者作为抵押品。

股票的种类很多,也有多种不同的分类方式。通常采用的分类方式是以股东权益为标准,把股票分为普通股和优先股。普通股的股东是公司的所有者,享有经营决策参与权、盈利分红享有权、新增认股优先权,以及公司解散时的财产分配权。与普通股相比,优先股则体现出两个方面的优先性:①不论公司经营状况如何,都可优先领取一个固定的股息;②公司解散时,享有公司财产分配的优先权。

此外,我国还有 A 股、B 股、H 股、N 股和 S 股之分。A 股是指在上海证券交易所和深圳证券交易所上市、以人民币计价、以人民币结算并且只允许境内居民买卖的股票;B 股是指在上海证券交易所和深圳证券交易所上市、以人民币计价、以美元或港元结算并且只允许境外居民买卖的股票;H 股是指内地公司在香港联交所上市的股票;N 股是内地公司在纽约证券交易所上市的股票;S 股是内地公司在新加坡证券交易所上市的股票。

股票和债券都是发行者的筹资手段和投资者的投资工具,都可以买卖转让,都有市场价格。但股票与债券是有着区别的:①通过股票筹集的是自有资金,而债券是筹集追加资金;②股票持有者是公司的所有者,可参与公司经营管理,而债券持有者是公司的债权人,对公司无经营管理权;③股票股息不固定,不偿还本金,风险大,而债券有固定的利息收入,到期还本,风险相对较小。

四、金融衍生工具

金融衍生工具,是指在传统金融工具如货币、股票、债券等的基础上衍生出来的,通过预测股价、利率、汇率的未来行情走势,采取支付少量保证金或权利金,签订远期合约或互换不同金融商品等形式进行交易的新兴金融工具。金融衍生工具是在20世纪70～80年代全球金融创新浪潮的推动下产生的,是金融创新工具的重要组成部分。

金融衍生工具的产品形态和交易方式多种多样,其中最主要的有金融远期、金融期货、金融期权和金融互换四大类。

(一)金融远期

金融远期是指双方约定在未来的某一特定日期,按事先商定的价格买卖一定数量的某种金融资产的合约。金融远期合约的品种主要有远期利率协议、远期外汇合约等。

1. 远期利率协议

远期利率协议指买卖双方同意在未来某一时间对某一具体期限的名义上的存款或贷款支付利率的合同,并规定期满时,由一方向另一方支付协议利率与结算日的参考利率之间的利息差。远期利率协议常以伦敦银行同业拆借利率为参考利率。远期利率协议的主要使用者是商业银行,它们使用远期利率协议主要是为了对现存的远期利率头寸进行套期保值。

2. 远期外汇合约

远期外汇合约又称期汇交易,是指买卖外汇双方先签订合同,规定买卖外汇的数量、汇率和未来交割外汇的时间,到了规定的交割日期双方再按合同规定办理货币收付的外汇交易。远期外汇合约的主要目的是规避汇率风险。

(二)金融期货

金融期货指买卖双方在期货交易所以公开竞价的方式成交,承诺在未来某一日期或某一段时间内,以事先约定的价格交割某种特定标准数量金融工具的契约。在各类金融衍生工具中,金融期货是出现较早的一种,相对而言,也是人们较为熟悉的一种。金融期货主要包括外汇期货、利率期货和股票价格指数期货三种。

1. 外汇期货

外汇期货是指以外汇为基础工具的期货合约,在外汇期货交易所内,交易双方通过公开竞价确定汇率,在未来某一时期买入或卖出某种货币。外汇期货是最早出现的金融期货品种,主要用于规避汇率波动的风险。

2. 利率期货

利率期货是指以一定数量的与利率相关的金融工具为基础资产的期货合约。利率期货以各种利率的载体作为合约标的物。债券是利率的主要载体,故利率期货主要是债券期货。利率期货主要用于规避利率风险。

3. 股票价格指数期货

股票价格指数期货是指以股票价格指数为标的物的标准化期货合约,双方约定在未来的某个特定日期,可以按照事先确定的股价指数的大小,进行标的指数的买卖,到期后通过现金结算差价来进行交割。股指期货主要用于规避股票市场的系统性风险。

(三)金融期权

金融期权指期权合同的买方具有在期满日或期满日以前,按合同约定的价格买进或卖出某种约定数量金融工具的选择权。具体而言,金融期权是买卖双方订立合约,由买方向卖方支付一定数额的权利金后,即赋予买方在规定时间内按双方事先约定的价格买进或卖出一定数量某种金融资产的权利。对期权买方来讲,合约赋予他的只有权利而无义务,条件是在购买时他必须支付一定数额的期权费给卖方。对期权的卖方来讲,合约赋予他的只有义务而无权利,他在收取买方给付的期权费后,有义务按合同事先规定的要求履约。

按不同的标准,金融期权有不同的分类。

(1)按照买方的权利,可分为看涨期权、看跌期权和双向期权。看涨期权又称买进选择权,是指期权的购买者可在合同规定的有效期限内按事先约定的价格和数量行使买入某种金融资产的权利。看跌期权又称卖出选择权,是指期权购买者在规定的有效期限内,拥有以协定价格和数量出售某种金融资产的权利。双向期权,是指购买者同时买入某种金融资产的看涨权和看跌权。购买双向期权的盈利机会最多,但其支付的费用也最大。

(2)按照期权权利行使时间,可分为美式期权和欧式期权。美式期权是指在规定的有效期限内的任何时候均可以行使权利的期权。欧式期权是指在规定的合约到期日方可行使权利的期权。

(四)金融互换

金融互换是以金融机构为中介人,为两个或两个以上的当事人按商定的条件,在约定的时间内,交换一系列支付款项的金融交易。它可以使互换双方获得低成本、高收益的融资,并可避免利率与汇率风险。金融互换的基本种类有货币互换和利率互换两种。

1. 货币互换

货币互换是指交易双方互相交换不同币种、相同期限等值资金债务或资产的货币及利率的一种预约业务。货币互换的前提是要存在两个在期限和金额相同而对货币需求相反的伙伴,双方按照预先约定的汇率进行资本额互换,而后每年以约定的利率和资本额进行利息支付和互换,协议到期时则按原约定汇率再将资本额换回。

2. 利率互换

利率互换是指交易双方在债务币种相同的情况下,互相交换不同形式利率的一种预约性业务。利率互换一般不进行本金交换,只是互换以不同利率为基础的资本筹集所产生的一连串利息,包括计息方法不同(一方以固定利率计息,另一方以浮动利率计息)或计息方法相同但利率水平不一致的互换。

第四节 利息与利息率

一、利息及其本质

利息是在信用关系中债务人支付给债权人的(或债权人向债务人索取的)报酬。它是与信用相伴随的一个经济范畴,只要信用关系存在,利息就存在。在一定意义上,利息是信用存在和发展的必要条件。

对于利息的本质的研究,即利息从何而来以及利息体现了什么样的生产关系,经济学家们有着不同的看法。

马克思从借贷资本的特殊运动形式的分析中,揭示了利息的来源,分析了利息的本质。他指出:借贷资本的运动特点是双重支出和双重回流。双重支出是指货币资本家把货币资本贷给职能资本家,然后职能资本家用货币购买生产资料和劳动力。双重回流是指职能资本家把生产出来含有剩余价值的商品销售出去,取得货币,然后把借贷资本连本带利归还给货币资本家。由此可见,借贷资本的运动与现实资本的运动和资本主义再生产过程密切相关,利息来源于劳动者创造的价值。利息就其本质而言,是利润的一部分,是剩余价值的转化形式,体现了借贷资本家和职能资本家共同瓜分剩余价值、共同剥削雇佣工人的关系。

西方其他经济学家也对利息的本质进行了深入的研究,提出了不同的观点。如:威廉·配第认为:利息是因为暂时放弃货币的使用权而获得的报酬。萨伊认为:资本、劳动、土地是生产的三要素,在生产中它们各自提供了服务,资本具有生产力,利息是资本生产力的产物。纳索·威廉·西尼尔认为:资本来自储蓄,要储蓄就必须节制当前的消费和享受,利息来自于对未来享受的等待,是对为积累资本而牺牲现在消费的一种报酬,是资本家节欲行为的报酬。凯恩斯认为:利息是在一个特定时期内,人们放弃货币周转灵活性的报酬,即利息是对人们放弃流动性偏好的报酬。此外,还有许多学者从不同的立场、角度出发,对利息的本质提出了自己的观点。

二、利息的计算

(一)利息的计算方法

利息计算有两种基本方法:单利与复利。

单利计算利息的特点是对利息不再付息。其计算公式是:

$$I = P \times r \times n \tag{2-1}$$
$$S = P(1 + r \times n) \tag{2-2}$$

式中:I 为利息;P 为本金;r 为利息率;n 为借贷期限;S 为本金和利息之和,简称本利和。

例如一笔为期 3 年、年利率为 6% 的 10 万元贷款,则:

利息总额＝100 000×3×6%＝18 000(元)
本利和＝100 000×(1＋6%×3)＝118 000(元)

复利是一种将上期利息转为本金并一并计息逐期滚算的方法。如按年计息,第一年按本金计算;第一年末所得的利息并入本金,第二年则按第一年末的本利和计息;第二年末的利息并入本金,第三年则按第二年末的本利和计算。如此类推,直至信用契约期满。其计算公式是:

$$S＝P×(1＋r)^n \tag{2-3}$$
$$I＝S－P \tag{2-4}$$

若将上述例子按复利计算,则:

$$S＝100\ 000×(1＋6\%)^3＝119\ 101.6(元)$$
$$I＝119\ 101.6－100\ 000\ 元＝19\ 101.6(元)$$

延伸阅读

拿破仑送玫瑰花的代价

1797 年 3 月 28 日,法兰西执政者拿破仑在参观卢森堡第一国立小学时,受到该校师生的热烈欢迎。

在学校的欢迎大会上,拿破仑手举一束价值 3 路易的玫瑰花,激动地说道:"为了答谢贵校对我的盛情款待,我今天向贵校献上一束玫瑰花,并且向你们承诺,只要法兰西存在一天,每年的今天,我都会派人送给贵校一束等价的玫瑰花,作为法兰西与卢森堡两国友谊的象征!"

拿破仑慷慨激昂的演说,使全校师生激动不已。那束鲜红的玫瑰,就像跳动的火焰,在人们心中熊熊燃烧着……

可是,回国后的拿破仑很快就把赠送玫瑰的承诺给忘得干干净净。与此相反,卢森堡第一国立小学的师生却把这一承诺深深地记在了心里。

第二年的 3 月 28 日,这所小学的师生们穿上节日的盛装,跳着欢快的舞蹈,准备迎接拿破仑派人送来的玫瑰花。可是,他们从清晨盼到天黑,也没有见到玫瑰花的影子。大家非常失望,孩子们眼含热泪,抽泣着问老师,拿破仑什么时候派人送玫瑰花来?老师们也不知该如何回答。

第三年的 3 月 28 日,师生们又从早盼到晚,但还是没有收到玫瑰。

就这样,每年的 3 月 28 日,卢森堡第一国立小学的师生都会盼望着有人送来玫瑰。尽管希望一次次地破灭,但他们依然相信拿破仑会实践他的诺言。

他们还把 3 月 28 日作为学校的纪念日,写进了校史。每年的新学期开学典礼上,校长都会在致辞时,热情洋溢地叙说当年拿破仑参观学校时许下的承诺。

沧海桑田,物换星移。两个世纪过去了,尽管拿破仑早已作古,但卢森堡第一国立小学的师生依然会在 3 月 28 日这一天,等待着玫瑰的到来。可是,望眼欲穿的等待,每次都以希望破灭而告终。

将近200年的等待，将近200次的失望。第一国立小学的师生们这下真的生气了，他们要让法国政府给个说法！

1984年，卢森堡第一国立小学一纸诉状，将法国政府告上了国际法庭，他们向法国政府提出两点要求：一是从1798年起，用3个路易为本金，以5厘的年息计算，清偿这么多年来的所有金额；二是在法国各大报刊上，公开承认拿破仑是个言而无信的小人。

接到国际法庭的传票，法国政府不敢怠慢，查阅了相关历史资料后，证实了拿破仑的确许下过赠送玫瑰的诺言。他们计算了一下赔偿金额，结果让他们大吃一惊：原本3路易的一束玫瑰花，至今本息竟已高达1 375 596法郎！而在报刊上承认拿破仑言而无信的要求，法国政府表示更不可能接受。

经过反复斟酌，法国政府终于给出了一个令双方都满意的解决方案：一、马上给卢森堡第一国立小学建一座现代化的教学大楼，这所小学的毕业生将来如果愿意到法国留学，一切费用将由法国政府提供；二、以后无论在精神上还是物质上，法国政府将坚定不移地支持卢森堡的中小学教育事业，以弥补当年拿破仑的食言之过。

一场跨越了两百年的等待终于画上了圆满的句号。从此，卢森堡第一国立小学的大门口竖立起了一座玫瑰花束的雕塑，雕塑的下方刻着"1797—1984"字样。每当人们从这座雕塑前走过，内心总是荡起层层涟漪，久久不能平息……

(二)现值与终值

由于利息成为货币资金增加的一般形态，而利率又决定着货币资金的增值程度，因此，任何一笔货币资金，不论将做怎样的运用，都可以根据利率计算出其在未来某一时点上将会为多少金额，即本利和将会是多少。这个本利和也称为终值，如上例按复利计算的119 101.6元即为终值。

相反，如果我们知道在将来某一时点有一定金额的货币，把它看做是那时的本利和，按现行利率计算要取得这样金额的本利和在现在必须具有的本金，这个推算出来的本金称为现值。求现值的方法实际上就是复利的逆运算，也就是求终值的逆运算。现值的计算公式为(式中符号含义同上)：

$$P = \frac{S}{(1+R)^n} \tag{2-5}$$

例如：3年后需要用一笔100 000元的货币，按年利率6%计算，则现在需要准备的本金为：

$$P = \frac{S}{(1+R)^n} = \frac{100\ 000}{(1+6)^3} = 83\ 961.93(元)$$

求现值也称贴现，因而现值也称贴现值。现值概念广泛运用于投资决策和财务管理中。

三、利息率

(一)利息率的定义

利息率,又称利率,是指一定时期内利息额与借贷本金的比率。利息率的表示方法有年利率、月利率和日利率。年利率一般以本金的百分之几表示,例如年息3厘,就是指本金100元,每年利息3元。月利率一般以本金的千分之几表示,通常称为月厘,如月息3厘,就是指本金1 000元,每月利息3元,转化成年利率则为3.6%。日利率一般以本金的万分之几表示,通常称为日息几厘。

(二)利率的种类

利率按照不同的标准,可以划分为不同的种类。

1.市场利率与官定利率

市场利率是指在金融市场上由资金供求双方通过竞争而形成的利率。它既包括借贷双方在借贷市场上直接融通资金时形成的利率,也包括在证券市场上买卖各种有价证券的利息率。市场利率随借贷资金供求状况的变化而变化,当资金供给小于需求时,利率呈上升趋势;相反当资金供给大于需求时,利率呈下降趋势。官定利率是指政府货币管理当局和中央银行确定的利率。官定利率对市场利率起着影响和导向作用,它代表了政府货币政策的意图;同时市场利率又是政府制定官定利率的依据。

此外,还有一种近似官定利率的公定利率,它是由非政府部门的金融民间组织,如银行公会等所确定的要求各会员银行必须执行的利率。公定利率是银行同业自律性管理的一种手段。这种行业公定利率对其会员银行也有约束作用。例如,香港银行公会定期调整并公布各种存贷款利率,各会员银行必须执行。官定利率和行业公定利率都程度不同地反映了非市场强制力量对利率形成的干预。

2.名义利率与实际利率

名义利率是借贷契约和有价证券上载明的利息率。实际利率是名义利率剔除通货膨胀因素后的真实利率。判断利率水平应以实际利率为准。若仅考虑物价对本金的影响,名义利率和实际利率的关系可以用公式表示为:

$$实际利率(i)=名义利率(r)-通货膨胀率(p) \tag{2-6}$$

若考虑物价变动对本金和利息的双重影响,则实际利率与名义利率的关系为:

$$i=(1+r)/(1+p)-1 \tag{2-7}$$

实际利率对经济有实质性影响,但通常在经济管理中能够操作的只是名义利率。划分名义利率与实际利率的意义在于:它为分析通货膨胀下的利率变动及其影响提供了依据与工具,便利了利率杠杆操作。根据名义利率与实际利率的比较,实际利率呈现三种情况:当名义利率高于通货膨胀率时,实际利率为正利率;当名义利率等于通货膨胀率时,实际利率为零;当名义利率低于通货膨胀率时,实际利率为负利率。在不同的实际利率状况下,借贷双方和企业会有不同的经济行为。一般而言,只有正利率才符合价值规律的要求,负利率对经济产生逆调节作用。

延伸阅读

我国的保值贴补制度

为在高通货膨胀时期解决居民储蓄存款利率倒挂问题,改变居民通货膨胀预期,我国曾于 20 世纪 50 年代初和 80 年代末至 90 年代中,多次对居民储蓄和长期国债实行保值贴补。改革开放后有两次,第一次是 1988 年至 1992 年,第二次是 1994 年至 1996 年。这两次都是对 3 年及 3 年以上的长期储蓄和国债实行保值贴补,其具体做法是:中国人民银行根据通货膨胀情况,每个季度发布一个适用的保值贴补率,将其加到名义利率上,贴补资金由人民银行和财政部提供。具体的保值贴补率的计算公式为:

$$R = \frac{\frac{P_n}{P_0} - 1 - r \times n}{n} \times 100\%$$

式中:R 表示保值贴补率;P_n 表示存款到期时的物价指数;P_0 表示存入时的物价指数;r 表示名义利率;n 表示存期。

在实行保值贴补制度期间,若一笔存款到期,而季度保值贴补率已经公布,就按此贴补率执行;若季贴补率未公布,则按前一季度公布的贴补率执行。保值贴补制度的实施,有力地保障了存款人的利益,并在很大程度上遏制了通货膨胀的恶性发展。

3. 短期利率和长期利率

短期利率是指融资期限在一年以内的利息率。长期利率是指融资期限在一年以上的利息率。一般长期利率水平高于短期利率水平。划分长短期利率的意义主要在于明确融资期限长短对利率水平的影响,掌握利率期限结构的管理要求,确保借贷资金的真实收益。

4. 固定利率和浮动利率

固定利率是指利息率在整个借贷期限内固定不变,不随借贷资金的供求状况和市场利率的波动而发生变化。浮动利率又称可变利率,是指利息率在借贷期限内随着市场利率的波动而定期调整变化的利率。

实行固定利率对于借贷双方准确计算成本与收益十分方便,适用于借贷期限较短或市场利率变化不大的情况,但当借贷期限较长、市场利率波动较大的时期,则不宜采用固定利率。因为固定利率只要双方协定后,就不能单方面变更。在此期间,通货膨胀的作用和市场上借贷资本供求状况的变化,会使借贷双方都可能承担利率波动的风险。浮动利率多用于较长期的借贷及国际金融市场。浮动利率能够灵活反映市场上资金供求状况,更好地发挥利率的调节作用;同时,由于浮动利率可以随时予以调整,有利于减少利率波动所造成的风险,克服了固定利率的缺陷。但由于浮动利率变化不定,使得借贷成本的计算和考核相对复杂,并且可能加重借款人的负担。

5. 存款利率与贷款利率

存款利率是指客户在银行或其他金融机构存款所取得的利息额与存款本金的比率。

贷款利率是指银行或其他金融机构发放贷款所收取的利息额与贷款本金的比率。贷款利率与存款利率的差额即为存贷利差,存贷利差是银行利润的主要来源,它直接决定着银行的经济效益。

四、决定和影响利率水平变动的因素

(一)决定利率水平的因素

1. 社会平均利润率

利息是利润的一部分,所以利息率必然依存于利润率,受利润率的制约。但利息率的高低并非由个别商品生产经营者的利润水平来决定,而是由大多数商品生产经营者的利润水平共同决定。在现代社会化大生产的条件下,各个商品生产经营者的利润在竞争中具有平均化趋势,所以利息率决定于社会平均利润率。

在一般正常的经济活动中,利率必然在零和社会平均利润率之间进行波动,即 0<利率<社会平均利润率,这是利息率确定的经济区间,在这样的区间内确定出的具体利率才具有正常的经济意义。至于利率在该区间内究竟如何确定,还取决于社会资金供求状况。

2. 社会资金供求状况

平均利润率对利率的决定作用是就利率总水平而言的,某一时刻的市场利率则是由社会资金供求状况决定的。这是因为在信用经济中,货币资金是一种特殊商品。一方面,这种特殊商品的投资和使用能带来价值的增值;另一方面这种特殊商品以利率表示其价格。在金融市场上,货币资金这种商品的价格——利率的高低自然要受其供求关系状况左右。当社会资金供大于求时,利率相应降低;当社会资金供不应求时,利率则相应提高。利率对社会资金供求关系反映的程度取决于供求决定机制是否健全。供求决定越充分的市场,利率越能反映资金供求的真实状况。

(二)影响利率水平变动的因素

社会平均利润率和社会资金供求状况所决定的是利率的基本水平,现实的利率水平还要受以下诸多因素的影响:

1. 物价水平的变动

物价变动对利率的影响主要表现为货币本身的升值或贬值的影响。若一国发生通货膨胀,货币贬值,物价上涨,从而使货币的实际购买力下降,表现在借贷活动中,就是投资或信贷本金的价值随物价上涨而发生贴水,于是利息成为补偿贴水的手段。如果利率不能补偿贴水率,投资和信贷就会受到抑制。反之,若一国发生通货紧缩,货币升值,物价下跌,货币的实际购买力提高,表现在借贷活动中,就是投资或信贷本金的价值因货币升值而发生升水,利率水平必然回调。所以利率水平与物价水平变动具有同步发展的趋势,物价变动的幅度制约着利率水平的高低。

2. 国家的经济政策

在现代经济运行中,利率作为一个金融变量,它既是一个决定于某些经济因素的经济运行机制中的内生变量,又是一个中央银行货币政策可以影响的外生变量,所以利率成为国家对经济活动进行调节的重要工具。世界各国政府都根据本国经济发展状况和经济政策目标,通过中央银行制定的官方利率来影响市场利率,以达到调节经济,实现其经济发展目标的目的。利率不再完全随着借贷资金供求状况在其确定的经济区间内自由波动,而必须受国家的调节与控制。在经济高涨时期,国家实行紧缩的金融政策,相应会提高利率水平;在经济衰退时期,国家实行扩张的金融政策,相应会降低利率水平。

3. 国际利率水平

随着国际经济联系的日益加深,国际利率水平对一国国内利率水平的影响越来越大。国际利率水平对国内利率的影响是通过借贷资本的国际流动来实现的。若一国国内利率水平高于国际利率水平,外国资本就会向国内流动,国内借贷资本供应就会增加,受供求关系影响,国内利率水平就会慢慢下降,直至与国际利率水平相当。若一国国内利率水平低于国际利率水平,本国资本就会向国外输出,国内借贷资本供应就会减少,受供求关系影响,国内利率水平就会慢慢上升,直至逼近国际利率水平。

4. 汇率

汇率与利率,从表面上看是两个作用领域完全不同的经济杠杆。但实质上,两者具有较强的联动性。

首先,利率的变动能影响汇率。如前所述,若国内国际两个金融市场利率水平不一致,必然会引起资本的国际流动。资本的输出输入又必然会影响一国国际收支状况,而一国的国际收支状况又直接影响着汇率的变动。比如,若中央银行提高国内利率,使之高于国际金融市场利率,那么在金融市场上银根就会紧缩,公众对外汇需求就会减少;同时,资金又会流入,外汇供应比较充裕,这样就会使外汇汇率相对下跌,本币汇率相对上升。反之亦然。

其次,汇率的变动也会影响利率水平。若外汇汇率上升、本币贬值时,国内居民对外汇的需求就会下跌,从而使得本币供应相对充裕,国内利率趋于稳定,并在稳定中下降。若外汇汇率下跌、本币升值时,国内居民对外汇的需求就会增加,本币的供应处于相对紧张状态,从而迫使国内市场利率上扬。

5. 其他因素

除上述决定和影响利率水平的因素外,还有其他因素也会对利率产生影响。

(1)借贷期限。利率随借贷期限的长短而不同,通常借贷期限愈长,利率就愈高,反之则愈低。

(2)借贷成本。银行经营的成本主要有两类:一是借入资金成本;二是业务费用。而银行收益除中间业务的手续费等收入外,主要是来自存、贷款利率之间的差价收益。所以银行在确定利率水平,尤其是贷款利率水平时,就必然要考虑经营成本,使贷款利率水平高于存款利率水平。

除此之外,一国的民族融资习惯、利率管理、国际协议等都在一定程度上对利率水平及其结构产生影响。

五、利率决定理论

利率决定理论是研究利率是怎样决定的、有哪些因素会影响利率变动的理论。西方利率决定理论主要有古典利率决定理论、流动性偏好理论、可贷资金理论和基于 IS—LM

模型的利率决定理论等。

(一)古典学派的利率理论

即储蓄投资理论,它是由 19 世纪后期奥地利经济学家庞巴维克、英国经济学家马歇尔、瑞典经济学家维克塞尔和美国经济学家费雪等人提出的。他们在对支配和影响资本供给与需求的因素进行了深入的探讨后,提出资本的供给来自于储蓄,资本的需求来自于投资,从而建立了储蓄与投资决定利率的理论。由于这些理论严格遵循着古典经济学重视实物因素的传统,强调非货币的实际因素在利率决定中的作用,因此被西方经济学者称为古典利率理论,也被后人称为实际利率理论。他们所强调的实际因素是生产率和节约。该理论认为,利率决定于储蓄与投资的均衡点。投资是利率的减函数,即利率提高会导致生产成本提高,投资额下降;利率降低,则投资额上升。储蓄是利率的增函数,即储蓄额与利率成正相关关系。储蓄、投资与利率的关系可用图 2-1 表示。

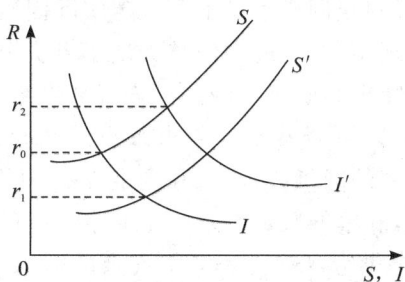

图 2-1　储蓄、投资与利率

在图 2-1 中,I 曲线为投资曲线,S 曲线为储蓄曲线。I 曲线向下倾斜,表明投资与利率之间的负相关关系;S 曲线向上倾斜,表明储蓄与利率之间的正相关关系。两线的交点所确定的利率为均衡利率。如果某些因素引起边际储蓄倾向提高,则 S 曲线向右平移形成 S' 曲线,与曲线 I 的交点形成新的均衡利率 r_1,它表明在投资不变的情况下,储蓄的增加会使利率水平下降。如果某些因素引起边际投资倾向提高,I 曲线向右平移形成 I' 曲线,与曲线 S 的交点形成新的均衡利率 r_2,它表明在储蓄不变的情况下,投资的增加会使利率水平上升。

古典学派的利率理论的缺陷主要在于它是局部均衡理论。它没有考虑货币因素以及货币政策对利率的影响。

(二)凯恩斯的利率理论

即流动性偏好理论。它是一种货币理论。该理论认为利率不是决定于储蓄和投资的相互作用,而是由货币量的供求关系决定的。利率决定于货币数量和一般人的流动性偏好两个因素。货币的供应量由中央银行直接控制,货币的需求量起因于三种动机:交易动机、预防机和投机动机。前两种动机的货币需求与利率无直接关系,而与收入成正比,是收入的增函数;投机动机的货币需求是利率的减函数。如果以 L_1 表示为交易性动机和预防性动机而保有的货币需求,L_2 表示为投机性动机而保有的货币需求,则$L_1(Y)$为收入的增函数,$L_2(r)$为利率 r 的减函数,货币总需求 $M_d = L_1(Y) + L_2(r)$。货币总供给为M_s（M_s由货币当局决定），当$M_d=M_s$时可以求均衡利率R_0。当利率非常低时，市场就会产生未来利率会上升的预期，这样货币投机需求就会达到无穷大，这时无论中央银行供应多少货币，都会被相应的投机需求所吸收，从而使利率不能继续下降而"锁定"在这一水平，这就是所谓的"流动性陷阱"（如图2-2所示）。此时货币政策完全无效，只能依赖财政政策。

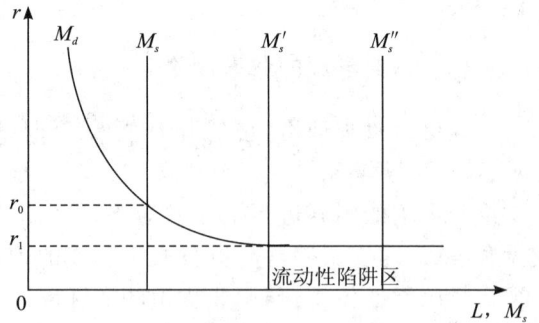

图 2-2　流动性偏好理论模型

（三）可贷资金利率理论

该理论由英国的罗伯逊和瑞典的俄林倡导。由于古典学派忽视货币因素而将利率的决定仅限于实际因素，凯恩斯则强调货币供求而否定实际因素在利率决定中的作用，二者都存在理论缺陷。基于这一现实，罗伯逊和俄林提出了可贷资金利率理论。该理论认为，利率是由可贷资金的供给与需求共同决定的。可贷资金供给来自于同一期间的储蓄流量和该期间商业银行的信用创造；可贷资金的需求来自某期间的投资和人们的货币窖藏。如果考虑到投资和窖藏是利率的减函数，储蓄和商业银行的信用创造以及人们的反窖藏则是利率的增函数这些因素，利率的决定将是一个非常复杂的过程。

假设以L_S代表可贷资金供给，L_D代表可贷资金的需求，$I(r)$代表投资是利率的减函数，$\Delta H(r)$代表窖藏是利率的减函数，$S(r)$代表储蓄是利率的增函数，$\Delta M(r)$代表信用创造或者货币发行是利率的增函数，$DH(r)$代表反窖藏是利率的增函数，则：

$$L_S=S(r)+\Delta M(r)+DH(r) \tag{2-8}$$

$$L_D=I(r)+\Delta H(r) \tag{2-9}$$

可贷资金率理论认为，利率取决于可贷资金的供给与需求的均衡点（图2-3）。如果投资与储蓄这一对实际因素的力量对比不变，按照这一理论，则货币供需力量对比的变化即足以改变利率，因此，利率在一定程度上是货币现象。当可贷资金的供给与需求达到均衡点时，有：

$$S(r)+\Delta M(r)+DH(r)=I(r)+\Delta H(r)$$

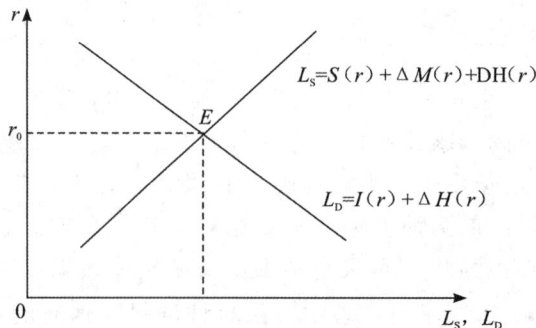

图 2-3　可贷资金利率理论

可贷资金利率理论从流量的角度研究可贷资金的供求和利率的决定,可以直接用于金融市场的利率分析。特别是资金流量分析方法和资金流量统计建立之后,用可贷资金理论对利率决定作实证研究有实用价值。

(四)IS—LM 模型的利率决定理论

可贷资金利率理论批判地继承了前人地研究成果,使利率决定理论研究取得了较大的发展。但是该理论存在着一个明显的缺陷,那就是没有考虑收入因素对利率的影响。而在实际工作中,收入因素对利率的决定是有重要作用的,这种作用是通过对储蓄和货币需求的影响来实现的。由英国经济学家希克斯首先提出、美国经济学家汉森加以发展而形成 IS—LM 模型,充分考虑了收入在利率决定中的作用,从而促进了利率决定理论的发展。

IS—LM 分析模型,是从整个市场全面均衡来讨论利率的决定机制的。

该模型的理论基础有以下几点:

1. 整个社会经济活动可分为两个领域:实际领域和货币领域。在实际领域中要研究的主要对象是投资 I 和储蓄 S,在货币领域中要研究的主要对象是货币需求 L 和货币供给 M。

2. 产品领域均衡的条件是投资 I=储蓄 S,货币领域均衡的条件是货币需求 L=货币供给 M,整个社会经济均衡必须在实际领域和货币领域同时达到均衡时才能实现。

3. 投资是利率 r 的减函数,即 $I(r)$;储蓄是收入 Y 的增函数,即 $S(Y)$。货币需求可按不同的需求动机分为两个组成部分 L_1 和 L_2,其中,L_1 是满足交易与预防动机的货币需求,是收入的增函数,即 $L_1(Y)$;而 L_2 是满足投机动机的货币需求,它是利率的减函数,即 $L_2(r)$。货币需求 $L=L_1+L_2$;货币供给 M 在一定时期由货币当局决定,因而是经济的外生变量。根据以上条件,必须在实际领域找出 I 和 S 相等的均衡点的轨迹,即 IS 曲线;在货币领域找到 L 和 M 相等的均衡点的轨迹,即 LM 曲线。然后由这两条曲线所代表的两个领域同时达到均衡的点来决定利率和收入水平,此即 IS—LM 模型,如图 2-4 所示。

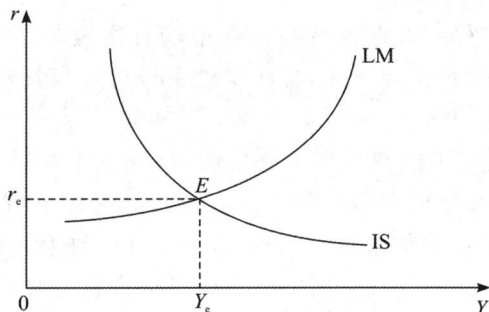

图 2-4　IS-LM 分析模型

其中,IS 曲线是产品市场均衡时利率与收入组合点的轨迹,$S=I$ 是产品市场均衡的条件。

IS 曲线向右下方倾斜,从 IS 曲线反映的收入与利率的关系来看,利率较低,则投资较大,从而收入增加,储蓄也将增大。LM 曲线是在货币市场均衡时反映利率与收入的组合点的轨迹。

从 IS—LM 模型我们可得以下结论:均衡利率的大小取决于投资需求函数、储蓄函数、流动偏好即货币需求函数、货币供给量。当资本投资的边际效率提高,IS 曲线将向右上方移动,利率将上升;当边际储蓄倾向提高,IS 曲线将向左下方移动,利率将下降;当交易与谨慎的货币需求增强,即流动偏好增强时,LM 曲线将向上移动,因此利率将提高;当货币供给增加时,LM 曲线将向下移动,利率将降低。

IS—LM 模型是揭示利率决定的比较系统的理论,该模型成为分析利率变动趋势一个较好的工具。

六、利率市场化

20 世纪 80 年代以来,世界各国利率市场化进程纷纷展开,比较成功的如美国于 1996 年 3 月基本实现了利率市场化,日本于 1994 年 10 月也最终实现了利率市场化。

(一)利率市场化的定义

利率市场化是指中央银行逐步放松和消除对利率的管制,遵循价值规律,由市场自主确定利率水平。利率市场化至少应包括:(1)利率水平由市场决定;(2)货币当局对利率进行间接调控;(3)市场主体享有充分的自主权。

(二)我国利率市场化改革的进程

1995 年,《中国人民银行关于“九五”时期深化利率改革的方案》初步提出利率市场化改革的基本思路,其后根据经济发展的实际情况将我国利率市场化改革的基本步骤定为:“先外币、后本币,先贷款、后存款,存款先大额长期存款、后小额短期存款”。从 1996 年开始,人民银行开展了大规模的利率市场化改革。

1996 年 6 月 1 日人民银行放开了银行间同业拆借利率。

1997 年 6 月放开银行间债券回购利率。

1998 年 8 月,国家开发银行在银行间债券市场首次进行了市场化发债,1999 年 10 月,国债发行也开始采用市场招标形式,从而实现了银行间市场利率、国债和政策性金融债发行利率的市场化。

1998 年,人民银行改革了贴现利率生成机制,贴现利率和转贴现利率在再贴现利率的基础上加点生成,在不超过同期贷款利率(含浮动)的前提下由商业银行自定。再贴现利率成为中央银行一项独立的货币政策工具,服务于货币政策需要。

1998 年、1999 年人民银行连续多次扩大金融机构贷款利率浮动幅度:1998 年 11 月,金融机构对小企业的贷款利率可在法定贷款利率基础上上浮 20%,大中型企业可上浮 10%;从 1999 年 9 月起,对中小企业贷款利率可在法定贷款利率基础上上浮 30%,对大中型企业维持上浮 10% 不变。

2004 年 1 月 1 日,人民银行再次扩大金融机构贷款利率浮动区间。商业银行、城市信用社贷款利率浮动区间扩大到[0.9,1.7],农村信用社贷款利率浮动区间扩大到[0.9,2],贷款利率浮动区间不再根据企业所有制性质、规模大小分别制定。

2004年10月29日,人民银行报经国务院批准,决定不再设定金融机构(不含城乡信用社)人民币贷款利率上限。考虑到城乡信用社竞争机制尚不完善,经营管理能力有待提高,容易出现贷款利率"一浮到顶"的情况,因此仍对城乡信用社人民币贷款利率实行上限管理,但其贷款利率浮动上限扩大为基准利率的2.3倍。所有金融机构的人民币贷款利率下浮幅度保持不变,下限仍为基准利率的0.9倍。至此,中国金融机构人民币贷款利率已经基本过渡到上限放开,实行下限管理的阶段。

进行大额长期存款利率市场化尝试。1999年10月,人民银行批准中资商业银行法人对中资保险公司法人试办由双方协商确定利率的大额定期存款(最低起存金额3 000万元,期限在5年以上不含5年),进行了存款利率改革的初步尝试。2003年11月,商业银行农村信用社可以开办邮政储蓄协议存款(最低起存金额3 000万元,期限降为3年以上不含3年)。2004年10月29日,人民银行报经国务院批准,决定允许金融机构人民币存款利率下浮。即所有存款类金融机构对其吸收的人民币存款利率,可在不超过各档次存款基准利率的范围内浮动,但存款利率不能上浮。至此,人民币存款利率实行下浮制度,实现了"放开下限,管住上限"的既定目标。

积极推进境内外币利率市场化。2000年9月,放开外币贷款利率和300万美元(含300万)以上的大额外币存款利率;300万美元以下的小额外币存款利率仍由人民银行统一管理。2002年3月,人民银行统一了中、外资金融机构外币利率管理政策,实现中外资金融机构在外币利率政策上的公平待遇。2003年7月,放开了英镑、瑞士法郎和加拿大元的外币小额存款利率管理,由商业银行自主确定。2003年11月,对美元、日元、港币、欧元小额存款利率实行上限管理,商业银行可根据国际金融市场利率变化,在不超过上限的前提下自主确定。

2005年9月20日,允许商业银行拥有除定期和活期存款外的6种存款的定价权,这被认为是利率市场化进程中的重要一步。

自2006年8月19日起,商业性个人住房贷款利率下限由贷款基准利率的0.9倍扩大到0.85倍。其他商业性贷款利率下限继续保持0.9倍。

自2008年10月27日起,商业性个人住房贷款利率的下限扩大为贷款基准利率的0.7倍。

自2012年6月8日起,中国人民银行决定:(1)将金融机构存款利率浮动区间的上限调整为基准利率的1.1倍;(2)将金融机构贷款利率浮动区间的下限调整为基准利率的0.8倍。

自2012年7月6日起,将金融机构贷款利率浮动区间的下限调整为基准利率的0.7倍。个人住房贷款利率浮动区间不作调整。

为进一步推进利率市场化改革,经国务院批准,中国人民银行决定,自2013年7月20日起全面放开金融机构贷款利率管制,即取消金融机构贷款利率0.7倍的下限,由金融机构根据商业原则自主确定贷款利率水平。个人住房贷款利率浮动区间不作调整,仍保持原区间不变。取消票据贴现利率管制,改变贴现利率在再贴现利率基础上加点确定的方式,由金融机构自主确定。取消农村信用社贷款利率2.3倍的上限,由农村信用社根据商业原则自主确定对客户的贷款利率。

自2015年3月1日起,存款利率浮动区间上限由基准利率的1.2倍扩大至1.3倍。这是自2014年11月存款利率上限扩大到基准利率的1.2倍后,我国存款利率市场化改革的又一重要举措。金融机构的自主定价空间进一步拓宽,有利于促进其完善定价机制建设,增强自主定价能力,加快经营模式转型并提高金融服务水平,同时也有利于健全市场利率形成机制,更好地发挥市场在资源配置中的决定性作用。

2015年5月10日,中国人民银行宣布自2015年5月11日起将金融机构存款利率浮动区间的上限由存款基准利率的1.3倍调整为1.5倍。2015年8月25日,中国人民银行宣布一年期以上定期存款利率的浮动上限完全放开。2015年10月23日,中国人民银行宣布放开存款利率上限,这是利率市场化改革的历史性的、里程碑式的一步。

2019年8月16日,中国人民银行发布《关于改革完善贷款市场报价利率(LPR)形成机制的公告》,决定改革完善贷款市场报价利率"LPR"形成机制,主要有以下几点变化:一是报价行在原有的10家全国性银行基础上增加城市商业银行、农村商业银行、外资银行和民营银行各2家,扩大到18家。新增加的报价行都是在同类型银行中贷款市场影响力较大、贷款定价能力较强、服务小微企业效果较好的中小银行,能够有效增强LPR的代表性。二是报价方式改为各报价行在公开市场操作利率的基础上加点报价,市场化、灵活性特征更加明显。三是在原有的1年期一个期限品种基础上,增加5年期以上的期限品种,为银行发放住房抵押贷款等长期贷款的利率定价提供参考。四是报价频率由原来的每日报价改为每月报价一次,这样可以提高报价行的重视程度,有利于提升LPR的报价质量。LPR形成机制改革进一步推动了贷款利率市场化。

思政教学

五部门发文加大金融支持　助力全面推进乡村振兴　加快建设农业强国

6月16日,从人民银行重庆营业管理部获悉,中国人民银行、金融监管总局、中国证监会、财政部、农业农村部近日联合发布《关于金融支持全面推进乡村振兴 加快建设农业强国的指导意见》,对做好粮食和重要农产品稳产保供金融服务、强化巩固拓展脱贫攻坚成果金融支持、加强农业强国金融供给等九个方面提出具体要求。

《意见》强调,各金融机构要主动对接粮食生产主体扩大产能、设备改造、技术升级等融资需求,促进粮食稳产增产。加大高标准农田和水利基础设施建设信贷投放,鼓励将符合条件的项目整省整市打捆打包,统筹构建多元化贷款偿还渠道。加强种业振兴等农业关键核心技术攻关金融支撑,强化农业科技装备和绿色发展融资支持,加大乡村产业高质量发展金融资源投入。优化和美乡村建设和城乡融合发展金融服务,提升新市民金融服务水平,改善县域消费金融服务。强化脱贫地区和脱贫人口金融支持,持续深化金融机构定点帮扶工作。

《意见》明确,要强化精准滴灌和正向激励,加大货币政策工具支持力度,加强财政金融政策协同,形成金融支农综合体系。强化金融机构组织功能,拓展多元化金融服务,增强保险保障服务能力。完善农村产权确权颁证、抵押登记、流转交易、评估处置机制,推动融资配套要素市场改革。提升农村基础金融服务水平,强化统计监测与考核评估,切实提高建设农业强国金融服务质效。

截至2023年4月末,涉农贷款余额53.16万亿元,同比增长16.4%。下一步,中国人民银行、金融监管总局、中国证监会、财政部、农业农村部将推动健全多层次、广覆盖、可持续的现代农村金融服务体系,引导更多金融资源配置到乡村振兴重点领域和薄弱环节,为全面推进乡村振兴、加快建设农业强国提供更强有力金融支撑。

资料来源:人民网,http://cq.people.com.cn/n2/2023/0617/c367643-40460967.html。

📦 本章小结

1. 信用是以偿还和付息为条件的价值单方面的运动,是价值运动的一种特殊形式。信用产生的前提条件是私有制的产生,信用存在的客观经济基础是商品货币关系。信用产生以后,经历了高利贷信用、资本主义信用和社会主义信用三个发展阶段。

2. 信用形式是借贷关系的具体表现形式,具体包括商业信用、银行信用、国家信用、消费信用、国际信用等。其中,商业信用是信用体系的基础,银行信用是信用体系的主导。

3. 信用工具是证明债权债务关系的合法凭证,同时也是现实的和潜在的流通手段和支付手段。其具有偿还性、流动性、风险性、收益性的特点。传统信用工具按期限分,包括短期信用工具和长期信用工具。金融衍生工具主要有金融远期、金融期货、金融期权和金融互换四大类。

4. 利息是债务人支付给债权人的报酬。利息就其本质而言,是利润的一部分,是剩余价值的转化形式。利率按照不同的标准,可以划分为不同的种类。

5. 决定和影响利率变化的因素有:平均利润率、借贷资金的供求关系、物价水平、国家经济政策、国际利率水平、汇率等。

6. 利率决定理论是研究利率是怎样决定的、有哪些因素会影响利率变动的理论。西方利率决定理论主要有古典利率决定理论、流动性偏好理论、可贷资金理论和基于IS—LM模型的利率决定理论等。

7. 利率市场化是指中央银行逐步放松和消除对利率的管制,遵循价值规律,由市场自主确定利率水平。利率市场化是我国利率改革的方向。

📦 关键词

信用 借贷资本 商业信用 银行信用 国家信用 消费信用 信用工具 利息 利息率 名义利率 实际利率 浮动利率 固定利率 市场利率 官定利率 股票 债券 本票 支票 汇票 流动性偏好理论 可贷资金理论 IS—LM模型 利率市场化 金融远期 金融期货 金融期权 金融互换

练习与思考

一、判断题

（　　）1. 国债是公债的主要组成部分，它既包括中央政府发行的公债，也包括地方政府发行的公债。

（　　）2. 大额可转让定期存单的特点是：面额大、期限长、不记名、可自由转让。

（　　）3. 高利贷资本具有资本的剥削方式，而没有资本的生产方式。

（　　）4. 商业信用是直接信用，银行信用是间接信用。

（　　）5. 通货膨胀率对利息率的影响是：通货膨胀率越高，则利息率（名义利率）应越低。

（　　）6. 商业承兑汇票属于商业汇票，银行承兑汇票属于银行汇票。

（　　）7. 企业破产清算，股东优先于债权人参与剩余资产的分配。

（　　）8. 我们通常所说的信用卡就是银行卡。

（　　）9. 商业银行所公布的各期限档次的存贷款利率是实际利率。

（　　）10. 利率市场化等同于利率自由化。

（　　）11. 存款利率上限放开后，我国完全实现了利率市场化。

（　　）12. 中国人民银行征信中心组织建立的我国集中统一的企业和个人征信系统，已成为世界上收录人数最多、数据规模最大、覆盖范围最广的征信系统。

（　　）13. 远期外汇合约和外汇期货合约是一样的。

（　　）14. 当前，我国个人投资人认购大额存单起点金额不低于 30 万元。

（　　）15. 股指期货主要用于规避股票市场的系统性风险。

二、单项选择题

1. 企业与企业之间存在的"三角债"状况，本质上属于（　　）。

   A. 商业信用　　　B. 银行信用　　　C. 国家信用　　　D. 消费信用

2. 在现代信用中，最主要的信用形式是（　　）。

   A. 商业信用　　　B. 银行信用　　　C. 民间信用　　　D. 国家信用

3. 必须经过承兑才具法律效力的信用工具是（　　）。

   A. 银行本票　　　B. 银行汇票　　　C. 商业本票　　　D. 商业汇票

4. 单利与复利计算的主要区别是（　　）。

   A. 本金是否计息　　　　　　B. 利息是否计息

   C. 利率的高低　　　　　　　D. 本息归还方式

5. 信用是一种（　　）。

   A. 买卖行为　　　B. 救济行为　　　C. 赠予行为　　　D. 借贷行为

6. 借贷资本家贷出货币资本时让渡的权利是（　　）。

   A. 资本所有权　　　　　　　B. 资本使用权

   C. 资本所有权与使用权　　　D. 以上都不是

7. 以政府作为借款人的信用形式是（　　）。

   A. 银行信用　　　B. 商业信用　　　C. 国家信用　　　D. 国际信用

8. 我国最早放开的利率是(　　)。
   A. 贴现率
   B. 银行间债券回购利率
   C. 银行间同业拆借利率
   D. 转贴现率

9. 由中央政府发行的公债,称为(　　)。
   A. 公债
   B. 国债
   C. 内债
   D. 外债

10. 出口商所在地的商业银行对出口商提供的中长期信贷是(　　)。
    A. 卖方信贷
    B. 买方信贷
    C. 国际银行信贷
    D. 福费廷

三、多项选择题

1. 利息率下降时,通常与以下情况相符合(　　)。
   A. 资金供应上升
   B. 资金需求下降
   C. 物价指数上升
   D. 平均利润下降
   E. 国家抑制投资

2. 国际信用的主要形式有(　　)
   A. 买方信贷
   B. 补偿贸易
   C. 卖方信贷
   D. 国际租赁

3. 信用工具一般具有以下基本特征(　　)。
   A. 偿还性
   B. 流动性
   C. 风险性
   D. 收益性

4. 古典学派的利率决定理论强调的实际因素是(　　)。
   A. 生产率
   B. 投资
   C. 储蓄
   D. 节约

5. 下列金融工具中,没有偿还期限的有(　　)。
   A. 永久性债券
   B. 银行活期存款
   C. 股票
   D. 商业票据

6. 下列衍生工具中,属于金融期货的是(　　)。
   A. 外汇期货合约
   B. 利率期货合约
   C. 远期外汇合约
   D. 股指期货合约

7. 消费信用常见的形式包括(　　)。
   A. 分期付款
   B. 消费贷款
   C. 信用卡
   D. 补偿贸易

8. 凯恩斯认为,货币的需求起因于(　　)。
   A. 交易动机
   B. 预防动机
   C. 安全动机
   D. 投机动机

9. 在下面各种因素中,能够对利息率水平产生决定或影响作用的有(　　)。
   A. 最高利润水平
   B. 平均利润率水平
   C. 物价水平
   D. 借贷资本的供求
   E. 国际利率水平

10. 票据具有以下哪些特点(　　)。
    A. 流通性
    B. 自偿性
    C. 无因性
    D. 要式性

四、问答题

1. 阐述决定和影响利率水平的各项因素。
2. 银行信用与商业信用相比,具有哪些优点?
3. 阐述普通股票和公司债券的异同点。
4. 阐述信用工具的特点及其相互之间的关系。

5. 国家信用的重要作用是什么?

6. 简述古典学派与凯恩斯学派的利率决定理论。

五、案例分析题

在美国,每个人都有一个"社会安全号"(social security number,SSN),这个安全号可以把一个美国人一生几乎所有的信用记录串在一起,包括个人的银行账号、税号、信用卡号、社会医疗保障号等都与之挂钩。自 20 世纪 30 年代美国成立社会安全管理局后,联邦政府下令,所有合法公民和居民必须持有有效社会安全号,该号由国家社会安全管理局统一赋予。只要把某个人的社会安全号码输入全国联网的计算机,任何人均可查到自己的背景资料,既包括年龄、性别、出生日期等自然状况,也包括教育背景,工作经历,与税务、保险、银行打交道时的信用状况,有无犯罪记录,等等。如果一个人有过不良纳税记录,那么这一记录将永远伴随着他,当他去求职、买保险、买汽车、开公司,几乎无论做什么,无论到哪个州,这一污点都无法抹去,并将因此而四处碰壁。

在美国,社会安全号码就如同中国的公民身份号码,每人只有一个,并且终身不变、终身使用。美国是个联邦国家,即使是作为"身份证"的驾驶执照,也是每州不同。所以唯一跟着你一生不变的,唯有社会安全号。很多学校,拿此来做学籍号码。没有它,你只能算是一个社会边缘人,用不了多久,你就会明白许多东西你必须有社会安全号才能享受到。

对消费者信用评估和提供个人信用服务的中介机构,在美国称信用局,或称消费信用报告机构。美国的信用局制度就个人信用信息的收集、个人信用产品的开发和管理形成了一套科学的体系,其主要包括三个环节:(1)个人信用资料的收集和登记;(2)个人信用数据的加工处理和信用评估;(3)个人信用产品的销售使用。

在美国,几乎每个成年人都离不开信用消费,要申请信用卡、分期付款、抵押贷款等,都需要对消费者的信用资格、信用状态和信用能力进行评价,这种评价集中表现为信用报告。美国的个人信用报告由三大信用机构提供,对个人的借款习惯进行详细记录和分析。如果有了不良记录,可能没人再愿意贷款给你,这时信用修复机制会帮你解除顾虑,给你提供建议,包括如何清理、重组债务,如何加强理财,以便分批偿还债务等。还清贷款后再对你观察两三年,如果没有污点,就可以消除记录。

思考:从美国个人信用管理制度中,我们能够得到什么样的启示?

本章推荐阅读书目

1. 弗雷德里克·S.米什金:《货币金融学》,中国人民大学出版社 2011 年第 9 版。

2. 于敏、肖华东:《金融学》,高等教育出版社 2015 年第 2 版。

3. 曾红艳、李绍昆:《货币银行学》,中国人民大学出版社 2017 年第 2 版。

4. 艾洪德、范立夫:《货币银行学》,东北财经大学出版社 2017 年第 2 版。

第3章

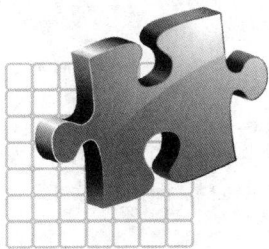

金融机构体系

本章导图

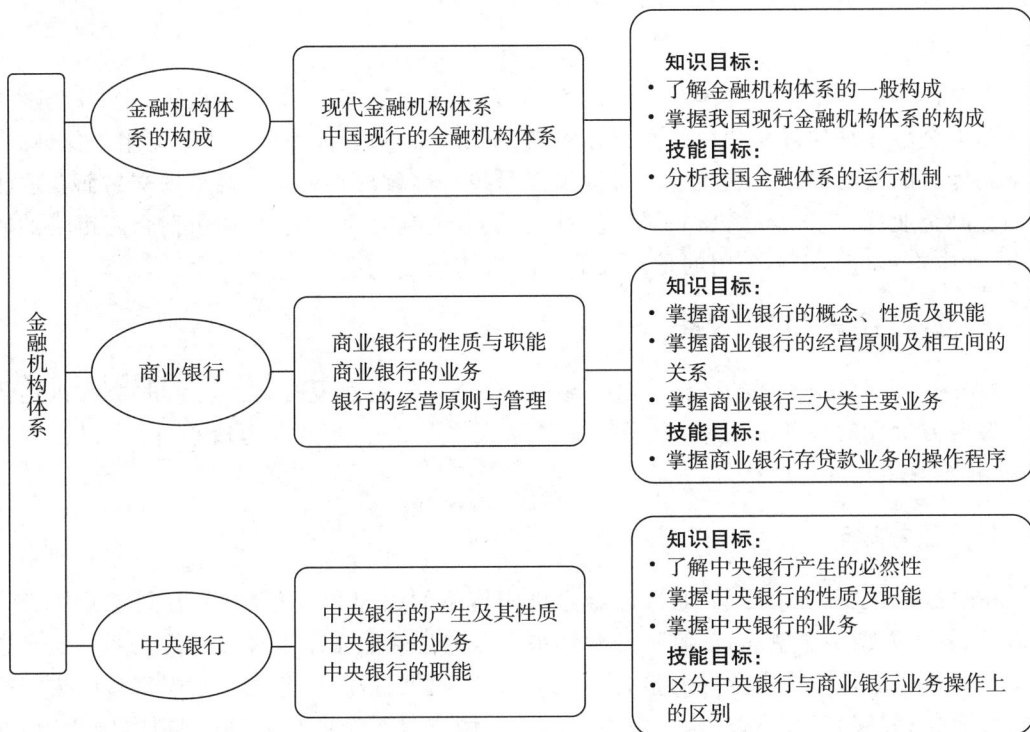

| | | 现代金融机构体系
中国现行的金融机构体系 | **知识目标：**
• 了解金融机构体系的一般构成
• 掌握我国现行金融机构体系的构成
技能目标：
• 分析我国金融体系的运行机制 |

金融机构体系的构成 —— 现代金融机构体系 / 中国现行的金融机构体系 ——
知识目标：
• 了解金融机构体系的一般构成
• 掌握我国现行金融机构体系的构成
技能目标：
• 分析我国金融体系的运行机制

商业银行 —— 商业银行的性质与职能 / 商业银行的业务 / 银行的经营原则与管理 ——
知识目标：
• 掌握商业银行的概念、性质及职能
• 掌握商业银行的经营原则及相互间的关系
• 掌握商业银行三大类主要业务
技能目标：
• 掌握商业银行存贷款业务的操作程序

中央银行 —— 中央银行的产生及其性质 / 中央银行的业务 / 中央银行的职能 ——
知识目标：
• 了解中央银行产生的必然性
• 掌握中央银行的性质及职能
• 掌握中央银行的业务
技能目标：
• 区分中央银行与商业银行业务操作上的区别

案例导读

1929 年 10 月 24 日，在美国历史上被称为"黑色的星期四"。在此之前的 1929 年夏天，美国还是一片歌舞升平，夏季的三个月中，美国通用汽车公司股票由 268 点上升到 391 点，美国钢铁公司的股票从 165 点上升到 258 点，人们见面时不谈别的，只谈股票，直至 9 月份，美国财政部长还信誓旦旦地向公众保证："这一繁荣的景象还将继续下去。"但是，10 月 24 日这一天，美国金融界崩溃了，股票一夜之间从顶峰跌入深渊，价格下跌之快，连股票行情自动显示器都跟不上趟，股票市场的大崩溃导致了持续四年的经济大萧条,从此,美国经济陷入了经济危机的泥淖,以往蒸蒸日上的美国社会逐步被存货山积、工人失业、商店关门的凄凉景象所代替。86 000家企业破产,5 500家银行倒闭,全国金融界陷入窒息状态,千百万美国人多年的辛苦积蓄付诸东流,GNP由危机爆发时的1 044亿美元急降至1933年的742亿美元,失业人数由不足150万猛升到1 700万以上,占整个劳动大军的1/4还多,整体经济水平倒退至1913年。农产品价值降到最低点,农民将牛奶倒入大海,把粮食、棉花当众焚毁的现象屡见不鲜。

这就是发生在美国上世纪30年代初的美国的经济危机的景象,由金融系统的崩盘引发,这次危机及在这次危机中颁布实施的《格拉斯—斯蒂格尔法》对此后世界各国的金融机构体系产生了深远的影响。

资料来源:郭晓晶、丁辉关:《金融学》,清华大学出版社2007年版。

第一节　金融机构体系的构成

金融体系包括金融机构体系、金融运行体系和金融监管体系三个部分,其中,金融机构是作为金融体系的骨骼和载体而存在的,它不仅是金融运行和金融监管的组织保证,还是金融体系的核心部分。狭义金融机构仅指那些通过参与或服务金融市场交易而获取收益的金融企业;而广义金融机构不仅包括所有从事金融活动的组织,还包括金融市场的监管者,如中央银行。本书采用的是广义的金融机构概念。

一、现代金融机构体系

世界各国都根据本国的政治、经济、金融、社会等特点建设有自己特色的金融机构体系。在西方世界的各发达国家,金融机构体系大多是以中央银行为核心,商业银行为主体,多种金融机构并存的格局。

(一)中央银行

中央银行,也称货币当局,是一国金融机构体系的领导和核心,担负着制定并执行货币政策、管理并调节金融运行、维护金融体系安全的特殊职责。中央银行的主要职能是通过影响货币供应量等特定金融变量,推动实现公共政策目标,因此大多数国家对中央银行实行国有化,并视其为政府机构。中央银行是一国支付系统的核心,它创造本国货币,并经营本国银行的清算系统。

(二)存款类金融机构

存款类金融机构,也称存款机构、存款货币机构,是以吸收个人和机构的存款,并发放贷款为主要业务的金融中介机构存款类金融机构,包括商业银行及储蓄贷款协会等机构。

1. 商业银行

商业银行是历史最悠久、公众接触最多、服务最全面、资产规模最大的金融机构。它主要通过发行支票存款(活期存款)、储蓄存款和定期存款筹措资金,用于发放商业贷款、消费信贷和抵押贷款,从事政府债券、市政债券投资,并提供广泛的金融服务。早期商业银行以活期存款为主要负债,以短期商业贷款、贴现为主要资产,故名"商业银行"。目前商业银行业务呈现全能化或多元化趋势,能从事多种综合性金融服务,故被称为"金融百货公司"或"金融超市"。在现代各国金融体系中,商业银行居于主导地位,是一国金融体系的骨干。

2. 储蓄银行

储蓄银行的资金来源主要是储蓄存款,其资金运用主要是发放长期抵押贷款。储蓄银行在各国有不同的名称和构成,美国的储蓄银行是储蓄贷款协会(S&L)、互助储蓄银行,英国的储蓄银行是信托储蓄银行,其他国家则是邮政储蓄银行、邮政储金局。

3. 信用合作社

信用合作社是围绕某一特定社会团体(企业职工、工会成员等)而建立的小型合作贷款机构。信用合作社的资金来源主要是社员存款,存款人即为股东;资金运用主要是向社员发放贷款。

(三)非存款类金融机构

非存款类金融机构泛指那些提供金融服务但不以存款为负债的金融机构。非存款类金融机构可分为契约型储蓄机构、投资性金融中介机构、服务类金融机构。

1. 契约型储蓄机构

契约型储蓄机构是依据契约定期取得资金(如保险费、养老保险费),并据约提供保险理赔或提供年金的金融机构,它包括各类保险公司、养老基金。

(1)保险公司。保险公司是以收取保险费,建立保险基金,对发生的保险事故进行经济补偿的金融机构。其主要功能是使企业或家庭通过购买名为保单的合约规避特定风险,并在特定事件发生时依合约得到赔付。保险公司通过出售保单筹集保费,并将保费用于股票、债券、房地产等中长期投资。因此,保险公司既是契约型储蓄机构,又是金融市场上重要的机构投资者。

(2)养老基金。养老基金是向参加养老金计划的雇员以年金形式提供退休收入的金融机构。养老金计划将社会保障的退休金和私人储蓄结合起来,重新安排个人的退休前收入。养老基金可分为私人养老基金和公共养老基金(或政府退休基金)。

私人养老基金由雇主、工会或个人发起,资金来源于雇主和雇员按照工资的一定比例的定期缴款,政府提供养老基金缴款收入免税的税收优惠;基金主要投资于公司股票、公司债券和政府债券。

公共养老基金包括政府为其雇员设立的养老基金和社会保障体系。政府养老基金的管理和运作与私人养老基金基本相同,但股票投资存在比例限制。社会保障体系一般涵盖在私营部门就业的所有雇员,资金主要来源于雇主和雇员缴纳的社会保障税,其主要任务是向年老、伤残、疾病、失业人员及死亡者家属提供必要的援助。

2. 投资性金融中介机构

投资性金融中介机构主要包括投资银行、金融公司、投资基金、货币市场共同基金以及风险投资公司。

(1)投资银行。投资银行是专门对工商企业办理各项有关投资业务的银行。投资银行的名称,通用于欧洲大陆及美国等工业化国家,在英国称为商人银行,在日本则称证券公司。

投资银行的主要功能是帮助企业、政府和其他实体通过发行证券筹集资金,为其经营活动融资。投资银行还为公司兼并或收购提供便利,有时还是发起者。投资银行经常承销企业、政府、其他实体发行的证券。传统的投资银行就是证券公司(券商),主要进行证券的承销、证券的自营。现代的投资银行可以称为"金融百货公司",以各种方式专门从事各种金融业务,与一般商业银行的差别日渐缩小。

(2)金融公司。金融公司通过出售商业票据和发行股票、债券筹措资金,并向汽车、家具等耐用消费品的购买者或销售商发放消费者贷款或工商业贷款。金融公司可分为三类:一是销售金融公司,通常由大型制造商或大型零售商建立,旨在通过提供消费信贷的方式,促销公司或企业商品。为促销集团公司生产的汽车而建立的福特汽车信贷公司、通用汽车承兑公司,就是销售金融公司。二是消费者金融公司,它以较高利率为难以获取贷款的消费者提供小额消费者贷款,以购买汽车、电器和房屋设施。这类金融公司既可是独立的公司,也可是银行的附属机构。三是商业金融公司,它向工商企业发放以应收账款、存货和设备为担保的抵押贷款,或提供大型设备的融资租赁业务。

(3)投资基金。投资基金是通过出售股份或受益凭证会集众多中小投资者的资金,然后进行多元化证券组合投资的金融机构,是以证券为主体的投资信托。投资基金凭借规模巨大、专家管理等优势,降低了信息成本和交易成本,并通过分散投资有效降低了风险,从而受到广大中小投资者的欢迎。投资基金在各国的名称不同,美国称为共同基金或互助基金(mutual fund),英国称为单位信托基金,日本、韩国则称为证券投资信托。

(4)货币市场共同基金。货币市场共同基金是相对较新的金融机构,也是一种兼具共同基金、存款机构特征的特殊投资基金。像其他投资基金一样,它通过出售股份聚集资金,但投资对象主要限于安全性好、流动性高的货币市场工具,如短期国债、大额可转让定期存单等。同时,基金股份的认购者又可依据所持股份的价值来签发支票,从而提供了一种存款型的账户。然而,投资者开立货币市场共同基金账户,必须存入相当数量的货币,而且支票签发额有起点金额限制。因此,货币市场共同基金的股权实际上是一种支付利息但支票签发额有所限制的支票账户。

(5)风险投资公司。风险投资公司将资金投资于新的企业,帮助企业管理团队将公司发展到可以上市的标准,即将公司股份出售给投资公众,然后通过售出股份退出被投资的公司。风险投资公司类似于投资银行,但其服务对象是起步不久且需要经营建议或管理咨询的新公司。

3. 服务类金融机构

许多金融机构提供金融资讯或金融咨询服务,作为它们主要业务的副产品;部分公司专门从事金融信息服务。最早的金融信息服务机构是评级公司,如专事证券评级的穆迪公司、标准普尔公司、惠誉公司,为保险行业评级的贝斯茨(Best's)公司。最近发展的其他信息类机构是提供财务数据的公司,如彭博资讯社、路透社的附属部门,以及 Lipper、Morningstar 和 SEI 等提供共同基金业绩统计的公司。

(四)政策与监管类金融机构

1. 政策性金融机构

政府发起或设立政策性金融机构,旨在为商业性金融机构通常不愿提供服务的特定行业、产业、部门和特殊群体提供金融支持或担保服务,并促进它们的发展。此类金融支持和服务主要通过两条途径提供:一是发起或创建政府信贷机构,二是创建政策性保险或担保机构,为私人贷款提供政府担保。这些机构的资金来源包括财政拨款、政府投资、发行政策性金融债券等。

2. 监管类金融机构

为加强和完善货币政策控制,维护金融体系稳定,防范系统性金融风险,确保金融市场交易公平有序,保护投资者利益,各国均建立了金融监管体系。一些国家实行单一监管体制,即由一家金融机关(中央银行及其附属机构)对金融业实施高度集中监管,如英联邦国家、比利时、卢森堡、意大利、瑞典、瑞士等国家。另一些国家实行多头监管体制,即由不同监管机构对不同金融机构、不同金融业务分别实施监管。其中,美国、加拿大推行联邦和各州分权的多头监管模式,日、德、法、新西兰等国实行以财政部和中央银行为主的集权监管模式。

二、中国现行的金融机构体系

改革开放 30 余年来,我国逐步形成了以中国人民银行为中央银行,国有控股商业银行为主体,政策性金融与商业性金融相分离,多种金融机构并存、分工协作的金融机构体系。

(一)中国人民银行

中国人民银行成立于 1948 年。新中国成立后至 1984 年前,中国人民银行既行使中央银行职能,又办理工商信贷、城镇储蓄业务。1983 年 9 月,国务院决定中国人民银行专门行使中央银行职能,并于 1984 年成立中国工商银行承接此前由中国人民银行承担的商业性金融业务。1995 年 3 月 18 日通过的《中国人民银行法》,以法律形式明确中国人民银行是中央银行,是制定和执行货币政策、维护金融稳定、提供金融服务的宏观调控部门。2003 年修订后的《中国人民银行法》则新增了反洗钱和征信等新职责。

(二)存款类金融机构

中国现行的存款类金融机构可分为三大类。

1. 大型存款类金融机构

该类金融机构由 6 家银行构成:中国工商银行、中国农业银行、中国银行、中国建设银行、交通银行和中国邮政储蓄银行。前四家银行是由 4 家国有商业银行(1994 年前称为专业银行)进行股份制改造而来的国有控股商业银行。交通银行是 1987 年 7 月经国务院批准恢复组建的股份制商业银行,由于国家股、国有法人股占比超过 40%,2007 年被归类为国有控股商业银行。邮政储蓄银行原为中国邮政部门的储蓄机构(邮政储汇局),主要从事邮政储蓄存款的转存业务。2007 年 3 月,中国邮政储蓄银行正式成立。

2. 小型存款类金融机构

该类金融机构主要包括:

(1)1987 年后相继成立的全国性股份制银行,如深圳发展银行(现名平安银行)、中信实业银行(现名中信银行)、福建兴业银行(现名兴业银行)、广东发展银行、招商银行、中国光大银行、华夏银行、中国民生银行、上海浦东发展银行,以及烟台住房储蓄银行(现名恒丰银行)、蚌埠住房储蓄银行(2000 年,被当地城市信用社合并)、浙商银行等。

(2)城市商业银行。城市商业银行的前身是各地的城市信用社,1995 年 11 月通过清产核资,并吸收地方财政、企业法人、居民个人入股,陆续组建为地方性股份制商业银行,当时称为城市合作银行,1998 年起,陆续更名为城市商业银行。它们主要服务于本地经济发展,重点扶持城市中小企业。

(3)农村商业银行和农村合作银行。农村商业银行是在农村信用合作社基础上改制组建的股份制商业银行,2001 年 11 月,江苏张家港市、常熟市、江阴市成立了全国首批农村商业银行。部分地区则将农村信用社改组为农村合作银行。

(4)民营银行。是指由民间资本控股并主要为民营企业提供资金支持和服务的银行,截至 2019 年 12 月,全国已有 18 家民营银行开业运营,对缓解民营中小企业的融资压力,推动民间资本进入金融业,深化中国金融改革具有深远意义。

3. 其他存款类金融机构

该类金融机构主要包括:

(1)农村信用合作社,以及农村信用合作联社;

(2)村镇银行;

(3)中外合资银行、外资在华银行分行及转制后的外资法人银行。

(三)非存款类金融机构

1. 保险公司

改革开放以来,我国保险业发展迅速。1988 年以前,保险业由中国人民保险公司独家经营。1988 年以后,中国平安保险公司、中国太平洋保险公司先后成立。1993 年起,按照分业经营原则,商业保险公司逐步完成财产保险、人寿保险和再保险的业务分离。1998 年 10 月,中国人民保险(集团)公司改组分离为中国人民保险公司(专营财产保险)、中国人寿保险公司和中国再保险公司。

与此同时,大众、天安、华泰、新华、泰康、华安等股份制保险公司,美国友邦保险公司、日本东京海上保险公司等外资独资保险公司,太平洋安泰保险公司、金盛人寿保险公司等中外合资保险公司,以及一批保险中介机构相继成立。这就极大地丰富了中国保险市场主体和保险服务,形成了以国有控股保险公司为主、多种保险形式并存、众多保险公司和机构竞争发展的保险机构体系。

2. 证券公司

目前,中国的证券公司被划分为综合类、经纪类两大类。经纪类证券公司主要从事代理证券买卖业务,综合类证券公司则从事证券承销、经纪、自营买卖、投资咨询及受托资产管理等业务。1995 年 8 月成立的中国国际金融有限公司,是第一家中外合资投资银行。与国外成熟的投资银行相比,中国证券公司的业务范围仍较狭窄,公司并购、公司理财、项目融资、资产管理等业务拓展极为有限,或尚未涉足。因此,中国的证券公司尚不是真正意义上的现代投资银行。

3. 信托公司

中共十一届三中全会后,中国逐步恢复信托业务。1979 年 10 月,中国银行重设信托咨询部,同月,中国国际信托投资公司获准成立。随后,银行系统、国务院各部委及各级地方政府陆续出资创办或组建了一批全国性信托投资公司、地方性信托投资公司与国际信托投资公司。在历次金融整顿和改革中,信托投资公司历经曲折。自 2007 年 3 月,"信托投资公司"改称为"信托公司"。目前,信托公司可以经营的本外币业务包括:经营资金及财产(动产、不动产及其他财产)信托,代理资产保管、运用和处置,信用见证、资信调查及经济咨询,国债、金融债券、企业债券承销,投资基金业务,以及企业资产的重组、并购及项目融资、公司理财、财务顾问等。

4. 财务公司

中国的财务公司大多由企业集团内部出资设立,主要为集团内部各企业技术改造、新产品开发及产品销售,提供中长期金融服务。1984 年,中国首家财务公司在深圳特区成立。企业集团财务公司不是商业银行,故不得在企业集团外部吸收存款,也不得对非集团企业和个人发放贷款;它在行政上则隶属于各企业集团,在业务上接受中国银行业监督管理委员会监督管理。

5. 金融租赁公司

金融租赁是所有权和使用权相分离的经济活动方式,它融合了传统的租赁与融资,具有融资和融物相结合的特点。金融租赁在国外取得了长足的发展,中国在改革开放初期就引进了金融租赁形式。1987 年成立的中国租赁有限公司是中国首家租赁公司。目前,中国的金融租赁公司可以开展的业务包括动产及不动产的租赁、转租赁、回租租赁等。

6. 服务类金融机构

服务类金融机构主要包括:(1)信用评级机构,如上海远东资信评估公司、中国诚信证券评估有限公司、长城资信评估有限公司、大公国际资信评估公司等;(2)证券服务机构,如证券登记公司,证券结算公司,中央国债登记结算有限责任公司等;(3)金融(或证券)咨询公司,如北京金桥咨询公司、新兰德证券咨询公司、北京东方华尔金融咨询公司等。

此外,典当行、基金管理公司、小额信贷公司、农村资金互助社等新型金融机构,中外合资、外资独资金融公司(财务公司)、证券公司、信用卡公司,也是中国境内非存款类金融机构的重要成员。

知识拓展

中国首家互联网银行——微众银行

2014 年 12 月 16 日,深圳前海微众银行股份有限公司(简称微众银行)正式成立,成为中国首家民营银行、互联网银行。2015 年 1 月 4 日,国务院总理李克强亲临微众银行考察,并见证了微众银行给卡车司机徐军发放 3.5 万元贷款的过程。这是国内首家开业的民营银行完成的第一笔放贷业务,而这个新生的金融机构就此正式载入中国金融历史之中。微众银行既无营业网点,也无营业柜台,更无须财产担保,而是通过人脸识别技术和大数据信用评级发放贷款。

微众银行始终秉持"让金融普惠大众"的使命,坚持以科技创新作为驱动业务发展的核心引擎,致力于满足普罗大众和小微企业的多元金融服务需求。微众银行依托数字科技,积极探索"金融＋科技"的运营模式,先后推出微粒贷、微业贷、微众银行 App 财富＋、小鹅花钱等创新性普惠金融产品。

资料来源:微众银行官方网站。

(四)政策性金融机构

1994 年,为推进专业银行的商业化,根据政策性金融和商业性金融相分离的要求,中国成立了 3 家政政策性银行,即国家开发银行、中国进出口银行和中国农业发展银行。它们的资金主要来源于财政拨付、向各金融机构发行政策性金融债券、中国人民银行再贷款。

国家开发银行成立于 1994 年 3 月 17 日,主要任务是:筹集和引导境内外资金,向国家基础设施、基础产业和支柱产业的大中型基本建设和技术改造等项目及其配套工程发放贷款,调节和控制固定资产投资总量,优化投资结构,提高投资效率。2008 年 12 月改制为国家开发银行股份有限公司。2015 年 3 月,国务院明确国开行定位为开发性金融机构。中国进出口银行成立于 1994 年 4 月 26 日,主要任务是:执行国家产业政策和外贸政策,为扩大机电产品和成套设备等资本性货物出口提供政策性金融支持。中国农业发展银行成立于 1994 年 11 月 18 日,主要任务是:以国家信用为基础,筹集农业政策性信贷资金,承担国家规定的农业政策性金融业务,代理财政性支农资金的拨付,为农业和农村经济发展服务。

与 1994 年政策性银行成立之初相比,当前我国宏观经济环境、产业结构、市场需求以及文化基础都发生了许多变化,带有补贴性、政府指令的政策业务逐渐减少,而自营开发性业务逐渐增多,政策性银行的业务不断市场化,面临继续发挥政策性银行作用和向市场转轨的任务。2006 年,国务院明确提出深化并推进政策性银行改革的战略,由人民银行和财政部具体负责,三家政策性银行研究设计符合各自特点的改革方案。2008 年 12 月 16 日,国家开发银行股份有限公司挂牌成立,标志着该行的改革进入了从政策性金融向开发性金融演变的新阶段,虽然还具有一定的政策性业务,但统计上已不属于政策性银行。目前我国有中国农业发展银行、中国进出口银行 2 家政策性银行。

除 3 家政策性银行外,中国的政策性金融机构还包括:(1)金融资产管理公司,即 1999 年组建的华融、长城、东方、信达资产管理公司;(2)出口信用保险公司,如 2001 年 12 月成立的中国出口信用保险公司;(3)中小企业担保公司,如 1999 年 12 月成立的深圳市中小企业信用担保中心(2008 年 1 月转制为有限公司)等。

(五)监管类金融机构

中国目前的金融监管体系由"一委一行两会"构成。"一委"指的是国务院金融稳定发展委员会,成立于 2017 年 11 月 8 日,作为国务院统筹协调金融稳定和改革发展重大问题的议事协调机构。而在国务院金融稳定发展委员会成立以前,中国的金融监管体系是"一行三会"的格局。"一行"是中国人民银行,它主要对银行间同业拆借市场、债券市场、外汇市场和黄金市场实施监管,同时承担维护整个金融体系稳定的职责。由中国人民银行代管的国家外汇管理局,代表国家行使外汇管理职能,其分支机构与同级人民银行合署办公。

"三会"分别是中国证券监督管理委员会、中国保险监督管理委员会、中国银行业监督管理委员会。中国证监会成立于 1992 年 10 月 12 日,是对中国证券期货机构及证券交易所、上市公司及其信息披露、中国证券期货市场进行集中统一管理的机构。中国保监会成立于 1998 年 11 月 18 日,是对全国商业性保险机构实施集中统一监管的机构。中国银监会成立于 2003 年 4 月 28 日,它承接了此前由中国人民银行对银行机构和部分非银行金融机构的监管职能,是对中国银行业金融机构及其业务活动进行监督管理的机构。

2018 年 3 月 13 日,根据国务院发布的机构改革方案,银监会和保监会合并,组建中国银行保险监督管理委员会,作为国务院直属事业单位,将银监会和保监会拟定银行业、保险业重要法律法规草案和审慎监管基本制度的职责划入中国人民银行。"一行两会"共同接受国务院金融稳定发展委员会的监管协调,至此形成了"一委一行两会"新的监管格局。

第二节　商业银行

商业银行又称作存款货币银行或者存款银行、普通银行。在西欧各国习惯上称为信贷银行,在日本则称为存款银行,国际货币基金组织将其称为存款货币银行。它是以经营个人和工商企业存、放款为主要业务,并为顾客提供办理汇兑结算等多种服务,以追求最大利润为其经营目标的信用机构或特殊企业。商业银行以其机构数量多、业务渗透面广以及资产总额比重大而成为金融机构体系中的骨干和主体,是其他金融机构所不能代替的。

一、商业银行的产生及发展

商业银行的起源与发展,历经古代货币经营业、原始银行业和现代商业银行三个阶段。早在古希腊、古罗马时代,地中海沿岸各国的经济就很活跃,贸易已很频繁,但当时各国铸币在材料、重量、成色上不统一以及铸币不便携带的特点阻碍了商品经济的发展,这从客观上要求产生一种专门的机构,专事鉴别货币成色、称量货币重量、进行货币兑换及保管。因此,货币经营业应运而生。随着商品贸易进一步发展,货币经营商手中聚集了大量的暂时闲置货币,这些货币成为其放款的基础。货币经营商在从事货币保管、办理汇兑业务的同时,逐渐吸收存款,发放贷款,从存贷息差中获取收益,这样古老的货币经营业就转变成办理存款、贷款和汇兑业务的银行。最早以"银行"命名的信用机构出现在文艺复兴时期的意大利。当资本主义经济萌芽和发展以后,客观上要求建立与资本主义扩大再生产相适应的现代商业银行。

(一)现代商业银行的形成途径

1. 从高利贷银行转变而来

随着资本主义生产关系的建立,高利贷银行面临贷款需求锐减的困境和关闭的威胁。为了自身的利益,高利贷顺势而动,降低利率,转变为商业银行。

2. 以股份制公司形式组建而成

1694 年成立的英格兰银行是最早出现的股份制银行,它的建立标志着新兴的资本主义现代银行制度开始形成,也意味着高利贷银行在信用领域的垄断地位已被动摇。到 18 世纪末 19 世纪初,各资本主义国家都纷纷建立规模巨大的股份制银行,商业银行开始在世界范围内得到普及。

(二)商业银行的发展趋势

在信息技术飞速发展和金融自由化国际浪潮的推动下,商业银行正朝着以金融品牌为主导,以全面服务为内涵,以互联网为依托,以物理网络为基础的综合化、全球化、电子化、集团化、虚拟化的全能服务机构的方向发展。同时也面临着现代信息技术、客户需求多样化、金融风险控制、管理效率、人力资源等多方面的挑战,商业银行之间的同业竞争趋势也在不断强化。

二、商业银行的性质

商业银行是以追求最大利润为目标,以多种金融负债筹集资金,以多种金融资产为其经营对象,能利用负债进行信用创造,并向客户提供多功能、综合性服务的金融企业。

(一)商业银行是企业

商业银行以某种方式吸收资金,并以某种方式运用资金的企业。商业银行作为企业,具有一般企业的共同特征。与一般企业一样,商业银行拥有从事经营的自有资金,自主经营,自负盈亏,并通过经营活动追求最大利润化。利润最大化是商业银行从事和发展的基本前提,也是其经营的内在动力。

(二)商业银行是特殊的企业

商业银行与一般企业相比又有其特殊性,其特殊性具体表现在经营对象的差异上。一般工商企业经营的是具有一定使用价值的商品,从事商品生产的流通,而商业银行经营的是特殊商品——货币。因此,商业银行是一种与一般工商企业有所区别的特殊企业——金融企业。商业银行的业务较之于其他一般企业具有特殊性,因此对整个社会经济的影响以及所受社会经济的影响均远大于一般企业。

(三)商业银行是特殊的金融企业

商业银行作为金融企业,与各种专业银行和非银行金融机构相比又有其特殊性。与中央银行相比,商业银行是一个金融企业,而中央银行是金融管理机构,二者是管理与被管理的关系。与专业银行和非银行金融机构相比,商业银行以吸收存款为主要负债业务,以放贷为主要资产业务,是唯一能够吸收活期存款的金融机构,具有其他金融机构所不具备的信用创造功能,其经营业务具有广泛性和综合性,是万能银行和金融百货公司。

三、商业银行的职能

(一)信用中介职能

这是商业银行最基本也最能反映其经营活动特征的职能。这一职能的实质是通过商业银行的负债业务,把社会上的各种闲散资金集中到商业银行,再通过商业银行的资产业务,投向社会经济各部门,充当资金剩余者和资金需求者之间的中介。商业银行充当信用中介,有利于充分利用社会货币资本,实现货币资本的融通,促进了经济的发展。

(二)支付中介职能

支付中介职能是指商业银行利用活期存款账户,为客户办理各种货币结算、货币收付、货币兑换和转移存款等货币经营业务的职能。支付中介职能扩大了商业银行的资金来源,减少了现金的使用,节约了流通费用,促进了再生产规模的扩大。

(三)信用创造职能

信用创造职能是指商业银行利用其可以吸收各类活期存款的有利条件,通过发放贷款,转化为派生存款,从而扩大社会货币供应量。商业银行的信用创造职能是在信用中介与支付中介职能的基础上产生的,它是商业银行的特殊职能。当然,此种货币不是现金货币,而是存款货币,它只是一种账面上的流通工具和支付手段。

(四)金融服务职能

商业银行可以利用其在国民经济活动中的特殊地位,以及在提供信用中介和支付中介业务过程中所获得的大量信息,运用电子计算机等先进手段,为客户提供多种金融服务。金融服务职能大大拓展了商业银行的业务范围,增加了利润增长点,而且丰富和便利了人们的生活。

四、商业银行的业务

虽然世界各国的商业银行的组织形式、名称、经营业务和内容都有所差异,但其主要业务大致可以分为负债业务、资产业务、中间业务三大类。随着银行业的全球化与国际化,商业银行也开展国际业务。

(一)商业银行的负债业务

负债业务主要指商业银行获取资金来源的业务,是商业银行业务的基础。商业银行广义的负债业务主要包括自有资本和吸收外来资金两大部分。

1. 自有资本

国际上通常把银行资本金定义为:银行股东为赚取利润而投入银行的货币和保留在银行中的收益。由于商业银行的组成方式不同,自有资本可能是国家投资,也可能是个人资本、合伙资金,或者是发行股票筹集的资本。自有资本是银行开业的前提条件之一,银行在动员别人的资金之前,必须先筹足自有资金。自有资本除以上项目外,还有银行在开业以后提取的公积金以及未分配的利润。

知识拓展

巴塞尔协议

1987 年年底,位于瑞士巴塞尔的国际清算银行(Bank of International Settlement,BIS)下属银行业务条例和监管委员会提出了一个统一的国际资本充足率标准协议,该协议于 1988 年 7 月正式发表,全称为《统一银行资本计量和资本标准的国际协议》,通常被人们称为《巴塞尔资本协议》。该协议要求:凡是从事国际业务的银行,必须将总资产中的自有资本比例维持在 8% 以上。

东南亚金融危机后,1999 年 6 月该委员会提出了以三大支柱——最低资本要求、监管部门监督检查和市场纪律为主要特点的新资本监管框架草案第一稿,并广泛征求有关方面的意见。这一新资本监管框架于 2004 年 6 月正式定稿,人们通常称为《新巴塞尔资本协议》或《巴塞尔协议Ⅱ》。

一场席卷全球的金融危机暴露了金融监管体系的很多不足,对金融监管制度的有效性提出了重大挑战。危机之后,各方展开了深入的讨论,探索如何改进,构建更完善的监管框架。很快,各方就宏观审慎、逆周期、风险的识别和准确计量等方面进行监管改革达成了共识。该协议的草案于 2010 年提出,在雷曼兄弟破产两周年之际,《巴塞尔协议Ⅲ》在瑞士巴塞尔出炉。《巴塞尔协议Ⅲ》的核心内容是增强银行资本质量和提高最低资本要求;扩大资本对风险的覆盖范围和提高资本对风险的敏感度,降低监管资本套利的可能性;以资本为手段来应对监管资本的缺陷和系统性风险的挑战;引入非风险杠杆率、流动性覆盖比率和净稳定资金比率的要求,以降低银行系统的流动性风险,加强抵御金融风险的能力。

2. 各类存款

马克思说:"对银行来说具有重要意义的始终是存款。"银行存款是商业银行负债业务中最重要的业务,也是商业银行营运资金的主要来源。其在商业银行全部负债中的占比最大,一般占负债总额的 70% 左右。一家商业银行的成功与否,在很大程度上取决于其吸收存款的规模。

（1）活期存款。活期存款是相对于定期存款而言的，是不需预先通知可随时提取或支付的存款。活期存款构成商业银行的重要资金来源，也是商业银行创造信用的重要条件。由于活期存款存取频繁，流动性强，手续复杂，所费成本较高，所以西方国家商业银行对这类存款一般不支付利息。持有活期存款账户的存款者可以用开支票提取存款，因此，活期存款也叫支票存款。为了获得一定的利息，同时又不失流动性，活期存款中又出现了可转让支付命令账户、超级可转让支付账户、货币市场存款账户等形式。

（2）定期存款。定期存款是相对于活期存款而言的，是一种由存户预先约定期限的存款。定期存款占银行存款比重较高，种类有大额可转让定期存单、货币市场存单、定活两便存款账户等。因为定期存款固定而且比较长，从而为商业银行提供了稳定的资金来源，对商业银行长期放款与投资具有重要意义。

（3）储蓄存款。储蓄存款是个人为积蓄货币和取得利息收入而开立的存款账户，储蓄存款又可分为活期存款和定期存款。储蓄存款的活期存款，或者称为活期储蓄存款，存取无一定期限，只凭存折便可提现，存折一般不能转让流通，存户不能透支款项。定期储蓄存款则由客户与储蓄机构约定存期，一次或分次存入本金，其利率高于活期储蓄存款。

3. 借款

（1）同业拆借。同业拆借即是银行间的短期放款，主要用于临时性调剂头寸，以及日常资金周转。这种借款一般为期一天，故有"今日货币"之称。同业拆借利率低，融资对象、数额和时间均较灵活。

（2）转抵押借款。转抵押借款即是商业银行在临时性资金周转困难之际，向银行同业申请抵押贷款。由于抵押物多为银行的工商客户向其举借抵押贷款提交的抵押品，故此种借款有"转抵押"之名。

（3）转贴现借款。类似于转抵押借款，只不过以银行为客户办理贴现业务而收到的未到期票据转售给银行同业来代替交纳抵押品。由于金融当局对转抵押借款与转贴现借款实行较为严格的管制，同时银行的股东、客户以及社会公众容易通过这两类借款的增加形成银行经营恶化的预期，银行较少进行转抵押借款与转贴现借款。

（4）向中央银行借款。商业银行向中央银行借款的主要形式是再贴现与再贷款。一般说来，商业银行向中央银行借款主要的、直接的目的在于缓解本身资金的暂时不足，而非用来盈利。因而，该项目在商业银行负债中的比重，一般都很小。

（5）回购协议。回购协议是指商业银行通过出售其所持有的政府债券或其他证券的方式取得短期资金，并约定在未来的某个日期按预定的价格再购回这些证券的业务。这是一种有担保品的短期资金融通方式。

（6）境外借款。除了在本国货币市场上的借款之外，商业银行还可以从国际金融市场筹资来补充银行资金的不足，这就产生了境外借款。

（7）金融债券。商业银行为筹集中长期资金而向社会公开发行的一种债务凭证，债券持有者享有到期收回本金和利息的权利。

(二)商业银行的资产业务

商业银行的资产业务主要指商业银行资金运用的业务,是商业银行形成利润和收益的基础。它主要包括以下几个方面。

1. 现金资产业务

现金资产类业务是维护商业银行支付能力的第一道防线,也称为一级储备,是商业银行流动性最强、盈利性最低的资产。从构成上看,现金资产主要包括库存现金、在中央银行存款、在同业存款、托收中现金。

(1)库存现金。是指商业银行为满足日常业务需要而保留在业务库中的备用金,由于其属于非营利性资产,其所需保护和保险费用较高,所以银行一般只保持必要的最低限度。

(2)在中央银行存款。各国货币当局均规定商业银行应在中央银行开设账户,作为银行准备金的基本账户,在中央银行的存款由两部分组成,一是法定存款准备金,二是超额准备金。

(3)在同业存款。是指金融机构之间因相互代理业务而在其他银行和金融机构保留的存款。商业银行为了便于同业之间收付有关款项,往往在其他商业银行开立活期存款账户,由于其属于活期性质,随时可以支用,所以可视同为现金资产。

(4)托收中现金。是指本行通过对方银行向外地付款单位或个人收取的票据款项。商业银行经营中每天都会收到开户人拿来的支票或现金,其中的支票有可能非本行付款,而须向付款行收取,这种须向别的银行收款的支票称为"托收中现金"。

2. 贷款资产业务

贷款业务是商业银行按照一定的贷款原则和政策,以还本付息为条件,将一定数量的货币资金提供给借款人使用的一种借贷行为。贷款业务是商业银行的传统核心业务,是银行最主要的盈利资产,是银行实现利润最大化目标的主要手段,也是其维持同客户良好往来关系的重要因素。按贷款保障程度划分,可分为信用贷款、担保贷款和票据贴现贷款。

(1)信用放款。信用放款是指单凭借款人的信誉,而不需提供任何抵押品的放款,信用贷款的最大特点是不需要担保和抵押,仅凭借款人的信用就可以得到。由于信用贷款没有有价物作担保,因而风险较大,商业银行一般只用于经营情况好,经济实力雄厚,与银行往来时间长且信誉度高的企业。

(2)担保贷款。担保贷款包括保证贷款、抵押放款和质押贷款。保证贷款,指以第三人承诺在借款人不能偿还贷款时,按约定承担一般保证责任或者连带责任而发放的贷款。抵押贷款,指以借款人或第三人的财产作为抵押物发放的贷款。质押贷款,指以借款人或第三人的动产或权利作为质物发放的贷款。

(3)票据贴现。票据贴现贷款是指贷款人以购买借款人未到期商业票据的方式发放的贷款。票据贴现可以说是一种特殊的质押形式,是借款人以未到期的票据向银行申请贴现,银行按一定的利息率,扣除自贴现日至到期日的利息后将账面余额付给持票人的一种贷款形式,票据到期时,银行持票向票据的债务人兑取现款。票据贴现是一种风险比较小的贷款。贴现额的计算公式为：

$$贴现付款额＝票据面额×\left(1-年贴现率×\frac{未到期天数}{360}\right) \tag{3-1}$$

3. 证券投资业务

商业银行证券投资是指商业银行为获取收益，以其资金在金融市场上购买各种有价证券的业务活动。它是商业银行除贷款业务之外的一项重要资产业务。

商业银行证券投资的主要目的是获取收益、增强流动性和分散风险，这就要求商业银行证券投资对象的安全性要好，变现能力要强，盈利性较高。而满足这些要求的最佳选择就是国库券、政府公债、政府机构债券、信用等级高的企业债券和部分优质股票。根据我国现行商业银行法的规定，不允许商业银行从事股票交易。目前我国商业银行的投资品种主要是债券类，有政府债券、金融债券、企业债券或公司债券。

（三）商业银行的中间业务

1. 中间业务的概念及种类

中间业务是指不动用和较少动用自己的资金，不列入资产负债表内，利用自身技术、信息、机构网络、资金、信誉、人才、设施等方面的优势，以中间人的身份为客户提供各类金融服务并收取手续费的业务。商业银行中间业务的种类很多，从大的方面来看，包括两类：一类是传统的金融服务类中间业务，指商业银行通过对客户提供金融服务，以收取手续费为目的、不承担任何风险、不构成商业银行或有资产和或有负债的业务。这类业务主要包括支付结算、代理、咨询等。另一类是创新的或有资产和或有负债类中间业务，即在一定条件下会转化为现实资产和负债的业务，这类业务主要包括贷款承诺、担保类和各种金融衍生类中间业务等。

我国在 2001 年 6 月出台的《商业银行中间业务暂行规定》中，明确商业银行可以开办的中间业务主要有以下九类：

（1）支付结算类中间业务。支付结算类中间业务是指由商业银行为客户办理因债权债务关系引起的与货币支付、资金划拨有关的业务。结算工具是各类票据，如支票、本票和汇票。结算方式有同城结算和异地结算，主要有汇款业务、托收业务、信用证业务和资金清算业务等。

（2）银行卡业务。银行卡是由经授权的金融机构（主要指商业银行）向社会发行的具有消费信用、转账结算、存取现金等全部或部分功能的信用支付工具。依据清偿方式，银行卡业务可分为贷记卡业务、准贷记卡业务和借记卡业务。借记卡可进一步分为转账卡、专用卡和储值卡。银行卡业务是现代商业银行一项十分重要的中间业务。

（3）代理类中间业务。代理类中间业务是指商业银行接受客户委托、代为办理客户指定的经济事务、提供金融服务并收取一定费用的业务，主要包括代收代付业务、代理融通业务、代理证券业务、代理保险业务和代客买卖业务等。

（4）担保类中间业务。担保类中间业务指商业银行为客户债务清偿能力提供担保，承担客户违约风险的业务。主要包括银行承兑汇票、备用信用证、各类保函等。

（5）承诺类中间业务。承诺类中间业务是指商业银行在未来某一日期按照事前约定的条件向客户提供约定信用的业务,主要指贷款承诺,包括可撤销承诺和不可撤销承诺两种。可撤销承诺附有客户在取得贷款前必须履行的特定条款,在银行承诺期内,客户如没有履行条款,则银行可撤销该项承诺。不可撤销承诺是银行不经客户允许不得随意取消的贷款承诺,具有法律约束力,包括备用信用额度、回购协议、票据发行便利等。

(6)交易类中间业务。交易类中间业务指商业银行为满足客户保值或自身风险管理等方面的需要利用各种金融工具进行的资金交易活动,主要包括金融衍生业务,如远期合约、互换、期货期权等。

(7)基金托管业务。基金托管业务是指有托管资格的商业银行接受基金管理公司委托,安全保管所托管的基金的全部资产,为所托管的基金办理基金资金清算款项划拨、会计核算、基金估值、监督管理人投资运作。包括封闭式证券投资基金托管业务、开放式证券投资基金托管业务和其他基金的托管业务。

(8)咨询顾问类业务。咨询顾问类业务是指商业银行依靠自身在信息、人才、信誉等方面的优势收集和整理有关信息,并通过对这些信息以及银行和客户资金运动的记录和分析,并形成系统的资料和方案,提供给客户,以满足其业务经营管理或发展的需要的服务活动。

(9)保管箱业务。保管箱业务是指银行接受客户委托,按照业务章程和约定的条件,以出租保管箱的形式代客保管贵重物品、有价证券及文件等财物的服务项目。

2. 中间业务与表外业务的区别

中间业务与表外业务虽然有重叠,但并不完全一致。表外业务从会计核算的口径出发,中间业务则主要基于业务类别。从广义上看,中间业务是指不构成商业银行表内资产、表内负债,形成银行非利息收入的业务,隶属于广义表外业务。从概念上看,表外业务是指商业银行从事的,按照现行的会计准则不计入资产负债表内,不形成现实资产负债,但能够引起当期损益变动的业务。此外,表外业务具有一定风险,2016 年 11 月 23 日,银监会发布《商业银行表外业务风险管理指引(征求意见稿)》,首次将表外业务分为担保承诺类、代理投融资服务类、中介服务类和其它等四大类,并对四类表外业务的具体内容给出明确说明。担保承诺类业务需要承诺信用风险,部分业务需要占用资本。代理投融资服务类业务主要是指委托与代客业务两类,其中以表外理财业务和委托投资业务为主,不计提表外信用风险,这里不计提资本的前提是不承担代偿责任,不承诺投资回报。中介服务类业务不计提资本,主要包括投资银行中的财务顾问咨询业务与资产托管业务,是银行从事的真正中间业务。

(四)商业银行的国际业务

商业银行国际业务是指所有涉及外币或外国客户的活动,包括银行在国外的业务活动以及在国内所从事的有关国际业务。主要包括国际负债业务、国际资产业务和国际中间业务。

国际资产业务是指商业银行外汇资产的运用业务,主要包括三项内容:外汇贷款、国际投资、外汇投机。国际负债业务是指商业银行外汇资金的来源业务,主要有两项内容:外汇存款和境外借款。国际中间业务主要是指商业银行的国际结算业务,还包括外汇信托存放款和投资业务、国际融资租赁业务、代理客户外汇买卖业务、外汇咨询业务、担保和信用卡业务等。

五、商业银行的经营原则与管理

(一)商业银行的经营原则

商业银行的经营原则是指商业银行在经营活动中所必须遵循的行为准则,即通常所说的"三性原则",包括盈利性原则、流动性原则和安全性原则。

1. 盈利性原则

所谓盈利性是指商业银行经营获取利润的要求。追求盈利、实现利润最大化是商业银行的经营目标,也是商业银行企业性质的集中体现。坚持贯彻盈利性原则对商业银行具有十分重要的意义,盈利不仅可充实银行资本,扩大经营规模,还有利于提高银行的信誉和竞争能力。商业银行主要通过扩大盈利资产、吸引低成本资金、减少贷款和投资损失、加强内部管理等途径来提高盈利。

2. 流动性原则

流动性是指商业银行能够随时满足客户提现和必要的贷款需求的支付能力,包括资产的流动性和负债的流动性两重含义。资产的流动性是指资产在不受损失的情况下迅速变现的能力,能迅速变现而不会造成损失的资产流动性就强;相反,不能迅速变现或变现过程中会造成损失的资产流动性就弱。负债的流动性是指银行能以较低的成本随时获得所需资金的能力。保持负债流动性对商业银行非常重要,因为银行一旦不能应付客户提取存款或满足客户贷款需求及银行本身的需求时,将会严重影响商业银行的信誉,影响业务发展并增加经营成本。

3. 安全性原则

安全性是指商业银行的资产、收入、信誉以及所有经营生存发展条件免遭损失的可靠性程度,其相反的含义即遭受损失的可能性。商业银行在经营过程中存在着信用风险、利率风险、市场风险、汇率风险、流动性风险、政治风险等多种风险。如何避免或降低风险性,保证经营的安全性,是商业银行经营管理面临的永恒课题。

商业银行经营管理的"三性"原则既有统一的一面,又有矛盾的一面。从根本上讲,"三性"是相互统一的,它们共同保证了商业银行经营活动的正常运行,其中,盈利性是核心,是保持或实现安全性和流动性的目的;安全性是基础,是实现盈利性和流动性的前提;流动性是保证,是实现盈利性和安全性的条件。但是,"三性原则"之间并非是完全平行不悖的,往往有着相互矛盾与制约的关系。一般地说,盈利性与安全性、流动性之间是对立的。盈利性较高的银行资产,其风险大,安全性较低,流动性也较差。不过安全性与流动性之间呈正相关的关系,流动性强的银行资产,风险一般较小,安全性较高。"三性原则"之间这种矛盾关系要求商业银行在业务经营与管理中进行有效的统一协调,寻求三者的最佳配合,在保障银行资产安全性的前提下,实现利润的最大化。

我国《商业银行法》规定,商业银行以效益性、安全性、流动性为经营原则,实行自主经营、自担风险、自负盈亏、自我约束的经营机制。商业银行既要追求自身盈利,又要注重社会效益,这是我国社会主义商业银行区别于西方商业银行的一个重要方面。

课堂讨论

2008 年 10 月 2 日,对美国普通家庭主妇玛丽来说是一个特别的日子,她幸运地中了 1 亿美元的大奖。欣喜之余,这笔巨款却成了玛丽甜蜜的负担。"我该把钱存在哪?"玛丽发愁了。若一不小心存在 IndyMac 银行,这 1 亿美元可能转眼就变成 10 万美元。另据彭博社报道,美国标志性企业——麦当劳的加盟店 2008 年向美国银行申请融资时也遭到拒绝。为什么在金融体系最发达的美国,却连存款的安全性都难以保证?为什么连麦当劳这样具有坚实现金流的企业也会遭遇借贷难题?

(二)商业银行的经营管理

究竟如何实现盈利性、流动性和安全性三原则要求,是经营管理方面的问题。随着各个历史时期经营条件的变化,商业银行业务管理经历了从资产管理阶段到负债管理阶段再到资产负债综合管理阶段,最终进入全面风险管理阶段。

1. 商业银行的资产负债管理

商业银行资产负债管理自 20 世纪 70 年代后逐步兴起。其基本思想是根据经济环境和银行业务状况的变化,综合管理资产和负债的期限结构、利率结构、规模与风险结构,在分析成本等因素的基础上,有策略地确定负债方或资产方的调整项目。

商业银行资产负债管理经历了一个管理重心由资产转向负债,又由负债转向全面综合管理的变化过程。资产管理强调的是使资产保持流动性,在负债一定的情况下,通过调整资产结构来满足流动性要求。而负债管理强调的是通过扩大负债去获得银行的流动性。但是资产管理过于偏重安全和流动性,不利于实现盈利性目标,负债管理过于偏重资产扩张和追求盈利,将流动性过高地依赖于外部环境,存在较大风险。

20 世纪 70 年代后,在金融市场利率大幅度上升、波动加剧、银行倒闭现象增加的背景下,商业银行的资产负债综合管理被提上了日程。它的核心思想是:银行不必经常保持大量的高流动性资产,必要时,可以通过对外举债来解决流动性问题。银行的经营重点是追求利润的最优化,只要有良好的贷款项目和投资目标,就应该积极地扩展资产规模,利用发行大额可转让定期存单、同业拆借等主动负债方式筹集资金,而不是仅仅依靠吸收存款这种被动负债方式。

2. 商业银行的全面风险管理

20 世纪 80 年代后,随着金融自由化和金融创新的迅猛发展,商业银行面临的风险日趋复杂,对风险管理提出了更高的要求。美国反舞弊财务报告委员会发起组织(COSO)于 2003 年发布了《全面风险管理框架》征求意见稿,巴塞尔委员会也于 2004 年发布了《巴塞尔新资本协议》,以此为标志,全面风险管理成为国际商业银行管理的新趋势。对商业银行而言,全面风险管理涉及董事会、管理层到风险管理部门、业务部门、分支机构等各个层面,涵盖信用风险、市场风险、操作风险、运营风险、法律风险、流动性风险等领域,包括风险战略制定、业务流程再造、风险管理组织体系建设、风险管理技术更新、风险管理信息系统建设、风险管理人员培养、风险管理文化塑造等内容。因而,全面风险管理越来越成为商业银行不可或缺的重要组成部分。

3. 我国现行的资产负债管理及风险管理

在 20 世纪 80 年代末期之前,我国对商业银行实行的是贷款规模管理,即由中央银行直接对商业银行下达允许发放贷款的最高限额。从 80 年代末期开始,在贷款规模管理的框架下,一些国有商业银行在国内部分城市试行资产负债比例管理;1994 年起在商业银行中全面推行。

风险管理方面,在 20 世纪 90 年代中期以前,我国商业银行整体上谈不上有专门的风险管理;此后随着《巴塞尔协议》以及资产负债比例管理的推行,我国商业银行才逐步踏上风险管理之途。直到近年,随着我国利率、汇率市场化的实质性进展以及金融市场的快速发展,加之贯彻落实新的《巴塞尔协议》以及《巴塞尔协议Ⅲ》的要求,我国商业银行的全面风险管理才得以启动。目前,各家商业银行都成立了专门的风险管理部门,几大国有商业银行设立了首席风险官,并在加紧完善全面风险管理框架、制度和流程。

第三节 中央银行

一、中央银行产生的背景

中央银行是一国最高的货币金融管理机构,在各国金融体系中居于主导地位。中央银行是商品经济与国家职能发展到一定阶段的产物。1656 年成立的瑞典银行被认为是最早的中央银行,英格兰银行则是第一家现代意义上的中央银行。中央银行的产生有其客观的基础。

1. 发行银行券的需要

各银行发行的银行券由于受发行银行自身的实力、资信状况、经营状况和分支机构设立状况等方面的影响,只能在局部地区流通。为了适应资本主义经济的生产方式,促进经济的发展,需要能在全国范围流通的信用工具。国家以法律限制或取消一般银行的银行券发行权的方式,将信用货币的发行权集中到几家甚至一家大银行,这些被授权的银行就拥有了中央银行的性质。随着资本主义经济的发展,银行制度不断臻于完善,逐渐使商业银行和发行银行的职能分开,商业银行不再发行银行券,而由专门的机构来发行类似银行券的信用工具,中央银行的发行职能就逐渐形成了。

2. 票据交换和清算的需要

随着商品经济的发展和银行业务的不断扩大,银行处理票据的数量急剧增长,各银行之间的债权债务关系日趋复杂,票据的交换业务变得繁重起来。不断增长的票据交换和清算业务导致结算时间延长,经济效率降低。于是,在客观上要求建立一个全国统一和公正的权威性清算机构作为银行体系清算的中心,使资金顺畅流通,助力经济发展。

3. 充当最后贷款人的需要

随着银行贷款业务规模的扩大,当遇到贷款无法按时收回或发生挤提时,银行会出现流动性风险,无法正常支付。当一家银行因无法支付而倒闭时,会危及其他银行乃至整个银行体系的安全。因此,需要有专门的、权威性的机构,适当集中各银行的一部分现金准备,当某银行出现支付困难时,予以流动性支持,充当最后的贷款人。

4. 金融监管的需要

随着商品货币经济关系的发展,银行和金融业在社会经济关系中的作用日益增强,金融运行的稳定成为经济稳定发展的重要条件。金融运行稳定需要公平、健全的运行机制。为避免金融活动的无序或混乱,为银行的运行提供一个公平有序的竞争环境,促进银行业的健康平衡发展,需要具有专业技术的专门机构对金融业进行监管和协调。

中央银行的产生途径主要有两种:其一,由实力强、信誉好的商业银行发展演变而来,如瑞典银行和英格兰银行是最早发展成为中央银行的银行。其二,目的明确地创设中央银行,如1914年建立的美国联邦储备体系。

二、中央银行的性质

中央银行的性质是中央银行自身所具有的特殊属性,与中央银行的产生紧密相连。

(一)从其业务活动特点看,它是特殊的金融机构

一方面,中央银行的主要业务活动同样具有银行固有的"存贷汇"业务的特征;另一方面它又与普通金融机构不同,表现在其业务对象不是一般工商客户和居民个人而是商业银行等金融机构和政府;享有一定的业务特权,如货币发行、保管存款准备金、制定金融政策等;并且中央银行可独立地制定和执行货币政策,以实现经济的宏观目标。

(二)从中央银行发挥的作用看,它是保障金融稳健运行,调控宏观经济的工具

中央银行通过国家特殊授权,承担监督管理普通金融机构和金融市场的重要职责。同时,中央银行还是货币供给的提供者和信用活动的调节者,也是最后贷款人,它可通过对贷款规模和结构的调节来管理社会经济活动。因而,中央银行对金融业的监督管理和对货币信用的调控对宏观经济运行具有直接的重要影响。由此,中央银行是宏观经济运行的调控中心。

(三)作为国家最高的金融决策和管理机构,具有一定的国家机关性质,表现在:

中央银行的国家机关性质与一般国家行政机关有很大不同:

(1)中央银行履行其职责主要是通过特定金融业务进行的,对金融和经济的管理调控基本上是采取经济手段,与主要依靠行政手段进行管理的国家机关明显不同。

(2)中央银行宏观调控是分层次实现的。要经过货币政策的传导达到其政策效果,且存在一个时滞问题,而国家机关一般是用行政手段直接作用于微观经济主体的。

(3)中央银行政策制定上有一定独立性。

综上所述,中央银行的性质可概括为:中央银行既是一家提供金融服务的特殊的金融

机构,也是制定和实施货币政策、监管和维护金融业有序发展、调控金融和经济运行的一个政府部门。

三、中央银行的组织形式

由于各国政治、经济、社会状况存在差异,各国中央银行的形成历史、现实地位不同,因而形成了不同的中央银行组织形式。

(一)单一中央银行制度

单一中央银行制度指一个国家单独建立中央银行机构,作为政府的银行、发行的银行和银行的银行,全面执行中央银行职能并领导全部金融事业。根据中央与地方权力划分的不同,可分为一元中央银行制与二元中央银行制两种。

一元中央银行制,指国家只设立一家中央银行作为政府金融管理机构,履行全部中央银行的职能,根据需要在全国各地设立分支机构接受总行的统一领导,形成由总行、分行、支行组成的高度集中的中央银行体制。这类中央银行的特点是权力集中,职能齐全,根据需要在全国各地建立分支机构。世界上大多数国家的中央银行都采用这种组织形式,如英格兰银行、日本银行、法兰西银行等。

二元中央银行制,指一国在国内设立中央和地方两级相对独立的中央银行机构,二者分别行使职权:中央级中央银行和地方级中央银行在货币政策方面是统一的,中央级机构是最高金融决策机构,地方级中央银行要接受中央级中央银行的监督和指导。但在货币政策的具体实施、金融监管和中央银行有关业务的具体操作方面,地方级机构在其辖区内具有一定的独立性。中央级机构与地方级机构不是总分行关系,而是按法律规定分别行使职能。这种制度一般与联邦制的国家体制相适应,如美国、德国采用这种中央银行组织形式。

(二)复合式中央银行制度

复合式中央银行制度指在一个国家内不单独设立中央银行,而是把中央银行与商业银行的业务、职能集中于一家银行,可分为一体式中央银行制与混合式中央银行制两种。

一体式中央银行制,又称"大一统"中央银行体制,指集中了中央银行与商业银行的全部业务、职能于一家银行。其理论基础是,建立于全民所有制基础之上的高度集中的计划经济,必须有高度统一的银行体制和管理制度与之相适应。20世纪30年代的苏联、60年代中期以前的东欧各国以及中国在改革开放前都曾实行过一体式中央银行制。混合式中央银行制,指分设中央银行与专业银行,且中央银行业务与专业银行业务由分设的两银行交叉办理。20世纪60年代至80年代的苏联、东欧各国曾实行过这种体制。

(三)准中央银行制度

准中央银行制度指一个国家或地区没有建立通常意义上的中央银行,而只设立类似中央银行的金融管理机构或者由政府授权一家或几家商业银行行使部分中央银行的权力,如新加坡、中国香港属于这种体制。新加坡设有金融管理局和货币委员会两个机构来行使中央银行职能。金融管理局在法律上并不具有中央银行地位,其履行除货币发行以外的中央银行的主要职能,被称为"不发行货币的中央银行"。货币委员会的常设机构是新加坡货币局,其职责是发行货币。香港的金融管理局负责行使制定货币政策、实施金融监管及支付体系管理等中央银行职能,货币发行由汇丰银行、渣打银行和中国银行三家商业银行承担。

(四)跨国中央银行制度

跨国中央银行制度指两个以上主权独立的国家共有一家中央银行,其主要职能是发行货币、为成员国政府服务、执行共同的货币政策及其有关成员国政府一致决定授权的事项。其特点是跨越国界行使中央银行职能,如欧洲中央银行,它是超越国家主权的机构,成员国中央银行从属于各独立主权国家,欧洲中央银行与各成员国中央银行并存。

延伸阅读

欧洲中央银行

欧洲中央银行成立于1998年7月,总部设在德国的金融中心法兰克福。按照《马斯特里赫特条约》的规定,欧洲中央银行的基本任务是:①制定和执行欧洲货币联盟的货币政策;②按照条款规定从事外汇交易;③持有和管理成员国的官方外汇储备;④促进国际收支体系的正常运行。

欧洲中央银行与各成员国中央银行组成了欧洲中央银行体系,其主要职责是发行欧元,制定和执行统一的货币政策和汇率政策,对成员国金融体系的管理提出意见。欧洲中央银行的特点是:

(1)欧洲中央银行的首要目标是稳定物价。它必须根据自由竞争的市场经济原则,遵循物价稳定、公共财政健全、支付平衡的方针,采取有力的措施,支持共同体的经济政策。

(2)欧洲中央银行体系由欧洲中央银行和各成员国央行组成,其决策机构为理事会和执行委员会。理事会成员由欧洲理事会(6位成员)和12国的中央银行行长组成。理事会制定欧洲货币联盟的货币政策,由执行委员会负责实施。

(3)《马斯特里赫特条约》确保了欧洲中央银行的独立性。规定欧洲中央银行和各成员国的中央银行不可以寻求或采纳欧洲货币联盟或各国政府的指示,各国政府也不应该试图对欧洲中央银行施加影响。欧洲中央银行的独立性体现在制定政策、人事任免、行使职能、资金运用等方面。

四、中央银行的基本职能

中央银行的职能是中央银行性质的具体体现。按中央银行性质划分,中央银行的三大基本职能是:发行的银行、银行的银行、政府的银行。

(一)发行的银行

中央银行是发行的银行,是指中央银行垄断货币发行权,是一国或某一货币联盟唯一授权的货币发行机构。中央银行集中与垄断货币发行权是其自身所以成为中央银行最基本最重要的标志,也是国家赋予的最重要的特权之一,是所有授权中首要的也是最基本的特权。一部中央银行史,首先是一部货币发行权逐渐走向集中、垄断和独占的历史。如瑞典国家银行、英格兰银行、法兰西银行等,都是通过集中货币发行权来确立其中央银行的地位的。中央银行作为发行的银行需履行的基本职责如下:

(1)中央银行应根据国民经济发展的客观需要,适时发行货币,保持货币供给与货币需求基本一致,为国民经济稳定发展创造良好的金融环境。

(2)中央银行应从宏观经济角度控制信用规模,调节货币供给量。中央银行应适当掌握货币供给增量,处理币值稳定与经济增长的关系。

(3)中央银行应根据货币流通需要,适时印刷、销毁货币,调拨库款,调剂地区间货币分布、货币面额比例。

(二)银行的银行

中央银行是银行的银行,是指中央银行的业务对象不是一般企业和个人,而是商业银行和其他金融机构以及特定的政府部门;中央银行为商业银行和其他金融机构提供支持、服务,同时也是其管理者。银行的银行这一职能体现了中央银行是特殊金融机构的性质,是中央银行作为金融体系核心的基本条件。中央银行通过这一职能对商业银行和其他金融机构的活动施加影响,以达到调控宏观经济的目的。中央银行作为银行的银行需履行的职责如下:

(1)集中商业银行的存款准备金。其必要性在于:第一,为保障存款人的资金安全,以法律的形式规定商业银行和其他存款机构必须按存款的一定比例向中央银行交存存款准备金,以保证商业银行和其他金融机构具备最低限度的支付能力。第二,有助于中央银行控制商业银行的信用创造能力,从而控制货币供应量。第三,强化中央银行的资金实力,存款准备金是中央银行的主要资金来源之一。第四,为商业银行之间进行非现金清算创造条件。

(2)充当银行业的最后贷款人。最后贷款人指商业银行无法进行即期支付而面临倒闭时,中央银行及时向商业银行提供贷款支持以增强商业银行的流动性。中央银行主要通过两种途径为商业银行充当最后贷款人:其一,票据再贴现,即商业银行将持有的票据转贴给中央银行以获取资金;其二,票据再抵押,即商业银行将持有的票据抵押给中央银行获取贷款。

(3)创建全国银行间清算业务平台。商业银行按规定在中央银行开立存款账户交存存款准备金,各金融机构之间可利用在中央银行的存款账户进行资金清算,这加快了资金流转速度,节约了货币流通成本。于是,中央银行成为银行业的清算中心。

(4)外汇头寸调节。中央银行根据外汇供求状况进行外汇买卖,调节商业银行外汇头寸,为商业银行提供外汇资金融通便利,并由此监控国际收支状况。

（三）政府的银行

中央银行是政府的银行，是指中央银行为政府提供服务，是政府管理国家金融的专门机构。具体体现在：

（1）代理国库。国家财政收支一般不另设机构经办具体业务，而是交由中央银行代理，主要包括按国家预算要求代收国库库款、拨付财政支出、向财政部门反映预算收支执行情况等。

（2）代理政府债券发行。中央银行代理发行政府债券，办理债券到期还本付息。

（3）为政府融通资金。在政府财政收支出现失衡、收不抵支时，中央银行具有为政府融通资金以解决政府临时资金需要的义务。中央银行对政府融资的方式主要有两种：第一种，为弥补财政收支暂时不平衡或财政长期赤字，直接向政府提供贷款。为防止财政赤字过度扩大造成恶性通货膨胀，许多国家明确规定，应尽量避免发行货币来弥补财政赤字。第二种，中央银行直接在一级市场上购买政府债券。

（4）为国家持有和经营管理国际储备。国际储备包括外汇、黄金、在国际货币基金组织中的储备头寸、国际货币基金组织分配的尚未动用的特别提款权等。第一，对储备资金总量进行调控，使之与国内货币发行和国际贸易等所需的支付需要相适应；第二，对储备资产结构特别是外汇资产结构进行调节；第三，对储备资产进行经营和管理，负责储备资产的保值增值；第四，保持国际收支平衡和汇率基本稳定。

（5）代表政府参加国际金融活动，进行金融事务的协调与磋商，积极促进国际金融领域的合作与发展。参与国际金融重大决策，代表本国政府与外国中央银行进行两国金融、贸易事项的谈判、协调与磋商，代表政府签订国际金融协定，管理与本国有关的国际资本流动，办理政府间的金融事务往来及清算，办理外汇收支清算和拨付等国际金融事务。

（6）为政府提供经济金融情报和决策建议，向社会公众发布经济金融信息。中央银行处于社会资金运动的核心，能够掌握全国经济金融活动的基本信息，为政府的经济决策提供支持。

五、中央银行的基本业务

中央银行发挥其职能要通过资产、负债与清算业务的操作来实现。中央银行业务的操作过程，一方面是中央银行施行货币政策进行宏观经济调控的过程，体现了中央银行职能作用的发挥；另一方面业务操作会形成中央银行的资产负债结构，并且通过中央银行资产负债结构的变动对商业银行信用量施以影响，构成货币政策效果评价的基础。

（一）负债业务

中央银行的负债形成中央银行的资金来源，是中央银行资产业务的基础。其负债业务主要包括货币发行、存款业务、其他负债业务三方面的内容。

1. 货币发行

在不兑现的信用货币制度下，货币是一种债务凭证，它是货币发行人对货币持有者的一种负债。因此，货币发行是中央银行的负债业务，其有效性来自于国家对信用货币规定的法偿效力。

中央银行发行货币主要是通过对商业银行及其他金融机构提供贷款、接受商业票据再贴现、在金融市场上购买有价证券、收兑金银和外汇等方式实现的。中央银行的货币发行必须遵循两个基本原则：第一，遵循统一发行原则，即中央银行独占货币发行权，具有排他性；中央银行发行的货币是唯一法偿货币。第二，遵循经济发行原则，即根据国民经济发展情况和商品流通的实际需要控制和调节货币发行量，信用货币供应量与商品流通的实际需要量应保持一定的比例；货币发行时间、地区分布、面额比例的结构要与商品流通相适应。坚持经济发行是保持币值稳定的前提。

2. 存款业务

中央银行的存款业务主要包括：

（1）存款准备金业务。这是中央银行存款业务中最重要的业务，与存款准备金制度直接有关。中央银行集中存款准备金业务的主要手段是规定存款准备金比率。在存款准备金制度下，商业银行吸收的存款不能全部用于放贷或投资，而要按照法定比率提取准备金并交存中央银行。存款准备金比率的高低直接制约着商业银行的业务规模和创造派生存款的能力。中央银行通过改变存款准备金比率调节货币供应量。

（2）财政性存款业务。这是中央银行吸收各级财政机关、政府机关、社会团体的存款的业务。财政性存款本质上是国家预算资金或与国家预算直接有关的资金，其数额仅次于商业银行交存中央银行的存款准备金。

（3）特种存款业务。特种存款是中央银行在货币政策工具发挥作用有限的情况下，根据信贷资金的营运情况和银根松紧以及宏观调控的需要，采用特种存款方式，集中一部分金融机构一定数量资金而形成的存款，是中央银行调整信贷资金结构和信贷规模的重要工具。

中央银行还可以吸收其他存款，如非银行金融机构存款、外国政府和外国金融机构存款。非银行金融机构在中央银行的存款，与商业银行在中央银行的存款在性质和范围上大致相同。外国政府或外国金融机构在中央银行的存款，构成这些国家政府或金融机构的外汇，随时可以用于贸易结算和债务清偿。

3. 其他负债业务

中央银行还可以通过发行中央银行债券、对外负债和筹措资本等方式获得资金。中央银行发行债券除了获得资金来源，更多是为了调节流通中的货币。当金融机构的超额准备金过多，而中央银行又不便采用其他货币政策工具进行调节时，可以通过向金融机构发行中央银行债券回笼资金，减少流通中的货币；当公开市场操作规模有限时，可以发行中央银行债券作为公开市场操作的辅助工具，如中国人民银行发行的中央银行票据就是一例。

中央银行对外负债的主要目的有三个：平衡国际收支、维持汇率稳定和应付危机。可以采取的形式主要有向外国银行借款、对外国中央银行负债、向国际金融机构借款等。

当然，中央银行也可通过适当渠道筹集、维持和补充自有资本。由于各国法律对中央银行的资本来源和构成都有规定，因此，中央银行在资本业务方面并没有多大作为，仅仅在需要补充自有资本时按照有关规定进行。

(二)资产业务

中央银行通过资产业务操作来调控信用规模和货币供应量。资产业务主要包括贷款业务、再贴现业务、证券买卖业务、储备资产业务等内容。

1. 贷款业务

中央银行发放贷款是为了实现货币政策目标,不以营利为目的。一般以短期放款为主,不提供长期贷款,这是中央银行最后贷款人角色的一种体现。中央银行的贷款业务主要包括:

(1)对商业银行再贷款。再贷款是商业银行扩大信用能力的重要渠道和保证支付的最后手段。再贷款的对象是经营存款、贷款业务的一般性金融机构。一般金融机构在取得这种贷款后,会产生乘数效应,引起信用总规模的倍数扩张。这种贷款的利率水平、额度大小和条件限制是中央银行货币政策意愿的反映,是中央银行实施货币政策的一种手段。

(2)对政府贷款。政府在提供公共服务的过程中,会发生暂时性的收支失衡,中央银行有提供信贷支持的义务。对政府的贷款可通过直接提供贷款和买入政府债券两条渠道进行。鉴于向政府直接提供贷款往往造成通货膨胀的经验,在大多数国家,直接贷款都被限定在短期贷款。由于对政府贷款往往都是采用信用贷款方式,因此,又对贷款额度进行了限制。

(3)其他放款。中央银行的其他放款包括两类,一是对非金融部门的贷款,贷款对象的范围比较狭窄,一般都有特定目的和用途,带有政策倾向;二是对外国政府和外国金融机构的贷款。

2. 再贴现业务

再贴现是商业银行或票据经纪人在急需资金周转时,将其已贴现、尚未到期的商业票据出售给中央银行以融通资金。中央银行作为银行的银行、最后贷款人,负有接受请求、负责资金融通的义务。中央银行开展再贴现业务的目的是提供短期资金融通。

中央银行可通过提高或降低再贴现率,影响市场上一般利率水平,影响商业银行以再贴现方式向中央银行融通资金的成本,从而起到收缩或扩大信用的作用。在一些国家,再贴现率作为基准利率发挥作用,反映中央银行的政策意向,其他利率随再贴现率的变化而变化。

3. 证券买卖业务

中央银行通过公开市场买卖证券是指中央银行通过公开市场买入或卖出政府债券的行为。中央银行一般都通过设立证券买卖委员会来进行决策,委员会再通过一定的机构和人员进行具体的操作。中央银行买卖政府债券是一种资产业务,原因在于:一方面中央银行卖出政府债券必须要以先买入一定量的政府债券为前提,从总量上看买入量大于卖出量,其最终的存量会占用中央银行的资金;另一方面中央银行买卖政府债券,直接吞吐基础货币,是中央银行调控货币供给量和信用规模的手段。

中央银行进行证券交易的特点:第一,只购买流动性高的证券,主要限定在政府债券、国库券。例如,美联储规定证券买卖业务的对象是政府债券,英格兰银行规定证券买卖业务的对象是商业票据和政府债券。我国中央银行证券买卖对象限定为短期国债（国债回购）、中央银行融资券和政策性金融债券。第二，为了防止直接购买政府债券可能引起通货膨胀，以及避免中央银行成为政府弥补财政赤字的工具，一般限定证券买卖业务只能在二级市场上进行。第三，对所购证券资质要求高。第四，中央银行不能买卖国外有价证券。

4. 储备资产业务

集中管理国际储备资产是中央银行的一项重要职责，该职责通过中央银行储备资产的买卖业务来实现。绝大多数国家都将外汇和黄金以及其他国际清算手段作为储备资产委托中央银行保管和经营，形成中央银行的储备资产业务。

中央银行的储备资产主要包括黄金、外汇和特别提款权。目前在各国的国际储备中，黄金所占的比重下降，但是黄金的天然属性使其仍然在国际储备中占有重要地位。外汇资产的流动性强，管理成本低，具有一定的收益性，但其风险性较其他两种国际储备资产大。汇率贬值会造成外汇损失，从而降低储备资产的价值，削弱本国的支付能力。特别提款权是国际货币基金组织于1969年9月建立的一种储备资产和记账单位，既安全可靠又具有高流动性，但不能随意持有。

（三）清算业务

清算是指一定经济行为所引起的货币关系的计算和结清。中央银行作为银行的银行，各商业银行等其他金融机构都在中央银行开立账户，因此由中央银行来负责清算它们之间的资金往来和债权债务关系具有客观的便利条件。中央银行作为一国支付清算体系的参与者和管理者，通过一定的方式、途径，使金融机构之间的债权债务清偿及资金转移顺利完成并维护支付系统的平稳运行，从而保证经济活动和社会生活的正常运行。

中央银行的清算业务主要有：

1. 组织票据交换与清算

工商企业、事业单位及消费者用票据进行债权债务清偿和支付时，要通过开户银行的转账结算系统实现资金收付。当各银行收到客户提交的票据后，通过票据交换的方式将代收的票据交付款行。

2. 办理异地跨行清算

办理异地资金汇划指办理不同区域、不同城市、不同银行之间的资金转移。如各行的异地汇兑形成各行间异地的债权债务，需要进行跨行、跨地区的资金划转。

3. 提供跨国支付清算服务

跨国清算指对于国际贸易、国际投资及其他方面所发生的国际间债权债务，借助一定的结算工具和支付系统进行清算，实现资金跨国转移的行为。

4. 提供证券和金融衍生工具交易清算服务

由于证券和金融衍生工具交易的清算不同于其他经济活动所产生的债权债务清算，在许多发达国家，有专门为证券和金融衍生工具交易提供结算服务的支付系统。由于证券交易金额大，不确定因素多，易引发支付系统风险，尤其是政府证券交易直接关系到中央银行公开市场操作效果，所以中央银行对其格外关注，有些中央银行甚至直接参与其支付清算活动。例如,美国的政府证券交易主要通过美联储的 FEDWIRE 簿记证券系统完成资金的最后清算,英格兰银行则提供中央金边证券系统(CGO)和中央货币市场系统(CMO)的结算与支付服务,日本银行的日银网络系统中的日本政府债券服务系统专门用于日本政府债券的交割和清算。

六、中国的中央银行

中国的中央银行萌芽于 20 世纪初,当时货币紊乱,为整理币制,户部于清光绪三十年(1904 年)奏请设立户部银行。中国银行和交通银行由北洋政府控制,都部分承担了中央银行职责。1927 年南京国民政府成立,制定《中央银行条例》,于 1928 年 11 月 1 日在上海成立中央银行,并在全国设立分支机构,统一货币发行,经理国库,进行外汇管理,表明中国的中央银行制度已基本确立。中华苏维埃共和国国家银行于 1932 年 2 月开业,是中国共产党领导下最早的中央银行,行址设在江西省瑞金县。该行由苏维埃政府授权发行钞票,代理国库,代理发行公债及还本付息。

1948 年 12 月 1 日,中国人民银行在河北省石家庄市成立,1949 年 2 月迁入北平。新中国成立后,中国人民银行一方面履行中央银行职能,负责货币发行、货币政策操作,另一方面办理存款、放款等一般的银行业务。1983 年 9 月 17 日,国务院颁发《国务院关于中国人民银行专门行使中央银行职能的决定》,明确规定了中国人民银行专门行使中央银行职能。1995 年 3 月,八届全国人大三次会议通过了《中华人民共和国中国人民银行法》并正式颁布实施,首次以国家立法形式确立了中国人民银行作为中央银行的地位,标志着中央银行体制走向法制化轨道,是中央银行制度建设的重要里程碑。

为加强中央银行的独立性、专业性和权威性,进一步理顺中央银行与政府以及政府各部门之间的关系,避免地方政府对人民银行的干涉,按照全国金融工作会议的部署,于1998 年对中国人民银行分支机构的设置作出重大调整:分行不再按行政区域设置,撤销原省级分行,设立跨省区分行,全国设 9 个分行和 2 个营业管理部;同时,成立人民银行系统党委,对党的关系实行垂直领导,干部实行垂直管理。

同时,监管职能逐步从中国人民银行分离。1998 年,原国务院证券委员会与原中国证监会合并为正部级的中国证监会,负责监管证券业;1998 年 11 月,中国保监会成立,统一监管保险业。按照党的十六届二中全会审议通过的《关于深化行政管理体制和机构改革的意见》和十届人大一次会议批准的国务院机构改革方案,2003 年将中国人民银行对银行、金融资产管理公司、信托公司及其他存款类金融机构的监管职能分离出来,与中央金融工委的相关职能进行整合,成立中国银行业监督管理委员会。

2003 年 12 月 27 日,十届全国人民代表大会常务委员会第六次会议审议通过了修正后的《中华人民共和国中国人民银行法》,明确了人民银行新的职能是"制定和执行货币政策,防范和化解金融风险,维护金融稳定";界定中国人民银行为国务院组成部门,是中华人民共和国的中央银行,是在国务院领导下制定和执行货币政策、维护金融稳定、提供金融服务的宏观调控部门。人民银行职能的变化集中体现为"一个强化、一个转换和两个增加",即强化与制定和执行货币政策有关的职能,转换实施对金融业宏观调控和防范与化解系统性金融风险的方式,增加反洗钱和管理信贷征信业两项职能。

2018年3月13日,根据国务院发布的机构改革方案,银监会和保监会合并,组建中国银行保险监督管理委员会,将中国银行业监督管理委员会和中国保险监督管理委员会拟订银行业、保险业重要法律法规草案和审慎监管基本制度的职责划入中国人民银行,使监管部门专注于监管执行,提高监管的专业性有效性,强化中央银行宏观审慎管理职能。

思政教学

推动金融与科技深度融合发展

为贯彻落实党中央、国务院决策部署,稳妥发展金融科技,加快金融机构数字化转型。2022年1月4日,中国人民银行印发《金融科技发展规划(2022—2025年)》,提出"十四五"时期金融科技发展愿景,明确金融科技发展指导思想,坚持"数字驱动、智慧为民、绿色低碳、公平普惠"的发展原则,以加强金融数据要素应用为基础,以深化金融供给侧结构性改革为目标,以加快金融机构数字化转型、强化金融科技审慎监管为主线,将数字元素注入金融服务全流程,将数字思维贯穿业务运营全链条,注重金融创新的科技驱动和数据赋能,推动我国金融科技从"立柱架梁"全面迈入"积厚成势"新阶段。

金融科技作为技术驱动的金融创新,是深化金融供给侧结构性改革、增强金融服务实体经济能力的重要引擎。高质量推进金融数字化转型,健全适应数字经济发展的现代金融体系,必将为构建新发展格局、实现共同富裕贡献金融力量。

本章小结

1. 金融机构是作为金融体系的骨骼和载体而存在的,它不仅是金融运行和金融监管的组织保证,还是金融体系的核心部分。世界各国的金融机构体系一般包括中央银行、存款类金融机构、非存款类金融机构、政策与监管类金融机构。我国已形成了以中国人民银行为中央银行,国有控股商业银行为主体,政策性金融与商业性金融相分离,多种金融机构并存、分工协作的金融机构体系。

2. 商业银行是以经营个人和工商企业存、放款为主要业务,并为顾客提供办理汇兑结算等多种服务,以追求最大利润为其经营目标的信用机构或特殊企业。其性质为一种特殊的金融企业,具有信用中介、支付中介、信用创造、金融服务四大功能。

3. 商业银行的业务主要有负债业务、资产业务和中间业务三大类。负债业务是指形成商业银行资金来源的业务,是商业银行资产业务的前提和条件,主要包括资本金、存款负债和借款负债三部分。资产业务是商业银行运用资金获得盈利业务,主要包括现金资产、贷款资产和证券投资资产。中间业务是在负债业务、资产业务基础上延伸出来的业务。随着银行业的全球化与国际化,商业银行也开展国际业务。

4. 商业银行的经营原则是指商业银行在经营活动中所必须遵循的行为准则,其一般经营原则是盈利性、流动性和安全性。我国《商业银行法》规定的我国商业银行经营原则是安全性、流动性和效益性。如何实现盈利性、流动性和安全性三原则要求,是经营管理方面的问题。随着各个历史时期经营条件的变化,商业银行业务管理经历了从资产管理阶段到负债管理阶段再到资产负债综合管理阶段,最终进入全面风险管理阶段。

5. 中央银行是一国最高的货币金融管理机构,在各国金融体系中居于主导地位。中央银行是商品经济与国家职能发展到一定阶段的产物。中央银行的产生有其客观的原因。(1)银行券统一发行需要;(2)票据统一清算需要;(3)最后贷款人的需要;(4)金融监管的需要。

6. 各国政治、经济、社会状况存在差异,各国中央银行的形成历史、现实地位不同,因而形成了不同的中央银行组织形式。中央银行组织形式包括:单一的中央银行制度、复合型中央银行制度、准中央银行制度和跨国中央银行制度。

7. 中央银行既是一家提供金融服务的特殊的金融机构,也是制定和实施货币政策、监管和维护金融业有序发展、调控金融和经济运行的一个政府部门。中央银行的职能是中央银行性质的具体体现。按中央银行性质划分,中央银行的三大基本职能是:发行的银行、银行的银行、政府的银行。中央银行发挥其职能要通过资产、负债与清算业务的操作来实现。中央银行的负债形成中央银行的资金来源,是中央银行资产业务的基础。其负债业务主要包括货币发行、存款业务、其他负债业务三方面的内容。资产业务主要包括贷款业务、再贴现业务、证券买卖业务、储备资产业务等内容。清算是指一定经济行为所引起的货币关系的计算和结清。各商业银行等其他金融机构都在中央银行开立账户,由中央银行来负责清算它们之间的资金往来和债权债务关系具有客观的便利条件。

关键词

金融机构 存款类金融机构 非存款类金融机构 中央银行银行 商业银行 负债业务 资产业务 中间业务 安全性 流动性 盈利性 发行的银行 银行的银行 政府的银行 贴现 再贴现

练习与思考

一、判断题

( )1. 金融机构不仅是金融运行和金融监管的组织保证,还是金融体系的核心部分。

( )2. 我国的商业银行全部都是国有和由国家控股的银行。

( )3. 我国的农业发展银行是农业银行的附属业务机构。

( )4. 信用中介是金融机构最基本、最能反映其经营活动特性的职能。

( )5. 马克思说:对银行来说,具有重要意义的始终是利润。

( )6. 中央银行是金融管理机构,在业务活动中仍要以营利为目的。

( )7. 由于不动用和较少动用自己的资金,因此商业银行的中间业务不承担任何风险。

( )8. 我国的中央银行制度属于准中央银行制度。

（　　）9. 再贴现是中央银行以贴现所获得的未到期票据向商业银行转让而取得资金融通的行为。

（　　）10.1914 年建立的美国联邦储备体系是由实力强、信誉好的商业银行发展演变而来的。

（　　）11. 中央银行作为特殊的金融机构，一般不经营商业银行和其它金融机构的普通金融业务。

（　　）12. 监管商业银行的经营是中国人民银行的重要职责之一。

（　　）13. 商业银行的经营原则，即"三性"原则，是具有完全内在统一性的整体。

（　　）14. 各国中央银行的独立程度虽然存在较大的差异，但没有一家中央银行能够完全独立于政府之外。

（　　）15.2018 年我国银监会和保监会合并，我国形成了"一委一行两会"新的监管格局。

二、单项选择题

1. 在金融体系中，处于主体地位的是（　　　）。

    A. 中央银行　　　　B. 专业银行　　　　C. 商业银行　　　　D. 政策性银行

2. 票面金额为 100 万元的银行承兑汇票，剩余日期为 4 个月，持票人向银行申请贴现，银行贴现年利率为 6％，贴现金额应为（　　　）。

    A.76 万元　　　　B.98 万元　　　　C.90 万元　　　　D.99 万元

3. 商业银行经营管理的首要原则是（　　　）。

    A. 安全性　　　　B. 盈利性　　　　C. 广泛性　　　　D. 流动性

4. 中国银监会和中国保监会合并的时间是（　　　）

    A.2012 年　　　　B.2015 年　　　　C.2017 年　　　　D.2018 年

5. 垄断货币发行权，是央行作为（　　　）的职能的体现。

    A. 银行的银行　　　　B. 国家的银行　　　　C. 监管的银行　　　　D. 发行的银行

6. （　　　）是银行全部资产中最富流动性，随时可用来支付客户现金需要的资产。

    A. 固定资产　　　　B. 贷款　　　　C. 现金资产　　　　D. 证券投资

7. 国务院反洗钱行政主管部门是（　　　）。

    A. 中国银行业监督管理委员会　　　　B. 中国保险监督管理委员会

    C. 中国证券监督管理委员会　　　　D. 中国人民银行

8. （　　　）是中央银行作为银行的银行职能作用的体现，是中央银行对商业银行的主要服务性业务。

    A. 货币发行　　　　B. 集中存款准备金业务

    C. 代理发行和兑付国债　　　　D. 清算业务

9. 经理国库是中央银行的（　　　）。

    A. 负债业务　　　　B. 资产业务　　　　C. 信用业务　　　　D. 中间业务

10.（　　　）是货币经营业转变为银行业的主要标志。

    A. 贷放业务　　　　B. 存款业务　　　　C. 中间业务　　　　D. 保管业务

三、多项选择题

1. 商业银行贷款按保障条件可以分为（　　　　）

    A. 信用贷款　　　　　B. 担保贷款　　　　　C. 抵押贷款　　　　　D. 票据贴现

2. 下列业务中,（　　　　）是商业银行的中间业务。

    A. 结算业务　　　　　B. 证券投资业务　　　C. 信托业务　　　　　D. 发行金融债券

3. 中央银行货币发行业务是通过（　　　）途径将货币投入市场。

    A. 再贴现　　　　　　　　　　　　　　B. 再贷款

    C. 购买有价证券　　　　　　　　　　　D. 集中存款准备金

4. 非银行金融机构的构成十分庞杂,其中包括（　　　　）等。

    A. 保险公司　　　　　B. 信托公司　　　　　C. 财务公司　　　　　D. 基金管理公司

5. 商业银行替客户办理中间业务可能获得的实际好处是（　　　　）。

    A. 手续费收入　　　　B. 控制企业　　　　　C. 双方分成　　　　　D. 创造声誉

6. 下列属于我国政策性银行的有（　　　　）。

    A. 兴业银行　　　　　　　　　　　　　B. 交通银行

    C. 中国进出口银行　　　　　　　　　　D. 中国农业发展银行

7. 商业银行的准备金由（　　　）组成。

    A. 中央银行借款　　　　　　　　　　　B. 超额准备金

    C. 同业拆借　　　　　　　　　　　　　D. 法定存款准备金

8. 以下项目构成商业银行资金来源的有（　　　　）。

    A. 股东权益　　　　　B. 投资　　　　　　　C. 存款　　　　　　　D. 公积金

9. 中央银行作为"政府的银行"体现在（　　　）。

    A. 集中存款准备金　　　　　　　　　　B. 代理国库

    C. 最终贷款人　　　　　　　　　　　　D. 制定和执行货币政策

10. 中央银行的资产业务主要有（　　　）。

    A. 发行货币　　　　　B. 再贴现　　　　　　C. 政府贷款　　　　　D. 财政性存款

四、问答题

1. 简述现代金融体系的一般构成及我国金融机构体系的构成。

2. 商业银行的负债业务、资产业务及中间业务有哪些?

3. 商业银行的经营原则有哪些? 它们之间的关系如何?

4. 中央银行的业务内容有哪些?

5. 简述中央银行的性质与基本职能。

6. 简述近年来我国金融监管机构的改革与完善。

五、案例分析题

[一封信引发美国一住房信贷银行挤兑并破产]总部在加州、专门发放住房贷款的银行 IndyMac(Independent National Mortgage,独立国家房贷公司)2008 年 7 月 11 日被美国储蓄管理局宣布关闭,由美国联邦存款保险公司(FDIC)接手。FDIC 称将尽可能维持新银行的正常运营,将公司价值提高后再出售。IndyMac 关闭时有大约10 000 个储户没有投保,涉及存款约 10 亿美元。FDIC 已经开始联系这些未投保储户,将赔偿50%的存

款额。该银行破产为美国历史上第三大银行破产案,预计将花费 FDIC 约 40 亿到 80 亿美元的资金,占 FDIC 存款保险基金的 10％。IndyMac 为美国最大的存贷款银行(savings and loans)之一。

"倒闭的原因是流动性危机",负责监管存贷款银行的美国储蓄管理局负责人 John Reich 说。美国储蓄管理局声明称,事情起因于 2008 年 6 月 26 日,纽约州参议院查尔斯·舒默(Charles Schumer)向美国储蓄管理局和 FDIC 写信讨论 IndyMac 银行能否生存的问题。此信公开后,IndyMac 发生挤兑,接下来 11 个工作日里,该行储户共取出逾 13 亿美元存款。

此前早有投资者质疑 IndyMac 财务状况。在房贷泡沫扩张时期,IndyMac 因过于宽松的房贷发放政策而备受争议。IndyMac 曾大量发放贷款给收入或资产证明不全的购房者,再将大量此类贷款转售给金融机构之后,IndyMac 尚持有相当部分贷款。2008 年次贷与住房市场危机加重,住房贷款延期付款拖欠率升高,导致 IndyMac 的账面资产缩水严重。IndyMac 于 1985 年由 Countrywide 公司设立,专营房地美与房利美两家联邦房贷公司原则不接受的大宗房贷,1997 年公司从 Countrywide 分离出来,独立经营。自 2008 年 2 月 IndyMac 报出公司历史上第一次亏损后,公司股价一路下滑。FDIC 在自己网站发布的声明称,IndyMac 资产约为 320.1 亿美元,截至 2008 年 3 月 31 日的总存款为 190.6 亿美元。FDIC 将尽可能维持新银行的正常运营,将公司价值提高后再出售。声明称,已投保的储户将自动转成新银行的客户,所有的 ATM、借记卡和支票的使用也一切正常。

据华尔街日报引述 FDIC 数据,该行全美范围约 7 万亿存款中,有约 37％存款不受联邦储蓄保险保护,这些储户除个人外,还有公司与机构存款。有证据显示,储户已经开始逐步将存款从一些高风险的小地区银行转移到被认为更为安全的银行。此外,随着房贷借款人中逾期还款比例数字攀升,一些传统的存贷款储蓄银行流动性受到影响,资本市场信心低迷导致这些银行融资困难。此前 IndyMac 试图融资未获成功。

思考:
(1)银行保持流动性有何意义?银行为保持流动性,可采取的措施有哪些?
(2)次贷危机发生后美国金融机构体系有何变化?

本章推荐阅读书目

1. 朱新蓉:《货币金融学》,中国金融出版社 2010 年版。
2. 黄达:《金融学》,中国人民大学出版社 2013 年版。
3. 李桂双:《金融学》,清华大学出版社 2007 年版。
4. F.米什金:《货币金融学》,中国人民大学出版社 2011 年第 9 版。
5. 苏平贵:《金融学教程》,东北财经大学出版社 2014 年版。
6. 艾洪德、范立夫:《货币银行学》,东北财经大学出版社 2014 年版。

第4章 金融市场

本章导图

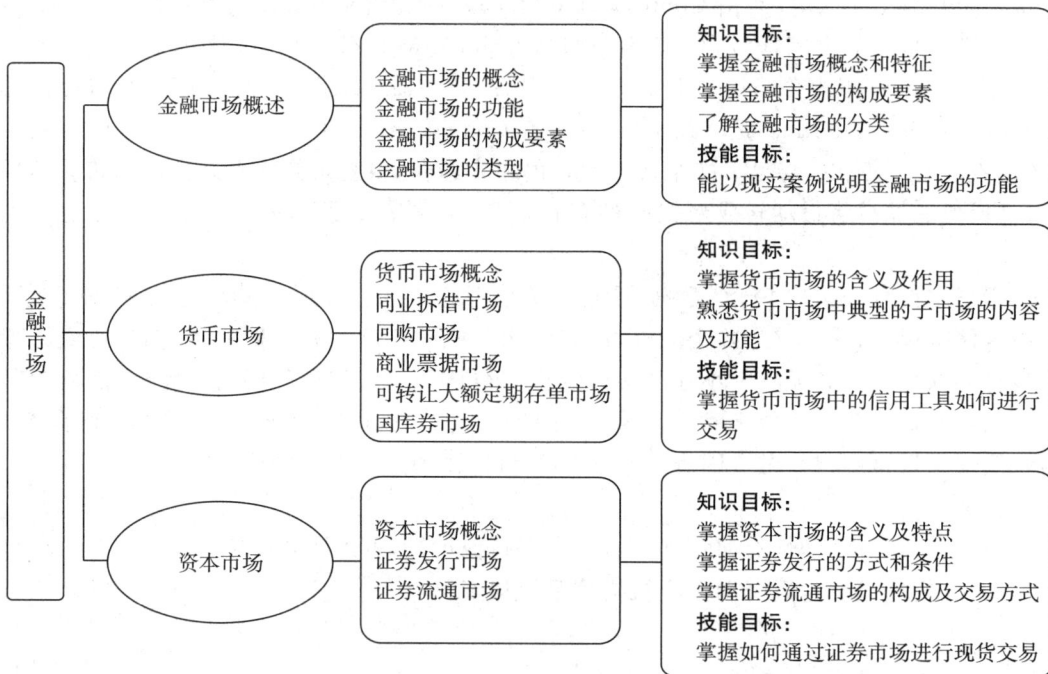

金融市场
- 金融市场概述
  - 金融市场的概念
  - 金融市场的功能
  - 金融市场的构成要素
  - 金融市场的类型

  知识目标:
  掌握金融市场概念和特征
  掌握金融市场的构成要素
  了解金融市场的分类
  技能目标:
  能以现实案例说明金融市场的功能

- 货币市场
  - 货币市场概念
  - 同业拆借市场
  - 回购市场
  - 商业票据市场
  - 可转让大额定期存单市场
  - 国库券市场

  知识目标:
  掌握货币市场的含义及作用
  熟悉货币市场中典型的子市场的内容及功能
  技能目标:
  掌握货币市场中的信用工具如何进行交易

- 资本市场
  - 资本市场概念
  - 证券发行市场
  - 证券流通市场

  知识目标:
  掌握资本市场的含义及特点
  掌握证券发行的方式和条件
  掌握证券流通市场的构成及交易方式
  技能目标:
  掌握如何通过证券市场进行现货交易

案例导读

央行发布 2022 年金融市场运行情况
（发布时间：2023 年 1 月 22 日）

2022 年,债券市场平稳运行,国债收益率涨跌互现;债券市场高水平对外开放平稳有序,投资者结构进一步多元化;货币市场交易量持续增加,银行间衍生品市场成交量保持平稳;股票市场主要股指回落。

一、债券市场规模稳定增长

2022年,债券市场共发行各类债券61.9万亿元,同比基本持平。其中银行间债券市场发行债券56.0万亿元,同比增长5.4%,交易所市场发行5.8万亿元。2022年,国债发行9.6万亿元,地方政府债券发行7.4万亿元,金融债券发行9.8万亿元,公司信用类债券1发行13.8万亿元,信贷资产支持证券发行3345.4亿元,同业存单发行20.5万亿元。

截至2022年12月末,债券市场托管余额144.8万亿元,同比增长11.3万亿元,其中银行间债券市场托管余额125.3万亿元,交易所市场托管余额19.5万亿元。商业银行柜台债券托管余额416.1亿元。

二、债券收益率涨跌互现

2022年12月末,1年、3年、5年、7年、10年期国债收益率分别为2.10%、2.40%、2.64%、2.82%、2.84%,分别较2021年同期下行15个基点、5个基点和上行4个基点、4个基点、6个基点。2022年末,中债国债总指数收盘价为213.7,较2021年末上涨7.1;中债新综合全价指数收盘价为122.1,较2021年末上涨0.6。

2022年12月,银行间同业拆借月加权平均利率为1.26%,同比下行76个基点;银行间质押式回购月加权平均利率为1.41%,同比下行68个基点。

三、债券市场对外开放平稳有序

截至2022年末,境外机构在中国债券市场的托管余额为3.5万亿元,占中国债券市场托管余额的比重为2.4%。其中,境外机构在银行间债券市场的托管余额为3.4万亿元。分券种看,境外机构持有国债2.3万亿元、占比67.7%,政策性金融债0.7万亿元、占比22.0%。

四、债券市场投资者数量进一步增加

2022年末,按法人机构(管理人维度)统计,非金融企业债务融资工具2持有人共计2172家。从持债规模看,前50名投资者持债占比51.9%,主要集中在公募基金、国有大型商业银行、证券公司等;前200名投资者持债占比82%。单只非金融企业债务融资工具持有人数量最大值、最小值、平均值和中位值分别为65、1、12、11家,持有人20家以内的非金融企业债务融资工具只数占比为91%。从交易规模看,2022年,非金融企业债务融资工具前50名投资者交易占比49.7%,主要集中在证券公司、股份制商业银行和城市商业银行;前200名投资者交易占比83.1%。

五、货币市场成交量持续提升

2022年,银行间货币市场成交共计1 527.0万亿元,同比增长31.2%。其中,质押式回购成交1 374.6万亿元,同比增长32.1%;买断式回购成交5.6万亿元,同比增长17.4%;同业拆借成交146.8万亿元,同比增长23.6%。交易所标准券回购成交403.6万亿元,同比增长15.2%。

2022年,银行间债券市场现券成交271.2万亿元,日均成交10 893亿元;单笔成交量主要分布在500~5 000万元和9 000万元以上,单笔平均成交量5017万元。交易所债券市场现券成交38.1万亿元,日均成交1574.9亿元。柜台债券市场累计成交168.4万笔,成交金额2 134.5亿元。2022年末,开办柜台债券业务的商业银行共28家,较2021年同期增加1家。

六、票据市场承兑贴现余额同比增长

2022年,商业汇票承兑发生额27.4万亿元,贴现发生额19.5万亿元。截至2022年末,商业汇票承兑余额19.1万亿元,同比增长15.2%;贴现余额13.0万亿元,同比增长29.1%。

2022年,签发票据的中小微企业21.3万家,占全部签票企业的94.5%,中小微企业签票发生额17.8万亿元,占全部签票发生额的64.9%。贴现的中小微企业32.7万家,占全部贴现企业的97.1%,贴现发生额14.2万亿元,占全部贴现发生额的72.9%。

七、银行间衍生品市场成交规模保持平稳

2022年,银行间本币衍生品市场共成交21.3万亿元,同比基本持平。其中,利率互换名义本金总额21.0万亿元,同比基本持平;标准债券远期成交2 600亿元,信用风险缓释凭证创设名义本金268亿元,信用违约互换名义本金24亿元。国债期货共成交46.4万亿元,同比增长68.7%。互换利率涨跌互现,2022年末,1年期FR007互换利率收盘价(均值)为2.19%,较2021年末下降3个基点;5年期FR007互换利率收盘价(均值)为2.77%,较2021年末上升21个基点。

八、股票市场主要指数回落

2022年末,上证指数收于3 089.3点,较2021年末下跌550.5点,跌幅为15.1%;深证成指收于11 016.0点,较2021年末下跌3841.4点,跌幅为25.9%。两市全年成交额224.5万亿元,同比减少13.0%。

资料来源:中国网,http://zjnews.china.com.cn/yuanchuan/2023-01-22/365537.html。

金融市场与经济有什么关系?什么是债券市场、股票市场、货币市场?它们的变化对我们的生活会产生什么样的影响?这些问题都是我们金融市场这章中要解决的一些基本问题,通过本章的学习,将会对这些概念和内容有较为深刻的认识。

第一节 金融市场概述

一、金融市场的概念

(一)金融市场的内涵

金融市场是指以金融资产为交易对象,以金融资产的供给方和需求方为交易主体形成的交易机制及其关系的总和。广而言之,金融市场是实现货币借贷和资金融通、办理各种票据和有价证券交易活动的市场。比较完善的金融市场定义是:金融市场是交易金融资产并确定金融资产价格的一种机制。它包含三层含义:

第一,金融市场是进行金融工具交易的场所。这个场所有时是有形的,如证券交易所;有时则是无形的,如很多交易都是通过电信网络构成的看不见的市场进行的。

第二,金融市场反映了金融资产的供应者与需求者之间所形成的供求关系,揭示了资金的归集与传递过程。

第三,金融市场包含金融资产交易过程中所产生的各种运行机制,如价格机制、发行机制、监督机制等,其中最主要的是价格机制。它说明了如何通过这些资产的定价过程在市场的各个参与者之间合理地分配风险和收益。

(二)金融市场存在的合理性

在现代经济社会中,商品与劳务的生产和交换都需要货币资金,但货币资金的分布并不是均匀的,常常存在资金短缺者和资金盈余者,由此出现了货币供求双方,他们在进行资金融通或调剂时出具的债权债务凭证也就是金融工具,在交易的过程中就形成了各自相对应的金融市场。

(三)金融市场的特征

和其他市场相比,金融市场具有自己独有的特征:

第一,金融市场是以资金为交易对象的市场;

第二,金融市场交易之间不是单纯的买卖关系,更主要的是借贷关系,体现了资金所有权和使用权相分离的原则;

第三,金融市场可以是有形市场,也可以是无形市场;

第四,金融市场的交易价格主要以利率来表现。

二、金融市场的功能

(一)聚敛功能

聚敛功能是指金融市场引导众多分散的小额资金汇聚成为可以投入社会再生产的资金集合功能。金融市场之所以具有资金的聚敛功能,一是由于金融市场创造了金融资产的流动性。现代金融市场正发展成为功能齐全、法规完善的资金融通场所,资金需求者可以很方便地通过直接或间接的融资方式获取资金,而资金供应者也可通过金融市场为资金找到满意的投资渠道。另一个原因是金融市场的多样化的融资工具为资金供应者的资金寻求合适的投资手段找到了出路。金融市场根据不同的期限、收益和风险要求,提供了多种多样的供投资者选择的金融工具,资金供应者可以依据自己的收益风险偏好和流动性要求选择其满意的投资工具,实现资金效益的最大化。

(二)配置功能

金融市场的配置功能表现在三个方面:一是资源的配置,二是财富的再分配,三是风险的再分配。

在金融市场中,证券价格的波动,实际上反映着证券背后所隐含的相关信息。投资者可以通过证券交易中所公开的信息及证券价格波动所反映出的信息来判断整体经济运行情况以及相关企业、行业的发展前景,从而决定其资金和其他经济资源的投向。一般来说,资金总是流向最有发展潜力,能够为投资者带来最大利益的部门和企业。这样,通过金融市场的作用,有限的资源就能够得到合理的利用。财富是各经济单位持有的全部资产的总价值。政府、企业及个人通过持有金融资产的方式来持有的财富,在金融市场上的金融资产价格发生波动时,其财富的持有数量也会发生变化。一部分人的财富量随金融资产价格的升高而增加,而另一部分人的财富量则由于金融资产价格的下跌而相应减少。这样,社会财富就通过金融市场价格的波动实现了财富的再分配。金融市场同时也是风险再分配的场所。在现代经济活动中,风险无时不有、无处不在。而不同的主体对风险的厌恶程度是不同的。利用各种金融工具,风险厌恶程度较高的人可以把风险转嫁给风险厌恶程度较低的人,从而实现风险的再分配。

(三)调节功能

调节功能是指金融市场对宏观经济的调节作用。金融市场一边连着储蓄者,另一边连着投资者,金融市场的运行机制通过对储蓄者和投资者的影响而发挥作用。金融市场具有直接调节作用。金融市场通过其特有的引导资本形成及合理配置的机制首先对微观经济部门产生影响,进而影响到宏观经济活动,是一种有效的自发调节机制。金融市场的存在及发展,为政府实施宏观经济活动的间接调控创造了条件。

(四)反映功能

金融市场历来被称为国民经济的"晴雨表"和"气象台",是公认的国民经济信号系统。这实际上就是金融市场反映功能的写照。

金融市场的反映功能表现在如下几个方面:(1)由于证券买卖大部分都在证券交易所进行,人们可以随时通过这个有形的市场了解到各种上市证券的交易行情,并据以判断投资机会。证券价格的涨跌在一个有效的市场中实际上是反映着其背后企业的经营管理情况及发展前景。此外,一个有组织的市场,一般也要求上市公司定期或不定期的公布其经营信息和财务报表,这也有助于人们了解及推断上市公司及相关企业、行业的发展前景。所以,金融市场首先是反映微观经济运行状况的指示器。(2)金融市场交易直接和间接地反映国家货币供应量的变动。货币的紧缩和放松均是通过金融市场进行的,货币政策实施时,金融市场会出现波动以反映紧缩和放松的程度。因此,金融市场所反馈的宏观经济运行方面的信息,有利于政府部门及时制定和调整宏观经济政策。(3)由于证券交易的需要,金融市场有大量专门人员长期从事商情研究和分析,并且他们每日与各类工商业直接接触,能了解企业的发展动态。(4)金融市场有着广泛而及时的收集和传播信息的通讯网络,整个世界金融市场已联成一体,四通八达,从而使人们可以及时了解世界经济发展变化情况。

(五)功能发挥的条件与环境

金融市场只有建立在真实信用和现实社会再生产基础之上,坚持为生产流通服务的发展方向,才能在健康发展中充分发挥其功能。

1. 法制健全。市场经济就是法制经济。完备的法律和规章制度,不仅是市场的行为规范,而且是行政执法部门的行动指南。金融市场风险高,收益大,诱惑因素多,更要加强监管力度,形成全面、系统、细致的法律法规。

2. 信息披露充分。由于信息不对称会出现道德风险和逆向选择，这些都不利于金融市场的发展，所以要求证券发行人提供充分、及时、真实的信息（特别是财务报表信息），才能稳定市场参与者的信心。

三、金融市场的构成要素

金融市场的构成要素包括金融市场的主体、客体、媒介和价格。

(一)金融市场的主体，即交易者

金融市场的主体是多元化的。参与金融市场活动的有居民、企业、政府和金融机构，可归为资金供给者、资金需求者和金融中介机构三类。此外，中央银行在金融市场上主要扮演金融监管者的角色。

1. 居民个人

居民个人一般是金融市场上的主要资金供应者。在银行信贷市场上，银行存款的很大一部分来自居民个人的储蓄；在证券市场上，其融资规模在很大程度上也取决于居民个人的投资活动，主要是为了追求盈利、谋求资本的保值增值、抵补通货膨胀的损失、实现资产的多样化等。居民个人及家庭同时也是金融市场上资金的需求者，当个人收入或储蓄不足时，例如购买大件商品如住房、汽车等发生资金不足时，也要从金融市场上获得资金，以实现自己的消费。

2. 企业

企业在金融市场上既是资金的需求者，又是资金的供应者，但从总体上看是资金净需求者。它们既通过市场筹集短期资金从事经营，以提高企业财务杠杆比例和增加盈利；又通过发行股票或中长期债券等方式筹措资金用于扩大再生产和经营规模。在进行筹资决策时，通常根据自己对资金的需要，同时从筹资成本、风险、方便程度、股权安排、财务结构的改善等方面去考虑。另外，企业也是金融市场上的资金供应者之一。他们在生产经营过程中暂时闲置的资金，为了使其保值或获得盈利，他们也会将其暂时让渡出去，以使资金的运用发挥更大效益。此外，企业经常是金融衍生市场中套期保值的主要力量。

3. 政府

中央政府和地方各级政府通常都是资金的需求者。它们主要通过发行财政部债券或地方政府债券来筹集资金，用于基础设施建设，弥补财政预算赤字，弥补战争费用或实施某种特殊政策等。政府部门在一定的时间也可能是资金的供应者，如税款集中收进还没有支出时。

4. 金融机构

金融机构是金融市场上最主要的参与者，主要分为存款性金融机构和非存款性金融机构。存款性金融机构是指通过吸收各种存款而获得可利用资金，并将之贷给需要资金的各经济主体及投资于证券等以获取收益的金融机构。它们是金融市场的重要中介，也是套期保值和套利的重要主体。存款性金融机构一般包括商业银行、储蓄机构、信用合作社。非存款性金融机构的资金来源和存款性金融机构吸收公众存款不一样，主要是通过发行证券或以契约性的方式聚集社会闲散资金。主要有保险公司、养老基金、投资银行、投资基金等。

5. 中央银行

中央银行在金融市场上处于一种特殊的地位,它既是金融市场的行为主体,又是金融市场上的监管者。从中央银行参与金融市场的角度来看,首先,作为银行的银行,它充当最后贷款人的角色,从而成为金融市场资金的提供者。其次,中央银行为了执行货币政策,调节货币供应量,通常采取在金融市场上买卖证券的做法,进行公开市场操作。中央银行的公开市场操作不以盈利为目的,但会影响到金融市场上资金的供求及其它经济主体的行为。此外,一些国家的中央银行还接受政府委托,代理政府债券的还本付息;接受外国中央银行的委托,在金融市场买卖证券参与金融市场的活动。

(二)金融市场的客体

金融工具是金融市场上的交易客体,是资金供求双方进行交易的书面载体,它是在信用活动中产生的,用以证明金融交易金额、期限和价格的具有法律约束力的凭证。它必须具备规范化的书面格式、广泛的可接受性、可转让性和法律效力。金融市场上的融资活动,通常可以根据资金供求双方是否直接发生经济联系、形成债权或股权关系,划分为直接融资和间接融资,从而形成直接融资工具和间接融资工具。投资者通过购买股票、债券、票据等金融工具向资金需求方提供资金,双方形成直接的所有权或债权关系,这种融资被称为直接融资。股票、债券等就是直接金融工具。投资者通过银行存款的方式供应资金,银行作为中介以资金的名义再将资金贷给资金需求者,这种资金融通活动就是间接融资。间接融资下,存款者与借款者之间不发生直接的经济联系,由此而产生的金融工具如存款单、贷款合同等就是间接金融工具。

(三)交易媒介

金融市场的交易媒介是指为资金融通提供媒介服务的专业性金融机构。中介在金融市场上发挥着媒介资金融通、降低交易成本和信息成本、构造和维持市场运行的作用。信息不对称现象的存在导致逆向选择和道德风险。金融中介机构为市场提供的风险投资、基金管理、收购兼并、投资咨询、委托投资管理等业务,都在一定程度上降低了金融市场上因信息不对称而带来的问题。

(四)交易价格

金融市场的交易活动也要受交易价格的支配。金融市场的交易对象是货币资金,因此利息率便成为金融商品的价格。有些金融工具自身有利率,如国库券、企业债券、贴现票据等都有自身的利率;有些金融工具没有固定的收益率,如普通股票。利率通过市场会把各种金融工具的价格比较公平地反映出来。金融工具的价格是投资者参与金融交易的主要依据。利率的波动反映着市场资金供求的变化状况,是引导市场资金流向的信号。

四、金融市场的类型

金融市场可根据不同的标准进行分类,常见的类型主要有以下几种。

(一)按中介特征划分

按中介特征,金融市场可分为直接金融市场和间接金融市场。

直接金融市场是指由资金供求双方直接进行融资所形成的市场。在直接金融市场上,筹资者发行债务凭证或所有权凭证,投资者出资购买这些凭证,资金就从投资者手中直接转到筹资者手中,而不需要通过金融中介机构。

间接金融市场是指资金供给者首先将资金以存款等形式借给银行等金融机构,二者之间形成债权债务关系,再由银行等机构将资金提供给需求者,又与需求者形成债权债务关系,通过信用中介的传递,资金供给者的资金间接地转到需求者手中。金融市场就是通过直接金融和间接金融两种方式来实现盈余部门的储蓄向赤字部门的投资转化的。

(二)按市场地域划分

按市场地域,金融市场可分为国内金融市场和国际金融市场。

国内金融市场是指金融商品交易发生在本国居民之间,不涉及其他国家居民,交易的标的物也以本国货币标价,交易活动遵守本国法规的市场。国内金融市场交易的结果只改变本国居民的收入分配,不直接引起资金的跨国流动,不直接影响本国的国际收支。

国际金融市场是指金融商品交易发生在本国居民与非本国居民之间所形成的市场,或以本国货币标价的金融商品在非本国居民之间进行交易的市场。前者称为传统的国际金融市场或"在岸市场",其交易活动要受到本国法律法规的制约;后者称为新型的国际金融市场或"离岸市场",其交易活动基本上不受本国法律法规的制约。

(三)按场所特征划分

按场所特征,金融市场可分为有形市场和无形市场。

有形市场是指具有固定的空间或场地,集中进行有组织交易的市场,典型形式是证券交易所。大的证券交易所内,大公司股票、大额债券都有固定的挂牌交易地点,投资人委托经纪人买进或卖出某公司证券,经纪人都需到场报出买价和卖价。

无形市场是指不设置交易场所或大厅进行交易,主要通过电信、电脑网络等现代化通信设备实现交易的市场。其特点是无固定交易场所。现代金融市场大多属于无形市场。

(四)按交易期限划分

按交易期限,金融市场可分为货币市场(短期资金市场)和资本市场(长期资金市场)。

货币市场是指以期限在一年以内的金融资产交易的市场,主要包括同业拆借、回购协议、商业票据、银行承兑汇票、可转让大额定期存单、国库券等短期信用工具买卖的市场。该市场的主要功能是保持金融资产的流动性,以便随时转换成可以流通的货币。它的存在,一方面满足了借款者的短期资金需求,另一方面为暂时闲置的资金找到了出路。由于这些短期金融工具可以在市场上灵活兑现,可视为货币的替代品或称"准货币",因此,将短期资金市场称为货币市场。

资本市场又称长期资金市场,是金融市场的重要组成部分。作为与货币市场相对应的概念,资本市场通常是指由期限在 1 年以上的各种融资活动组成的市场,包括以债券和股票为主的有价证券市场和银行中长期借贷市场。通常所说的资本市场,多指债券市场和股票市场。由于通过长期证券筹来的资金大多用于企业的创建、更新、固定资产购置等资本性投资,因此,将长期资金市场称为资本市场。

(五)按交易标的物的不同划分

按交易标的物,金融市场除上文介绍的货币市场、资本市场外,还包括外汇市场、黄金市场、保险市场、金融衍生品市场等。

1. 外汇市场

外汇市场(Foreign Exchange Market)是由各国中央银行、外汇银行、外汇经纪人和客户组成的进行外汇买卖的交易场所,它是金融市场的重要组成部分,由于它的存在,资金才能实现在国际间的调拨和划转,国际间的债权债务才能得以清偿,国际资本才得以流动,跨国界的资金借贷融通才得以实现。根据外汇交易额度的不同,外汇市场分为批发外汇市场和零售外汇市场两类。由于银行间的外汇买卖具有金额大、汇率买卖差价小的特点,一般把银行同业之间进行外汇交易而形成的外汇市场称为外汇批发市场,它包括外汇银行之间、外汇银行和中央银行之间以及各国中央银行之间的外汇交易。而把银行与其客户之间买卖外汇形成的市场称为外汇零售市场。

2. 黄金市场

黄金市场(gold market),是指集中进行黄金买卖和金币兑换的市场。黄金市场上的黄金交易具有两种性质:一是黄金作为商品而买卖,即国际贸易性质;二是黄金作为世界货币而买卖,用于国际支付结算,即国际金融性质。目前世界上最主要的黄金市场在伦敦、苏黎世、纽约、香港等地。伦敦黄金市场的价格对世界黄金行市较有影响。

3. 保险市场

保险市场是指保险商品交换关系的总和或是保险商品供给与需求关系的总和。它既可以指固定的交易场所,如保险交易所,也可以是所有实现保险商品让渡的交换关系的总和。保险市场的交易对象是保险人为消费者所面临的风险提供的各种保险保障及其他保险服务,即各类保险商品。

4. 金融衍生品市场

金融衍生品市场是由一组规则、一批组织和一系列产权所有者构成的一套市场机制,它包括金融期货市场、金融期权市场、金融远期市场、金融互换市场等。金融衍生品市场的功能:一是风险转移。风险管理包括风险分散和风险转移,金融衍生市场在风险转移中具有独特的作用和意义,它通过套期保值和获得满意风险头寸,起到了转移风险、稳定现货市场的作用;二是价格发现。衍生金融工具与基础证券的内在联系增加了金融衍生市场的有效性,提高了市场效率,因而具有价格发现功能;三是增强市场流动。在深入分析流动性与交易成本、市场深度关系的基础上,结合金融衍生产品交易的特点,论证了它增强市场流动性的功能;四是金融衍生市场在几个不同环节上的衍生功能有助于资本形成。

◈ **专题看板**

中美衍生品市场发展路径

美国衍生品市场发展路径

美国衍生品市场在实物现货贸易基础上产生,是市场经济自由发展的产物,在独立的联邦监管机构正式成立并开展强有力的统一监管之前,经历了120多年较为混乱的发展历程,联邦监管机构实施有效监管才使美国衍生品市场逐步走向规范。这一长期发展过程大致可分为三个阶段,分别呈现出不同的特点。

第一阶段:无联邦政府统一监管的混乱无序阶段(1848~1921年)。此阶段美国衍生品市场的监管有以下特点:一是没有联邦层面的法律及监管机构。针对市场早期的混乱局面,美国国会自19世纪80年代起开始致力于期货领域的立法,1880~1920年提议了200多项法案,联邦层面的立法几经尝试,1921年国会通过《期货交易法》,但很快于1922年在"希尔诉华莱士"案中被最高法院裁决违宪,联邦立法始终没有成功。在此期间,联邦政府机构针对个别事件有所介入,但没有统一的监管机构。二是州层面颁布相关法律并实施监管,但效果甚微。美国衍生品市场的立法早期主要集中在州层面,比较有代表性的如1874年伊利诺伊州立法机构通过的《反逼仓条例》,以及其他州通过的反投机商号、禁止"特权"交易等法律,但针对衍生品市场的监管效力整体比较弱。三是交易所履行一线监管职责,但自律监管功能发挥不足。美国的期货交易所作为自律监管机构很早就开始履行一线监管职责,但由于处在市场发展早期,衍生品市场大多数风险管理制度还没有形成,仅有的最低保证金制度也非常不规范。交易所对市场违规行为的监察监控更是不够系统和深入,缺乏有效的监管手段。

第二阶段:联邦立法和集中监管的初步尝试阶段(1922~1973年)。此阶段美国衍生品市场的监管主要呈现以下特点:一是完成了针对衍生品市场的联邦立法。1922年的《谷物期货法》是美国对期货交易进行联邦监管的最初立法,结束了市场70年没有联邦法律的历史,使期货交易能够合理合法、统一规范地在联邦政府指定的"合约市场"内进行。1936年颁布的《商品交易法》提供了对各类市场滥用行为进行控制的手段,禁止操纵、限制持仓等很多内容成为当今美国期货市场法律体系的核心。二是统一的监管部门建立并开始发挥作用。根据《谷物期货法》规定,美国农业部设立谷物期货管理局(GFA)履行对谷物期货市场的监管职能,主要职能是开展相关调查,发现违规行为后交由交易所负责实施监管。《商品交易法》颁布后,由美国农业部下设商品交易监管局(CEA)全面履行期货市场统一监管职责,开始有调查、诉讼和处罚权力。GFA、CEA进行的大量调查、实施的系列监管举措对美国衍生品市场规范发展起到了一定推动作用。三是核心风险管理制度相继出台。在最低保证金制度得到进一步统一和规范的同时,GFA于1922年开始实施大户报告制度,伴随1929年美国股市崩盘引发的商品期货价格急剧下跌,芝加哥期货交易所(CBOT)制定了涨跌停板制度,1936年《商品交易法》中正式规定了投机持仓限制制度,之后美国商品期货市场还曾多次通过执行强行平仓制度抑制投机。四是监管机构与交易所之间经历了艰苦博弈过程。美国衍生品交易所对市场的主控能力比较强,对监管机构的监管要求经常不配合、敷衍应付,甚至推诿、拒绝执行。

第三阶段:独立统一联邦监管机构全面加强监管的规范发展阶段(1974年至今)。此阶段美国衍生品市场的监管主要呈现以下特点:一是独立、统一的联邦监管机构建立并发挥重要作用。1974 年美国国会颁布《商品期货交易委员会法》,该法案规定由国会授权成立商品期货交易委员会(CFTC)统一监管美国期货市场,实现了独立、统一的专业机构监管。CFTC 被国会赋予修改交割规则、规定持仓限制、采取必要措施维护交易秩序以及民事处罚等多方面监管权力,并直接对国会负责。二是衍生品市场法律体系不断完善。美国陆续颁布系列重要法律,根据市场发展变化对《商品交易法》不断完善。1974 年的《商品期货交易委员会法》确立了 CFTC 的监管地位;2000 年的《商品期货现代化法》取消了对期货及期权合约的禁止性规定,确认了场外衍生品的合法地位;2010 年的《多德—弗兰克法案》将期货行业的成功监管机制推广至先前受监管较少的场外衍生品市场,使美国衍生品市场由"原则化监管机制"向"规则化监管机制"转变。三是风险管理制度不断改进,逐渐成为当今世界衍生品市场核心制度。美国从监管机构到自律组织的一整套风险管理制度进一步发展完善,经过几十年的实践检验,最低保证金、大户报告、投机持仓限制、强行平仓等很多制度逐步成熟,在当今衍生品市场中发挥着重要作用。四是监管机构对交易所的控制增强,二者间的博弈逐步缓和。CFTC 成立后被赋予诸多权力,其作为联邦监管机构的强势地位得到确立。交易所进一步认识到市场规范发展的重要性,对监管机构指令的执行力增强,在追求规模和效益的同时,更注重强化市场监管和风险防控。监管机构和交易所间的博弈逐步减少,更多的是维护市场规范有序的协同与合作。

中国衍生品市场发展路径

中国衍生品市场是改革开放以来在政府主导下发展起来,具有从计划经济向社会主义市场经济转轨的特点。

第一阶段:早期试点探索阶段(1987~1993 年)。中国从 1987 年底开始推进期货市场理论研究并逐步开展试点,1992~1993 年,期货交易所从不足十家迅速扩张到六七十家,期货经纪公司达到 300 余家,期货兼营机构 2000 多个,交易的品种上百个。在此期间,由于中国期货市场发展过快,出现了一系列问题,交易品种重复性比较高,很多品种不符合期货特点,给投机提供了温床;境外期货交易盲目发展,造成国家外汇流失;地下交易、欺诈行为屡有发生,引发诸多经济纠纷和社会问题。

第二阶段:清理整顿阶段(1993~1999 年)。针对期货市场的投机炒作和恶性竞争,1993 年国务院推动实施了第一次清理整顿,建立了统一的期货监管机构,确立试点阶段期货交易所的数量为 15 家,减少期货品种数量至 35 个。1998 年第二次清理整顿后,仅保留了上海、郑州、大连三家期货交易所,并再次减少期货品种至 12 个。

第三阶段:快速发展阶段(1999 年至今)。此阶段中国衍生品市场获得了较为全面的发展,伴随相关法律和配套管理办法的颁布实施,市场法规体系得到完善;成功抵御了 2008 年国际金融危机以及各类风险事件的冲击,风险防控体系不断健全;金融衍生品、期权品种的开发上市使服务实体经济的工具和领域得到实质性拓展,上市交易的期货和期权品种增加到 55 个;市场流动性合理,参与者结构得到优化,市场运行质量和效率不断提高;交易规模稳步增长,2016 年上海、大连、郑州三家交易所在全球排名分别为第 6、第 8和第 11 位,商品期货成交量已经连续八年世界第一;衍生品市场的经济功能逐步得到有效发挥,服务实体经济能力持续增强。

资料来源:《中国金融》2017 年第 23 期。

第二节 货币市场

货币市场是一年期以内的短期金融工具交易所形成的供求关系及其运行机制的总和。"短期"所包含的时间间隔是金融工具从发行日到到期日之间的时间,并非指持有者持有日到到期日之间的时间。货币市场的活动主要是为了保持资金的流动性,以便随时可以获得现实的货币。它一方面满足资金需求者的短期资金需要,另一方面也为资金有余者的暂时闲置资金提供能够获取赢利机会的出路。货币市场具有无形市场、规模大、流动性强、收益率低、风险小等特点。

货币市场就其结构而言,可分为同业拆借市场、商业票据市场、大额可转让定期存单市场、回购市场等若干个子市场。

一、同业拆借市场

(一)同业拆借市场产生的原因

同业拆借市场也可称为同业拆放市场,是指各类商业性金融机构(商业银行和非银行金融机构)之间以货币借贷方式进行短期资金融通活动的市场。

同业拆借的资金主要用于弥补短期资金的不足、票据清算的差额以及解决临时性的资金短缺需要。同业拆借市场交易量大,能敏感地反应资金供求关系和货币政策意图,影响货币市场利率,因此,它是货币市场体系的重要组成部分。

同业拆借市场产生于存款准备金政策的实施,伴随着中央银行业务和商业银行业务的发展而发展。如果准备金存款账户上的余额大于法定准备金余额,即拥有超额准备金,那么就意味着银行有资金闲置,也就产生了相应的利息收入的损失;如果银行在准备金存款账户上的余额等于或小于法定准备金余额,在出现有利的投资机会,而银行又无法筹集到所需资金时,银行就只有放弃投资机会,或出售资产,收回贷款等。为了解决这一矛盾,有多余准备金的银行和存在准备金缺口的银行之间就出现了准备金的借贷。这种准备金余额的买卖活动就构成了传统的银行同业拆借市场。随着市场的发展,同业拆借市场的参与者也开始呈现出多样化的格局,交易对象也不仅限于商业银行的准备金了。它还包括商业银行相互间的存款以及证券交易商和政府拥有的活期存款。拆借的目的除满足准备金要求外,还包括轧平票据交换的差额、解决临时性、季节性的资金要求等。但它们的交易过程都是相同的。

(二)同业拆借市场交易内容

1. 头寸资金拆借

所谓头寸拆借,是指金融机构为了轧平头寸,补足存款准备金和票据清算资金而在拆借市场上融通短期资金的活动。银行在轧平当日票据交换差额时,对于缺少资金头寸的银行来说,可以及时通过拆借来补足头寸,保证清算顺利进行。这种拆借方式比向中央银行再贴现或再贷款取得资金,要便利、快捷得多,拆借资金银行也可获得利差收益。

2.同业拆借

同业拆借指的是银行之间为了解决短期内出现的资金余缺而进行的相互调剂,是具有法人资格的金融机构及经法人授权的非法人金融机构分支机构之间进行短期资金融通的行为,目的在于调剂头寸和临时性资金余缺。与头寸拆借不同的是,同业借贷期限较长,赢利要求较高。

(三)同业拆借市场期限与利率

1.同业拆借市场期限

同业拆借市场的拆借期限通常以 1—2 天最为常见,最短的为隔夜拆借,这些时间很短的拆借,又被称作是头寸拆借,其他还有拆借期限比较长的,如 7 天、14 天、28 天等,也有 1 个月、2 个月、3 个月期的,最长的可以达 1 年,但通常不会超过 1 年。

2.同业拆借市场的利率

同业拆借的拆款按日计息,拆息额占拆借本金的比例为"拆息率"。拆息率每天不同,甚至每时每刻都有变化,其高低灵敏地反映着货币市场资金的供求状况。同业拆借利率是金融机构融入资金的价格,是货币市场的核心利率。它能够及时、有效、准确地反映货币市场的资金供求关系,对货币市场上其他金融工具的利率具有重要的导向和牵动作用。它是人民银行实施货币政策操作的主要中介指标和操作工具。

在国际货币市场上,比较典型的,有代表性的同业拆借利率有四种,即美国联邦基金利率、伦敦银行同业拆借利率(LIBOR),新加坡银行同业拆借利率和香港银行同业拆借利率。我国于 1996 年 6 月 1 日,建立起全国银行间同业拆借市场交易网络,利率完全放开,并开始对外公布通过加权平均后的全国银行间拆借市场利率(CHIBOR)。2007 年 1 月 4 日推出上海银行间同业拆放利率(SHIBOR),其形成机制同国际最通行的 LIBOR 一致,为各银行报价均值,成为了我国货币市场的基准利率。图 4-1 为上海银行同业拆放利率报价图。

期限	Shibor(%)	涨跌(BP)	2023-12-13 11:00
O/N	1.6340	▼	12.70
1W	1.7890	▼	5.00
2W	2.2990	▲	0.10
1M	2.4450	▲	0.60
3M	2.5930	▲	0.80
6M	2.6260	▲	1.00
9M	2.6180	▲	0.60
1Y	2.6470	▲	0.30

图 4-1 上海银行同业拆放利率报价图

资料来源:上海同业拆放利率官网,https://www.shibor.org/shibor/index.html。

二、回购市场

(一)回购市场定义

回购市场是指通过回购协议进行短期资金融通交易的市场。企业及政府也可参与此市场。所谓回购协议(Repurchase Agreement)指的是在出售证券的同时,和证券的购买商签订协议,约定在一定期限后按原定价格或约定价格购回所卖证券,从而获取即时可用资金的一种交易行为。从本质上说,回购协议是一种以证券为抵押品的抵押贷款。融资方(正回购方)以持有的证券作质押,取得一定期限内的资金使用权,到期以按约定的条件购回证券的方式还本付息;融券方(逆回购方)则以获得证券质押的证券,收回融出的资金并获得利息。

上海证券交易所和深圳证券交易所分别于 1993 年 12 月和 1994 年 10 月开办了以国债为主要品种的回购交易。到目前,我国的回购协议市场有上海、深圳证券交易所市场,其证券回购券种主要是国债和企业债券;全国银行间同业拆借中心市场,其证券回购券种主要是国债、中央银行融资券、中央银行票据和特种金融债券。

(二)回购市场的利率及计算公式

在回购市场中,利率是不统一的。利率的确定取决于多种因素,这些因素主要有:(1)用于回购的证券的质地。证券的信用度越高,流动性越强,回购利率就越低,否则,利率就会相对来说高一些;(2)回购期限的长短。一般来说,期限越长,由于不确定因素越多,因而利率也应高一些。但这并不是一定的,实际上利率是可以随时调整的;(3)交割的条件。如果采用实物交割的方式,回购利率就会较低,如果采用其它交割方式,则利率就会相对高一些;(4)货币市场其它子市场的利率水平。回购协议的利率水平不可能脱离货币市场其它子市场的利率水平而单独决定,否则该市场将失去其吸引力。它一般是参照同业拆借市场利率而确定的。由于回购交易实际上是一种用较高信用的证券特别是政府证券作抵押的贷款方式,风险相对较小,因而利率也较低。

回购协议中的交易计算公式为:

$$I = PP \times RR \times T/360 \tag{4-1}$$

$$RP = PP + I \tag{4-2}$$

其中,PP 为本金;RR 为证券商和投资者所达成的回购时应付的利率;T 为回购协议的期限;I 为应付利息;RP 为回购价格。

(三)回购协议的风险

尽管回购协议中使用的是高质量的抵押品,但是交易的双方当事人也会面临信用风险。回购协议交易中的信用风险来源如下:如果到约定期限后交易商无力购回政府债券等证券,客户只有保留这些抵押品。但如果适逢债券利率上升,则手中持有的证券价格就会下跌,客户所拥有的债券价值就会小于其借出的资金价值;如果债券的市场价值上升,交易商又会担心抵押品的收回,因为这时其市场价值要高于贷款数额。减少信用风险的方法有如下两种:(1)设置保证金。回购协议中的保证金是指证券抵押品的市值高于贷款价值的部分,其大小一般在1%~3%之间。对于较低信用等级的借款者或当抵押证券的流动性不高时,差额可能达到10%之多。(2)根据证券抵押品的市值随时调整的方法。既可以重新调整回购协议的定价,也可以变动保证金的数额。如在回购协议的条款中规定,当回购协议中的抵押品价值下跌时,回购协议可以要求按新的市值比例追加保证金,或者降低贷款的数额。

回购协议中证券的交付一般不采用实物交付的方式,特别是在期限较短的回购协议中。但为了防范资金需求者在回购协议期间将证券卖出或与第三方做回购所带来的风险,一般要求资金需求方将抵押证券交到贷款人的清算银行的保管账户中,或在借款人专用的证券保管账户中以备随时查询,当然也有不做这样规定的。这属于封闭式回购协议。

三、商业票据市场

商业票据是指一些有资信的大公司,为筹措资金向投资者发行的,承诺在指定日期按票面金额向持票人付现的一种短期信用凭证,它是基于商品交易行为而产生的一种债权债务关系的凭证。随着商业票据的广泛使用和金融活动的发展,这种形式的融资逐渐成为一种主要的融资方式,形成了商业票据市场,其主要包括票据承兑市场和票据贴现市场。

(一)票据承兑市场

承兑是指汇票到期前,汇票付款人或指定银行确认票据记明事项,在票面上做出承诺付款并签章的一种行为。汇票之所以需要承兑,是由于债权人作为出票人单方面将付款人、金额、期限等内容记载于票面,从法律上讲,付款人在没有承诺前不是真正的票据债务人。经过承兑,承兑者就成了汇票的主债务人,因此,只有承兑后的汇票才具有法律效力,才能作为市场上合格的金融工具转让流通。由于承兑者以自己的信用作保证,负责到期付款,故若委托他人或银行办理承兑,需支付承兑手续费。在国外,汇票承兑一般由商业银行办理,也有专门办理承兑的金融机构,如英国的票据承兑所。

(二)票据贴现市场

票据贴现是指票据持有者为取得现金,以贴付利息为条件向银行或贴现公司转让未到期票据的融资关系。票据贴现可以使工商企业的资本从票据债权形式转化为现金形式,从而有利于资金周转,使资金循环顺利进行。贴现交易的工具是经过背书的汇票和本票以及政府国库券与短期债券。商业银行贴入票据,目的在于获取利润,一般情况下,会将购入票据保存到期,向承兑人收取票款,还复本息。如在实际经营中急需资金,商业银行可用贴入票据向中央银行再贴现,中央银行运用再贴现率来调节或控制商业银行的信贷规模,保持适当的市场货币供给量。

知识拓展

中国古代票据的起源与发展

我国最早与票据相关的记载可以追溯到周朝的傅别。《周礼·天官·小宰》中有记载："听称责以傅别。"书中所说的"称责"即为贷款，"傅别"就是契据。这种因借贷而订立的契据采取两联式，在两联契据的中缝上写一行字，并将其一分为二，由债权人、债务人双方各执一半，收债时再将两联合二为一，验证中缝上的字迹是否吻合，吻合后即偿付，债主常执左券以索偿。

"飞钱"是唐代出现的一种早期汇兑凭证。《新唐书·食货志》中记载"宪宗以钱少，复禁用铜器。时商贾至京师，委钱诸道进奏院及诸军诸使富家，以轻装趋四方，合券乃取之，号飞钱。"当时京城长安的商人将货币交给地方驻京的进奏院及各军各使或富商，由他们发给半联票券，另半联票券则及时送往有关的院、号，待持券的商人到目的地时，凭半联票券进行"合券"核验兑付。

唐代还出现了"书帖"，一种类似于支票功能的信用票据。"书帖"上注明出帖日期、支付日期、付款数额、收款人姓名，再加上出帖者签名，持此帖便可向指定商铺兑换现金。胡寄窗在《中国经济思想史简编》中指出，"书帖是临时书写的便条，而支票则系预先印好的空白待填凭证而已。汇票在古巴比伦时代早已出现，而书帖则是世界上最早出现的支票。"

宋代官府设官号"便钱务"，发行"便钱"。商人向"便钱务"纳付现金，持"便钱"可到异地官府兑付现钱。"便钱"类似于"见票即付"的汇票，由政府机关发行、兑付。宋真宗时期，蜀地（今四川地区）的地方富户联办"交子铺"，发行"交子"，代替金属货币进行贸易，也可携带"交子"到异地的"交子铺"进行兑现。为规范化管理，宋仁宗天圣元年（公元1023年），官府设益州交子务，由政府正式发行"官交子"。

"关子"是南宋根据军事需要发行的兑钱凭券。南宋绍兴元年（公元1131年），设"御前关子务"，印发"关子"。规定商人纳钱于婺州榷货务，领取关子券后，可前往杭州、越州等地榷货务兑换现钱。此外，当时临安商民私造便钱，由富户主持发行，称作"会子"，可直接进入市面流通。政府于绍兴三十一年（1161年）设置"会子务"，"会子"的印制发行权由官府经营和监管。

明清时期，主要由"票号""钱庄"等经营汇兑业务和存放款业务。商人持票券到异地的分号兑现，也可直接以票券进行支付、交易，其印制、防伪、密押、水印等工艺达到了中国古代票据的最高水平。清朝晚期，随着西方侵略者入侵，现代银行进入中国，我国传统的票据业务逐渐走向衰落。

资料来源：江西财经大学九银票据研究院：《票据史》中国金融出版社2020年版。

四、可转让大额定期存单市场

(一)可转让大额定期存单市场的产生

可转让大额定期存单,简称CDs,是银行发行的有固定面额并可以流通转让的定期存款凭证。由于20世纪60年代市场利率上升而美国的商业银行受"Q条例"的存款利率上限限制,不能支付较高的市场利率,各大公司财务主管为了增加临时闲散资金的利息收益,开始减少在商业银行的存款,投资于国库券、商业票据和其他较高利率的货币市场工具。针对存款资金来源的减少,美国花旗银行设计了具有其他货币市场工具类似特点的大额定期存单,竞争吸收大公司、富裕个人和政府的闲散资金,并取得政府证券经销商的支持,为可转让大额定期存单提供二级交易市场。持有存单的投资者,在需要资金时,可以随时在市场上转让流通,这样可转让大额定期存单市场开始产生。

(二)可转让大额定期存单与传统定期存款单的区别

(1)是否记名和转让的区别。传统定期存款单记名,且不可流通转让,而可转让大额定期存单不记名且可上市流通转让。

(2)面额固定与否的区别。传统定期存款单金额是不固定的,由存款人自己决定,而可转让大额定期存单一般面额固定且较大,在美国最小面额为10万美元,而二级市场交易的存单面额通常为100万美元。

(3)是否可提前支取的区别。传统定期存款单可提前支取,利息收入会受损一点,而可转让大额定期存单不可提前支取,如急需资金可以在二级市场进行转让变现。

(4)利率是否可浮动的区别。传统定期存款单根据期限长短具有不同的固定利率,而可转让大额定期存单的利率可固定也可浮动,且一般高于同期的传统定期存款单利率。

(5)期限长短的区别。传统定期存款单期限较长,一般1年以上,而可转让大额定期存单大部分期限在1年以内,最短的只有14天。一般可分为30天、60天、90天、120天、150天、180天、1年等。

五、国库券市场

(一)国库券市场的定义

国库券市场又称短期政府债券市场,是政府为弥补国库资金临时不足而发行的短期债务凭证。它是货币市场中最重要的组成部分之一,发行量和交易量都非常巨大,在满足政府短期资金周转需要的方面发挥着重要作用。

国库券市场的活动包括国库券的发行与转让流通。国库券市场不仅是投资者的理想场所,是商业银行调节二级准备金的重要渠道,还是政府调整国库收支的重要基地,是中央银行进行公开市场业务操作的重要场所。

(二)国库券市场的特点

1. 市场风险小

国库券以政府的征税权力做后盾,以财政收入作为还款保证,几乎不存在信用违约风险,是金融市场上风险最小的信用工具,因而被称为零风险的金边债券。

2. 流动性强

因为国库券是短期的,利率风险和市场风险小,可以通过市场买卖随时变成现金,是一种仅次于现金的金融凭证,有"准货币"之称。

3. 税收优惠

国库券收益实行减免税政策,国外投资者只交个人所得税,我国投资者不交税,这一特性增强了国库券的吸引力。

第三节 资本市场

资本市场是指融资期限在 1 年以上的长期资金交易的市场。资本市场交易的对象主要是政府中长期公债、公司债券和股票等有价证券以及银行中长期贷款。

资本市场的主要特点是:(1)交易工具期限长,至少在 1 年以上,最长可达数十年。(2)交易的目的主要是解决长期投资性资金供求矛盾,充实固定资产。(3)融资数量大,以满足长期投资项目需要。(4)资本市场融资工具既包括债务性工具,如政府债券、公司债券等,也包括股权性工具,即股票。(5)资本市场的交易工具与短期金融工具相比较,收益高、风险大、流动性差。

广义的资本市场包括银行中长期信贷市场和证券市场。本节主要讲解证券市场,即狭义的资本市场。证券市场是通过有价证券的发行与买卖进行投融资活动的市场。通常按照有价证券的交易程序,将证券市场划分为证券发行市场和证券流通市场。

一、证券发行市场

证券发行市场又称一级市场或初级市场,是新证券的发行市场,筹资者通过发行股票、债券等有价证券募集资金。通过发行市场增加证券的供给量,可以扩大证券市场的规模。

(一)证券发行市场的主体

证券发行市场的主体一般包括证券发行者、证券投资者和中介机构。

证券发行者是指资金的需求方,即融入资金者或称债务人。政府机构、企业、股份公司以及金融机构等在具备发行资格、符合发行条件的情况下,都可以作为发行者,通过发行有价证券的方式筹集资金。

证券的投资者是指资金的供应者,即贷出资金者或称债权人。政府机构、企业、股份公司、金融机构以及个人都可以作为投资者,通过购买股票、债券等方式进行投资。

中介机构是指代发行者办理证券发行和销售业务的承销商。有价证券在进行公募发行时,由于发行对象是分散的公众,发行者为了保证发售成功,及时募集到足额的金额,需要借助于具有专门知识与技能并具有发行经验的承销商帮助发行,由承销商负责办理证券的承购销售业务,并承担一定的发行风险。证券中介机构一般有:证券公司、投资银行、商业银行以及其他金融机构。

(二)证券发行方式

1. 按照发行对象的不同,可分为公募发行与私募发行

公募发行是指面向广泛的不特定的投资者发行。公募发行方式的特点主要有:①发售工作量大,一般采用间接销售方式。由于要向众多的投资者募集资金,发售工作量大,且有难度,一般需要获得承销商的协助,采用间接销售方式,由承销机构组织专门的业务人员来组织发售。当然,发行者需要支付一笔发行费用。②发行者必须向证券管理机关办理发行注册登记手续,向公众披露有关资料、信息,接受公众监督。③公募证券发行后一般可以上市转让流通,流动性强,风险相对较小。

私募发行是指面向少数特定的投资者发行。私募发行的对象一般是:机构投资者,包括金融机构或与发行人有密切业务往来关系的企业单位等;个人投资者,如使用发行单位产品的用户和发行单位自己的职工。私募发行方式的特点主要有:(1)私募发行大多采用直接销售方式,即由发行主体自己办理证券发行所必需的一切手续、自担风险,这种方式不需要向发行中介机构缴纳手续费,可以节省发行费用。(2)私募发行不必向证券管理机构办理发行注册手续,发行程序相对简化,并可以节省注册费用。(3)私募发行证券一般不允许转让。因为私募投资者是特定的,数量也有限,投资者对发行人的信用等状况都比较了解,所以,私募发行时不需要办理注册手续,如果私募证券能够自由地转让给非特定的投资者,就失去了免去发行注册的理由。有些国家规定,私募证券发行后经过一定时间也可以转让,但都附有一些限制条件。

2. 按照发行目的不同,可分为初次发行和增资发行

初次发行是指新组建股份公司时或原非股份制企业改制为股份公司时或原私人持股公司要转为公众持股公司时,公司首次发行股票。前两种情形又称设立发行,后一种发行又称首次公开发行(IPO)。初次发行一般都是发行人在满足发行人必须具备的条件,并经证券主管部门审核批准或注册后,通过证券承销机构面向社会公众公开发行股票。通过初次发行,发行人不仅募集到所需资金,而且还完成了股份有限公司的设立或转制。

增资发行是指随着公司的发展,业务的扩大,为达到增加资本金的目的而发行股票的行为。股票增资发行,按照取得股票时是否缴纳股金来划分,可分为有偿增资发行、无偿增资发行和有偿无偿搭配增资发行三种方式。

3. 按照是否通过中介机构发行,可分为直接发行和间接发行

直接发行,又叫公司自办发行,指有价证券发行人自己办理发行手续、自己销售证券募集资金的方式。这种方式适合于筹资数量比较少、手续简单的筹资活动,一般私募发行采用此方式。这种方式的优点是节省承销费用,降低发行成本。缺点是发行人自己承担发行风险,割断了与证券公司等专业金融机构的联系,失去它们的具体指导,发行人对发行条件、市场时机的把握有限。

间接发行,即委托发行,指发行公司委托证券推销机构代理发行。公募发行都要通过承销商进行间接发行。承销商的承销方式一般有三种:(1)代销方式。由发行者委托承销商代为向社会销售证券,承销商按照协议规定的发行条件,在约定的发行期内尽力推销,到了销售截止日期,证券如果没有按原定发行数额售完,未售出部分仍退还给发行者,承销商不承担任何发行风险。(2)余额包销方式。由承销商按照承销协议规定的发行额和发行条件,在约定的期限内面向社会推销证券,到销售截止日期,未售出的余额由承销者负责认购,承销商要按照规定的时间向发行者支付全部证券的款项。这种方式承销商要承担部分发行风险,而发行人的筹资计划可以保证顺利实现。(3)全额包销方式。由承销商先将全部证券认购下来,并向发行者支付全部证券款项,然后按照市场条件转售给投资者。这种方式承销者要承担全部发行风险,但可以保证发行者及时得到所需的资金。全额包销又分为协议包销、俱乐部包销和银团包销三种方式。

(三)证券发行条件

证券发行条件一般由证券的发行额度、期限、票面面值、票面利率和发行价格等因素构成。确定合理的发行条件是保证证券发行成功的一项重要工作,它既影响发行者的筹资成本,又决定着投资者的投资收益率。发行条件的确定与发行方式有关,如果发行者采用私募的直接销售方式,发行条件主要由发行者根据自身的筹资需要以及所能够承担的融资成本与认购者协商确定;如果发行人采用公募的间接销售方式,发行条件需要由承销商根据市场状况协助发行人确定。就发行价格而言,在直接发行方式下,发行价格就是投资者的认购价格,一般有三种形式:①平价,即发行价格与发行证券的票面金额相等;②折价,即发行价格低于发行证券的票面金额;③溢价,即发行价格高于发行证券的票面金额。直接发行方式下,发行人根据市场变化情况自主决定采取上述何种价格形式。在间接发行方式下,发行价格分为两个层次:一是中介机构的承销价格,指在承购包销方式下,中介机构向发行者支付的价格;二是投资者的认购价格,即投资者在发行市场上购买金融工具时实际支付的价格。

二、证券流通市场

证券流通市场也称二级市场或次级市场,是指已经发行的证券进行转让、买卖和流通的市场。这一市场上的交易活动并不增加社会投资额,但可以使证券具有流动性和变现能力,从而对新证券的发行起到推动作用。证券发行市场和证券流通市场是相互依赖和相互补充的,只有两个市场有机地结合、协调发展,才能促进证券市场在长期资金融通中发挥巨大作用。证券流通市场由证券交易所市场和场外交易市场两个层次构成。

(一)证券流通市场的构成

1. 证券交易所

证券交易所是依据国家有关法律,经政府主管机关批准设立的证券集中竞价交易的有形场所。它是买卖股票、债券等有价证券的有组织、有固定地点、集中进行证券交易的二级市场。股票、债券、基金等有价证券,凡是符合规定、经过法定上市程序,都可以在证券交易所公开进行交易。

证券交易所作为一个高度组织化的市场,具有的特征是:①有固定的交易场所和严格的交易时间。②交易所交易实行委托经纪制,交易所内的交易参加者只能是具有一定资格的会员证券公司,一般投资者不能直接在交易所买卖证券,只能委托会员证券公司间接买卖。③交易对象限于合乎一定标准的上市证券。④交易量集中,具有较高的成交速度和成交率。⑤对证券交易实行严格的管理制度,市场秩序化程度高。

证券交易所是法人,它本身并不买卖任何证券,也不决定交易价格,它只是为证券投资者提供一个稳定的、公开交易的高效率的交易场所和相应的交易服务。交易所同时也兼有管理证券交易的职能。证券交易所作为法人,有两种组织形式:①会员制证券交易所是一个由会员自愿组成、不以盈利为目的的社团法人,其会员一般由证券公司、投资公司等证券商组成。会员大会是交易所的最高权力机构,决定交易所经营的基本方针;理事会是交易所的执行机构,负责审查会员资格,决定会员人数,起草交易所章程,处理日常事务等。会员对证券交易所的责任,仅以其缴纳的会费为限。在会员制证券交易所中,只有会员公司才能进入证券交易所大厅直接参与交易活动。会员公司通常派出若干名场内交易员代表公司在场内进行交易。由于会员制证券交易所不以营利为目的,收取的交易经纪费较低,有利于交易的活跃。②公司制的证券交易所是以股份有限公司形式设立的并以营利为目的的法人团体。一般由银行、证券公司、投资信托公司及其他法人组织共同出资并占有股份建立而成。交易所的股票可以转让流通,但不得在本交易所进行交易。交易所成员公司的股东、高级职员、雇员都不能担任证券交易所的高级职员,以保证交易的公正性。由于实行公司制,证券交易所以营利为目的,在营业收入及盈利方面考虑较多,这对参加买卖的证券商来说负担较大。

证券交易所的功能具体表现在:①证券交易所是具有高度流动性的交易市场。交易所为证券买卖提供一切方便,并有一套较成熟的组织管理手段,投资者能随时在市场上买进或卖出证券,在较短的时间内完成大量交易,从而保证证券的流动性和变现性的实现。②证券交易所以自由竞价方式形成证券的公平价格。交易所市场上的证券价格不是由交易所或交易所的工作人员规定的,而是采用集中竞价和连续竞价方式,实行成交量优先、价格优先、时间优先的竞价原则完成交易。这种方式决定的价格排除了人为操纵,从而得到比较公平的价格。③证券交易所向投资者提供证券发行公司的经营状况及有关的资料。证券交易所掌握上市公司的财务状况、经营业绩等方面的资料,并及时准确地传递这些信息,同时及时公告市场的成交量、成交金额等信息,为投资者的投资选择提供参考。④证券交易所促进了证券发行市场和交易市场的协调发展。

我国 1990 年 12 月 19 日成立了上海证券交易所,1991 年 7 月深圳证券交易所正式营业。它们都是按照国际通行的会员制方式组建的,属于非盈利的事业法人。其宗旨是完善证券交易制度,提供集中交易场所,办理证券集中交易的清算、交割和证券集中过户,提供证券市场信息,办理中国人民银行许可或委托的其他业务。

2. 场外交易市场

场外交易市场是指在证券交易所以外进行证券交易的市场。与证券交易所相比较,场外交易市场在组织方式、交易方式和交易品种等方面都有着不同的特点:一是场外市场是非集中性的市场,它没有固定、集中的交易场所,也没有统一的交易时间、交易章程和交易规则,交易活动通常是由彼此独立经营的证券商分别在各自的柜台上进行的,并且主要依靠电话和计算机网络成交。二是场外市场是开放性的市场,证券交易所只有会员才能进入场内交易,并实行经纪制方式进行买卖;在场外市场上,任何投资者都可以直接参与证券交易过程,可以通过经纪人买进或卖出证券,也可以自营买卖证券。三是场外市场交易的证券种类繁多,但以买卖未在交易所登记上市的证券为主。场外市场对参与交易的证券限制相对较少,这在很大程度上满足了众多难以在证券交易所上市的公司及其证券的交易需求。四是场外市场的证券交易由双方协商议定价格,而不同于交易所采用的集中竞价制度。由于场外市场的相当部分交易是在证券商的柜台上进行的,所以也有"柜台交易"或"店头交易"的叫法。

由于场外市场具有入市门槛低、可以直接进行交易、有利于降低上市成本等特点,自创办以来发展较快,特别是计算机技术应用于证券交易后,场外市场得到迅速发展。如在美国,由全国交易商协会建立的由计算机联网形成的自动报价系统,将全国分散的场外市场连成一体,参加该系统的证券商可以十分方便地利用它了解行情并进行交易。场外市场对证券交易起拾遗补阙的作用,它的迅速发展无疑给交易所构成竞争压力。

世界上较著名的场外交易系统主要有美国的 NASDAQ 系统。中国证券交易最初也是从场外交易开始的。1985—1990 年间,深圳和上海的证券交易市场,实际上就是一种场外交易市场。目前,中国的全国证券交易自动报价系统(简称 STAQ 系统),中国证券交易系统有限公司(简称 NETS)和各地区建立的证券交易中心(或证券交易自动报价系统),事实上都是场外交易市场。规范这些市场,使它们运用现代电子通信技术联网交易,是中国证券交易市场规范化和进一步发展的重要内容。

(二)证券交易方式

证券市场主要有现货交易、信用交易、期货交易、期权交易以及股指期货交易等方式。

1. 现货交易

现货交易是指证券买卖成交后,按当时成交的价格及时进行实券交收和资金清算的交易方式。也就是说,现货交易是成交和交割同步进行,买卖双方达成交易协议后,买方即要付出现金并向卖方收取证券,卖方则付出证券并向买方收取现金,买卖双方都有证券实物和资金的收付进出。但在实际交易过程中,由于整个交易过程要遵循证券交易所或场外交易的基本程序,并且现货交易要通过现金账户进行,所以,现货交易很难做到在成交后马上交割,交割常在成交后的一个很短的时间内进行,一般在成交后的当日、次日或交易所指定的例行交收日期交付清算。现货交易的卖方必须向买方转移证券,因此,现货交易属于实物交易。现货交易是证券交易所采用的最基本、最常用的交易方式。

2. 信用交易

信用交易又叫垫头交易、保证金交易或透支交易。是指证券投资者凭自己的信誉,通过交纳一定数量的保证金而取得证券经纪人的信用,在委托买进证券时,由经纪人贷款,或者在委托卖出证券时,由经纪人贷券来买卖证券的交易方式。信用交易主要有两种方式,即保证金买长交易和保证金卖短交易。

保证金买长交易,也叫信用买长。其做法是,当投资者预计证券行市将上涨并准备在现在价格较低时买进一定数量的证券,但因资金不足时,通过向证券经纪人交付一定比率保证金而取得经纪商贷款并委托经纪商代理买入这种证券的交易方式。如果证券商资金不足,就用代理客户买入的证券作为抵押品向商业银行取得贷款。待证券价格上升,投资者委托证券商卖出该证券,证券商扣除买卖手续费和对投资者贷款的利息,余下即为投资者的投资收益。通常进行保证金买长的投资者叫"多头"。

保证金卖短交易,也叫信用卖短。其做法是,当投资者如果预计证券行市下跌,准备做某一证券的卖出投机时,但由于手中没有该种证券,可通过向经纪人交付一定比率的保证金后,从经纪人处借入一定数量证券并委托经纪人卖出。如果该证券日后果真下跌,再按市场价格买入相同种类相同数量的证券归还给经纪人并支付借入证券应付的利息和买卖手续费,买卖差额扣除一定费用后即为投资者的收益。通常作保证金卖短的投资者被称为"空头"。

在信用交易中,无论是买长者还是卖短者都要交纳一定数量的保证金。保证金是证券管理机构规定在投资者以信用交易方式进行证券投资时,必须按一定比率向证券经纪商交存的资产,通常为现金。保证金与投资者买卖证券的市值之比,称为保证金比率。保证金比率由中央银行决定,是中央银行的货币政策工具。法定保证金比率的高低决定了证券经纪商和商业银行的融资比率,会影响证券市场的资金供应和交易价格,也会影响银行系统的信用规模和货币供应量,是中央银行的选择性货币政策工具。当货币供应量偏多、通货膨胀严重、经济过热、证券市场投机过盛时,央行采取紧缩的货币政策,为配合这一政策,央行可以提高法定保证金比率,减少信用交易中的融资比率,达到收缩信用的目的;反之,则降低法定保证金比率。

信用交易为客户投资提供了便利,使投资者在拥有较少资本的情况下获得较大的投资获利机会,具有强烈的投机性;对于证券经纪商来说,为客户既融资又融券,增加了证券的交易量,不仅可以收取更多的佣金,而且还会获得融资、融券的利息。从整个证券市场来看,信用交易满足了一部分投资者的需要,使交易更加活跃,是证券市场主要的交易方式之一。

3. 期货交易

期货交易是指买卖双方成交后,按照合同规定的证券数量、成交价格,在约定的远期再履行交割手续的交易方式。

按照参与期货交易的目的,可以将期货交易的参加者分为两类:套期保值者和投机者。套期保值者的存在是期货市场产生的原动力,其参与期货交易是为了实现风险的转移,包括拥有证券、债权,或将来需要收取一定款项或负有负债需要还款的法人或个人,如银行、工商企业、进出口公司、证券公司等。当这些主体面临证券价格风险、利率、汇率变动风险时,它们就把期货市场当作转移价格风险的场所,利用期货合约的买卖,对其现在已拥有或将来会拥有的金融资产的价格进行保值活动。套期保值者参与期货交易的目的主要是为了锁定其已经持有或即将持有的金融资产的价格,保证正常利润,而并非赚取盈利。其做法是,根据其现货的需要,在期货市场上进行同方向买进或卖出的操作。例如,某企业 3 个月后要出售一批钢材,因担心 3 个月后钢材价格下跌,预期利润受到损失,该企业需要在期货市场上卖出品种、数量、期限与现货 3 个月后要出售的钢材相同的期货合约。这样,如果未来价格下降,则期货市场将盈利,现货市场预期利润受损,期货市场的盈利正好弥补现货的损失。期货交易可以使其避免价格变动带来的风险;如果未来价格上升,则期货市场损失,现货市场盈利,互相抵补,锁定预期利润。

投机者是指那些自认为可以正确预测金融资产价格的未来趋势,甘愿利用自己的资金冒险,通过不断买进或卖出期货合约,希望从价格的经常变化中获取利润的人。投机者是期货市场风险的承担者,它们参与期货交易的目的就是要不惜承担风险而获取盈利。投机者以对期货价格的预期为依据,按"低买高卖"的原则不断买进或卖出期货合约,从价格变动中赚取差价利润。期货交易中,由于成交和交割的时间间隔较长,合约中的价格是预先确定的,而市场价格是不断变化的,这就为投机者赚取差价提供了可能和机会,只要投机者将价格的变动方向预测准确,就可以赚钱。期货市场离不开期货投机者,大量投机者的存在增加了市场的波动性,使得套期保值者的风险得以转移。

期货交易最主要的功能是风险转移和价格发现:①风险转移功能是指套期保值者通过期货交易将价格风险转移给愿意承担风险的投机者,这是期货交易最基本的功能;②价格发现功能是指期货交易对于商品或证券的未来价格在某种程度上具有发现和指示的作用,能够比较真实地反映出商品或金融工具价格的变动趋势。

4. 期权交易

期权交易也叫选择权交易,是指期权的购买者通过交纳一定的期权费而获得在规定的期限内,按照交易双方商定的价格购买或出售一定数量某种金融资产的权利的交易。

期权交易是对一定期限内的选择权的买卖。期权交易双方在成交后,卖方以支付一定数量的期权费为代价,拥有在一定期限内以一定价格购买或出售一定数量某种金融资产的权利,而不用承担必须买进或卖出的义务;卖方在收取一定数量期权费后,在一定期限内必须无条件服从买方的选择并履行成交的承诺。期权交易是借助于标准化的期权合约达成协议的,期权交易仅仅是一种权利的买卖,而不是现实金融资产的买卖,期权合约的出售者在将选择权赋予期权购买者时,得到一笔收入,即为期权价格或权利金,金融资产可能被出售或购买的价格叫做敲定价格或履约价格。

期权交易的特点是:①交易的对象是一种权利。即一种关于买进或卖出某种金融资产的权利,而不是任何实物。期权价格是权利的价格,而不是合约中实物的价格。②购买期权得到的权利具有很强的时间性,它只能在契约规定的期限内行使,一旦超过,就视为弃权。通常期权分为美式期权和欧式期权,选择权在到期日以及到期日以前任何时间里行使的期权成为美式期权,只能在到期日履行选择权的期权被称为欧式期权。③期权交易的双方享有的权利和义务不一样。期权的购买者享有选择权,有权在规定的期限内根据市场情况决定是否行使权力,不需要承担义务;期权的出售者,一旦出售期权之后,就必须按合同规定的条件执行交易的义务,而不管市场行情如何变化没有任何选择权。④期权交易双方盈亏风险不对称。对于期权的购买者来说,期权交易的风险较小,其最大风险仅限于购买期权的费用,而其盈利,如果购买的是看涨期权,盈利是无限的;如果购买的是看跌期权,盈利可能是有限的。对于期权的卖出者,其盈利是有限的,最高收益为权利金,而亏损可能是无限的(出售看涨期权),也可能是有限的(出售看跌期权)。

期权的三种主要类型是:①买进期权,又称看涨期权,或敲进期权。指期权的购买者买进可以在规定期限内或到期日按约定价格买进一定数量某种金融资产的权利。②卖出期权,又称看跌期权,或敲出期权。指期权购买者可以在规定期限内或到期日按约定价格卖出一定数量某种金融资产的权利。③套做期权,也称双向期权、双重期权,或对敲期权。指期权购买者在规定的期限内或到期日享有按预定价格买进或卖出一定数量的某种金融资产的权利。

5. 股票指数期货交易

股票指数期货是一种在期货市场上通过标准化的股票指数期货合约的买卖,来规避股票市场系统性风险的金融工具。

在股票市场上,股价由于受多种因素的影响,经常处于波动之中,给投资者带来很大风险。一般来说,可以把股票市场上的风险分为两类。一类风险是非系统性的风险,是指由个别的、微观的因素导致的风险,主要与上市公司的财务经营状况有关。对于这种风险,投资者可以通过证券组合来避免。另一类风险是系统性风险。这类风险是由整体因素或称宏观因素所导致的,主要指整个社会、经济、政治形势及股民的群体心理因素等。对于这种风险,投资组合无法避免。股票指数期货就是为规避这种风险而设计的。

由于股票价格指数代表股票价格总体水平,股票价格指数变动基本上反映了整个市场股票价格变动的趋势和幅度。把股价指数改造成一种可以买卖的商品便成为股票投资者规避系统性风险的一种方式。在期货交易中,把股价指数期货合约作为买进卖出交易的对象,当一个投资者购买了某种股票后,担心由于股票价格指数下降而引起他所持的股票价格下降,投资者可采取股票价格指数期货进行保值。譬如:你在买进股票的同时,卖出一个与出售股票时间点相同的股票指数期货,当这种股票价格的变动与整个市场变动一致时,投资者可以避免股票价格波动的风险。

股票指数期货交易是一种保证金交易,交易双方只需支付每份合约总值的 10% 左右的保证金即可开始进行交易。因而股票持有者可以运用股票指数期货来减少自己投资于某种具体股票的风险,非股票持有者也可以投入这种交易,进行以小博大的投机活动。

股票指数期货交易没有任何实物形式,可以脱离具体的股票而存在,但由于是以股票指数为交易基础,因而它实际上是一种间接买卖股票的经济活动。相对于具体股票交易而言,股票指数期货交易具有规避风险能力强、投资成本低、盈利水平高以及手续相对简单的优势。但股票指数期货的缺陷也很突出,如公司发行股票可以筹措资金来加速企业的发展,这对经济具有实际性的意义,而股指期货则是投资于一种无形的东西,具有一定的赌博性质;股指期货合约不可能像股票一样长期持有,投资者也无法分得股息和红利。但从总体上讲,股票指数期货是在股票市场的基础上发展起来的,对推动股票交易发展和提高股票市场效率方面具有积极的作用。

延伸阅读

327 国债事件——中国金融证券史上最黑暗的一幕

327 国债期货对应的是 1992 年发行的 3 年期国债,简称 923 国债,其利息是 9.5% 的票面利率加上保值贴补率,发行总量为240亿元。如果327国债按照票面利率,那么每百元国债到期将兑付128.5元,但与当时的存款利息和通货膨胀率相比,显然低了许多,于是从1995年春节过后市场上开始传言财政部将对923国债进行贴息,923国债将以148元兑付。面对市场传言,形成了以万国证券为首的空方和以中经开(中国经济开发信托投资公司)为首的多方。万国证券认为,中国具有很高的通货膨胀率,中央政府宏观调控的首要目标就是要治理通货膨胀,而且中国的财政比较吃紧,财政部没有必要也不会拿出16亿元进行贴补,基于以上认识万国证券坚持做空。而中经开的观点与万国证券的观点恰恰相反,他们认为通货膨胀的治理不是一件容易的事情,中国的高通货膨胀率不可能在短时间内降下来,财政部肯定会提高保值贴补率,327国债期货的兑付价格肯定会提高,而且中经开是有财政部背景的证券公司,当时中经开的董事长和总经理都曾是财政部的官员,更重要的是中经开有能力提前了解财政部的政策动向,因此中经开坚持做多。1992年2月后多空双方在148元附近大规模建仓。

在多空双方杀的难分难解的时候,1995年2月23日,财政部突然宣布将923国债的票面利率提高5个百分点。这则消息对于多方而言是个天大的喜讯,消息一公布,以中经开为首的多方借利好用300万口(国债期货买卖中,1口为200张期货合约,1张期货合约对应100元面值的国债,每口价值为2万元)将327国债期货从前一天收盘价148.21元拉到151.98元;对于万国证券而言,327国债期货每上涨1元就要损失十几亿,为了减少损失,万国证券巨额透支交易,在交易所下午收盘前8分钟疯狂抛出1 056口卖单,将327国债期货的合约从151.30元砸到147.5元,使得当日开场的多头全线爆仓。327国债期货交易中的异常情况,震惊了证券市场。事发当日晚上,上交所召集有关各方紧急磋商,最终权衡利弊,确认空方主力恶意违规,宣布最后8分钟所有的327国债期货交易无效,各会员之间实行协议平仓。这就是著名的"327国债期货事件"。

1995年5月17日,中国证监会发出《暂停国债期货交易试点的紧急通知》,宣布我国尚不具备开展国债期货交易的基本条件,暂停国债期货交易试点。5月31日,全国14家国债期货交易场所平仓清场完毕,历时两年半的国债期货交易便夭折了。327国债期货事件对我国金融期货的发展造成了沉重的打击,同时这一事件的经验教训对股指期货的推出也有着重要的借鉴和启示作用,在推出股指期货前,必须建立完善的现货市场基础,建立完善的法律法规体系,完善交易机制,加强风险的控制和完善监管体系。

思政教学

国际金融市场经历"动荡之年"

2022年,地缘政治危机四伏,"黑天鹅"事件层出不穷,能源危机与通货膨胀肆虐全球,美联储掀起加息浪潮,国际金融市场风起云涌……多重危机叠加下,"动荡"成为2022年国际金融市场的主题。

为压制高通胀,美联储等多国央行采取了最激进的加息行动和缩紧性货币政策,给金融市场造成巨大冲击。全球利率上行背景之下,债券收益率大幅上升。美国10年期国债收益率从年初的 1.5％ 最高上升到 4.3％,英国 10 年期国债收益率从年初的 1％ 最高上升到 4.6％。2022 年,纳斯达克综合指数下跌超 30％,标普 500 指数下跌近 20％。由于利率不断攀升,对利率敏感的增长型科技股遭遇大幅下跌。股债"双杀"的大背景下,外汇市场上美元指数大幅走高,最大涨幅达 21％,新兴市场国家货币对美元的汇率创历史新低。

本章小结

1. 金融市场是商品经济发展导致信用形式多样化的产物,是指以金融资产为交易对象而形成的资金供求双方进行资金融通的场所。金融市场在法制健全、信息披露充分的前提下能充分发挥聚敛功能、配置功能、调节功能和反映功能。

2. 金融市场的构成要素包括金融市场的主体、客体、媒介和价格。

3. 金融市场按中介特征可分为直接金融市场和间接金融市场;按市场地域可分为国内金融市场和国际金融市场;按场所特征可分为有形市场和无形市场;按交易期限可分为货币市场(短期资金市场)和资本市场(长期资金市场);按交易标的物的不同分为外汇市场、黄金市场、保险市场、金融衍生品市场等。

4. 货币市场是一年期以内的短期金融工具交易所形成的供求关系及其运行机制的总和。货币市场就其结构而言,可分为同业拆借市场、银行承兑汇票市场、商业票据市场、大额可转让定期存单市场、回购市场等若干个子市场。

5. 资本市场是指融资期限在 1 年以上的长期资金交易的市场。资本市场交易的对象主要是政府中长期公债、公司债券和股票等有价证券以及银行中长期贷款。

6. 证券市场是通过有价证券的发行与买卖进行投融资活动的市场。通常按照有价证券的交易程序,将证券市场划分为证券发行市场和证券流通市场。证券市场主要有现货交易、信用交易、期货交易、期权交易以及股指期货交易等方式。

7. 金融衍生产品市场是由一组规则、一批组织和一系列产权所有者构成的一套市场机制,它包括金融期货市场、金融期权市场、金融远期市场、金融互换市场等。

关键词

金融市场　套期保值者　套利者　直接金融　间接金融　货币市场　回购市场　资本市场　证券发行市场　证券流通市场　公募发行　私募发行　初次发行　增资发行　直接发行　间接发行　现货交易　信用交易　期货交易　期权交易　股指期货交易　看涨期权　看跌期权　双向期权　系统性风险　非系统性的风险　外汇市场　黄金市场

练习与思考

一、判断题

( )1. 金融市场是统一市场体系的一个重要组成部分,属于产品市场。

( )2. 直接融资就是指以金融机构作为信用中介而进行的融资。

( )3. 有价证券从发行者手中转移到投资者手中,这类交易属于二级市场交易。

( )4. 一般而言,一年期以内的短期资金融通市场我们都称之为货币市场,那么商业银行的短期流动资金借款也应算做货币市场。

( )5. 二级市场的交易量远远不及初级市场。

( )6. 金融市场按照按交割方式划分为公开市场与议价市场。

( )7. 二级市场是一级市场的重要保证,为金融资产提供流动性,二级市场是基础和前提。

( )8. 我国股票市场可以采用折价发行方式。

( )9. 看涨期权指期权的购买者买进可以在规定期限内或到期日按约定价格买进一定数量某种金融资产的权利。

( )10. 非系统性风险是由整体因素或称宏观因素所导致的,主要指整个社会、经济、政治形势及股民的群体心理因素等,对于这种风险投资组合无法避免。

( )11. 金融市场发达与否是一国金融发达程度及制度选择取向的重要标志。

( )12. 国家债券是由政府发行的,主要用于政府贷款。

( )13. 二级市场的主要场所是证券交易所,但也扩及交易所之外。

( )14. 偿还期限是指债务人必须全部归还利息之前所经历的时间。

( )15. 新证券的发行,有公募与私募两种形式。

二、单项选择题

1. 金融市场的配置功能不表现在( )方面。

    A. 资源的配置   B. 财富的再分配

    C. 信息的再分配   D. 风险的再分配

2. 金融市场上的交易主体指金融市场的( )

    A. 供给者   B. 需求者   C. 管理者   D. 参加者

3. 下列不属于直接金融工具的是( )

    A. 可转让大额定期存单   B. 公司债券

    C. 股票   D. 政府债券

4. 长期资金市场又称为( )

    A. 初级市场   B. 货币市场   C. 资本市场   D. 次级市场

5. 下列不属于货币市场的是( )

    A. 银行同业拆借市场   B. 贴现市场

    C. 短期债券市场   D. 证券市场

6. 现货市场的交割期限一般为( )

    A. 1～3 日   B. 1～5 日   C. 1 周   D. 1 个月

7. 在代销方式中,证券销售的风险由( )承担。

    A. 经销商   B. 发行人   C. 监管者   D. 购买者

8. 充当股票承销机构的主要是( )

    A. 中央银行   B. 商业银行   C. 投资银行   D. 财务公司

9. 下列关于初级市场与二级市场关系的论述正确的是( )

    A. 初级市场是二级市场的前提

    B. 二级市场是初级市场的前提

    C. 没有二级市场初级市场仍可存在

    D. 没有初级市场二级市场仍可存在

10. 期权卖方可能形成的收益或损失状况是( )

    A. 收益无限大,损失有限大   B. 收益有限大,损失无限大

    C. 收益有限大,损失有限大   D. 收益无限大,损失无限大

三、多项选择题

1. 金融市场的参与者有( )

    A. 居民个人   B. 商业性金融机构

    C. 政府   D. 企业

    E. 中央银行

2. 能够直接为筹资人筹集资金的市场是( )。

    A. 发行市场   B. 一级市场

    C. 次级市场   D. 二级市场

    E. 交易市场

3. 货币市场的交易工具主要有( )。

    A. 货币头寸   B. 公司债券

    C. 票据   D. 股票

    E. 国库券

4. 股票及其衍生工具交易的种类主要有( )。

    A. 现货交易   B. 期货交易

    C. 期权交易   D. 股票指数交易

    E. 贴现交易

5. 金融市场必须具备的要素有( )。

    A. 交易形式   B. 交易对象   C. 交易主体   D. 交易工具

    E. 交易价格

6. 由债权人开出的票据有( )。

    A. 本票   B. 汇票   C. 期票   D. 支票

    E. 股票

7. 下列不属于资本市场的是( )

    A. 长期债券市场   B. 股票市场

    C. 国内债券市场   D. 票据市场

E. 回购市场

8. 同国库券相比,商业票据(　　)

　A. 风险性更大　　　B. 流动性更好　　　C. 利率较低　　　D. 流动性更差

　E. 风险性更小

9. 金融市场的经济功能包括(　　)

　A. 聚敛功能　　　B. 配置功能　　　C. 调节功能　　　D. 反映功能

　E. 流动性功能

10. 场内交易和场外交易的最大区别在于(　　)。

　A. 风险性　　　B. 流动性　　　C. 组织性　　　D. 集中性

　E. 公开性

四、问答题

1. 简述金融市场的定义及功能。

2. 简述金融市场的构成要素。

3. 什么是货币市场和资本市场?它们的区别是什么?各自的子市场包括哪些?

4. 证券发行市场与证券流通市场的含义及两者的关系是什么?

5. 现货交易与期货交易、期权交易的区别是什么?

五、案例分析题

"327 国债事件"给我们的启示有哪些?

本章推荐阅读书目

1. 张亦春等:《金融市场学》,高等教育出版社 2013 年版。

2. 霍文文:《金融市场学教程》,复旦大学出版社 2010 年版。

3. 罗斯·马奎斯:《金融市场学》,机械工业出版社 2009 年第 10 版。

4. 黄达:《金融学》,中国人民大学出版社 2013 年版。

第5章

货币需求与货币供给

本章导图

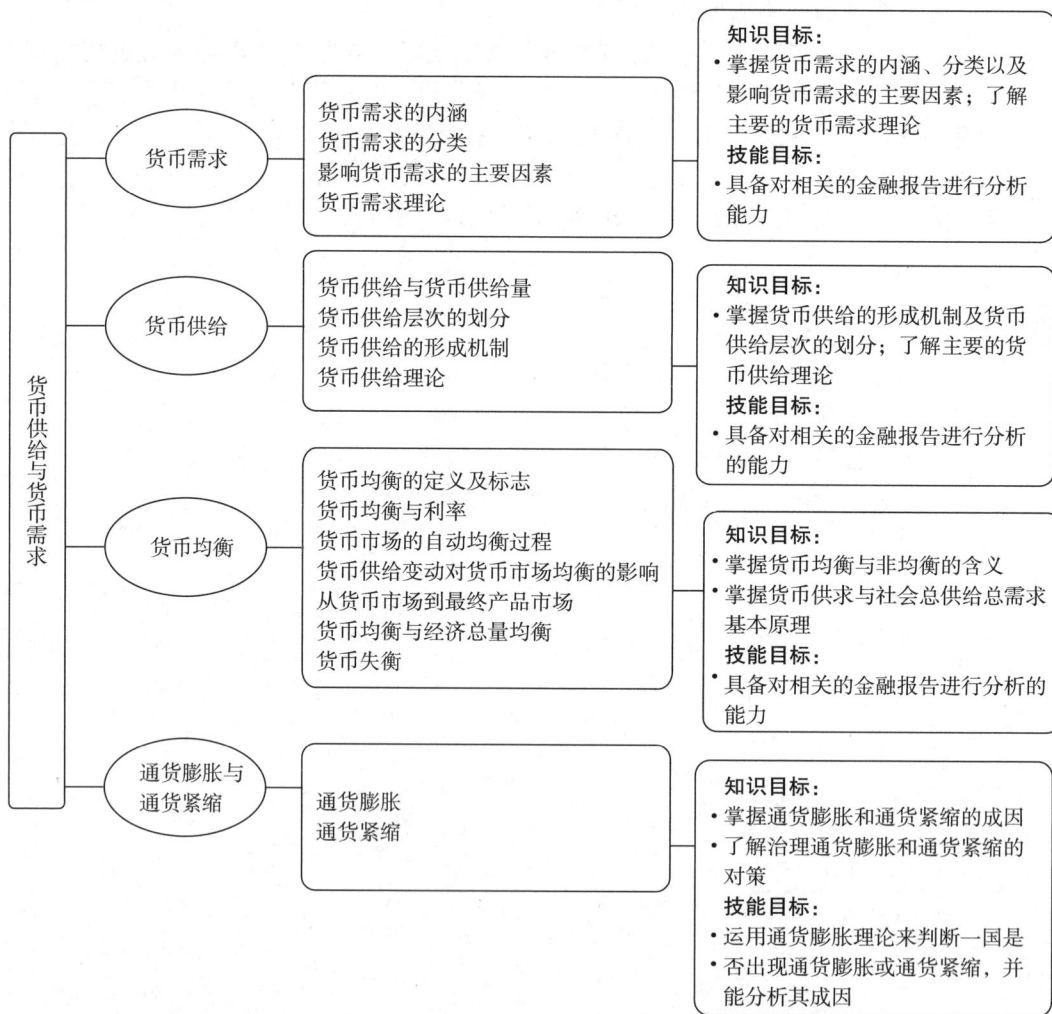

通货膨胀案例：金元券变废纸面额达 1 万

从 1914 年至新中国成立之前，海南市场流通的货币跟随"城头变幻大王旗"而眼花缭乱。大部分货币都是发行不了几年就贬值得极其厉害，处理好一点的，被执政方折价收购，但也让海南人民损失惨重；处理不好的，币纸还不如手纸。这里以货币不稳定的金元券和银元券为极端案例。

抗战末期，国民政府的"法币"已经逐渐贬值。抗战胜利后，国民党政府发动内战需要大量军费开支，不得不滥发钞票，造成法币恶性通货膨胀。1947 年市场上流通的"法币"已经有万元面额的钞票。同年 12 月，又推出了 250 元至 25 万元的大额"关金券"。如此大面额"关金券"本已荒唐，国民政府又规定"关金券"1 元，折合"法币"20 元。换句话说，25 万元的"关金券"可以换"法币"500 万元，以此延缓法币的贬值。但市场上物价飞涨，法币完全失去了海南人民的信任，宁可用港币、叻币、美元、暹罗币、银元所取代。1948 年 8 月，国民政府再一次实行"币制改革"，宣布废除"法币"，由中央银行发行"金元券"，面额有1 元、5 元、10 元、20 元、50 元、100 元六种，规定 1 元金元券折合"法币"300 万元，以回收"法币"。但军费支出浩大，国民政府印刷的 1 000 元、5 000 元、10 000 元面额的金元券又继续出炉。金元券同样变成废纸，市场上依然把旧银元当作交易媒介。以阎锡山为首的"行政院"，见市场已流行银元，就采取顺水推舟的方式，决定再次实行银元本位制，并于1949 年 7 月 2 日由代总统李宗仁明令公布了《银元及银元兑换券发行办法》，规定银元券1 元兑换银元 1 元，等于金元券 5 亿元，1 元银元的价值，比 8 亿元金元券还高。

第一节 货币需求

一、货币需求的内涵

在现代经济社会里，一切经济活动都离不开货币信用形式。社会各部门包括企业、单位、个人和政府在经济活动中都必须持有一定数量的货币，才能进行商品交换、支付费用、从事投资或保存财富，由此产生了对货币的需求。

货币需求（the demand for money）是指经济主体（如居民、企业和其他单位等）在特定利率下放弃金融资产而持有货币的需求。

经济学意义上的需求指的是有效需求，不单纯是一种心理上的欲望，而是一种能力和愿望的统一体。货币需求作为一种经济需求，是由货币需求能力和货币需求愿望共同决定的有效需求，这是一种客观需求。现实中的货币需求不仅是对现金的需求，而且包括对存款货币的需求；不仅是对执行流通手段和支付手段职能的货币需求，而且也包括对执行财富储存的需求。

二、货币需求的分类

(一)微观货币需求与宏观货币需求

微观货币需求是指企业、家庭、个人等微观经济主体,在既定的收入水平、利率水平和其他经济条件下,把自己财富(或收入)中的多大比例以货币形式持有。

宏观货币需求是指一国经济合理协调运转或者要达到当局制定的某些经济目标在总体上需要多少货币供应量。对宏观货币需求的分析,主要在于根据影响货币需求的变量,探讨一国经济发展客观上所需的货币量,从而为货币供给决策提供依据。

(二)名义货币需求与实际货币需求

名义货币需求是个人、家庭或企业等经济单位或整个国家在不考虑价格变动时的货币持有量,即用实际货币单位来表示的货币数量。名义货币量的增加来自名义货币量供给增加,即中央银行货币供给的增加。

实际货币需求是"名义货币需求"的对称,各经济单位所持有的货币量在扣除物价因素后的实际余额,即用货币所能购买到的物品及劳务来表示的货币数量。故实际货币需求又称作"实际货币余额"。

(三)主观货币需求与客观货币需求

主观货币需求是指微观经济单位在主观上"希望"自己拥有多少货币,这种"希望"是一种欲望,一种占有的欲望。

客观货币需求是指在某时某刻,存在于社会的货币总量中,个人或单位应该占有多少和可以占有多少,也可以指一个国家在一定时期内究竟需要多少货币才能够满足商品生产和商品流通的需要。

三、影响货币需求的主要因素

(一)收入状况

收入状况是决定货币需求的主要因素之一。这一因素又可以分解为收入水平和收入间隔两个方面。在一般情况下,货币需求量与收入水平成正比,当居民、企业等经济主体的收入增加时,他们对货币的需求也会增加;当其收入减少时,他们对货币的需求也会减少。如果人们取得收入的时间间隔延长,则整个社会的货币需求量就会增大;相反,如果人们取得收入的时间间隔缩短,则整个社会的货币需求量就会减少。

(二)消费倾向

消费倾向是指消费支出在收入中所占的比重,可分为平均消费倾向(average propensity to consume,APC)和边际消费倾向(marginal propensity to consume,MPC)。平均消费倾向是指消费总额在收入总额中的比例,而边际消费倾向是指消费增量在收入增量中的比例。假设人们的收入支出除了消费就是储蓄,那么,与消费倾向相对应的就是储蓄倾向。在一般情况下,消费倾向与货币需求变动的方向一致,即消费倾向大,货币需求量也大;反之亦然。

(三)利息率水平

在市场经济中,利息率是调节经济活动的重要杠杆。在正常情况下,利息率上升,货币需求减少;利息率下降,货币需求增加,利息率与货币需求成负相关关系。造成利息率与货币需求负相关关系的原因是:第一,货币市场利息率提高,意味着人们持有货币的机会成本上升(因持有货币而放弃的利息收入),因此,货币需求趋于减少;相反市场利息率下降,持有货币的机会成本减少,货币需求趋于增加。第二,市场利息率与有价证券的价格成反向变动,利息率上升,有价证券的价格下跌;利息率下降,有价证券价格上升。因此公众的持币愿望与利息率成反比,与有价证券的价格成正比,公众的持币愿望是决定货币需求的重要因素。

(四)信用的发达程度

如果一个社会信用发达,信用制度健全,人们在需要货币的时候能很容易地获得现金或贷款,那么整个社会所必需的货币量相对于信用不发达、信用制度不健全的社会所必需的货币量就少。

(五)货币流通速度、社会商品可供量、物价水平

这三个因素对货币需求的影响可用货币流通规律说明。若以 M 代表货币需求量,P 代表物价水平,Q 代表社会商品可供量,V 代表货币流通速度,则根据货币流通规律有如下公式:$M = P \times Q/V$。可见,物价水平和社会商品可供量同货币需求成正比;货币流通速度同货币需求成反比。

(六)公众的预期和偏好

以上五点是决定货币需求的客观因素。货币需求还在相当程度上受到人们的主观意志和心理活动的影响。一般来说,人们的心理活动与货币需求有如下关系:

(1)当利息率上升幅度较大时,人们往往预期利息率将下降,而有价证券价格将上升,于是人们将减少手持现金,增加有价证券的持有量,以期日后取得资本溢价收益;反之亦然。

(2)预期物价水平上升,则货币需求减少;预期物价水平下降,则货币需求增加。

(3)人们偏好货币,则货币需求增加,人们偏好其他金融资产,则货币需求减少。

四、货币需求理论

(一)传统的货币数量理论

传统货币数量论最早产生于 17 世纪,当时并不是完整系统的论述,而是散见在许多

学者的论述中。其主要意思是货币本身没有内在价值,对经济并不发生实质性的影响,物价水平的变动因此由货币数量的多少决定的。传统货币数量论在 20 世纪 30 年代发展到了顶峰,并引入了许多数学理论作为研究工具,由于对货币数量与物价、货币价值之间关系的解释方法和侧重点不同,形成了不同的学派,其中影响最广的是费雪的现金交易数量说和马歇尔、庇古为代表的剑桥学派的现金余额数量说。我们统称为近代货币数量论。

1. 现金交易数量说——费雪方程式

现金交易说的主要代表人物是美国经济学家费雪。其在 1911 年所著的《货币的购买力》一书中提出了著名的"交易方程式",该方程式被后人称为费雪方程式。具体如下:

$$P \times T = M \times V \tag{5-1}$$

其中,M 表示一定时期内流通中的货币平均量,V 代表货币的流通速度,P 为交易中各类商品的平均价格,T 为各种商品的交易量。

费雪认为,在货币经济条件下人们持有货币的目的是为了与商品交换,因此,货币在一定时期内的支付总额与商品的交易总额一定相等。交易方程式中右方为交易总值,左方为货币总值,双方必然相等。我们无法分别度量平均价格 P 和交易量 T 的绝对水平,只能用加权平均的方法大致估算出它的变化率。

费雪提出其货币数量的基本观点时,曾作了几个重要的假设,费雪认为交易方程式中的 V 和 T 长期都不受 M 变动的影响。V 是由制度因素决定的,具体来说,它决定于人们的支付习惯、信用的发达程度、运输与通讯条件及其他"与流通中货币量没有明显关系"的社会因素。而 T 则取决于资本、劳动力及自然资源的供给状况和生产技术水平等非货币因素。正因为 V 和 T 都是独立于 M 而决定的,所以根据交易方程式,货币量增加所产生的影响,就引起一般物价水平同比例的上升。费雪的结论是"货币数量决定着物价水平"。

应该指出,费雪并不认为 V 和 T 是固定不变的常数,在长期内,它们都倾向于上升,但它们是整个经济体系的特征反映,变化很慢且与货币平均量 M 无关。当然,这一假定在现实经济生活中并不成立。毕竟货币不只具有交易媒介的职能,货币流通速度的变化受很多因素的影响,而且也很难用数字去衡量。尽管如此,现金交易方程式还是有它自己的理论和实践价值的。在货币流通速度比较平稳的时期,中央银行也常常用它预测货币需求。不过这样做的风险也是可想而知的,因为国民收入的数值一般非常大,即使货币流通速度的误差只有 1%,计算出的货币需求量的误差也十分巨大。

2. 现金余额数量说——剑桥方程式

现金余额数量说由剑桥学派创始人马歇尔提出,经庇古、罗宾逊等人的发展,形成以"现金余额方程式(剑桥方程式)"为核心的理论体系,为以后的货币需求理论开辟了新的研究思路。剑桥方程式最普遍的表述形式为:

$$M = K \times P \times Y \tag{5-2}$$

式中,M 为货币数量,也就是现金余额;K 为以货币形式持有的名义国民收入的比例;P 为一般物价水平;Y 为一定时期内按不变价格计算的实际产出;PY 表示名义国民收入。剑桥经济学派认为,影响人们希望持有货币额的因素主要有以下几个方面。

首先是个人的财富总额。正如我们曾经指出的那样,货币需求仅仅是指人们希望以货币这种形式持有其财富的愿望,而不是指一个人漫无边际地想要多少货币;一个身无分文的人可能梦想着腰缠万贯,但这种梦想并不构成经济学家所讨论的货币需求。因此,货币需求首先受个人财富总额的限制。其次是持有货币的机会成本,也就是货币以外的各种资产的收益。持有货币虽然能够给人带来不少方便,但是却不能产生收入,所以人们必须在持有货币的好处和持有其他金融资产或实物的好处(如利息收入或消费满足等)之间进行权衡。最后,货币持有者对未来收入、支出和物价等的预期,也会影响他意愿的货币持有额。例如当一个人预期未来的物价将上升时,为避免因货币贬值带来的损失,他将增加消费支出,从而减少货币持有额。

现金余额说特别强调人们的主观愿望对货币需求的影响。剑桥学派认为,M 的大小取决于两个因素,一是人们对持有货币的利弊权衡;二是人们对未来价格水平的预期。因此,现金余额说中隐含着一些思想,即认为利率对货币需求有影响。将货币需求看作是人们的资产选择。由于剑桥学派强调人们主观意愿对货币需求有决定作用,因此可将剑桥学派的现金余额说看作现代货币需求理论的重要渊源。它第一次把人们对货币需求的研究视角,从宏观领域转移到微观经济主体上,开创了从个人的资产选择角度来探讨货币需求的分析方法,这也为以后凯恩斯的流动性偏好理论和三大货币需求动机的提出奠定了理论基础;同时,在分析过程中,它把货币作为一种资产,而不只是作为一个商品交易的工具进行研究,扩大了货币的职能范围。因而,剑桥方程式具有更大的解释能力。

从上面对两个方程式的叙述中我们可以看到,剑桥学派的现金余额说是从货币需求函数的角度出发推导出货币数量论,而不像现金交易说那样从货币数量论出发去推导货币需求函数。现金余额说所蕴涵的这种逻辑顺序的差别,代表了其理论的相对合理性,因为它的出发点是正确的。

(二)凯恩斯的货币需求理论

凯恩斯继承了剑桥学派的研究方法,从资产选择角度来考察货币需求。所不同的是凯恩斯对人们持有货币的各种动机进行了详尽的分析,并得出了实际货币需求不仅受实际收入的影响,而且也受利率影响的结论。这一结论从货币数量论的角度理解还有另外的含义,那就是货币流通速度也是受利率影响的、多变的变量。

1936 年,凯恩斯在《就业、利息和货币通论》中提出了他的货币需求理论——流动性偏好理论。所谓流动性偏好,是指人们宁愿持有流动性高但不能生利的货币,而不愿持有其他能生利但不易变现的资产这样一种心理倾向。这种流动性偏好实质上就是人们对货币的需求。凯恩斯货币需求理论的特点就在于对货币需求动机的分析,其认为,人们的货币需求动机主要有三个,即交易动机、预防动机和投机动机。

1. 交易动机的货币需求

交易动机的货币需求,是指人们为了应付日常交易需要而产生的货币需求,是由于货币的交易媒介职能而导致的一种需求。货币需求的交易动机又可分为个人交易动机与企业的营业动机。个人和企业为了满足日常支付和交易需要,必须持有一定量的货币,而持有的货币数量则要取决于个人收入与支出的间隔长短和企业销售收入与费用支出之间的时间间隔长短。一般来说,满足交易动机的货币需求的数量取决于收入水平,并与收入多少成正比,所以可将交易动机的货币需求看作是收入的递增函数。

2. 预防动机的货币需求

预防动机的货币需求是指人们为了应付可能突然发生的意外支出而产生的货币需求。凯恩斯认为,未来是不确定的,现实经济生活中经常有各种意外需要货币。例如,对个人来说,主要是为了患病、失业等意料不到的支出;对企业来说,是为了抓住未能预见的有利进货时机,人们必须在持有交易所需货币之外,再保留一定的货币余额。由于这部分货币主要也是作为流通手段和支付手段,也受到收入水平的影响,所以预防动机的货币需求也是收入的递增函数。

3. 投机动机的货币需求

投机动机的货币需求,是指人们为了捕捉投资的有利时机、赚取利润而产生的货币需求,人们此时持有货币是将其作为一种资产来对待的。凯恩斯假设,人们只能在货币和债券这两种资产中选择持有财富的形式,由于债券价格与利率成反向变动,因而,预期利率上升者将售出债券,持有货币,以便在债券价格下跌后,能以低价买进债券。而预期利率下降者则将减少持有货币,买入债券,以便在债券价格上升时高价卖出债券,从中获利。投机动机的货币需求与现实利率水平成负相关,而与预期利率升降成正相关。现实利率水平高,或人们预期利率水平下降,则投机动机的货币需求减少;现实利率水平低,或人们预期利率水平上升,则投机动机的货币需求增加。

在分析总的货币需求时,凯恩斯认为,虽然为满足交易动机和预防动机所持有的现款量和为满足投机动机所持有的现款量并不完全无关,但作为近似,这两种现金持有量,基本可以看成是互不相关的。

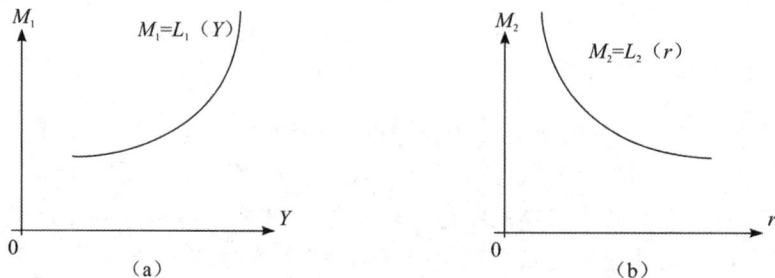

图 5-1 三大货币需求动机

由于凯恩斯的货币需求表现为人们的流动性偏好,所以他用 L 表示流动性偏好,即货币需求函数。又由于交易动机和预防动机的货币需求都是收入的增函数,而投机动机货币需求是利率的递减函数。所以,可将总的货币需求 M 分解为两部分:满足交易动机和预防动机的货币需求 M_1,和满足投机动机的货币需求 M_2。若以 Y 表示收入,r 表示利率,L_1 表示 M_1 与 Y 的函数关系,L_2 表示 M_2 与 r 的函数关系,则凯恩斯的货币需求理论可用下列函数式来表示:

$$M=M_1+M_2=L_1(Y)+L_2(r)=L(Y,r) \tag{5-3}$$

由公式看,货币总需求是由货币的交易需求、预防需求和投机需求三部分构成,由于它们出自不同的动机,因而分别受不同因素的制约,单项因素的波动都会引起货币总需求的变动,进而对经济体系产生影响。凯恩斯认为,货币的交易动机和预防动机货币需求取决于经济发展状况和收入状况,因而经济发展水平和收入水平的变化必然导致货币需求变化。但对于货币的投机需求,情况则有所不同。因为货币的投机需求主要受人们对未来利率变动预期的影响,由于人们对未来的预期因缺乏科学根据而存在不确定性,并且由于人们的环境、知识水平、性情等的差异,每个人的预期都有所不同。按照凯恩斯的思想,预期的无理性导致预期缺乏科学性,从而货币投机需求的变动常常是剧烈且变化莫测的,有时候甚至会走向极端而发生不规则的变化。凯恩斯在他的《通论》中列举了这种极端的情况:

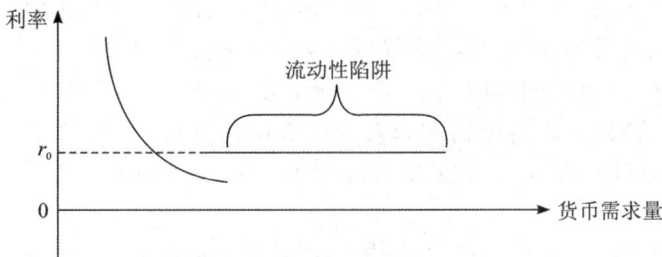

图 5-2 凯恩斯的流动性陷阱

当利率水平降到一定低的水平(如图 5-2 的 r_0 处)后,几乎所有的人都会预期未来利率不会继续下降,也就是说未来的债券价格不会继续上升。每个人从收益和风险的角度考虑,都不会持有任何债券,所有的资产都以货币形式存在。一旦发生这种情况,货币需求就脱离了利率递减函数的轨迹,流动性偏好的绝对性使货币需求变的无限大,失去了利率弹性。我们称这一现象为"流动性陷阱",这时金融货币当局无论怎样扩大货币供给,都不会使利率进一步下降,从而货币政策丧失了有效性。美国在 1932 年中的若干时期,都出现过金融恐慌或清算恐慌。那时无论条件如何合理,几乎没有人愿意把现款脱手。

(三)货币主义的现代货币数量论

在传统货币数量论的基础上,美国芝加哥大学经济学教授米尔顿·弗里德曼采用了理论分析与实证研究相结合的方式,提出了"新货币数量说"或"货币主义"。1956 年,弗里德曼发表了《货币数量说的重新表述》一文,奠定了现代货币数量说的基础。弗里德曼认为货币数量论并不是关于产量、货币收入或物价水平的理论,而是货币需求的理论,即货币需求是由何种因素决定的理论。弗里德曼继承了凯恩斯等人把货币视为一种资产的观点,从而把货币需求作为一种资产选择行为进行分析。资产需求理论认为,货币需求应为个体拥有的资源及其他资产相对于货币的预期回报函数。其货币需求函数表述如下:

$$M_d/P = f(Y, w, R_m, R_b, R_e, g_P, u) \tag{5-4}$$

其中,M_d 表示名义货币需求量,P 表示物价水平,Y 表示名义恒久收入,w 表示非人力财富占总财富的比例,R_m 表示货币的预期名义收益率,R_b 表示债券的预期收益率,R_e 表示股票的预期收益率,g_P 表示物价水平的预期变动率,也就是实物资产的预期收益率,

u 表示影响货币需求的其他因素。w、u、M_d 三者的关系是不确定的。

函数式的左端 M_d/P，表示货币的实际需求量，公式右端是决定货币需求的各种因素，按其性质分为三组：

(1) y、w 代表收入。其中 y 表示实际的永恒性收入。所谓永恒性收入，是弗里德曼分析货币需求时提出的一个概念，可以理解为预期平均长期收入。永恒性收入与货币需求呈正相关关系。w 代表非人力财富占个人总财富的比例或来自财产的收入在总收入中所占的比例。

弗里德曼把财富分为人力财富和非人力财富两类。人力财富指个人获得收入的能力，即人力资本；非人力财富即物质财富，指生产资料及其他物质财富。人力财富要转化为现实的非人力财富，会受到劳动力市场的供求状况等因素的制约，所以在转化过程中，人们必须持有一定量的货币，以应付交易等需要，这一货币量的多少，取决于人力财富与非人力财富的比例，在就业困难时，人力财富所占比例较大，所需持有的货币也较多。个人的实际货币需求量决定于总财富和非人力财富在总财富中所占的比例，弗里德曼的解释是：非人力财富很不容易转化为货币，所以总财富中人力财富比重越大，则出于谨慎动机的货币需求越大。

(2) R_m、R_b、R_e 和 g_P，在弗里德曼货币需求函数中统称为机会成本变量，即能够从这几个变量的相互关系中，衡量持有货币的潜在收益或潜在损失。其中，R_m 代表货币的预期收益率，R_b 是固定收益的债券利率，R_e 是非固定收益的证券利率。

在凯恩斯的货币需求函数中，货币是作为不生息的资产看待的。

g_P，在弗里德曼货币需求函数中代表预期的物价变动率，同时也是保存实物的名义报酬率。若其他条件不变，物价变动率越高，货币需求量就越小。因为在物价变动率上升的条件下，人们会放弃货币购买商品，从而减少对货币的需求量。

(3) u 在货币需求函数中反映人们对货币的主观偏好、风尚以及客观技术和制度等多种因素的综合变量。由于 u 是代表多种因素的综合变量，而且各因素对货币需求的影响方向并不一定相同，因此，他们可能从不同的方向对货币需求产生不同的影响。

第二节　货币供给

一、货币供给与货币供应量

(一)货币供给与货币供给量的含义

货币供给是指一定时期内一国银行系统向经济中投入、创造、扩张(或收缩)货币的行为，是经济主体把所创造的货币投入流通的过程。货币供给量则是指一国各经济主体持有的、由银行系统供应的债务总量，通常是指一国经济中的货币存量，由货币性资产组成。特别需要注意的是货币供给量是流通在公众手中的货币资产，银行系统拥有但不能参与流通的货币是不能够计入货币供给量的。

(二)名义货币供给量与实际货币供给量

货币供给量又可分为名义货币供给量和实际货币供给量,前者是指一定时点上不考虑物价因素影响的货币存量;后者是指剔除物价因素之后的一定时点上的货币存量,我们通常所说的货币供给量一般都是名义货币供给量。

虽然货币供给量和货币供给是有区别的,货币供给是一种行为或过程,而货币供给量是货币的存量,但在不影响理解的前提下人们常常把货币供给量简单地称为货币供给。

二、货币供给量层次的划分

(一)国外货币层次的划分

在货币供给量的构成方面,大多数经济学家主张以流动性为标准划分货币层次,从而形成了 M_0、M_1、M_2、M_3 等层次,层次越低货币的流动性越强。这种分类方法已为大多数西方国家的政府所接受,各国的中央银行,都用多层次或多口径的方法来计算和定期公布货币供应量。由于各国金融工具和金融法规的差异,广义货币供应量的指标也不尽相同。综合各国的情况,货币供应量大致划分如下:

M_1＝流通中的现金(M_0)＋支票存款(以及转账信用卡存款)

M_2＝M_1＋定期存款(包括储蓄存款)

M_3＝M_2＋其他短期流动资产(如国库券、银行承兑汇票、商业票据等)

当然,具体到各国的货币层次划分在此基础上又各有不同。例如,美国联邦储备系统(美国的中央银行)公布四个层次的货币供应量指标,具体包括:

M_1＝M_0＋旅行支票＋活期存款＋其他支票存款(如 NOW,可转让支付命令账户)。M_0 为流通中的现金,是第一层次的货币供给,流动性最强。

M_2＝M_1＋储蓄存款(含货币市场存款账户)＋小额(10 万美元以下)定期存款(含零售回购协议)＋零售货币市场共同基金余额(最低初始投资在 5 万美元以下)＋调整项

M_3＝M_2＋大额(10 万美元以上)定期存款＋机构持有的货币市场共同基金余额(最低初始投资在 5 万美元以上)＋所有存款机构发行的回购负债(隔夜的和定期的)＋欧洲美元(隔夜的和定期的)＋调整项

L＝M_3＋其他短期流动资产(如储蓄债券、商业票据、银行承兑票据、短期政府债券等)

(二)我国货币层次的划分

中国人民银行于 1994 年第三季度开始,首次正式确定并按季公布货币供应量指标。具体的划分方式为:

M_0＝流通中的现金

M_1＝M_0＋企业活期存款＋机关团体部队存款＋农村存款＋个人持有的信用卡类存款

M_2＝M_1＋城乡居民储蓄存款＋企业存款中具有定期性质的存款＋信托类存款＋其他存款

M_3＝M_2＋金融债券＋商业票据等

由于我国处于市场化发展和形成阶段,根据市场和社会的现实情况,我国在 2001 年 7 月对 1994 年的货币层次划分标准做了修订。根据修订的统计口径,中国目前的货币供应量层次为:

第一层次 M_0,即流通中现金;

第二层次 M_1,即狭义货币:流通中现金+可开支票进行支付的单位活期存款;

第三层次 M_2,即广义货币:流通中现金+可开支票进行支付的单位活期存款+居民储蓄存款+单位定期存款+单位其他存款+证券公司客户保证金。

最新修订的口径将证券公司客户保证金计入广义货币,是因为证券公司客户保证金主要来自居民储蓄和企业存款,认购新股时,大量的居民活期储蓄和企业活期存款转为客户保证金,新股发行结束后,未中签资金又大量流回上述存款账户,将客户保证金计入,有利于准确监测货币供应量。

三、货币供给的形成机制

(一)中央银行与基础货币

1. 基础货币的定义

基础货币,也称货币基数(monetary base)、强力货币、初始货币,因其具有使货币供应总量成倍放大或收缩的能力,又被称为高能货币(high-powered money)。根据国际货币基金组织《货币与金融统计手册》(2000 年版)的定义,基础货币包括中央银行为广义货币和信贷扩张提供支持的各种负债,主要指银行持有的货币(库存现金)和银行外的货币(流通中的现金),以及银行与非银行在货币当局的存款。

基础货币通常是指流通中的现金和商业银行在中央银行的准备金存款之和,如果用 B 代表基础货币,用 C 代表流通中的现金,用 R 代表商业银行在中央银行的准备金存款,则基础货币可以表示为:$B=C+R$。

商业银行在中央银行的准备金存款是中央银行的负债,包括法定准备金和超额准备金两个部分。

为了确保商业银行在遇到突然大量提取银行存款时,能有相当充足的清偿能力,各国的中央银行都会要求商业银行缴纳一定的法定准备金。所谓法定准备金是指商业银行按照法律规定必须存在中央银行里的自身所吸收存款的一个最低限度的准备金。法定准备金的比例通常是由中央银行决定的,被称为法定存款准备金率。法定存款准备金制度为中央银行提供了一种控制货币总量的手段,法定准备金率高,商业银行需要缴纳的存款比例就高,能够投入流通领域的货币数量就会减少。

所谓超额准备金就是超过法定准备金的准备金,超额准备金与存款总额的比例是超额准备金率。金融机构为适应资金运营的需要,保证存款支付和资金清算时有随时可调用的资金,按规定在中央银行开设存款账户,存入一定数量的准备金用于支付款项。流通中的现金发行权由中央银行垄断,其发行程序、管理技术等均由中央银行掌握,也是中央银行的负债。

从基础货币的构成看,流通中的现金和商业银行在中央银行的准备金存款都是中央银行的负债,中央银行对这两部分都具有直接的控制能力。中央银行可以通过调整法定存款准备率,强制改变商业银行的准备金结构,影响其信贷能力,也可以通过改变再贴现率、再贷款条件等来改变商业银行的准备金数量,还可以通过公开市场业务操作,买进或卖出有价证券和外汇来改变商业银行的准备金量。从这个意义上说,中央银行控制的基础货币是商业银行借以创造存款货币的源泉。

2. 中央银行对基础货币的影响

中央银行提供基础货币,是整个货币供给过程中的最初环节,它首先影响的是商业银行的准备金存款。虽然基础货币并不是最终的货币供给,但基础货币决定着流通中的现金,影响商业银行运用准备金存款进行存款创造的活动,只有通过基础货币才能完成最终的货币供给。货币供给的全过程,就是由中央银行供应基础货币,基础货币形成商业银行的原始存款,商业银行在原始存款基础上创造派生存款(现金漏损的部分形成流通中现金),最终形成货币供给总量的过程。

在中央银行的资产负债表上,基础货币等于中央银行的货币性负债总额,因此中央银行对基础货币的影响是通过中央银行的资产负债变化来实现的,这主要体现在以下几个方面:

表 5-1　中央银行资产负债表项目

资产	负债
贴现及放款	流通中通货
政府债券和财政借款	国库及公共机构存款
外汇、黄金储备其他资产	商业银行等金融机构存款
	其他负债和资本项目

(1)中央银行对商业银行等金融机构的债权债务的变动对基础货币的影响

中央银行对金融部门的债权债务变动,是影响基础货币量变动的主要因素。中央银行采取货币政策调控,会引起商业银行等金融机构债权的变动。中央银行对金融部门的债权增加,基础货币量增加;相反,基础货币量减少。一般来说,中央银行的债权增加,意味着中央银行对商业银行再贴现或再贷款资产增加,同时也说明通过商业银行注入流通的基础货币增加,这必然引起商业银行超额准备金增加,使货币供给量得以多倍扩张。所谓再贴现就是商业银行将其客户贴现的票据再向中央银行贴现,这时中央银行取得对商业银行的债权,同时将货币贷给商业银行,基础货币就会增加。相反,如果中央银行对金融机构的债权减少,就会使基础货币减少。

(2)中央银行对政府的债权净额的变动对基础货币的影响

中央银行对政府的债权净额是指央行对政府的债权和债务之差。中央银行对政府的债权净额有时是被动变化的,有时又是主动变化的。

央行对政府的债权净额的被动变化主要是指财政收支本身的变化。财政是政府部门对国民收入进行再分配的重要工具,其收支活动与货币供应之间有着密切关系。财政的各项收入和支出都是以货币形式进行的,而且都是与银行存款账户直接相联系的,一般而言,财政金库都是由中央银行代理的,中央银行按规定的程序办理财政收入的上缴和支出的下拨,政府在中央银行的财政金库对于中央银行而言是负债。当财政收入增加时,意味着中央银行对政府的负债增加(货币资产也同时增加),对政府的债权净额下降,此时流通在外的基础货币就下降;而当政府的财政支出增加时,中央银行对政府的负债减少(货币资产也同时减少),对政府的债权净额上升,此时流通在外的基础货币就增加。

央行对政府的债权净额的主动变化主要是指为弥补政府的财政赤字而引起的债权净额变动。财政赤字是财政支出大于财政收入而形成的差额,由于会计核算中用红字处理,所以称为财政赤字,它反映着一国政府的收支状况,财政赤字是财政收支未能实现平衡的一种表现。理论上财政收支平衡是财政的最佳情况,就是财政收支相抵或略有节余。但是,在现实中,国家经常需要大量的财富解决一些预算以外的问题,会出现入不敷出的局面。这是现在财政赤字不可避免的一个原因。财政赤字的弥补,除了采取增收节支的根本措施外,其途径主要有三条:一是向社会公众融资;二是向商业银行融资;三是向中央银行融资。由于中央银行代理国库,代理财政资金,当财政赤字时,政府有时就也会直接向央行融通资金。通常中央银行有两条渠道向政府提供资金:一是直接认购政府债券;二是贷款给财政以弥补财政赤字。但无论哪条渠道都意味着中央银行对政府的债权净额增加,此时中央银行通过财政部门把基础货币注入了流通领域,基础货币会增加。

(3)中央银行对国外的资产和负债的变动对基础货币的影响

国外净资产规模的大小会直接影响基础货币。国外净资产由外汇、黄金占款和中央银行在国际金融机构的净资产构成。其中外汇、黄金占款是中央银行用基础货币来收购的。从中央银行资产负债表看,基础货币是中央银行的负债,国外净资产是中央银行的资产。中央银行的国外净资产的增加,意味着中央银行投放的基础货币增加,从而使货币供应量增加。一般而言,如果一个国家实行的是浮动汇率制度,则中央银行不把稳定汇率作为政策目标,通过该项资产业务投放的基础货币有较大的主动权;而如果一个国家实行固定汇率制度,中央银行就会因为要维持汇率的稳定而被动进入外汇市场进行干预,这样外汇市场的供求状况对中央银行的外汇占款有很大影响,造成通过该渠道投放的基础货币具有相当的被动性。假设一国的央行在本国市场上通过购买外币债券来增加基础货币的投放,但这也会导致对外币需求的增加,如果该国实行的是固定汇率制度,为了稳定汇率,中央银行又不得不抛售外币资产收回本币,基础货币又将减少。因此,如果中央银行不把稳定汇率作为政策目标,当中央银行对国外的资产增加时,基础货币量增加;相反,基础货币量减少。

(4)其他项目(净额)的变动对基础货币的影响

这主要是指固定资产的增减变化以及中央银行在资金清算过程中应收应付款的增减变化。它们都会对基础货币量产生影响。

中央银行对上述各类因素的控制能力是不同的:中央银行对国外的资产负债是很难直接加以控制的;中央银行对政府的债权净额变动也没有完全的支配能力,对这部分基础货币量的增减变化,中央银行只能借助其他的政策措施间接控制;中央银行对商业银行的资产和负债及由此决定的基础货币具有更强更直接的控制力。

(二)商业银行与存款货币的创造

1. 商业银行与派生存款

商业银行是以盈利为目的的企业,其传统业务是以较低的利率吸收存款,以较高的利率发放贷款。在整个金融体系中,商业银行与其他金融机构的显著区别在于只有商业银行才能经营活期存款业务并具有创造派生存款的能力。

银行存款的来源可分为两种:一是原始存款,即以现金方式存入银行的直接存款;二是派生存款(derivative deposit),即从银行的放款、贴现和投资行为中派生出来的存款,又称衍生存款。为什么商业银行能够创造派生存款呢? 我们可以试想一下,如果我们往商业银行里存了 100 元的原始存款,由于商业银行利润的来源之一是存贷款利差,商业银行至少会将原始存款中的一部分贷给其他资金需求者,贷款者取得贷款后一般不会全部以现金的形式保留,会将其中的一部分再存入商业银行,由此商业银行的存款又将增加,新增加的存款就是派生存款。

2. 派生存款创造的条件

原始存款的增加能引起多倍的派生存款创造,但实现派生存款需要两个条件:部分准备金制度和部分现金提取制度。

(1)部分准备金制度

准备金的多少与派生存款量直接相关。中央银行向商业银行提取的准备金占全部存款的比例称作存款准备金率,包括法定准备金率和超额准备金率。由于存款准备金是商业银行存在中央银行的资产,按照法律规定准备金是不能进行借贷活动的,因此如果实行全额存款准备金制度,商业银行吸收存款后所有的资金都要缴纳给中央银行做准备金,原始存款就不能进行贷款和贴现等业务,派生存款就无从产生了。一般而言,存款准备金率越高,提取的准备金越多,银行可用的资金就越少,派生存款量也相应减少;反之,存款准备金率越低,提取的准备金越少,银行可用资金就越多,派生存款量也相应增加。

(2)部分现金提取制度

所谓部分现金提取制度是指银行客户不会把银行的存款或从银行获得的贷款全部提出来以现金形式保留。如果银行客户把银行存款全部提出以现金形式保留,这其实意味着客户不会把钱存在商业银行,商业银行连原始存款都难以获得,派生存款就更不可能产生了;如果客户从商业银行获得的贷款全部以现金形式保留,则商业银行的存款量仅有原始存款,派生存款也不能产生。

在现代信用制度下,商业银行的客户几乎不可能将所有的可支配资金以现金形式保留,大部分都是以银行存款的形式保留。比如银行向客户贷款是通过增加客户在银行存款账户的余额进行的,客户则是通过签发支票来完成他的支付行为。在原始存款和派生存款的相互转化中,必须以贷款作为条件。正是由于这种相互之间的转化,并且在事实上客户都是部分提取现金,使现代银行获得了在存款不断派生的基础上不断扩大信贷规模的能力。

3. 存款货币的多倍创造过程

商业银行能够产生派生存款,使得公众手中的货币供给量和原始存款相比有多倍效应。那么这个多倍存款货币是怎样产生的呢? 如果客户 A 向甲银行存入了一笔原始存款,只要不是全部准备金制度,甲银行为了获得利润会将一部分原始存款进行放贷,比如给 B 客户。由于在现代信用体系下,客户不可能把贷款全部提取现金,B 客户会将获得的贷款又存入商业银行,当然不一定会存在甲银行,但是整个商业银行的存款肯定由此而增加了,这就是派生存款,于是商业银行又会根据新增的存款发放贷款,这个过程将一直持续下去。这个过程可以表示为:甲银行吸收客户 A 存款→提取部分比例准备金后向客户 B 发放贷款→形成客户 B 在甲银行的存款→客户 B 用存款进行转账支付→形成乙银行客户 C 的存款增加→乙银行提取部分准备金后继续放款……如果资金不流出银行体系,银行体系就可以派生出数倍的存款货币。

为了直观理解商业银行存款货币的多倍创造效应,我们简单地做两个假设:①商业银行的客户都将其全部货币收入存入商业银行的活期存款账户,不持有任何现金,且全部交易都使用非现金结算;②商业银行按照法定准备金比率提取存款准备金后将余额全部以贷款形式放出或全部投资于有价证券,不存在超额准备金或准备金不足现象。

假定客户 A 新增的原始存款是 100 元,法定准备金率是 10%,则当 A 存入 100 元时,商业银行新增加的存款就是 100 元,新增加的存款准备金就是 10 元,商业银行可以发放的贷款为 90 元;当新增贷款 90 元时,根据假定这些贷款又会存入银行变成派生存款,商业银行因此就需要再缴纳存款准备金 9 元,剩下的 81 元又可以进行贷款的发放……整个存款创造的过程见表 5-2。

表 5-2　存款创造过程表

商业银行新增加的存款	新增存款准备金	新增派生存款	新增银行贷款
100	10	0	90
90	9	90	81
81	8.1	81	72.9
72.9	7.29	72.9	65.61
…	…		…

表 5-2 中,由于银行新增加的存款为等比数列,因此银行因为新增 100 元原始存款而导致的存款总额将变为:$100+90+81+\cdots=\lim_{n\to\infty}\frac{100\times(1-0.9^n)}{1-0.9}=1\,000$元。也就是说,如果商业银行新增 100 元原始存款,在客户采用非现金结算制度和银行将可用资金全部用于贷款的假定下,如果法定准备金率为 10%,则最终银行的存款将增加到或无限接近于 1 000 元,这就是存款货币多倍创造的效应。当然我们也同样可以得到当存款为 1 000 元时,商业银行需要缴纳给中央银行的准备金为 100 元,刚好为原始存款的数量。

4. 存款货币的多倍收缩过程

存款货币的多倍创造过程也可反向作用,即当客户从银行系统提取现金时,银行系统的存款将会发生多倍收缩。但如果存款货币的多倍收缩过程与其多倍创造、扩张过程要相对称的话,也必须满足两个前提条件:①商业银行的客户将现金提出以后不再存入银行作为存款;②商业银行按照法定准备金比率提取存款准备金后将余额全部以贷款形式放出或全部投资于有价证券,不存在库存现金,商业银行的贷款总量不得超过存款总量。这样的条件下,如果客户向银行提取 100 元现金,银行必须向其他客户收回 100 元贷款,其他客户的贷款是以存款形式保留的,这也就导致银行存款减少 100 元。假定准备金率是10%,银行的可贷资金就减少了 90 元,为了收支平衡商业银行必须再收回贷款 90 元,这又会导致存款的进一步减少……这个过程将使得商业银行的最终存款减少1 000元。

5. 制约存款货币创造和收缩的因素

通过上面的分析可以看出,商业银行的存款能够成倍扩张或收缩,但一些因素会影响到存款扩张或收缩的效果,这些因素主要是:

(1)现金漏损率

现金漏损率是指流通中现金与活期存款的比率。在现实经济生活中,活期存款总会有一部分以现金形式被提走,流出银行体系,银行就不能利用它们来进一步扩张贷款,则活期存款的扩张倍数会受到制约。显然现金漏损率越高,用来派生存款的数量就越小,最终的存款水平就越低。

一般来说,影响现金漏损率的因素有:①社会大众可支配收入水平的高低。可支配的收入越高,需要持有的现金越多,但是现金漏损率趋于下降。②用现金购买或用支票购买的商品和劳务的相对价格的变化。比如,食品的价格相对于耐用消费品价格上升,会增加现金需求,现金漏损率值提高。③大众对通货膨胀的预期。预期的通货膨胀率高,现金漏损率值则高。相反,现金漏损率值就低。④地下经济规模的大小。地下经济多以现金交易为主,其规模越大,现金漏损率也越大。⑤社会的支付习惯。信用工具的发达程度、社会及政治的稳定性、利率水平等都影响现金漏损率值的变化。

(2)定、活期存款占总存款的比率

定、活期存款占总存款的比率会对存款创造产生影响。由于和定期存款相比,活期存款的期限不能确定,提现的不确定性比较大,各国中央银行都针对商业银行存款的不同种类规定不同的法定准备金率,通常定期存款的法定准备金率要比活期存款的低。这样即便在法定准备金率不变的情况下,定期存款与活期存款间的比率改变也会引起实际的平均法定存款准备金率改变,最终影响货币乘数的大小。一般来说,在其他因素不变的情况下,定期存款对活期存款比率上升,意味着平均法定准备金率就比较低,存款货币的多倍创造效应就大;反之,存款货币的多倍创造效应就小。

(3)准备金率的大小

准备金包括法定准备金和超额准备金。法定准备率的大小是由中央银行决定的,商业银行只能被动执行,当法定准备率上升时,意味着存款中的更大比例要缴纳给中央银行,可以用来发放贷款的数量就会减少,派生存款也会减少,导致存款货币的多倍创造效应变小;反之,当法定准备金率下降时,存款货币的多倍创造效应变大。

而超额准备金是超过法定准备金的部分,超额准备金率越高,同样意味着存款中除了缴纳一定比例的法定准备金外,还在中央银行的账户中放入更多的资金,可以用来发放贷款的数量就会减少,派生存款也会减少,导致存款货币的多倍创造效应变小。一般来讲,银行并不会将其存款中除去法定准备金的部分全部用来发放贷款或购买证券,为了保持资金的流动性,银行经常会持有超额准备金。

(4)客户对贷款的需求和银行对贷款的限制

商业银行能够对存款货币进行多倍创造的关键是可以将吸收的存款以贷款形式发放出去,也就是能够提供贷款供给。但如果一个国家如果处于经济周期的低谷,社会对贷款的需求很低,银行的贷款可能就贷不出去,派生存款也就无法产生。客户对贷款的需求越旺盛,存款货币多倍创造的能力就越强。

另外,在宏观调控时或银行出于自身的角度考虑,有时银行也不会将所有可用资金全部用来放贷,或者会对贷款做出种种限制。这其实影响了贷款的供给,实际发放的贷款数量越低,产生的派生存款就越少,存款货币多倍创造的能力就越低。

(三)货币乘数

1. 货币乘数的定义

所谓货币乘数,是货币供给量相对于基础货币的倍数。货币供给的基本模式可以表示为:

$$M_S = mB$$

式中:M_S 为货币供给总量;m 为货币乘数;B 为基础货币。

基础货币与货币供给的关系可由图 5-3 表示。

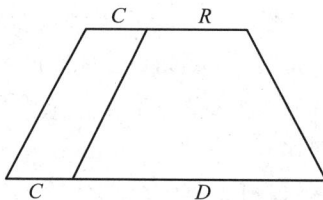

图 5-3   基础货币与货币供给的关系

其中,C 表示流通中的现金,R 表示商业银行在中央银行的准备金存款,D 表示活期存款总额。

货币供给之所以和基础货币之间具有倍数关系,主要是由于银行准备金 R 的多倍存款创造作用。货币乘数的一个重要特征是它小于存款派生倍数。了解这点的关键在于理解基础货币的不同构成。基础货币由通货和准备金构成,虽然存在着存款的多倍扩张,但通货不存在类似的扩张。这样,如果基础货币增量中的一部分为通货,则这一部分就不会产生多倍扩张效应。

2. M_1 的货币乘数(m_1)推导

若以包括通货和活期存款的货币存量 M_1 为对象,c 表示通货比率即流通中的现金

(C)与活期存款(D)的比率,r_d表示活期存款的法定准备金比率,r_t表示定期存款的法定准备金比率,t表示定期存款(T)对活期存款的比率,e表示商业银行的超额准备率,则将上述货币供给的基本模式稍加变形可得:

$$m = \frac{M_s}{B} \tag{5-5}$$

这里的M_S用M_1代替,由于:

$$M_1 = D + C \tag{5-6}$$

$$B = R + C \tag{5-7}$$

式中,R指商业银行的准备金,既包括商业银行的法定准备金又包括超额准备金(E),即:

$$R = r_d D + r_t T + E \tag{5-8}$$

将式(5-6)、式(5-7)、式(5-8)代入式(5-5),并将分子、分母都除以D,得:

$$m_1 = \frac{M_1}{B} = \frac{D+C}{R+C} = \frac{1+c}{r_d + r_t t + e + c} \tag{5-9}$$

3.M_2的货币乘数(m_2)推导

通过前面对货币层次的介绍,我们已经知道:

$$M_2 = D + C + T \tag{5-10}$$

根据M_1货币乘数的推导过程,同理可得M_2的货币乘数公式,即:

$$m_2 = \frac{M_2}{B} = \frac{D+C+T}{R+C} = \frac{1+c+t}{r_d + r_t t + e + c} \tag{5-11}$$

以上分析表明,货币乘数是由活期存款或定期存款的法定准备金比率、商业银行的超额准备金比率、定期存款比率以及通货比率等变量决定的。在这些因素中,活期存款的法定准备金比率r_d,定期存款的法定准备金比率r_t由中央银行决定,而超额准备金比率e由商业银行的行为决定,通货比率c和定期存款占活期存款的比率t由社会公众的行为共同决定。

四、货币供给理论

(一)货币供给的内生性与外生性

货币供给理论是研究货币供给量的决定因素、货币供给量的形成、货币当局如何控制货币供给量的理论。处于这一系列讨论核心的是货币供给的内生性或外生性问题。

货币供给的外生性是指货币供给量并不是由经济因素,如收入、储蓄、消费、投资等因素所决定的,而是由货币当局完全操控的。货币供给的内生性是指货币供给的变动不是由货币当局决定的,起决定作用的是经济体系内的多种因素。如果认为货币供给是内生变量,就是认为货币供给总是要被动地决定于客观经济过程,货币当局不能有效地控制货币供给的变动,货币政策的调节作用是有限的。而如果认为货币供给是外生变量,就等于认为货币当局能够有效地对货币供给进行控制。

(二)凯恩斯的货币供给理论

凯恩斯认为,货币是国家的创造物。以此为基础,他提出了外生货币供应论。凯恩斯认为,货币供给是由中央银行控制的外生变量,它的变化影响着经济的运行,但其自身却不受经济因素的制约,这是由货币的供给弹性和替代弹性的特征决定的:一方面,由于货币的供给弹性极小,几乎为零,当货币需求上升时,无法用多投入劳动力的方法来提高货币的供给;另一方面,货币的替代弹性为零,它是依靠国家权力发行并强制流通的,任何其他商品都无法取代货币,因而无法降低对货币的需求。

凯恩斯认为,利率是由货币的供给和需求所决定的,因而货币供给变动的直接影响便是利率的波动。利率的波动会进而影响储蓄、消费、投资等变量,并最终影响有效需求。公开市场操作是增加或减少货币供给的主要办法,通过对货币供给的调节,可以对社会的有效需求进行管理。

(三)新剑桥学派的货币供给理论

新剑桥学派认为,虽然从形式上看,现有的货币量都是由中央银行投放出去的,但实质上,供给多少货币并不完全取决于中央银行的意志,而是中央银行被动适应公众货币需求的结果。在当代高度发达的信用经济中,商业银行作为整个货币运行的最主要的载体,会在很大程度上影响货币供给量。例如,当经济处于上升周期时,企业的贷款需求会增加,银行体系的贷款也会相应增加。通过贷款发放和信用创造功能,货币供给量会扩大。中央银行不能直接干预商业银行的自主经营决策,因而只能被动地适应。

在货币供应量的调控问题上,新剑桥学派认为中央银行能够控制货币供应量。这点同凯恩斯的观点是一致的。但他们同时指出,中央银行的控制能力是有限的。这主要基于两方面的原因:一是当货币需求旺盛时,银行体系会想方设法逃避中央银行的控制,造成货币供给量的增多;二是中央银行在货币供给的控制方面存在着漏区,银行可采取一些灵活的信用方式变相提高货币供给。此外,非银行金融机构的发展也削弱了中央银行对货币供给的控制。

新剑桥学派还指出中央银行的货币供给控制存在非对称性,认为中央银行提高货币供给的能力远大于其降低货币供给的能力。

(四)新古典综合学派的货币供给理论

新古典综合学派明确地提出了内生货币供给论。他们认为货币供给量主要是由银行和企业行为所决定的,而银行和企业的行为又取决于经济体系内的许多变量,中央银行不可能有效地限制银行和企业的支出,更不可能支配它们的行为。新古典综合学派的理论主要是基于以下几个理由:

(1)由金融机构业务活动决定的信贷及创造的存款货币是货币供给的源头。在金融体系高度发达的当代,只要有贷款需求,银行就能提供信贷并由此创造出存款货币,导致货币供给量的增加。

（2）金融体系的创新能起到动员闲置资金、节约头寸、改变货币流通速度的作用。因此，即使中央银行只是部分地提供所需货币，通过金融创新也可以相对地提高货币供给量。

（3）企业可以创造非银行形式的支付来提高信用规模。通过发行或交换期票，相互提供融资便利等手段，企业可以解决银行信贷不足带来的融资困难问题。

（五）货币学派的货币供给理论

货币学派的货币供给理论兴起于 20 世纪 60 年代，它是现代新经济自由主义流派中影响最大的流派，其主张具有重要的现实意义。货币学派中较有影响的理论模型包括弗里德曼—施瓦茨的理论模型、菲利普·卡甘的理论模型和乔顿的理论模型。下面主要对弗里德曼—施瓦茨的理论模型做简要介绍。

弗里德曼—施瓦茨的主要分析及观点出于二人合著的《1867—1960 年的美国货币史》。

首先，两位经济学家把货币划分为两大类：货币当局的负债即通货，商业银行的负债即存款。

然后假设 M 为货币存量，C 为非银行公众所持通货，D 为商业银行存款，H 为高能货币，R 为商业银行存款准备金，那么可列出下列等式：

$$M = C + D \tag{5-12}$$

$$H = C + R \tag{5-13}$$

$$M = H \cdot \frac{\dfrac{D}{R}\left(1 + \dfrac{D}{C}\right)}{\dfrac{D}{R} + \dfrac{D}{C}} \tag{5-14}$$

这就是弗里德曼—施瓦茨的货币供给模型。从该模型中可以看出，决定货币存量 M 的因素有三个：高能货币 H、商业银行存款与其准备金之比 $\dfrac{D}{R}$、商业银行存款与非银行公众所持通货之比 $\dfrac{D}{C}$。其中 $\dfrac{D}{R}$、$\dfrac{D}{C}$ 同时也是货币乘数的影响因素。第一，高能货币受政府或货币当局的影响。第二，$\dfrac{D}{R}$ 受银行体系的影响。银行体系能够通过改变超额准备金数量，改变银行存款与其准备金之比，即改变 $\dfrac{D}{R}$。第三，$\dfrac{D}{C}$ 受社会影响，当然，同时也受银行服务和利率水平的影响。

两位经济学家利用上述方法检验了 1867—1960 年美国货币史，并得出基本结论：高能货币 H 的变化是导致广义货币存量 M 变化的重要原因，决定并影响 M 长期性变化和周期性变化；另外，$\dfrac{D}{R}$ 与 $\dfrac{D}{C}$ 对金融危机条件下的货币运动有着决定性影响；$\dfrac{D}{C}$ 的变化还对货币量的变化有影响，是 M 呈现长期缓慢的周期性变化的重要原因。

(六)新自由主义学派的货币供给理论

新自由主义学派又称弗莱堡学派。该学派认为应通过保持币值的稳定来保证市场经济的协调与稳定运行。该学派提出了两条货币供给的原则:第一,货币供给应与社会生产能力相适应;第二,保持商品追逐货币的局面,以吸引商品源源不断地流入市场,通过公众投的货币票值来判断商品的优劣,以此提高商品的质量和数量。

该学派还提出了货币供给增长率的区间论,这一区间可根据潜在生产能力和可承受的通货膨胀率来确定。

第三节 货币均衡

一、货币均衡的定义及标志

(一)货币均衡的定义

货币的需求与供给既相互对立,又相互依存,货币的均衡状况是这两者对立统一的结果。

货币均衡即货币供求均衡,是指在一定时期经济运行中的货币需求与货币供给在动态上保持一致的状态。货币均衡是用来说明货币供给与货币需求的关系,货币供给符合经济生活对货币的需求则达到均衡。关于货币均衡可作进一步理解:

(1)货币均衡是货币供求作用的一种状态,是指货币供给与货币需求大体一致,而非货币供给与货币需求在价值上的完全相等。

(2)货币均衡是一个动态过程,在短期内货币供求可能不一致,但在长期内是大体一致的。

(3)货币均衡不是货币供给量和实际货币需求量一致,而是货币供给量与适度货币需要量基本一致。

(二)货币均衡的标志

(1)商品市场物价稳定。

(2)商品供求平衡。社会上既没有商品供给过多引起的积压,也没有商品供给不足引起的短缺。

(3)金融市场资金供求平衡,形成均衡利率,社会有限资源得到合理配置,货币购买力既非过多,也非不足。

二、货币均衡与利率

市场经济条件下货币均衡的实现有赖于三个条件,即健全的利率机制、发达的金融市场以及有效的中央银行调控机制。

在完全市场经济条件下,货币均衡最主要的实现机制是利率机制。在市场经济条件下,利率不仅是货币供求是否均衡的重要信号,而且对货币供求具有明显的调节功能。因此,货币均衡便可以通过利率机制的作用而实现。

就货币供给而言,当市场利率升高时,一方面社会公众因持币机会成本加大而减少现金提取,这样就使现金比率缩小,货币乘数加大,货币供给增加;另一方面,银行因贷款收益增加而减少超额准备来扩大贷款规模,这样就使超额准备金率下降,货币乘数变大,货币供给增加,所以,利率与货币供给量之间存在着同方向变动关系。就货币需求来说,当市场利率升高时,人们的持币机会成本加大,必然导致人们对金融生息资产需求的增加和对货币需求的减少,所以,利率同货币需求之间存在反方向变动关系。当货币市场上出现均衡利率水平时,货币供给与货币需求相等,货币均衡状态便得以实现。当市场均衡利率变化时,货币供给与货币需求也会随之变化,最终在新的均衡货币量上实现新的货币均衡。

三、货币市场的自动均衡过程

货币需求主要取决于交易商品数量和利息率的水平,货币的供给则取决于中央银行的货币政策,不随利息率和交易数量的变动而自动发生变化。

(一)自动均衡过程

利率的变动会引起债券价格的变动,导致人们重新安排所持有的货币数量,从而导致货币总需求发生变动,利率调节着货币市场的需求。货币供求交点决定的利息率为均衡利息率。

假定货币供给量由中央银行根据某种货币政策控制在5 000亿美元的水平上,根据既定的货币需求曲线,当利率 r 为10%时,货币市场需求也为5 000亿美元,货币市场处于均衡状态。假定最初的利息率不是10%而是20%,在利息率为20%的情况下,货币的总需求为4 200亿美元,而货币的供给却为5 000亿美元,在总产量 Q 不变下,货币的供给超过货币的需求,这意味着人们手中实际持有的货币量超过了其为交易和作为金融资产所需要持有的货币量,人们将试图减少其持有的货币量,而作为财产持有的货币量的最佳替代物就是债券,人们会争相购买债券,于是债券的需求 BD 相对于债券的供给 BS 上升,这将推动债券的价格 BP 上升,利息率就会下降,从而引起资产的货币投机需求 L_2 上升,货币的总需求 L 也就上升。利息率直至降到10%,货币的供求重新相等在5 000亿美元为止。详见图5-4。

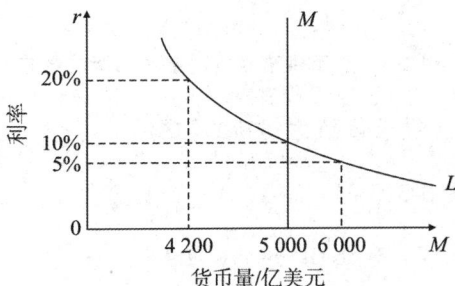

图5-4 货币市场自动均衡过程

(二)传导机制

在 $r=20\%$ 时,$M>L$,BD↑,BD>BS,BP↑,r↓,L_2↑,L↑,$M=L$

结果:r 下降到 10%,$L=5000=M$

在 $r=5\%$ 时,$M<L$,BS↑,BD<BS,BP↓,r↑,L_2↓,L↓,$M=L$

结果:r 上升到 10%,$L=5000=M$

四、货币供给变动对货币市场均衡的影响

(一)货币供给与货币均衡的关系

这里所涉及的是实际利息率而不是市场利息率。因为当名义货币供给量增加的时候,一方面实际货币供给也会有所增加,另一方面人们的通货膨胀预期会加强,导致市场利率上升,但实际货币供给也是上升的情况下,实际利息率通常是下降的。

(二)自动调节均衡的过程

假定货币市场最初处于均衡状态,$r=10\%$,并且 $L=5\,000=M$。现在,假定中央银行将货币供给量增加到了 $5\,500$ 亿美元,货币供给曲线由 M 移动到 M'。货币供给大于需求,意味着人们实际持有的货币量大于其为交易和作为金融资产而愿意持有的货币量,人们会购买债券,导致债券的需求 BD 上升,并使债券价格 BP 上升。由于债券价格与利息率相反,所以债券价格上升导致实际利息率下降。利息率的下降一方面会使资产货币需求 L_2 上升,从而使总货币需求上升;另一方面,由于利息率下降,总投资 i 会上升,导致最终产品市场的总需求 AD 上升,使总需求 AD 大于总供给 AS,导致总产量 Q 上升,引起交易货币需求 L_1 上升,导致总货币需求曲线向右移,结果利率由 10% 下降到 r_2,直到货币的总需求增加到 $5\,500$ 亿美元。详见图 5-5。

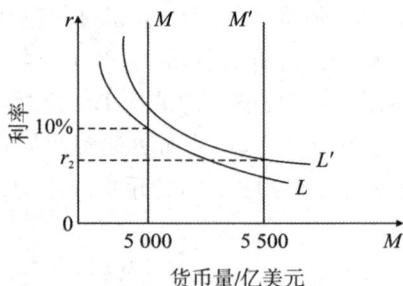

图 5-5　货币供给对货币市场均衡的影响

反之,利率上升,货币总供求重新达到新的均衡。

(三)传导机制(详见图 5-5、5-6)

1. M↑:$M>L$,BD↑,BD>BS,BP↑,r↓,L_2↑

由于 r↓:i↑,AD↑,AD>AS,Q↑,L_1↑

结果:r 下降到 r_2,L_2↑和 L_1↑,L↑,$L=5500=M$

2.M↓:$M<L$,BS↑,BS>BD,BP↓,r↑,L_2↓,L↓

由于 r↓:i↓,AD↓,AD<AS,Q↓,L_1↓,L↓

结果:r 上升到 r_2,L_2↑和 L_1↑,L↑,$L=4500=M$

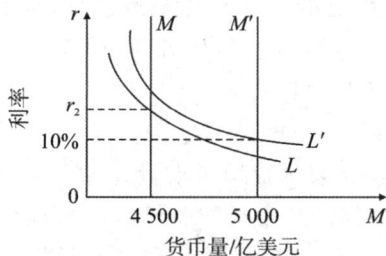

图 5-6 货币供给传导机制

(四)结论

无论货币的供给是增加还是减少,都会影响到均衡利息率的变化,从而使货币的需求量最终总是与货币供给相一致。即通过控制货币的供给可以影响均衡利息率和货币均衡的数量水平。

知识拓展

量化宽松与量化紧缩

量化宽松(quantitative easing,QE)是一种扩张性的货币政策工具,主要是指中央银行在实行零利率或近似零利率政策后,通过大规模购买资产(通常为国债或住房抵押贷款支持证券),增加基础货币供给,向金融体系投放流动性的操作。量化紧缩(quantitative tightening,QT)是一种紧缩性的货币政策工具,是指中央银行通过出售其积累的资产,减少基础货币供给,从金融体系抽走流动性的操作。

2019 年 9 月 12 日,欧洲央行宣布下调存款利率 10 个基点至-0.5%,这是该央行自 2016 年 3 月以来的首次降息。欧洲央行同时宣布,重启量化宽松政策,即自 11 月 1 日起,以每月 200 亿欧元的速度购买债券。全球货币政策联动,据不完全统计,2019 年全球有近 40 个国家央行推出降息政策,全球货币政策重启宽松周期。

2020 年 3 月,为应对疫情的冲击,美国正式开启新一轮量化宽松,美联储资产负债表规模达到创历史的 8.9 万亿美元。量化宽松在提振美国经济方面发挥了积极作用,但也带来通胀率和资产价格快速上涨的问题。2022 年 6 月,美国居民消费价格指数同比增速高达 9.1%,创近 40 年新高。2021 年 11 月起,美国本轮量化宽松进入退出阶段。2022 年 6 月,美联储正式启动量化紧缩,缩减资产负债表,同时结合加息来对抗美国近 40 年来的高通胀。

五、从货币市场到最终产品市场

(一)凯恩斯主义者强调利息率的变化的重要性

凯恩斯主义者认为,货币供给的变动会影响利息率,而利息率的变动又会影响总投资,从而影响最终产品市场上的总需求。传导机制如下:

$M\uparrow:M>L,r\downarrow,i\uparrow,AD\uparrow,AD>AS,Q\uparrow$

$M\downarrow:M<L,r\uparrow,i\downarrow,AD\downarrow,AD<AS,Q\downarrow$

其中,M 表示货币供给量,L 表示货币需求量,r 表示利率,i 表示投资,AD 表示最终产品市场的总需求,AS 表示最终产品市场的总供给,Q 表示总产量。

凯恩斯主义者把利息率作为制定货币政策的基本目标。对于凯恩斯主义者而言,提高利息率就是紧缩的货币政策,降低利息率就是扩张的货币政策,以此有效地影响最终产品市场,并配合其他措施,将最终产品市场的均衡产量控制在充分就业的水平上。

(二)货币主义者强调货币供给量本身或货币供给增长率

货币主义者认为,利率的变动并不重要,重要的是货币供给量本身或货币供给增长率。当货币供给增加时,人们手中的货币超过了他们所希望持有的数量,这时他们会不只是购买债券,还购买其他实物资产。因此,货币主义认为,不必经过利息率下降这个中间环节,货币供给量的增加本身就意味着最终产品市场的总需求上升。但货币主义者并不否认货币供给增加就会使实际利息率下降的观点,只是不同意把利息率下降的作用当作总需求变动的关键。传导机制如下:

$M\uparrow:M>L$,各种资产的需求上升,$AD\uparrow,AD>AS,Q\uparrow$

$M\downarrow:M<L$,各种资产的需求下降,$AD\downarrow,AD<AS,Q\downarrow$

其中,M 表示货币供给量,L 表示货币需求量,AD 表示最终产品市场的总需求,AS 表示最终产品市场的总供给,Q 表示总产量。

六、货币均衡与经济总量均衡

(一)货币均衡与经济总量

在市场经济条件下社会总供给可用商品价格总额表示,或表现为一定时期的国内生产总值;社会总需求则可表现为一定时期内的社会实际购买力。商品和劳务的供给与货币的需求相联系,且决定货币需求;货币供给又将引致对商品和劳务的需求。也就是说,在货币经济运动中,社会总供给可用货币需求来表示,社会总需求则可用货币供给来表示。因此,社会总供求是否平衡,就成为能否实现货币均衡的关键性因素。要实现均衡,必须使货币供给与经济增长同步,且与国内生产总值的增长幅度基本保持一致。

(二)货币均衡与国家财政货币政策

就货币供求双方的关系而言,货币供给处于被动地位,它们总是为了满足不断增长的货币需求而被投放到流通之中。但货币的原始供给主体也可以通过变动货币供给以引导国民经济运行。若在一定时期内,国家(中央政府)作出加速或放慢经济增长的决策,实施宽松或紧缩的财政货币政策,势必放大或减少货币需求,使货币供求关系偏离原有的均衡。当然,若财政货币等经济政策是逆经济风向而行的,则会有利于商品市场和货币市场在动态环境中同时均衡的实现。

(三)货币均衡与物价总水平

在市场经济条件下,商品的价格一般不会因劳动生产率的提高而自动下跌。如果物价随着劳动生产率的升降而跌涨,那么各企业、经济部门的产值就只能反映其劳动消耗状况,进而使经济增长率除了反映劳动力就业状况外,不再具有其他意义。因此,在市场经济运行过程中,虽然劳动生产率不断提高、单位产品所包含的价值量相对下降,但商品价格并不一定随之下降。另一方面,社会劳动生产率提高在不同技术系数的生产部门也会不一致,而这种不一致,又必然会造成不同部门产品价格的"剪刀差"。在调整这种剪刀差现象时,政府或市场一般都是调高价格低于价值的那部分产品如劳动密集型产品的价格,以使价格体系趋于合理化。这种调整虽说是必须的,但其结果必然是促使价格总水平的不断上扬。同时,在技术进步的推动下,产品不断更新换代,也会在无形中使同类产品的价格自然上升,从而导致物价总水平的上涨。可见,在不兑现的信用制度下,物价水平自然上升具有某种必然性。我国改革开放以来的经济实践已充分说明了这一点。因此,流通中货币数量的增长略高于国内生产总值的增长,便成为货币均衡的又一重要条件。

七、货币失衡

(一)货币失衡的定义

货币失衡是同货币均衡相对应的概念,又称货币供求的非均衡,是指在货币流通过程中,货币供给偏离货币需求,从而使二者之间不相适应的货币流通状态。其基本存在条件可以表示为:在货币流通过程中,$M_D \neq M_S$。

货币失衡往往是经济不稳定的重要因素,尤其是在经济过热或过冷条件下,中央银行货币供给面临两种不同方向的货币信贷压力。通过价格运动判断,我国总供求失衡与货币失衡一般表现为显著的通货膨胀和陡然下跌的通货膨胀甚至出现通货紧缩。

(二)货币失衡的类型

货币失衡大致可划分为三种类型:一是货币供给量小于货币需求量;二是货币供给量大于货币需求量;三是货币供求的结构性失衡,即货币供给与货币需求在总量上大体保持均衡状态,却由于货币的供给结构同与之相对应的货币需求结构不相适应,造成货币市场上局部货币短缺与局部货币供给过剩并存,商品市场上一部分商品和生产要素供过于求,另一部分商品和生产要素则求过于供。前两类货币失衡又可合称为总量性货币失衡。

(三)货币失衡的原因

货币供给小于货币需求的原因主要是生产规模扩大后货币供给没跟上;货币供给正

常状态下,央行收紧银根;经济危机时,信用失常,货币需求急剧膨胀,而央行货币供给没有跟上。

货币供给大于货币需求的原因主要是政府财政赤字面向中央银行透支;经济发展中,银行信贷规模的不适当扩张;扩张性货币政策过度;经济落后、结构刚性的发展中国家,货币条件的相对恶化和国际收支失衡,在出口换汇无法满足时,由于汇市崩溃、本币大幅贬值造成货币供给量急剧增长。

结构性失衡是指货币供给与需求总量大体一致的情况下,货币供给结构与需求结构不一致。

(四)货币失衡的对策

(1)加强汇率弹性,进一步完善汇率形成的市场机制。扩大汇率浮动区间,利用市场机制调节外汇市场供求,摆脱为了维持汇率稳定而被动地大量增发基础货币,避免人民币升值压力的货币化。加快强制结售汇制向自愿结售汇制转变,放宽对企业和个人外汇交易需求的限制,支持国内企业走出去,逐步缓解人民币升值压力。在人民币汇率参考的一篮子货币中,适当减少美元成分,增加欧元、英镑、日元等货币比重,将未来以市场为基础的均衡汇率与世界多元化经济体联系在一起。

(2)加强对外资流入资产市场的监测和管理。继续加强对房地产市场的调控,切实贯彻执行规范外资流入房地产的各项政策措施,加大打击房地产投机和炒作的力度,防止房地产价格的反弹和泡沫的滋长。同时,在加大证券市场对外开放力度的同时,加强对外资投资中国证券市场的管理和监测,建立相应的预警机制和体系。严格限制短期投机性资金的流入,对投机资金进入房地产、证券等行业的投机行为课以高额交易税,以挤压投机获利空间。

第四节　通货膨胀与通货紧缩

一、通货膨胀

(一)通货膨胀的定义

马克思认为,通货膨胀是流通中货币的供应量超过货币需要量,从而引起货币贬值,一般物价水平持续的、较大幅度上升的病态经济过程。

现代货币主义者弗里德曼认为:"物价的普遍上涨就叫做通货膨胀。"

新自由主义者哈耶克认为,通货膨胀是指货币数量的过度增长,这种增长合乎规律地导致物价上涨。可见,哈耶克认为只因货币数量增加而引起了物价上升。

美国当代经济学家萨谬尔森在他的《经济学》一书中认为,通货膨胀是物品和生产要素的价格普通上升的时期。这里强调的"普遍上升",显然不是指个别的、偶然的、暂时的物价上涨。

前述各理论关于通货膨胀的定义各有特点,也具有局限性。结合上述观点,笔者认为,通货膨胀是指,在信用货币制度下,流通中的货币数量超过经济实际需要而引起的货币贬值和物价水平全面而持续的上涨。

(二)通货膨胀的度量

1. 消费价格指数(CPI)

它反映不同时期消费者为购买日常生活所必需的消费品而付出的价格的变动情况。主要优点是及时反映消费品供给与需求的对比关系,公布次数较为频繁,能够迅速直接地反映居民生活的价格趋势。缺陷是范围较窄,只包括社会最终产品中的居民消费品这一部分,不包括公共部门的消费、生产资料和资本产品以及进出口商品,从而不足以说明全面的情况。此外,一部分消费品价格的提高,可能是由于品质的改善,消费物价指数不能准确地表现这一点,因而有夸大物价上涨的可能。

2. 批发物价指数(WPI)

它是反应不同时期生产资料和消费品批发价格的变动趋势与幅度的相对数。批发价格是在商品进入零售,形成零售价格之前由中间商或批发企业所定的价格,其水平决定于出厂价格或收购价格,对零售价格有决定性影响。因此有经济学家认为批发价格指数比消费物价指数具有更广泛的物价变动代表性。批发物价指数既可按全部商品综合编制,也可按不同部门或各类商品分别编制,但不包括劳务价格。批发物价指数的优点在于对商品流通比较敏感。其缺陷在于统计范围狭窄,所以许多国家没有将批发物价指数列为测定通货膨胀的代表性指标。我国尚未公开发布批发物价指数资料。

3. 生产资料价格指数(PPI)

也称为生产者价格指数、工业品出厂价格指数,它是反映一定时期内生产资料价格变动趋势和变动程度的相对数。根据价格传导规律,PPI 对 CPI 有一定的影响。整体价格水平的波动一般首先出现在生产领域,然后通过产业链向下游产业扩散,最后波及消费品。这种指数也有一定局限性,主要反映的是原材料价格变动,而不能反映整个社会物价总水平变动情况。目前,我国 PPI 的调查产品有 4 000 多种,覆盖全部 39 个工业行业大类,涉及调查种类 186 个。

4. 国民生产总值平减速指数(GNP deflator)

它是按当年价格计算的国民生产总值与按固定价格或不变价格计算的国民生产总值的比率,实际上就是名义 GNP 与实际 GNP 的比值。这种指数的特点是包括范围广泛,既包括消费资料,又包括生产资料;既包括商品,也包括劳务,能够较为准确地反映一般物价水平的趋势。但是,由于涉及面太广,资料更难收集,多数国家每年只统计一次,公布次数不如消费物价指数频繁,因而不能迅速准确地反映物价的变动及通货膨胀的程度和发展趋势。

(三)通货膨胀的类型

1. 按通货膨胀的程度,可分为温和型、快步型和恶性通货膨胀

温和型通货膨胀,又称爬行式通货膨胀。其价格上涨缓慢,短期内不易察觉,但持续时间很长,通货膨胀率通常只在 2.5% 左右。

恶性通货膨胀,其价格飞速上涨,物价无法控制,货币贬值严重,正常的经济活动紊乱,最后导致整个货币制度的崩溃。第一次世界大战后的德国与第二次世界大战后的中国就曾发生过此类通货膨胀。

快步型通货膨胀,又称奔驰式通货膨胀。其程度介于温和型和恶性通货膨胀之间,通货膨胀率一般在两位数,有的经济学家认为年通货膨胀率在 $10\%\sim100\%$ 之间,也有的把它确定在 $20\%\sim100\%$ 之间。

2. 按通货膨胀的表现形式,可分为公开型、隐蔽(抑制)型的通货膨胀

隐蔽型通货膨胀,又称抑制性通货膨胀。主要特征是,表面上看物价变动不大,国家或政府管理当局对物价进行管制或冻结,对某些商品进行补贴,保持物价平稳,或者采取定量供应的办法,限制消费。但实际上,商品供不应求,消费紧张,黑市活跃,通货膨胀潜在存在着,政府一旦放松管制,商品价格将大幅度上涨,通货膨胀必然公开化。

公开型通货膨胀,指商品和劳务价格完全放开时出现的通货膨胀。这种通货膨胀价格上涨的特征非常明显。

3. 按通货膨胀是否有预期,可分为预期和非预期的通货膨胀

预期性通货膨胀,是指通货膨胀过程被经济主体预期到了,以及由于这种预期而采取各种补偿性行动引发的物价上升。

非预期性通货膨胀,指未被经济主体预见的,不知不觉中出现的物价上升。

此外,还可以根据通货膨胀的成因,分为需求拉上型、成本推动型、供求混合型和结构型通货膨胀等类型。

(四)通货膨胀的成因

1. 需求拉上型通货膨胀

即由于总需求的增长而引起的通货膨胀,称为需求拉上的通货膨胀。人们有时把这种通货膨胀描述为"太多的货币追逐太少的产品"。在这种情况下,由于对产品和劳务的需求超出了在现行价格条件下可能的供给,一般物价水平上升。消费支出、投资支出和政府支出的增加,都可能使总需求增加。如果总需求超过充分就业时所能达到的产出水平,就会出现通货膨胀的缺口,从而引起价格总水平的上升,即通货膨胀。

2. 成本推动型通货膨胀

即通货膨胀的根源并非由于总需求过度,而是由于总供给方面生产成本上升所引起的。因为一般而言,商品的价格是以生产成本为基础,加上一定的利润而构成。因此,生产成本的上升必然导致物价水平的上升。

促使产品成本上升的原因有:工会要求企业提高工人的工资,迫使工资的增长率超过劳动生产率的增长率,从而导致"工资成本推进型通货膨胀";垄断性企业为获取垄断利润也可能人为操纵提高产品价格,由此引起"利润推进型通货膨胀"。

3. 供求混合型通货膨胀

需求拉上说撇开供给来分析通货膨胀的成因,而成本推进说则以总需求给定为前提条件来解释通货膨胀,二者都具有一定的片面性和局限性。而在现实生活中,需求拉上的作用与成本推进的作用常常是混合在一起的。因此人们将这种总供给和总需求共同作用

情况下的通货膨胀称之为供求混合推进型通货膨胀。

4. 结构型通货膨胀

由于经济各部门之间发展的不平衡,在总需求不变的情况下,一部分需求会转向其他部门,但劳动力和生产要素却不能及时转移,因此需求增加的部门因供给不能满足需求会使工资和产品的价格上涨,如果需求减少的部门的产品价格和劳动力成本具有"刚性"特点未能相应下跌的话,则物价总水平就会上升。

5. 预期的通货膨胀

在完全竞争的市场条件下,如果人们普遍预期一年后的价格将高于现在的价格,就会在出售和购买商品时将预期价格上涨的因素考虑进去,从而引起现行价格水平提高,直至其达到预期价格以上。这种在市场预期心理作用下发生的通货膨胀被称之为"预期的通货膨胀"。

6. 输入型通货膨胀

即由国际贸易中进口货物价格上升、费用增加引起的通货膨胀。

7. 国际传播型通货膨胀

国际收支顺差尤其是贸易顺差时,国内市场上商品的可供量因为出口超过进口而减少,而外汇市场则供过于求,国家不得不增加投放本币以收购结余外汇,因此会出现过多的货币追逐较少的商品,从而导致通货膨胀。

(五)通货膨胀的效应

1. 收入分配效应

通货膨胀引起社会收入重新再分配,而且是一种不公平的再分配——通过实际收入的变化实现。通货膨胀会造成社会各阶层收入的重新分配。尽管存在着通货膨胀预期,但预期产生时间、预期程度不同,预期的结果不一定与通货膨胀程度完全符合,总会有一定的偏差,因此,通货膨胀都或多或少地会带来一定的影响和损失。

一般情况下,在通货膨胀期间,固定收入者因其名义收入严重滞后于通货膨胀,往往实际收入下降;而非固定收入者,可以及时调整其名义收入所得,当名义收入的上涨快于物价上涨的时候,其实际收入不但没有下降,反而得到提高,从通货膨胀中获益。事实上,在通货膨胀中,除固定收入阶层比较明显地受到通货膨胀的侵害外,其他阶层是否会受到通货膨胀的影响,主要取决于其名义收入是否得到及时调整,调整幅度与物价上涨速度是否一致。

2. 资产结构调整效应——财富分配效应

当通货膨胀出现后,对各阶层所拥有的财富会有一定的影响。一个家庭的财富或资产由实物资产和金融资产构成,同时多数还有负债,其财产净值是它的资产价值与债务价值之差。

一般情况下,实物资产随通货膨胀率的变动而相应升降。金融资产则比较复杂:在通货膨胀期间,价格固定的资产或者固定面值的金融证券等,其名义价格不变,其实际价值则会随着物价上涨和货币贬值而下跌,比如存款、购买债券等;存单与债券的持有者是债权人,因此在通货膨胀中,往往是受害者;各种非固定价格的资产或者可变动金融证券等,其名义价格随着物价上涨而上升,从而实际价值不一定下跌。实际价值是否下降,主要取决于名义价格与物价上涨的速度及幅度是否一致。

3. 强制储蓄效应

强制储蓄效应是指政府可通过通货膨胀来增加政府储蓄在社会总储蓄的比重。政府向中央银行借款,造成直接或间接增发货币,强制增加社会的储蓄总量,结果是物价上涨。在公众名义收入不变条件下,按原来的模式和数量进行的消费和储蓄,两者的实际额均减少,而其减少部分大体相当于政府运用通货膨胀强制储蓄的部分。

4. 资源配置效应

在市场经济条件下,价格机制与各种市场机制共同作用,引起社会资源合理流动。但是,在通货膨胀情况下,由于价格上涨,特别是由于各种商品价格上涨的时间、速度与幅度不同,表现出时间不均衡、价格不均衡,加之通货膨胀预期的存在,最终会使价格机制发生扭曲,各种市场失去正常的秩序,由此而造成的价格与市场对资源的引导与分配也会变得扭曲,甚至会导致社会资源的浪费。

5. 经济增长效应

关于通货膨胀对经济增长的影响,西方经济学家展开了激烈的争论,形成了三种观点:促进论、促退论和中性论。

促进论认为通货膨胀具有正的产出效应,通过强制储蓄扩大投资,实现增加就业和促进经济增长。其理由是:①当政府财政资金匮乏时,常常借助于向中央银行借款以解决财政开支,若政府将膨胀性收入用于实际投资,就会增加资本形成,只要私人投资不降低或者降低幅度低于政府投资,就能提高社会总投资水平,促进实际增长。②由于人们通货膨胀的预期调整比较缓慢,会使名义工资的变动滞后于价格的变动,这样通过转移分配,从而增加高收入者阶层的储蓄。③由于通货膨胀提高了盈利率,因而还会扩大私人投资,即在通货膨胀过程中,高收入阶层的收入比低收入阶层高,因此,在通货膨胀时期,高收入阶层的储蓄总额增加,转化为投资,导致实质经济增长,这样,一方面增加政府投资,另一方面刺激私人投资,无疑有利于促进经济增长。

促退论认为持续通货膨胀会通过降低效率的效应阻碍经济增长,并且带来严重的危害,如物价上涨,社会政治动荡和人心不安等,最严重的后果是对市场机制的破坏。具体地说就是:①通货膨胀会降低借款成本,从而诱发过度的资金需求,而过度的资金需求会迫使金融机构加强信贷配额管理,从而削弱金融体系的运营效率。②较长时期的通货膨胀会增加生产性投资的风险和经营成本,从而资金流向生产性部门的比重下降,流向非生产性部门的比重增加。③通货膨胀持续一段时间后,在公众舆论的压力下,政府可能采取全面价格管制的办法,削弱经济的活力。

中性论认为通货膨胀对产出及经济增长既无正效应也无负效应。因为公众预期在一段时间内会对物价上涨做出合理的行为调整,所以通货膨胀各种效应的作用就会相互抵消。

案例讨论

塞尔维亚的通货膨胀

在南斯拉夫贝尔格莱德一家商店里，一个巧克力棒值600万第纳尔。短短的一则通告指示："物价提高90%。"这家店在世界其他地方只能算一个小本经营店，要不是店里的电脑不能处理三位数变动，物价甚至应该上升100%。

经理 Nikolic 先生用拖把挡住门，以防止讨价还价的顾客进来。电脑在标签纸上打印出新价格。经理和两个助手忙着把纸撕下来并粘贴到货架上。他们以前是把价格直接贴到物品上，但物品上贴了这么多标签，让人很难弄清哪个是新标价。4个小时之后，拖把从门口拿走了。顾客进来，搭搭眼睛看着标签，数上面有多少个零。当电脑打印出另一种商品价格时，Nikolic 本人也看着，这是一台录像机。他自言自语："是几十亿吗？"准确地说是20 391 560 223第纳尔。他指着自己的T恤衫，T恤衫上印着一个词"不可思议"，这句话是对塞尔维亚经济的绝妙写照。"这简直是疯狂"，他说。

除此之外你还能如何描述它呢？自从国际社会实行经济制裁以来，该地区通货膨胀至少每天是10%。如果把这个数字换算成每年的比率则会有15个零——高到没有任何意义了。在塞尔维亚，在凯悦酒店1美元可换到1 000万第纳尔；在共和国广告上急需用钱的人要用1 200万第纳尔才能提到1美元；而在贝尔格莱德地下社会控制的银行里，要1 700万第纳尔换1美元。塞尔维亚人抱怨说，第纳尔和卫生纸一样不值钱。

隐蔽在贝尔格莱德一条道路后面公园中的政府印钞厂正在一天24小时印制第纳尔，以力图与加速的通货膨胀保持一致；而无止境地印第纳尔又加速了通货膨胀。相信只要发钱就能安抚反对者的政府需要第纳尔来为关门的工厂和机关中不工作的工人发工资。它需要钱购买农民的农产品。它需要钱为走私掠夺和其他避开制裁的方法筹资，以便运进从石油到 Nikolic 店里的巧克力棒的每一种东西。它也需要支持兄弟的塞尔维亚人在波黑和克罗地亚打仗。

一位外汇交易者拿着500万张价值8亿第纳尔的钞票说："这些钞票是刚印出来的。"他说，他从一家私人银行得到这些钞票，私人银行是从中央银行得到的，而中央银行得自于印钞厂——这是把黑市和财政部联系在一起的一条罪恶管道。"这是集体疯狂"，外汇交易者一边说，一边诡异地笑着。

思考：

(1)根据上面的资料分析，通货膨胀发生后，社会上哪些人是主要的受害者？

(2)作为普通的社会一员，我们该如何应对通货膨胀？

(六)通货膨胀的治理

1. 宏观紧缩政策

宏观紧缩政策是各国对付通货膨胀的传统政策调节手段，也是迄今为止在抑制和治理通货膨胀中运用得最多、最为有效的政策措施。其主要内容包括紧缩性货币政策和紧缩性财政政策。

紧缩性货币政策和财政政策都是为了从需求方面加强管理,通过控制社会的货币供应总量和总需求,实现抑制通货膨胀的目的。

紧缩性货币政策主要包括:中央银行在公开市场上出售各种政府债券,可以缩减货币供应量;提高贴现率和再贴现率,以影响商业银行在其顾客贴现时的利息率,这就势必带来信贷紧缩和利率上升,从而控制信贷的膨胀;提高商业银行的法定存款准备金,以减少商业银行放款,从而减少货币供应;直接提高利率,紧缩信贷。利率的提高会增加使用信贷资金的成本,借贷将减少;同时,利率提高还可以吸收储蓄存款,减轻通货膨胀压力。

紧缩性财政政策包括削减支出和增加税收。削减财政支出的内容主要包括削减生产性支出和非生产性支出。在财政收入一定的条件下,削减财政支出可相应地减少财政赤字,从而减少货币发行量,并可减少总需求,对于抑制财政赤字和需求拉上引起的通货膨胀比较奏效。在增加税收方面,提高个人的所得税或增开其他税种可使个人可支配收入减少,降低个人消费水平;而提高企业的所得税和其他税率则可降低企业的投资收益率,抑制投资支出。

2. 收入紧缩政策

收入紧缩政策主要是根据"成本推进论"制定的,其理由是依靠财政信用紧缩的政策虽然能够抑制通货膨胀,但由此带来的经济衰退和大量失业的代价往往过高,必须采取强制性的收入紧缩政策。收入紧缩政策的主要内容是采取强制性或非强制性的手段,限制提高工资和获取垄断利润,抑制成本推进的冲击,从而控制一般物价的上升幅度。

工资管制是指政府以法令或政策形式对社会各部门和企业工资的上涨采取强制性的限制措施。工资管制的办法包括:(1)道义规劝和指导;(2)协商解决;(3)冻结工资;(4)开征工资税等。

利润管制是指政府以强制手段对可获得暴利的企业的利润率或利润额实行限制措施。通过对企业利润进行管制可限制大企业或垄断性企业任意抬高产品价格,从而抑制通货膨胀。其主要做法是:(1)管制利润率;(2)对超额利润征收较高的所得税;(3)通过制定反托拉斯法限制垄断高价以及对公用事业和国有企业的产品和劳务实行直接价格管制。

3. 收入指数化政策

所谓收入指数化又称指数联动政策,是指对货币性契约订立物价指数条款,使工资、利息、各种债券收益以及其他货币收入按照物价水平的变动进行调整。收入指数化的主要措施有:工资指数化;工资与物价挂钩;债券收益指数化。

4. 物价管制

所谓物价管制,就是政府当局拟订一套关于物价的行为准则,价格决定者共同遵守,以达到限制物价上涨的目的。分为强制性和资源性两种。强制性的准则是政府当局通过立法程序,规定物价上升率不能超过一定限度,在极端情况下甚至将物价冻结在某一既定水平上,违反者将要受到法律制裁。自愿性的准则当然是指政府当局运用劝导方法使微观经济主体自愿地约束其加价要求。

5. 增加供给

凯恩斯学派认为总供给减少的最主要原因是影响供给的一些重要因素发生了变化,

如战争、石油或重要原材料短缺、劳动力市场条件变化等方面的变化,因而造成了总供给减少并引起通货膨胀。

供给方面抑制通货膨胀的主要措施有:减税,即降低边际税率;政府减少失业津贴的支付、改善劳动条件、加强职业培训和职业教育、改进就业信息服务、调整财政支出结构和税收结构等,其目的是降低自然失业率,使总体经济恢复到正常状态。

6. 货币改革

当恶性通货膨胀已经发生、所有的治理对策都不能奏效、原有的货币体系已经不能正常运转,此时唯一的办法就是进行货币改革,废除旧货币,发行新货币。

7. 保持经济低速增长

实践证明,选择降低通货膨胀率同时降低经济增长速度的办法,是抑制通货膨胀的有效办法。

8. 国际紧缩政策

当今通货膨胀是世界性的货币供应量过多,引起世界性的总需求超过总供给,因此彻底解决的方法应是采取国际性的紧缩政策,共同降低货币供应量增长率。

知识拓展

约翰·梅纳德·凯恩斯(John Maynard Keynes,1883—1946),现代西方经济学最有影响的经济学家之一,他创立的宏观经济学与弗洛伊德所创的精神分析法和爱因斯坦发现的相对论一起并称为 20 世纪人类知识界的三大革命。

凯恩斯原是一个自由贸易论者,直至 20 年代末仍信奉传统的自由贸易理论,认为保护主义对于国内的经济繁荣与就业增长一无可取。甚至 1929 年同瑞典经济学家俄林就德国赔款问题论战时,还坚持国际收支差额会通过国内外物价水平的变动,自动恢复平衡。

1936 年其代表作《就业、利息和货币通论》(*The General Theory of Employment, Interest and Money*,简称《通论》)出版时,凯恩斯一反过去的立场,转而强调贸易差额对国民收入的影响,相信保护政策如能带来贸易顺差,必将有利于提高投资水平和扩大就业,最终导致经济繁荣。

凯恩斯认为,传统贸易理论以各项生产要素,包括劳动力已经充分就业为前提,宣扬按照比较成本原理进行贸易,既有充分就业,又享分工之利。但现实生活中并不存在这一前提,而却经常存在大量非自愿失业,如果一国按照传统理论自由贸易,虽可从事有比较优势部门的专业化生产,取得某些分工之利,但放弃或缩小比较优势不大或无比较优势部门的发展,则必然使失业更趋严重。故凯恩斯不断批评传统贸易理论已不适用于现代资本主义。

他还批评传统理论只注重分工的利益和强调对外收支均衡的自动调节过程,而完全忽略贸易差额对国民收入就业的影响。认为就一国而言,后者较前者更重要,因为顺差能增加收入,使资金流入,利率降低,投资提高,就业扩大;反之,"若为逆差,则可能很快就会产生顽固的经济衰退"。

二、通货紧缩

(一)通货紧缩的定义

通货紧缩从本质上讲是一种货币现象。在市场化条件下,通货紧缩表现为货币供应量低于货币需求量而引致的有效需求严重不足,一般物价水平持续下跌和经济衰退的现象。

通货紧缩的特点:一般物价水平持续下跌。

巴塞尔国际清算银行提出的标准是:一国消费品的价格连续两年下降可被视为通货紧缩。

(二)通货紧缩的判定

1. 物价总水平——主要标准

在实际生活中,对于某个时期是否发生了通货紧缩的判断以及通货紧缩程度的衡量,多数经济学家认为主要看物价总水平是否下降,即通货膨胀率是否转变为负数及物价水平下降的幅度和时间长度。

只有物价水平持续下降超过了一定的时限,才可断定是通货紧缩。这一时限有的国家定为1年,有的国家定为0.5年。我国的通货膨胀潜在压力较大,应以1年为界。

目前各国主要采用三个指数:消费物价指数、批发物价指数和国内生产总值平减指数。

2. 货币供应和经济增长率——辅助指标

照货币流通量的计算公式,在商品数量和货币流通速度不变的条件下,物价水平下降的确可由货币供应的减少而引起,因此可用通货存量作为参考指标。

同样,在通货存量和流通速度不变的条件下,物价水平下降与商品数量增加密切相关,因此经济增长率可作为参考指标。

所以,货币供应量和经济增长率可以作为判断和衡量通货紧缩的辅助指标,但不能作为主要标准,主要的判断和衡量标准只有一个,即持续性的商品价格水平下跌,或者说一定时期内通货膨胀率持续为负数。

(三)通货紧缩的类型

根据不同的标准,可以把通货紧缩分为不同的种类。

1. 依据价格下降的幅度和程度不同,可以把通货紧缩分为轻度通货紧缩、中度通货紧缩和严重通货紧缩

一般说来,物价出现负增长,但幅度不大的称为轻度通货紧缩。物价下降幅度较大的称为中度通货紧缩。物价下降幅度超过两位数的称为严重通货紧缩。

2. 依据通货紧缩持续时间的长短,可以把通货紧缩分为长期性通货紧缩和短期性通货紧缩

事实上,区分长期性通货紧缩与短期性通货紧缩的时间界限,至今尚无一个统一的标准。从历史上看,该时间标准不宜过短。例如,英、美两国1814—1849年长达35年的通

货紧缩,美国 1866—1896 年长达 30 年的通货紧缩以及英国 1873—1896 年长达 23 年的通货紧缩,都属于长期性的通货紧缩,而我国通货紧缩多属于短期性通货紧缩。

3. 依据通货紧缩形成原因的不同,可以把通货紧缩分为需求不足型通货紧缩和供给过剩型通货紧缩

需求不足型通货紧缩,是指由于总需求不足,使得正常的供给显得相对过剩而出现的通货紧缩。引起总需求不足的原因可能是消费需求不足、投资需求不足,也可能是国外需求减少或者几种因素共同造成的不足。供给过剩型通货紧缩,是指由于技术进步和生产效率的提高,在一定时期产品数量的绝对过剩而引起的通货紧缩。这种产品的绝对过剩只可能发生在经济发展的某一阶段,如一些传统的生产、生活用品,在市场机制调节不太灵敏,产业结构调整严重滞后的情况下,可能会出现绝对的过剩。

(四)通货紧缩的成因

1. 紧缩性的货币财政政策

一国当局采取紧缩性的货币政策或财政政策,大量减少货币发行或削减政府开支以减少赤字,会直接导致货币供应不足,或加剧商品和劳务市场的供求失衡,使"太多的商品追逐太少的货币",从而引起物价下跌,出现政策紧缩型的通货紧缩。

2. 经济周期的变化

经济周期达到繁荣的高峰阶段,生产能力大量过剩产生供过于求,可引起物价下跌,出现经济周期型通货紧缩。

3. 生产力水平的提高和生产成本的降低

技术进步提高了生产力水平,放松管制和改进管理降低了生产成本,因而会导致产品价格下降,出现成本压低型通货紧缩。

4. 投资和消费有效需求不足

当预期实际利率进一步降低和经济走势不佳时,消费和投资会出现有效需求不足,导致物价下跌,形成需求拉下型通货紧缩。金融体系的效率降低或信贷扩张过快导致出现大量不良资产和坏账时,金融机构"惜贷"或"慎贷"引起信用紧缩,也会减少社会总需求,导致通货紧缩。

(五)通货紧缩的危害

1. 加速经济的衰退

由于物价的持续下跌,必然导致人们对经济前景的悲观预期,持币观望,使消费或投资进一步萎缩。

2. 加重债务人的负担

物价的下跌还会提高实际利率,加重债务人的负担,致使企业不敢贷款投资,或难以偿债。

3. 使金融系统濒临崩溃

通货紧缩时期,银行则出现大量坏账,并难以找到盈利的项目提供贷款,经营效益不断滑坡,甚至面临"金融恐慌"和存款人"挤兑"而被迫破产,使金融系统濒临崩溃。

4. 社会就业减少,失业率提高

通货紧缩时期,企业的生产萎缩,投资环境恶化,引起企业的经济活动收缩,甚至破产。企业为了自身的生存往往会裁员,使国民的整体收入水平下降,导致消费需求降低,企业生产缩减,失业进一步增加,经济就陷入了所谓的"通货紧缩螺旋"之中,难以恢复。

5. 造成国际收支逆差扩大和资本外流

通货紧缩还会由于需求的持续下降使进口萎缩而输出到国外,引起全球性的通货紧缩,反过来又会影响本国的出口,造成国际收支逆差扩大和资本外流,便国家外汇储备减少,偿债能力削弱,甚至发生债务危机。

(六)通货紧缩的治理

通货紧缩既是一种货币现象,更是一种社会经济现象。对通货紧缩的治理,通常采取扩张性的财政政策、货币政策等配套措施。

1. 扩张性财政政策

其主要措施是:(1)加大财政支出的力度,加强基础设施建设,加快经济结构调整,推动企业技术进步;(2)发挥税收政策的作用;(3)调整收入分配政策,刺激消费需求。

2. 实施稳健的货币政策

其主要措施是:(1)加大基础货币供应力度,稳定增加货币供应量;(2)改革存款准备金制度;(3)下调利率,稳步推进利率市场化进程;(4)运用公开市场业务,灵活调控商业银行流动性;(5)大力发展银行间同业拆借市场、银行间债券市场、票据市场,积极发挥"最后贷款人"的作用,促进中小金融机构的发展。

3. 扩大需求,启动市场

其主要措施是:(1)启动消费需求,即要启动国内市场;(2)提高居民收入,培育其购买力,主要是增加中、低收入阶层的收入;(3)拓展消费信用,由"自我积蓄型滞后消费"向"信用支持型提前消费"转变,即进入消费信用化时代。

4. 改善城乡居民对经济前景的预期

其主要措施是:(1)健全社会保障制度;(2)按照"明确范围,互相补充;分清责任,合理负担;区别对待,综合平衡"的原则,依靠国家、社会、单位、个人四支力量,组成包括社会救济、社会服务、社会保险、商业保险四个层次,失业、养老、医疗和意外事故保障四个方面的相对稳定并动态发展的社会保障体系,减轻城乡居民的自我保障倾向,促进即期消费。

5. 鼓励民间投资及非国有经济的发展

民间投资与政府投资是相辅相成、相得益彰的,而且随着投资体制改革的深化,民间投资成为投资的主体。民间投资的增长既可以促进许多充满活力的民营小企业的兴起,又可以促进股份多元化企业的建立,有利于推动经济发展,增加就业,缓解通货紧缩压力。应从市场准入、公平竞争、减轻负担、便利融资等方面鼓励民间投资的发展,并通过立法保护投资者的财产。

6. 调整供给结构,扩大有效供给

一方面,要发挥政府这只"看得见的手"的作用,压缩过剩的生产能力,关闭效益低下的企业。另一方面,要发挥市场这只"看不见的手"的作用,引导企业在通货紧缩的形势下寻找商机。通过采用新技术和加强管理降低成本,加强市场细分及需求预测寻找市场机会,发展高技术产品、专利产品和特色产品。

7. 加大鼓励出口的政策力度

全球性金融危机导致外国购买力下降、人民币升值,进而影响出口。因此,当前必须采取加大鼓励出口的政策力度。

延伸阅读

通货紧缩困扰日本

早在 20 世纪 90 年代初经济泡沫破灭后不久,在日本经济运行与发展中就开始出现了一系列通货紧缩性征象。对此,日本政府虽也一再告诫"日本经济正面临着陷入通货紧缩恶性循环的危险",但始终都未承认日本经济已经处于通货紧缩状态。直到 2001 年 3 月 16 日讨论 2001 年 3 月《月例经济报告》的阁僚会议上,前森喜朗政府才公开认定"现在的日本经济正处在缓慢的通货紧缩之中"。

根据日本官方观点,2001 年,日本经济出现的通货紧缩状态在战后还是第一次。以往物价下跌大多具有局部性和短暂性的特点,而此次日本的物价下跌却具有全面性和持续性的特点。即一方面表现为几乎全部或绝大部分商品的价格都同时呈现下跌态势,如在 1999 年和 2000 年,不仅综合批发物价指数分别比上年下跌了 3.3 个和 0.1 个百分点。而且综合消费者物价指数也分别比上年下跌了 0.3 个和 0.7 个百分点。另一方面还表现为物价下跌已成为日本经济运行与发展中的一种长期态势。如在 1991 年至 2000 年的 10 年间,日本综合批发物价指数有 8 年呈下跌态势。尤其是综合消费者物价指数在 1999 年和 2000 年也出现了战后从未有过的连续两年下降的情况。进入 2001 年,日本物价总水平的下降趋势更加强烈,前 6 个月无论是批发物价还是消费者物价,月月都是负增长,其中消费者物价在 5 月份还创下了单月下跌的最高纪录。

此次日本通货紧缩的一个突出特点是:它是在日本政府长期推行扩张性财政金融政策的背景下形成的,物价总水平的持续下降与巨额财政赤字和超低利率水平等正常情况下不应同时出现的现象纠缠在一起。20 世纪 90 年代初,日本政府为刺激经济回升,连续推出了力度强大、规模空前的扩张性财政货币政策。一方面,从 1992 年 8 月起连续 10 次推出以减税和增加公共事业投资为主要内容的扩张性财政政策,涉及财政收支规模达 130 万亿日元之巨。其后果是财政赤字和政府债务规模急剧扩大,财政危机空前恶化。到 1999 年度,其国债发行额已猛增至 37.5 万亿日元,比 1989 年度增加了 4.7 倍,其中赤字国债也增至 24.3 万亿日元,比 90 年代前的最高水平还高 2.4 倍;其国债依存率(国债发行收入占全部财政收入的比率)更高达 42.1%,比战后至 90 年代前的最高水平还高出 7 个百分点;其国债余额按 2001 年度预算将增至 388.7 亿日元,相当于 1990 年度的 2.3 倍,若加上地方政府债务,日本的公共债务余额将达 666 万亿日元,相当于其全年 GDP 的 1.3 倍!成为发达国家中财政赤字与公共债务危机最严重的国家。

另一方面,日本银行也不断推出以降低官定利率为中心的扩张性货币政策。从 1991

年 7 月起连续下调官定利率,到 1995 年 9 月第 9 次下调后已降至 0.50%,并将这一超低利率水平一直维持了 5 年之久。此间日本银行还曾于 1999 年 2 月至 2000 年 8 月实行了"零利率"政策,且到 2001 年 2 月又连续两次下调官定利率,分别下调至 0.35% 和 0.25%。与 1991 年 7 月下调前相比,日本银行的官定利率已经连续下调了 5.75 个百分点。这意味着目前日本的官定利率不仅处于历史上从未有过的超低水平,而且也创了连续下调幅度的历史最高纪录。

愈演愈烈的通货紧缩,已经并仍将对日本经济的运行与发展造成多层面的消极影响。一是恶化了企业经营环境,二是加剧消费需求低迷,三是加重财政赤字危机。从 1997 年到 2000 年度,日本的国税收入由 539 415 亿日元减少为 456 780 亿日元,3 年间减少了 15.2%。在导致税收减少的因素中,除政府为刺激经济回升而主动采取的减税政策外,物价下跌导致企业利润和个人收入的减少也是其重要原因。

思政教学

为经济高质量发展营造适宜的货币金融环境

近年来,央行坚持实施稳健的货币政策,不大水漫灌、不大收大放,既立足国内、调控有度,又密切关注国际动态,加强预期管理,保持了币值的稳定,全力支持经济高质量发展。

实施好稳健的货币政策,首要是保持币值稳定。币值稳定的第一层含义是物价稳定,这要求广义货币供应量、社会融资规模增速同名义经济增速基本匹配,进而保持合适的货币供给、保持物价的整体稳定。2022 年全球通货膨胀严重,达到 40 多年以来的新高,相比之下,我国居民消费价格指数(CPI)仅上涨 2.0%,成绩殊为不易。币值稳定的第二层含义是汇率基本稳定。近五年,人民币对美元汇率三度破"7"又回到"7"以下,双向波动,弹性增强。

本章小结

1. 货币需求是指经济主体在特定利率下放弃金融资产而持有货币的需求。是一种能力和愿望的统一体。现实中的货币需求不仅是对现金的需求,而且包括对存款货币的需求;不仅是对执行流通手段和支付手段职能的货币需求,而且也包括对执行财富储存的需求。

2. 影响货币需求的主要因素:收入水平,消费倾向,利息率水平,信用的发达程度,货币流通速度,社会商品可供量、物价水平,公众的预期和偏好。

3. 主要的货币需求理论包括:传统的货币数量理论、凯恩斯的货币需求理论及货币主义的现代货币数量论。

4. 货币供给是指一定时期内一国银行系统向经济中投入、创造、扩张(或收缩)货币的行为,是经济主体把所创造的货币投入流通的过程。中央银行提供基础货币,是整个货币供给过程中的最初环节,它首先影响的是商业银行的准备金存款。

5. 货币供给有多重口径,各国在实际操作中对货币进行了不同的层次划分。在各国所采用的符号中,只有通货和 M_1 两项包含的内容大致相同,其他的则各有差异。

6. 基础货币亦称高能货币、强力货币,由商业银行的存款准备金和流通于银行体系之外而为大众所持有的通货这两部分构成。中央银行投放基础货币的渠道主要包括再贴现及再贷款、购买政府债券及对财政贷款、购买外汇或黄金。

7. 商业银行吸收到的能增加其准备金的存款称为原始存款,商业银行在此基础上通过贷款等资产业务所创造出的存款称为派生存款。商业银行创造存款的能力大小基本上取决于法定存款准备金比率、超额准备金比率、现金漏损率等因素。

8. 货币供给理论的发展主要围绕货币供给是内生还是外生这一问题展开。凯恩斯认为货币供给可以由中央银行完全控制,因而是外生的。新剑桥学派认为中央银行对货币供给的控制力和效果不是绝对的。新古典综合学派明确提出了货币内生论。货币学派也认为货币供给是外生性的,但他们反对国家过多干预。弗莱堡学派认为货币供给量的调控是货币供给理论的核心,主张通过对货币供给量的调控来保证币值的稳定,从而达到稳定经济的目的。

9. 货币的需求与供给既相互对立,又相互依存,货币的均衡状况是这两者对立统一的结果。货币均衡即货币供求均衡,是指在一定时期经济运行中的货币需求与货币供给在动态上保持一致的状态。

10. 通货膨胀是指在信用货币制度下,流通中的货币数量超过经济实际需要而引起的货币贬值和物价水平全面而持续的上涨。

11. 通货紧缩从本质上讲是一种货币现象。在市场化条件下,通货紧缩表现为货币供应量低于货币需求量而引致的有效需求严重不足,一般物价水平持续下跌和经济衰退的现象。

关键词

货币需求　货币供给　货币供给量　基础货币　货币乘数　通货膨胀　通货紧缩货币均衡　货币失衡

练习与思考

一、判断题

(　　)1. 一般来说,基础货币是中央银行能够加以直接控制的,而货币乘数则是中央银行不能完全控制的。

(　　)2. 货币均衡是货币供求作用的一种状态,是货币供给与货币需求在价值上的完全相等。

(　　)3. 在货币乘数不变的条件下,中央银行可通过控制基础货币来控制整个货币供给量。

(　　)4. 基础货币是流通中的通货与商业银行法定存款准备金之和。

(　　)5. 中央银行可以通过买卖债券方式来增加或减少基础货币。

（　　）6. 从货币乘数模型来看,货币乘数并不完全是一个外生变量。

（　　）7. 商业银行的活期存款是现代信用货币经济中最主要的货币形式。

（　　）8. 如果认为货币供给为外生变量,则货币当局无法通过货币政策来决定货币供给,从而对宏观经济运行实施有效的调控和调节。

（　　）9. 当中央银行对金融机构的债权增加时,则意味着基础货币增加。

（　　）10. 当中央银行的外汇资产减少时,则意味着基础货币增加。

（　　）11. 货币失衡既包括总量性失衡,也包括结构性失衡。

（　　）12. 通货膨胀是纸币流通条件下的特有产物,在金属货币流通条件下不会发生。

（　　）13. 通货膨胀会造成社会各阶层收入的重新分配。

（　　）14. 货币供应量和经济增长率可以作为判断和衡量通货紧缩的主要标准。

（　　）15. 通货紧缩会造成一国国际收支逆差扩大和资本外流。

二、单项选择题

1. 在决定货币需求的各个因素中,收入水平的高低和收入获取时间长短对货币需求的影响分别是（　　　）。

    A. 正相关,正相关　　　　　　　　B. 负相关,负相关

    C. 正相关,负相关　　　　　　　　D. 负相关,正相关

2. 在正常情况下,市场利率与货币需求成（　　　）。

    A. 正相关　　　　　　　　　　　　B. 负相关

    C. 正负相关都可能　　　　　　　　D. 不相关

3. 判断通货紧缩的主要标准是（　　　）。

    A. 物价总水平　　　　　　　　　　B. 货币供应量

    C. 经济增长率　　　　　　　　　　D. 利率

4. 通货膨胀的衡量指标中范围最广泛、最全面的指标是（　　　）。

    A. 消费价格指数　　　　　　　　　B. 批发物价指数

    C. 生产资料价格指数　　　　　　　D. 国民生产总值平减指数

5. 明确提出货币内生论的是（　　　）。

    A. 凯恩斯　　　　　　　　　　　　B. 新剑桥学派

    C. 新古典综合学派　　　　　　　　D. 货币学派

6. 实物资产的预期收益率是货币需求函数的（　　　）。

    A. 规模变量　　　　　　　　　　　B. 机会成本变量

    C. 其他变量　　　　　　　　　　　D. 都不是

7. 提出现金交易说的经济学家是（　　　）。

    A. 凯恩斯　　　　B. 马歇尔　　　　C. 费雪　　　　D. 庇古

8. M＝KPY 是属于（　　　）的理论。

    A. 现金交易说　　B. 现金余额说　　C. 可贷资金说　　D. 流动性偏好说

9. 根据凯恩斯流动性偏好理论,当预期利率上升时,人们就会（　　　）。

    A. 抛售债券而持有货币　　　　　　B. 抛出货币而持有债券

C. 只持有股票   D. 只持有商品

10. 按照凯恩斯的货币理论,当市场利率相对稳定时,人们的货币需求决定因素是( )。

A. 预防动机   B. 交易动机与投机动机之和

C. 交易动机   D. 交易动机与预防动机之和

三、多项选择题

1. 下列属于准货币的是( )。

A. 单位活期存款   B. 单位定期存款

C. 居民储蓄存款   D. 证券公司客户保证金

2. 通货紧缩的危害包括( )。

A. 国际收支顺差扩大   B. 加速经济衰退

C. 银行坏账增加   D. 加重债务人负担

3. 费雪方程式与剑桥方程式的区别在于( )。

A. 货币需求分析的侧重点不同

B. 货币需求的决定因素不同

C. 前者注重货币的速度和数量,后者重视个人的持币动机

D. 在形式上完全不同

4. 凯恩斯认为,人们持有货币的动机有( )。

A. 交易性动机   B. 储藏性动机   C. 预防性动机

D. 投机性动机   E. 投资性动机

5. 以下决定货币乘数的变量中( )是由中央银行决定的。

A. 超额准备金比率

B. 通货比率

C. 活期存款的法定准备金比率

D. 定期存款的法定准备金比率

6. 弗里德曼货币需求函数中的机会成本变量有( )。

A. 恒久收入

B. 实物资产的预期名义收益率

C. 债券的预期名义收益率

D. 股票的预期名义收益率

E. 各种有价证券

7. 以下( )措施可用来治理通货膨胀。

A. 中央银行在公开市场上买进有价证券

B. 增加税收

C. 提高法定存款准备金率

D. 削减财政支出

8. 凯恩斯货币需求理论认为:( )。

A. 交易性货币需求是收入的增函数

B. 交易性货币需求是收入的减函数

C. 投机性货币需求是利率的减函数

D. 投机性货币需求是利率的增函数

E. 谨慎性货币需求是利率的增函数

9. 在弗里德曼的现代货币数量论中,影响货币需求的主要因素是(　　　)。

A. 暂时性收入

B. 恒久性收入

C. 人力财富在人们总财富中所占的比重

D. 货币相对于债券、股票等其他非人力财富的相对回报率

10. 凯恩斯货币需求理论认为(　　　)。

A. 货币之外的其他一切金融资产都统归为债券

B. 影响货币需求的只有收入和利率两个因素

C. 货币需求函数中强调的是恒久性收入

D. 认为货币的预期回报率并不是一个常数

四、问答题

1. 凯恩斯货币需求理论的主要内容是什么?

2. 弗里德曼货币需求理论的主要内容是什么?

3. 货币层次划分的依据是什么?我国目前是如何划分货币层次的?

4. 阐述通货紧缩的成因及主要治理对策。

5. 阐述商业银行存款货币的创造过程及制约因素。

五、案例分析题

2008 年 8 月 15 日,中国人民银行发布 2008 年第二季度《中国货币政策执行报告》,以下是摘录的一些内容:

6 月末,广义货币供应量 M2 余额为 44.3 万亿元,同比增长 17.4％,增速比上年同期高 0.3 个百分点,比上月末低 0.7 个百分点。狭义货币供应量 M1 余额为 15.5 万亿元,同比增长 14.2％,增速比上年同期低 6.7 个百分点。流通中现金 M0 余额为 3.0 万亿元,同比增长 12.3％,增速比上年同期低 2.3 个百分点。上半年现金净回笼 194 亿元,同比多回笼 2 亿元。

2008 年以来,M2 大体保持平稳增长。从货币供应量构成看,M1 中活期存款继续同比少增态势,上半年同比少增达到 7 416 亿元;构成 M2 的准货币中,储蓄存款大幅增加,上半年同比多增 1.4 万亿元。

思考:

(1)流通中现金 M0、狭义货币供应量 M1、广义货币供应量 M2 的构成及其变化反映了什么?

(2)构成 M2 的准货币中,储蓄存款大幅增加,为什么?

◆ 本章推荐阅读书目

1. 高鸿业:《西方经济学》(上、下册),中国人民大学出版社 2005 年第 3 版。

2. 吴开超:《微观经济学》,西南财经大学出版社 2007 年版。

3. 曾志远、刘书祥:《宏观经济学》,西南财经大学出版社 2008 年版。

4. 国信经济发展中心:《智胜通货膨胀》,社会科学文献出版社 2008 年版。

第6章
货币政策

● 本章导图

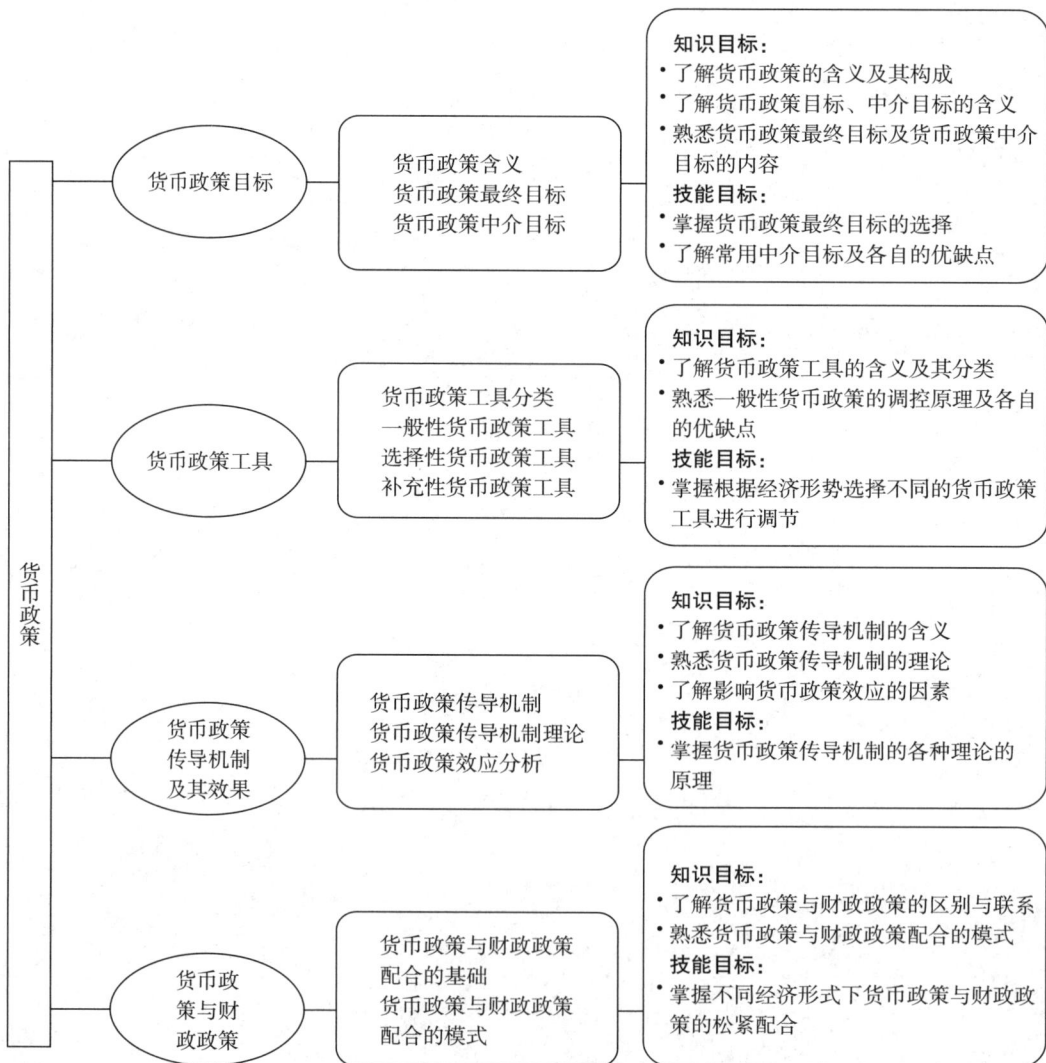

货币政策目标	货币政策含义 货币政策最终目标 货币政策中介目标	**知识目标:** · 了解货币政策的含义及其构成 · 了解货币政策目标、中介目标的含义 · 熟悉货币政策最终目标及货币政策中介目标的内容 **技能目标:** · 掌握货币政策最终目标的选择 · 了解常用中介目标及各自的优缺点
货币政策工具	货币政策工具分类 一般性货币政策工具 选择性货币政策工具 补充性货币政策工具	**知识目标:** · 了解货币政策工具的含义及其分类 · 熟悉一般性货币政策的调控原理及各自的优缺点 **技能目标:** · 掌握根据经济形势选择不同的货币政策工具进行调节
货币政策传导机制及其效果	货币政策传导机制 货币政策传导机制理论 货币政策效应分析	**知识目标:** · 了解货币政策传导机制的含义 · 熟悉货币政策传导机制的理论 · 了解影响货币政策效应的因素 **技能目标:** · 掌握货币政策传导机制的各种理论的原理
货币政策与财政政策	货币政策与财政政策配合的基础 货币政策与财政政策配合的模式	**知识目标:** · 了解货币政策与财政政策的区别与联系 · 熟悉货币政策与财政政策配合的模式 **技能目标:** · 掌握不同经济形式下货币政策与财政政策的松紧配合

为遏制经济衰退美联储实行零利率

2008年12月16日美联储公开市场委员会一致决定将联邦基金利率从1‰大幅削减至0~0.25‰区间,不仅在降幅上超出市场预期,且零利率本身更是美联储历史上从未有过之事。

显然,美联储希望借此发出一个积极信号:为重振经济和金融市场,美联储要动用一切可用的工具。从财政援手"两房"和金融机构,到一而再再而三下调利率,直至将利率下调至"零",为遏止经济衰退,美国动用财政和货币政策工具的力度前所未有。

第一节 货币政策目标

一、货币政策的含义及其构成

货币政策是中央银行为实现特定的经济目标,运用各种工具调节和控制货币供应量及信用量,进而影响宏观经济的方针和措施的总和。货币政策是实现中央银行金融宏观调控目标的核心所在,在国家宏观经济政策中居于十分重要的地位。

货币政策是由货币政策目标、货币政策中介目标、货币政策工具组成的完整体系。货币政策目标、货币政策中介目标及货币政策工具三者与宏观经济的关联性由强到弱,而中央银行对它们的可控性则是由弱到强。货币政策的过程大致如下:中央银行通过货币政策工具作用于货币政策中介目标(包括操作目标和中间目标两个环节),再通过货币政策中介目标来实现货币政策最终目标。在这个过程中,中央银行需要及时进行监测和预警,以便观测政策工具的操作是否使中介目标进入目标区,并根据情况变化随时调整政策工具的操作。由于货币政策中介目标的确定在很大程度上取决于货币政策目标,货币政策工具的选择很大程度上取决于货币政策中介目标,因而货币政策的三要素之间存在一种逆向制约关系。所以我们的分析是从货币政策目标开始,然后是货币政策中介目标,最后再过渡到货币政策工具。

二、货币政策最终目标

(一)货币政策目标及其内容

货币政策目标也称之为货币政策最终目标,它是中央银行通过货币政策的运用所要达到的最终宏观经济目标。从货币政策的发展过程来看,货币政策目标是随着经济与社会的发展而逐渐增加,在不同阶段的主次和重要性也有变化。因此货币政策目标要与一定时期的社会经济发展状况相适应,它因国家不同而有所不同,因不同时期而有所变化。

现在各国的货币政策目标基本上有以下四个可供选择:稳定物价、充分就业、经济增长、国际收支平衡。

1. 稳定物价

稳定物价是指一般物价水平在短期内不发生显著的或急剧的变动。这里的物价是指物价的一般水平或总体水平,而不是某种或某类商品的价格。稳定物价是中央银行货币政策的首要目标,稳定物价的实质就是稳定币值。近一个世纪以来,通货膨胀(紧缩)造成的物价波动是各国经济生活中最常见的严重问题,因此物价稳定往往成为各国货币政策追求的首要目标。引起物价水平变动的因素有很多,货币政策作为一项需求管理政策,仅能在需求调控方面发挥一定作用。在现代信用制度下,物价变动总是呈上升趋势,中央银行的首要目标就是将一般物价水平控制在一定范围内。稳定物价是一个相对概念,能够将物价控制在经济增长所允许的限度内,即达到了稳定物价的目的。至于物价变动的控制范围,各国因经济发展情况不同,设定的范围也有所不同,从各国的实践情况来看,物价变动率一般要控制在 2%～3% 之内。

2. 充分就业

充分就业是指符合法定年龄、具有劳动能力并愿意工作的劳动者,都能在较合理的条件下随时找到工作。充分就业时劳动力的供给等于劳动力的需求,劳动力市场处于均衡状态。充分就业并不意味着 100% 的就业,因为在多数国家,即使社会提供的工作机会与劳动力完全均衡,也可能存在着摩擦性失业、结构性失业或自愿性失业。充分就业的目标就是消除一国经济中的非自愿性失业,这是由于劳动力的需求不足而造成的。中央银行要实现充分就业的目标,就是要消除总需求不足所引起的失业,促进资源的合理配置。失业率可以用来衡量充分就业的程度,失业率越高,距离充分就业就越远;失业率越低,距离充分就业就越近。一般认为,失业率在 4% 以下就达到了充分就业。

3. 经济增长

经济增长的概念,一般有两种不同的观点。一种观点认为,经济增长是指国民生产总值的增加,即一国在一定时期内所生产的商品和劳务的总量的增加,或人均国民生产总值的增加。另一种观点则认为,经济增长是一国生产商品和劳务的能力的增长。从更广泛的意义上说,经济增长在于国家的人力和物力资源的增长,并懂得如何有效地利用这些资源,生产出更多的商品和劳务。保持经济增长是各国政府所追求的最终目标,因此作为宏观经济政策的组成部分,货币政策自然要将经济增长作为一项重要的调节目标。经济增长取决于一国政治与经济的稳定和技术的进步、资本投入的增加和投资效率的提高、社会劳动力的增加和劳动生产率的提高以及经营管理的现代化等。各国因发展阶段和发展条件不同,所选择的经济增长率也有所差异。大多数发展中国家偏好较高的经济增长率,而发达国家则保持着较低的增长率,各国也因此对货币政策提出了不同的要求。对于货币政策来说,可以通过增加货币的供应量和降低利率保持较高的投资率,为经济运行创造良好的货币金融环境,以此促进经济的增长。

4. 国际收支平衡

国际收支平衡是指在一定时期内,一国对外国的全部货币收入和全部货币支出保持基本平衡,略有顺差或略有逆差。保持国际收支平衡有利于一个国家的国民经济的健康发展,有利于国民经济持续稳定增长,有利于对外经济活动的正常进行。巨额的国际收支逆差,可能导致外汇市场波动,资本大量外流,外汇储备急剧下降,本币大幅贬值,并导致货币金融危机。而巨额的国际收支顺差,外汇收入增长较多,中央银行不得不购买大量外汇而增发本国货币,可能导致或加剧国内通货膨胀。一般来说逆差的危害要大于顺差。所以通过货币政策实现国际收支平衡,也就成为各国货币当局所确定的一个重要目标。

(二)货币政策目标之间的矛盾

货币政策各目标之间的关系是比较复杂的,有的在一定程度上具有一致性,如充分就业与经济增长,二者成正相关关系,但更多地表现为目标间的冲突性。货币政策各目标的矛盾主要表现在以下几个方面:

1. 稳定物价与充分就业之间的矛盾

一个国家的稳定物价目标与充分就业目标之间经常发生冲突。为了稳定物价,必要的措施就是紧缩银根,抑制需求,降低通货膨胀率,但结果会导致经济衰退和失业率上升。为了增加就业,则要放松银根,增加货币供应量,增加投资、刺激需求,从而增加就业人数,但结果又会导致物价上涨,加剧通货膨胀。也就是说,若要币值比较稳定,物价上涨率较低,失业率往往很高;而要降低失业率,就得以牺牲一定程度的币值稳定为代价。最先在理论上总结、分析这样一种矛盾的经济学家是澳大利亚的菲利普斯,他提出了著名的菲利普斯曲线。

2. 稳定物价与经济增长之间的矛盾

通常经济增长和稳定物价之间并无大的冲突:只有经济增长,物价稳定才有雄厚的物质基础;只有稳定物价,经济增长才有良好的社会环境。因此可以通过稳定物价来发展经济,也可以通过发展经济来稳定物价。但是世界各国的经济发展史表明,就现代社会来说,经济的增长总是伴随着物价的上涨。这是因为经济增长提高了人们的收入水平和支付能力,有效需求得以增加,这在一定程度上刺激了一般物价水平的上涨。因此在经济增长较快时,总是伴随着物价水平的大幅上涨,如果过分强调物价稳定,就会阻碍经济的增长。

3. 稳定物价与国际收支平衡之间的矛盾

稳定物价主要是稳定货币的对内价值,而国际收支平衡则是稳定货币的对外价值。如果国内物价不稳,国际收支便很难平衡。当本国物价稳定而外国发生通货膨胀时,则会使本国的物价水平相对低于外国的物价水平,由此引起出口增加,进口减少,增加本国的贸易顺差或减少本国的贸易逆差。相反,当国内发生通货膨胀而外国物价稳定时,本国商品的相对价格将高于外国,由此引起出口减少,进口增加,加大了本国的贸易逆差或减少本国的贸易顺差。

4. 充分就业与经济增长之间的矛盾

一般认为,充分就业与经济增长之间是不存在矛盾的,就业人数越多,经济增长的速度就越快;经济增长速度越快,提供的就业机会就越多。但是在现代技术进步条件下,实现经济增长主要不是依靠就业人数,而是依靠科技进步、劳动者技能水平的提高和经营管理手段的现代化。即经济增长的方式由劳动密集型向资本或资源或知识密集型转变,那么经济增长不仅不能带来就业率的提高,甚至可能引起就业率的下降。

5. 充分就业与国际收支平衡之间的矛盾

充分就业如果能够促进经济快速增长,那么一方面可以减少进口,另一方面还可以扩大出口,有利于国际收支平衡。但为了追求充分就业,就需要更多的资金和生产资料,当国内满足不了需求时,就需要引进外资、进口设备与原材料等,这对国际收支又是不利的。

6. 经济增长与国际收支平衡之间的矛盾

在正常情况下,经济增长带来了国家经济实力的增长,可以促进国际收支状况的改善,但从动态的角度看,二者也存在着不一致。经济增长较快时对各种生产要素会产生较大的需求,如果进口商品增加,而出口商品又不能相应地扩大,或者引进外资和国外先进技术超过其外汇还款能力,就会导致国际收支的恶化,可能出现国际收支的逆差。当逆差很大时,国家就得限制进口,压缩国内投资,而随着国际收支逆差的消除,国内经济增长将难以持续,甚至引起经济衰退。此时又要采取扩张性的货币政策,增加货币的供应量,刺激有效需求的增加,可能带来经济的增长,但也可能导致新的国际收支失衡。

正因为货币政策各目标之间既有统一性,但更多地表现为矛盾性,所以在货币政策的实际操作中,上述四个目标要同时实现是十分困难的,于是就出现了货币政策目标的选择问题。在理论上主要有主张以稳定币值为唯一目标的"单一目标论";主张同时追求稳定币值和经济增长的"双重目标论";主张总体上兼顾各个目标,而不同时期确定各目标的主次地位和先后顺序的"多目标论"。各国由于经济发展水平和经济结构的差异,在货币政策目标的选择上有所不同,例如发展中国家多以促进经济增长为首选目标,而开放经济型小国通常将国际收支平衡放在首位;同一国家在不同时期货币政策目标的侧重点也会不同。

(三)我国的货币政策目标

自1984年中国人民银行专门行使中央银行职能以后至1995年《中国人民银行法》颁布之前,我国的货币政策目标实行的是双重目标制,即发展经济和稳定货币。这种做法符合我国过去的计划经济体制,特别是在把银行信贷作为资源进行直接分配的情况下,货币总量控制与信贷投向分配都由计划安排,发展经济和稳定货币这两个目标比较容易协调。但是随着改革开放的推进和计划性的递减,货币政策的双重目标越来越难以实现。货币政策在支撑经济增长的同时,伴随着较为严重的货币贬值和通货膨胀。例如1984—1995年的12年中,全国零售物价总指数涨幅超过5%的年份就有9年。1995年颁布的《中国人民银行法》对货币政策目标进行了修正,确定货币政策目标是"保持货币币值的稳定,并以此促进经济增长",2003年再次修订的《中国人民银行法》再次确认了这一目标。显然在"稳定"与"增长"之间,有先后之分,主次之分。

随着我国经济体制改革的进一步深化和对外开放的加快,就业和国际收支问题对宏观经济影响越来越重要,有学者认为我国的货币政策目标也要实行多目标制,应包括稳定物价、充分就业、经济增长和国际收支平衡等诸多方面。因此2007年11月,中国人民银行指出,我国货币政策目标要坚持多目标,并强调促进经济发展,通过发展来不断解决工作中所面临的各种难题,要兼顾多个重要经济参数变量。

2016 年 6 月 24 日在华盛顿参加国际货币基金组织中央银行政策研讨时中国人民银行行长周小川指出中国央行采取的多目标制,既包含价格稳定、促进经济增长、促进就业、保持国际收支大体平衡等四大目标,也包含金融改革和开放、发展金融市场这两个动态目标。多目标制兼顾到经济发展的各方面,但多目标制也会带来不少潜在的挑战,比如目标重叠、目标冲突、多目标能否加总和如何确定权重、模型复杂不够简洁、沟通不易、与经济金融全球化的联结困难等。在货币政策的执行过程中,应根据经济发展的不同时期对货币政策目标有所侧重。

三、货币政策中介目标

货币政策中介目标是指受货币政策工具作用,影响货币政策目标的传导性金融指标。货币政策最终目标是一个长期的、非数量化的目标,并不处在中央银行直接控制之下,是中央银行难以直接实现的目标,因此,中央银行在货币政策的操作中必须选择一些与最终目标关系密切,中央银行可以直接影响并能在短期内准确度量的金融指标,作为货币政策目标与货币政策工具之间的中介或桥梁,这些指标就称为货币政策中介目标。中央银行通过对这些指标的控制和调节最终实现货币政策目标。中介目标根据其在货币政策传导中的作用过程,可分为两类:一类是近期目标,即中央银行对其控制性较强,而距货币政策目标较远的目标,又称为操作目标;一类是远期目标,即中央银行对其控制性较弱,而距货币政策目标较近的目标,又称为中间目标,或狭义的中介目标。

(一)货币政策中介目标的选择标准

由于货币政策目标一方面受到货币政策工具的作用,另一方面对最终目标的实现具有传递作用,因此作为中介目标的金融变量,在选择时应遵循以下五个标准:

1. 可测性

可测性是指中央银行能够迅速获得中介目标相关指标变化状况和准确的数据资料,并能依据这些数据进行有效分析和作出相应判断。可测性有两方面的含义:一是中介目标具有比较明确的统计含义,能够对一定社会经济范畴进行数量说明;二是中央银行能够迅速获得中介目标的准确数据,以便观察、分析与预测。

2. 可控性

可控性是指中央银行通过各种货币政策工具的运用,能够对中介目标变量进行有效的控制和调节,能够准确地控制中介目标变动状况及其变动趋势。

3. 相关性

相关性是指中介目标与最终目标之间具有高度的相关性,中央银行通过对中介目标的控制和调节,能够促使货币政策最终目标的实现。

4. 抗干扰性

抗干扰性是指中介目标应能够少受外来因素或非政策性因素的干扰,它的变动状况及发展趋势的变化主要来自于货币政策工具的作用。选择抗干扰性强的指标,可以准确反映货币政策的执行效果。

5. 适应性

适应性是指经济金融环境不同,中央银行为实现既定的货币政策目标所选取的货币政策工具就不同,中介目标的选择也会有所区别。

(二)可供选择的货币政策中介目标

根据以上标准,目前在实际操作中选择的中介目标主要有利率、货币供应量、基础货币、超额准备金等。

1. 利率

以利率作为货币政策中介目标,就是要通过货币政策工具来调节、监控市场利率水平,使期达到中央银行的期望值。利率之所以能作为中介目标,是因为它具有以下优点:(1)可控性强。中央银行可直接控制再贴现率,而通过公开市场业务和再贴现政策就可以调节利率的变化趋势。(2)可测性强。根据货币市场和资本市场众多的利率水平和结构,中央银行可随时获得这些数据并进行分析。(3)相关性强。利率与货币政策最终目标之间存在着极强的相关性。利率对于投资,特别是不动产投资和设备投资有重要影响,从而与社会总需求和总供给直接相关。

利率作为中介目标,不足之处在于:(1)抗干扰性差。利率是一个内生的经济变量,利率的变化是顺经济循环的,即经济繁荣时,利率因投资需求增加而上升;经济衰退时,利率因投资需求减少而下降。而作为政策变量,利率与经济周期的变动是同向的,即经济过热时,应提高利率以抑制过度需求;而经济衰退时,应降低利率以刺激需求的增加。因此中央银行很难判断其政策效果。(2)名义利率与实际利率往往存在差别,中央银行能够控制的是名义利率,但对经济产生实际影响的却是实际利率,而实际利率的获得极为困难。(3)利率对经济活动的影响程度如何,取决于市场主体的利率敏感性,而这受经济体制、金融市场发达程度、经济运行状况等基本因素的制约。

2. 货币供应量

以货币供应量作为中介目标,就是通过政策工具来调节、监控货币供应量增长水平,以便货币供给增长与经济增长要求相适应。货币供应量作为中介目标的优点是:(1)可控性强。货币供应量是基础货币与货币乘数之积,货币供应量的可控性实际上是基础货币与货币乘数的可控性。一般而言,一国经济环境与经济状况良好,金融体系健全,其货币体系就能够确保中央银行对基础货币的控制,同时货币乘数也较为稳定,中央银行对货币供应量的可控性就强,反之则弱。(2)可测性强。M0、M1、M2 货币的各层次都有明确的定义,且反映在中央银行、商业银行和其他金融机构的资产负债表内,便于计量和分析。(3)相关性强。货币供应量和货币政策目标之间有密切的关联。一定时期的货币供应量代表了当前社会的有效需求和社会购买力,对总产出、就业水平、物价水平有直接影响。(4)抗干扰性强。货币供应量是顺经济循环的,经济繁荣时,银行扩大信贷规模,货币供应量增加;经济衰退时,银行缩小信贷规模,货币供应量减少。而中央银行的调控是逆经济循环的,经济繁荣,收缩货币供应量以防止通货膨胀;经济衰退时,扩大货币供应量以防止通货紧缩。

货币供应量作为中介目标的不足之处在于指标口径的选择,即选择哪一层次的货币供应量更能代表一定时期的社会总需求和购买力,因而表现出与最终目标之间的相关性。随着大规模金融创新、金融管制放松的出现,货币供应量本身所包含的范围和层次的界限更加不易确定,可测性在减弱;各经济主体对货币乘数的影响很不稳定,使得基础货币的扩张倍数也失去了以往的稳定性,降低了该指标的抗干扰性;再加上融资结构的变化以及股票市场的发展,货币供应量同最终目标之间的关系更加难以把握,相关性在减弱。

3. 基础货币

基础货币又称高能货币,由流通中的现金和商业银行的存款准备金构成。一般认为基础货币是比较理想的中介目标,其优点在于:(1)可控性强。基础货币中的通货直接由中央银行发行,非借入准备金可由中央银行通过公开市场业务进行控制,借入准备金虽不能完全控制,但可通过贴现窗口进行调节。(2)可测性强。基础货币表现为中央银行的负债,直接记录在中央银行的资产负债表中,可随时获得准确的数据。(3)相关性强。基础货币是商业银行体系创造存款货币的基础,也是决定货币供应量的重要因素,中央银行控制了基础货币的投放,只要货币乘数稳定,就等于控制了货币供应量,进而对社会总需求产生影响。

基础货币作为货币政策的中介指标,不足之处在于:当货币乘数变化时,基础货币与货币供应量的关系就不稳定,在基础货币不变的情况下,货币乘数的较小变化就可能引起货币供应量的较大变动,中央银行不容易掌握与控制。基础货币中的流通中现金,也受到多种因素的制约,中央银行不容易控制。

4. 超额准备金

超额准备金是金融机构存放在中央银行超出法定存款准备金的部分。中央银行通过变动法定准备金率和实行公开市场业务操作,对商业银行的超额准备金进行调控。当提高法定存款准备金率或在公开市场出售有价证券时,就会使商业银行的超额准备金减少,反之就会使商业银行的超额准备金增加。此外通过超额准备金这个指标也可以观察经济活动的变化情况,当经济繁荣时,商业银行会减少超额准备金以扩张信用;当经济衰退时,贷款需求减少,商业银行的超额准备金就会增加。因此中央银行可以通过控制超额准备金来控制信用规模,进而影响经济活动水平。作为货币政策的中介目标,超额准备金因其取决于商业银行的意愿和财务状况而不易为货币当局测度、控制。

(三)我国的货币政策中介目标

1979 年以前,我国实行的是完全的计划经济体制,强调的是"钱随物走",资源分配主要通过国家行政命令决定,人民银行的职责是根据国民经济计划供应资金,即"守计划,把口子",货币政策的目标则是便于计划的贯彻,经济计划的执行结果与计划要求非常接近。货币政策的传导几乎是在人为地进行控制,中间经济变量简单而且变动很小。也就是说,这一阶段,货币政策中介目标的作用并不大,人民银行并不重视中介目标的控制。1979年之后,即在我国经济体制发生深刻变革之后,货币政策对国民经济的影响作用正在逐步上升,特别是 1984 年人民银行行使了中央银行职能,1985 年信贷管理体制改为"实贷实存"以后,货币政策传导中,又有许多新的经济变量发挥着重要作用,设置中介目标也被提到了议事日程,而且,选择哪种经济变量作为中介目标也成为理论界争论的焦点。在改革之初,我国货币政策中介目标主要是控制现金量,之后,转向控制广义货币供应量,但当中央银行对基础货币吞吐不能自主操作时,为了货币、金融的稳定,就不得不又将贷款规模也作为货币政策的中介目标。在这之后的十几年里,贷款规模对于抑制信贷需求,控制货币供应量方面确实发挥了重要作用,但随着市场经济的发展,贷款规模的作用在逐步削弱,其弊端也逐步日渐暴露出来。

于是1998年,中央银行取消了实行近五十年的贷款规模限制。这一传统调控手段的寿终正寝,标志着我国货币政策当局认识到"信用总量"这一中介目标现实意义的局限性,并已淡化其在货币政策中的调控地位。1993年,央行首次向社会公布货币供应量指标。1994年国务院《关于金融体制改革的决定》明确规定:"货币政策的中介目标和操作目标是货币供应量、信用总量、同业拆借利率和银行备付金率。"1994年9月,中国人民银行首次根据流动性的高低定义并公布了中国的 M0、M1 和 M2 三个层次的货币供应指标。M0＝流通中现金;M1＝M0＋企业活期存款＋机关团体部队活期存款＋农村活期存款＋个人持有信用卡类存款;M2＝M1＋城市居民储蓄存款＋各种单位和个人的定期存款＋各类信托存款。1996年,央行采用货币供应量 M1 和 M2 作为货币政策的调控目标,标志着我国开始引入货币政策中介目标。1998年,随着信贷规模控制遭到放弃,货币供应量作为中介目标的地位更是无可争议。目前,我国的货币供应量指标已受到政府的重视,被看作是货币政策取向的风向标。目前在实际工作中,货币政策的操作目标主要是基础货币、银行的超额准金率、货币市场基准利率——上海银行间同业拆放利率、银行间债券市场的回购利率;中介目标主要是货币供应量和以商业银行贷款总量、货币市场交易总量为代表的信用总量。

■ 延伸阅读

中国的通货膨胀与货币政策

2008年美国经济不景气,中国的经济发展受到影响,但是影响不算太大。中国受到了出口减少的影响,实际GDP增长速度慢了,从2010年到2013年GDP的增长率分别是10.4%、9.3%、7.7%与7.7%。这几年以商品零售价格计算的通胀率分别是3.10%、4.90%、1.99%与1.40%。为了增加宏观经济的总需求,从2008年到2013年,中国人民银行实行宽松的货币政策,2008年11月把存款利率从0.72%降至0.36%。中国人民银行属于国务院管辖,货币政策与财政政策可以互相联系,分工合作。对比之下,美国联邦储备银行独立于行政部门,双方合作有赖于联邦储备银行决定货币政策时设法与财政政策配合。

货币政策和通货膨胀关系如何?本文的目的是回顾中国通货膨胀的历史,解释通货膨胀发生的原因,说明中国人民银行实行的货币政策。

上世纪80年代,中国开始出现通货膨胀。从1984年到1989年,零售价格指数从1.177增至2.034,原因是货币供应在这几年大量增加。从1984年到1989年,流通中的

货币 M0 从 482 亿元增至 2 099 亿元。1993 年到 1994 年又发生通胀,零售价格指数从
2.549 增至 3.102,流通中的货币 M0 从 4 746 亿元增至 5 729 亿元。通胀的原因也是货币
供应增加得太多。这两次通胀发生时,中国人民银行没有实行适当的货币政策。

通货膨胀的发生与中国人民银行能否实行适当的货币政策有关。在 1995 年以前,中
国可以说是没有货币政策。1984 年中国人民银行让货币在一年内增加了 50%。当时中
国进行国营企业的改革,给予企业部分自主权,同时也给予银行部分自主权。因为增加贷
款能帮助当地经济发展,这一政策引起银行大量贷款,增加了货币供应,导致通货膨胀发生。

1992 年,各省银行大量放款,1993 年通货膨胀便发生了。当时中国人民银行用行政
手段,在 1996 年以后禁止各省人民银行大量放款,结果通货膨胀放缓,到 1998 年中国的
物价指数下降了。总之,这几次通胀,1985 年(8.8%)、1988 年(18.5%)、1993 年
(13.2%)和 1994 年(21.7%),都是归因于货币供应每年增加了约 30%。

1995 年全国人大通过《人民银行法》,指定与授权人民银行用货币政策控制通胀,在
必要时协助增加生产。货币政策包括决定货币供应量和利率。央行的基准利率和由它决
定的存款准备金率能被用来影响货币供应。从此人民银行有权力与责任来施行货币政
策。1997 年以后,虽然中国的 GDP 继续增加,但通货膨胀的问题已经得到解决。

目前中国 GDP 增长放缓,中国人民银行的货币政策是量化宽松,尽量降低利率,增加
货币供应。自 2014 年 11 月 22 日起人民银行降低了金融机构人民币贷款和存款的基准
利率,存款利率从 3% 降至 2.75%,贷款利率从 6% 降至 5.6%。

今后中国的货币政策改善,也有赖于人民银行制度的继续改善,如推进利率市场化的
改革,让存款利率根据市场借贷的供求来决定。实施货币政策时,央行管理层需具有足够
的知识与才能,在必要时能利用经济数据了解当前经济情况,以决定适当的货币政策。中
外无不如是。

资料来源:《南方都市报》2015 年 3 月 1 日。

知识拓展

社会融资总量

社会融资总量是全面反映金融与经济关系,以及金融对实体经济资金支持的总量指
标。社会融资总量是指一定时期内(每月、每季或每年)实体经济从金融体系获得的全部
资金总额。这里的金融体系为整体金融的概念,从机构看,包括银行、证券、保险等金融机
构;从市场看,包括信贷市场、债券市场、股票市场、保险市场以及中间业务市场等。

社会融资总量的内涵主要体现在三个方面。一是金融机构通过资金运用对实体经济
提供的全部资金支持,即金融机构资产的综合运用,主要包括人民币各项贷款、外币各项
贷款、信托贷款、委托贷款、金融机构持有的企业债券、非金融企业股票、保险公司的赔偿
和投资性房地产等。二是实体经济利用规范的金融工具、在正规金融市场、通过金融机构
服务所获得的直接融资,主要包括银行承兑汇票、非金融企业股票筹资及企业债的净发行
等。三是其他融资,主要包括小额贷款公司贷款、贷款公司贷款、产业基金投资等。

随着我国金融市场发展和金融创新深化,实体经济还会增加新的融资渠道,如私募股权基金、对冲基金等。未来条件成熟,可将其计入社会融资总量。

综上所述,社会融资总量＝人民币各项贷款＋外币各项贷款＋委托贷款＋信托贷款＋银行承兑汇票＋企业债券＋非金融企业股票＋保险公司赔偿＋保险公司投资性房地产＋其他。

第二节 货币政策工具

货币政策工具又称货币政策手段,是中央银行为实现货币政策目标而采用的各种手段。通过货币政策工具的运用,可以调控货币政策中介目标,从而实现货币政策最终目标。中央银行可用的货币政策工具不是唯一的,而是由多种工具综合组成的工具体系。每一种工具各有其优点和局限,中央银行通过货币政策工具的选择和组合使用来实现其宏观调控的目标。货币政策工具可分为一般性货币政策工具、选择性货币政策工具和补充性货币政策工具。

一、一般性货币政策工具

一般性货币政策工具是从货币供应量和信用总量上进行调控的货政策工具,是中央银行最常用的传统工具。一般性货币政策工具是对信用总量和货币供应量的调控,属于量的控制和一般性的控制,因此称为一般性的货币政策工具,也称之为数量工具。包括法定存款准备金政策、再贴现政策和公开市场业务,俗称中央银行的"三大法宝"。

(一)法定存款准备金政策

1. 法定存款准备金政策的含义

法定存款准备金政策是指中央银行在法律赋予的权限内,通过规定和调整法定存款准备金率,改变货币乘数,影响商业银行的信用创造能力,从而间接调控货币供应量,进而影响一国经济的金融政策。将存款准备金集中于中央银行最早出现在英国,但以法律形式规定商业银行必须向中央银行缴存存款准备金则出现在 1913 年美国的《联邦储备法》。20 世纪 30 年代大危机后,各国普遍实行了法定存款准备金制度。建立法定准备金的最初目的是避免银行体系过度放贷而产生支付危机,从而保护存款人的利益,维护银行体系的安全。1935 年美联储首次获得了改变法定存款准备金率的权力,法定存款准备金制度才真正成为中央银行货币政策的重要工具。就目前来看,凡是实行中央银行制度的国家,一般都实行法定存款准备金制度。

2. 法定存款准备金政策的作用机制

法定存款准备金政策是影响货币供应量的最强有力的政策。根据货币供给的基本模型 $Ms=m\times B$,货币供应量的改变取决于货币乘数(m)与基础货币(B)的调整。而调整存款准备金率不但影响基础货币,而且影响货币乘数。以中央银行实行紧缩政策为例,当法定存款准备金率提高时,一方面使得货币乘数变小,另一方面,由于准备金比率提高,使商业银行的应缴准备金额增加,超额准备金则相应减少。虽然法定准备金与超额准备金同属基础货币的组成部分,但法定准备金是商业银行不能动用的,只有超额准备金才构成派生存款的基础。这两个项目的一增一减无疑使基础货币的结构发生了变化,降低了商业银行创造信用与派生存款的能力。综合上述两方面可知,提高准备金比率会迫使商业银行减少放款和投资,使货币供应量缩小,由于银根抽紧而导致利率水平提高,社会投资和支出都相应缩减,从而达到紧缩效果。根据同样的道理,降低法定准备金率则会使信贷规模和货币供应总量得以扩张。

3. 法定存款准备金政策的效果

法定存款准备金政策作为一种货币政策工具,其优点是:它对所有的存款货币银行的影响是平等的,对货币供应量的扩张或收缩有极强的影响力,作用强烈、速度快,效果明显。

但是作为一种货币政策工具,它也有一定的局限性。一是效果太强烈,缺乏弹性,对经济的振动太大。由于整个存款货币银行体系的存款规模大,法定存款准备金率的微小变动将带来法定存款准备金总量的巨大变动。如我国存款货币银行2013年年末的人民币存款总额为1 043 846.86亿元,如果法定存款准备金率变动1%,则法定存款准备金总额变动10 438.47亿元。通过货币乘数的放大作用,将对货币供应量产生巨大的影响,甚至可能带来经济的强烈振动。二是法定准备金率的提高,可能使超额准备金率较低的商业银行陷入流动性困境。为了减少这种冲击力,中央银行将被迫通过公开市场业务或再贴现窗口向急需流动性的商业银行提供流动性支持。三是法定存款准备金率的频繁变动,会给商业银行的经营管理带来一定的困扰。

4. 我国存款准备金政策

中国人民银行自1984年专门行使中央银行职能后,就开始实行法定存款准备金制度,该项政策在我国货币政策的实施中发挥了积极的作用。我国法定存款准备金制度在实际运用中有几个特点:一是调整频繁。我国法定存款准备金制度建立后,在1998年前调整比较少,1998年对法定存款准备金制度进行了改革,合并了法定准备金和备付金账户,将法定准备金率降低至8%。此后,法定存款准备金率不断调整,截止到2018年7月底,已经历了63次调整(详见表6-1)。法定准备金政策已经成为我国中央银行货币政策操作中运用频繁的政策工具之一。二是有同有异。一方面,不区分存款种类,也没有规模差异,无论是活期还是定期,不管存款数量多少,都实行统一的法定准备金率;另一方面对不同机构或地区差别对待。例如从2004年起对不同的金融机构实行差别准备金制度,对资本充足率低于规定的存款机构提高0.5个百分点;2008年9月起对大型和中小型金融机构实行不同的准备金率;2015年起实施定向降准,为了引导信贷资金进入特定的领域、行业或地区,从而对符合一定条件的金融机构降低其存款准备金,增强金融机构的信贷能力;2019年5月15日开始,对聚焦当地、服务县域的中小银行,实行较低的8%优惠存款准备金率,约有1000家县域农商行可以享受该项优惠政策,释放长期资金约2800亿元,全部用于发放民营和小微企业贷款,促进降低小微企业融资成本。三是对准备金存款付息。我国从1984年起就对法定存款准备金和超额存款准备金付息。由于商业银行对企业的贷款存在信用风险,而在中央银行的准备金存款无信用风险,如果中央银行按市场利率付息给准备金存款,将导致银行"惜贷"而把资金大量存放在中央银行,从而不利于货币政策的实施。因此我国对存款准备金的利率也进行了多次的调整,2004 年 3 月以后超额准备金利率和法定准备金利率均低于 1 年期存款利率。中国人民银行决定自 2020 年 4 月 7 日起将金融机构在央行超额存款准备金利率从 0.72% 下调至 0.35%,远低于 1.5% 的 1 年期存款利率。这既考虑了商业银行的利益,又不至于鼓励其"惜贷",也有利于中央银行更好地实施货币政策。

表 6-1　存款准备金率历次调整一览表

次数	时间	调整前		调整后	调整幅度(单位:百分点)
63	2020 年 5 月 15 日	大型金融机构 12.50%		12.50%	定向:农村信用社、农村商业银行、农村合作银行、村镇银行和仅在省级行政区域内经营的城市商业银行定向下调存款准备金率 0.5 个百分点。
		中小型金融机构 10.50%		10.50%	
62	2020 年 4 月 15 日	大型金融机构 12.50%		12.50%	定向:农村信用社、农村商业银行、农村合作银行、村镇银行和仅在省级行政区域内经营的城市商业银行定向下调存款准备金率 0.5 个百分点。
		中小型金融机构 10.50%		10.50%	
61	2020 年 1 月 6 日	大型金融机构 13.00%		12.50%	−0.5
		中小型金融机构 11.00%		10.50%	−0.5
60	2019 年 9 月 16 日	大型金融机构 13.50%		13.00%	普降 0.5 定向:对仅在省级行政区域内经营的城市商业银行定向下调存款准备金率 1 个百分点,于 10 月 15 日和 11 月 15 日分两次实施到位,每次下调 0.5 个百分点。
		中小型金融机构 11.50%		11.00%	
59	2019 年 1 月 25 日	大型金融机构 14.00%		13.50%	−0.5
		中小型金融机构 12.00%		11.50%	−0.5
58	2019 年 1 月 15 日	大型金融机构 14.50%		14.00%	−0.5
		中小型金融机构 12.50%		12.00%	−0.5

续表

次数	时间	调整前	调整后	调整幅度（单位：百分点）
57	2018 年 10 月 15 日	大型金融机构 15.50%	14.50%	−1.0
		中小型金融机构 13.50%	12.50%	−1.0
56	2018 年 7 月 5 日	大型金融机构 16.00%	15.50%	−0.5
		中小型金融机构 14.00%	13.50%	−0.5
55	2018 年 4 月 25 日	大型金融机构 17.00%	16.00%	−1.0
		中小型金融机构 15.00%	14.00%	−1.0
54	2018 年 1 月 25 日	大型金融机构 17.00%	17.00%	定向：前一年（普惠金融）贷款余额或增量占比达到 1.5% 的商业银行，存款准备金率可在人民银行公布的基准档基础上下调 0.5 个百分点；
		中小型金融机构 15.00%	15.00%	定向：前一年上述贷款余额或增量占比达到 10% 的商业银行，存款准备金率可下调 1.5 个百分点。
53	2016 年 3 月 1 日	大型金融机构 17.50%	17.00%	−0.5
		中小型金融机构 15.50%	15.00%	−0.5
52	2015 年 10 月 24 日	大型金融机构 18.00%	17.50%	−0.5
		中小型金融机构 16.00%	15.50%	−0.5
51	2015 年 9 月 6 日	大型金融机构 18.50%	18.00%	普降 0.5 定向：降低县域农村商业银行、农村合作银行、农村信用社和村镇银行等农村金融机构存款准备金率 0.5 个百分点；
		中小金融机构 16.50%	16.00%	定向：下调金融租赁公司和汽车金融公司存款准备金率 3 个百分点。

续表

次数	时间	调整前	调整后	调整幅度(单位:百分点)
50	2015年6月28日	大型金融机构 18.50%	18.50%	定向:对"三农"贷款占比达到定向降准标准的城市商业银行、非县域农村商业银行降低存款准备金率0.5个百分点;
		中小金融机构 16.50%	16.50%	定向:对"三农"或小微企业贷款达到定向降准标准的国有大型商业银行、股份制商业银行、外资银行降低存款准备金率0.5个百分点;定向:降低财务公司存款准备金率3个百分点。
49	2015年4月20日	大型金融机构 19.50%	18.50%	普降1个百分点。定向:农信社、村镇银行等农村金融机构额外降低1个百分点,并统一下调农村合作银行存款准备金率至农信社水平;
		中小金融机构 17.50%	16.50%	定向:对中国农业发展银行额外降低2个百分点;定向:"三农"或小微企业贷款达到一定比例的国有银行和股份制商业银行可执行较同类机构法定水平低0.5个百分点的存款准备金率。
48	2015年2月5日	大型金融机构 20.00%	19.50%	普降0.5个百分点。定向:"三农"和小微贷款达标的城市商业银行、非县域农村商业银行额外降低0.5个百分点;
		中小金融机构 18.00%	17.50%	定向:中国农业发展银行额外降低4个百分点。
47	2014年6月16日	大型金融机构 20.00%	20.00%	定向:对符合审慎经营要求且"三农"和小微企业贷款达到一定比例的商业银行(不含4月25日已下调过准备金率的机构)下调人民币存款准备金率0.5个百分点,对财务公司、金融租赁公司和汽车金融公司下调人民币存款准备金率0.5个百分点。
		中小金融机构 18.00%	18.00%	
46	2014年4月25日	大型金融机构 20.00%	20.00%	定向:对县域农村商业银行人民币存款准备金率下调2个百分点,县域农村合作银行人民币存款准备金率下调0.5个百分点。
		中小金融机构 18.00%	18.00%	
45	2012年5月18日	大型金融机构 20.50%	20.00%	−0.5
		中小金融机构 18.50%	18.00%	−0.5

续表

次数	时间	调整前	调整后	调整幅度(单位:百分点)
44	2012 年 2 月 24 日	大型金融机构 21.00%	20.50%	−0.5
		中小金融机构 19.00%	18.50%	−0.5
43	2011 年 12 月 5 日	大型金融机构 21.50%	21.00%	−0.5
		中小金融机构 19.50%	19.00%	−0.5
42	2011 年 6 月 20 日	大型金融机构 21.00%	21.50%	0.5
		中小金融机构 19.00%	19.50%	0.5
41	2011 年 5 月 18 日	大型金融机构 20.50%	21.00%	0.5
		中小金融机构 18.50%	19.00%	0.5
40	2011 年 4 月 21 日	大型金融机构 20.00%	20.50%	0.5
		中小金融机构 18.00%	18.50%	0.5
39	2011 年 3 月 25 日	大型金融机构 19.50%	20.00%	0.5
		中小金融机构 17.50%	18.00%	0.5
38	2011 年 2 月 24 日	大型金融机构 19.00%	19.50%	0.5
		中小金融机构 17.00%	17.50%	0.5

续表

次数	时间	调整前	调整后	调整幅度（单位：百分点）
37	2011 年 1 月 20 日	大型金融机构 18.50%	19.00%	0.5
		中小金融机构 16.50%	17.00%	0.5
36	2010 年 12 月 20 日	大型金融机构 18.00%	18.50%	0.5
		中小金融机构 16.00%	16.50%	0.5
35	2010 年 11 月 29 日	大型金融机构 17.50%	18.00%	0.5
		中小金融机构 15.50%	16.00%	0.5
34	2010 年 11 月 16 日	大型金融机构 17.00%	17.50%	0.5
		中小金融机 15.00%	15.50%	0.5
33	2010 年 5 月 10 日	大型金融机构 16.50%	17.00%	0.5
		中小金融机构 14.50%	15.00%	0.5
32	2010 年 2 月 25 日	大型金融机构 16.00%	16.50%	0.5
		中小金融机构 14.00%	14.50%	0.5
31	2010 年 1 月 18 日	大型金融机构 15.50%	16.00%	0.5
		中小金融机构 13.50%	14.00%	0.5

续表

次数	时间	调整前	调整后	调整幅度（单位：百分点）
30	2008 年 12 月 25 日	大型金融机构 16.00%	15.50%	−0.5
		中小金融机构 14.00%	13.50%	−0.5
29	2008 年 12 月 5 日	大型金融机构 17.00%	16.00%	−1
		中小金融机构 16.00%	14.00%	−2
28	2008 年 10 月 15 日	大型金融机构 17.50%	17.00%	−0.5
		中小金融机构 16.50%	16.00%	−0.5
27	2008 年 9 月 25 日	大型金融机构 17.50%	17.50%	—
		中小金融机构 17.50%	16.50%	−1
26	2008 年 6 月 15 日	16.50%	17.50%	1
25	2008 年 5 月 20 日	16%	16.50%	0.50
24	2008 年 4 月 25 日	15.50%	16%	0.50
23	2008 年 3 月 25 日	15%	15.50%	0.50
22	2008 年 1 月 25 日	14.50%	15%	0.50
21	2007 年 12 月 25 日	13.50%	14.50%	1
20	2007 年 11 月 26 日	13%	13.50%	0.50
19	2007 年 10 月 25 日	12.50%	13%	0.50
18	2007 年 9 月 25 日	12%	12.50%	0.50
17	2007 年 8 月 15 日	11.50%	12%	0.50
16	2007 年 6 月 05 日	11%	11.50%	0.50
15	2007 年 5 月 15 日	10.50%	11%	0.50
14	2007 年 4 月 16 日	10%	10.50%	0.50
13	2007 年 2 月 25 日	9.50%	10%	0.50
12	2007 年 1 月 15 日	9%	9.50%	0.50

续表

次数	时间	调整前	调整后	调整幅度（单位：百分点）
11	2006 年 11 月 15 日	8.50%	9%	0.50
10	2006 年 8 月 15 日	8%	8.50%	0.50
9	2006 年 7 月 5 日	7.50%	8%	0.50
8	2004 年 4 月 25 日	7%	7.50%	0.50
7	2003 年 9 月 21 日	6%	7%	1
6	1999 年 11 月 21 日	8%	6%	−2
5	1998 年 3 月 21 日	13%	8%	−5
4	1988 年 9 月	12%	13%	1
3	1987 年	10%	12%	2
2	1985 年	央行将法定存款准备金率统一调整为 10%	—	—
1	1984 年	央行按存款种类规定法定存款准备金率，企业存款 20%，农村存款 25%，储蓄存款 40%	—	—

（二）再贴现政策

1. 再贴现政策的含义

再贴现政策是指中央银行通过调整再贴现率和再贴现条件，影响商业银行从中央银行获得再贴现贷款的能力，进而调节货币供应量的一种政策工具。再贴现政策一般包括两方面的内容：一是调整再贴现率；二是规定申请再贴现的资格。再贴现率的调整调节的是商业银行的准备金和全社会的资金供求，再贴现条件的设定则影响的是商业银行及全社会的资金流向。

再贴现政策是由再贴现业务发展而来的。早期的再贴现业务是一种纯粹的信用业务。商业银行将其持有的未到期的商业票据，拿到中央银行办理再贴现，以获得一定的资金，解决暂时的资金短缺问题。随着中央银行职能的不断完善和调节宏观经济作用的日益加强，再贴现业务逐渐演化为一种调节货币供应总量的货币政策工具。

2. 再贴现政策的作用机制

再贴现率的升降会影响商业银行等存款货币银行的资金成本和超额准备金，从而影响商业银行的贷款规模和货币供应量。当再贴现率提高时，商业银行从中央银行再贴现获得借款的成本提高，因而商业银行将减少向中央银行再贴现的规模，商业银行的超额准备金减少。如果超额准备金不足，商业银行就会收缩对客户的贷款和投资规模，从而使得货币供应量减少,银根紧缩,市场利率上升,社会对货币的需求也相应减少。反之,则银根放松,货币供应量增加,市场利率下降,社会对货币的需求也相应增加。因此,中央银行通过调整再贴现率,间接地干预了商业银行的融资政策,使其改变贷款和投资活动,从而调整市场银根的松紧。

再贴现政策对调整信贷结构也有一定的效果。中央银行通过再贴现政策不仅可以影响货币供应量,而且可以改变信贷结构,使之与产业政策相一致。其方法主要有两种:一是通过规定并及时调整再贴现票据的种类,决定何种票据可以进行再贴现,从而影响商业银行的资金投向;二是对再贴现的票据实行差别再贴现率,从而影响各种再贴现票据的数量,使货币供给结构和中央银行的政策意图相一致。

3. 再贴现政策的效果

再贴现政策的作用效果是比较缓和的,有利于一国经济的相对稳定。再贴现政策可以影响商业银行的融资决策,既可以调节货币供应总量,也可以调节信贷结构;再贴现政策也有利于中央银行发挥最后贷款人的作用,在一定程度上防范金融风险;再贴现率作为基准利率,在一定程度上反映了中央银行的政策意图,从而影响社会公众的预期,加强了政策效果。

再贴现政策也具有一定的局限性:一是缺乏主动性。利用再贴现率的调整来控制货币供应量的主动性并不完全在中央银行,中央银行可以调整再贴现率,但不能强迫商业银行再贴现,也就是说再贴现与否及再贴现的规模取决于商业银行。因为尽管中央银行可以通过改变再贴现率,使商业银行的融资成本发生变化,并影响其准备金数量,但不能强迫或阻止商业银行向中央银行申请再贴现,商业银行还可以通过其他渠道获得资金。并且通过对借款成本和放款收益之间的比较以及对流动性资产需求的机会成本高低等因素的综合考虑,商业银行未必会增加或减少向中央银行的再贴现规模。二是具有一定的波动性。再贴现政策主要是利用再贴现率与市场利率之间的利差方向或利差大小来影响商业银行的借款决策。当中央银行将再贴现率定在一个特定水平时,市场利率与再贴现率之间的利差将随着市场利率的变化发生较大的波动。这些波动可能导致再贴现贷款规模及货币供应量发生非政策意图的较大波动。当中央银行的再贴现率随着市场利率的变动而上升或下降时,又可能给社会公众带来不利的告示效应,影响货币政策的实施效果。三是调整再贴现率的告示效应是相对的,有时并不能准确反映中央银行的政策意图。如中央银行调高再贴现率,这时社会公众可能会认为已经出现了较严重的通货膨胀,中央银行的行为就是为了紧缩银根,治理通货膨胀,于是就会产生通胀预期,在这种预期指导下的反应就是当前多借入资金,等到出现更高的通货膨胀时再支出,于是中央银行调高再贴现率不但没有减少人们的资金需求,反而可能会刺激人们的借款欲望。四是再贴现政策缺乏弹性。中央银行如果经常调整再贴现率,会引起市场利率经常性波动,使企业和商业银行无所适从。

4. 我国再贴现政策

我国中央银行在1986年颁布了《再贴现试行办法》,开始办理再贴现业务。由于我国商业信用不发达,票据市场发展滞后,在一个较长的时期内,票据贴现和再贴现的总量很小,加上再贴现率与其他贷款利率一样由国家统一规定,其政策效果小到可以忽略不计。

1994年,中国人民银行加大了开展再贴现业务的力度,出台了《票据法》。1995年末,人民银行规范再贴现业务操作,开始把再贴现作为货币政策工具体系的组成部分,并注重通过再贴现传递货币政策信号。1998年人民银行出台了一系列完善商业汇票和再贴现管理的政策,对再贴现率的形成机制进行了改革,使再贴现率不再与再贷款利率挂钩;扩大再贴现的对象和范围;将再贴现最长期限由4个月延长至6个月。全国再贴现业务发展较快,特别是在20世纪末的几年,再贴现政策的效果比较明显。2008年以来,为了有效发挥再贴现促进结构调整、引导资金流向的作用,人民银行进一步完善再贴现管理。近年来,再贴现政策在支农支小、优化产业结构方面发挥了强有力的作用。

(三)公开市场业务

1. 公开市场业务的含义

公开市场业务也称为公开市场操作,是指中央银行在金融市场买卖有价证券,以此来调节商业银行等存款货币银行的准备金和基础货币,进而影响市场利率和货币供应量的政策工具。公开市场业务可分为防御性和主动性两种形式。防御性公开市场业务是指中央银行为了抵消市场因素给银行准备金带来的影响,而采取反向的操作买进或卖出证券,以维系货币政策的稳定;主动性公开市场业务是指中央银行连续地、同向地买进或卖出证券,以达到扩张或紧缩的货币政策效果。在实际运用中,大部分的公开市场业务是防御性的而不是主动性的。

2. 公开市场业务的作用机制

公开市场业务的作用范围比较广泛。首先,公开市场业务能够调控商业银行的准备金和货币供应量。当中央银行在市场上买进证券,意味着投放基础货币,无论是流入社会公众还是商业银行,必然会导致银行体系的准备金增加,商业银行的信贷规模随之扩大,货币供应量增加,利率水平下降,刺激投资和消费,刺激社会经济的增长。其次,公开市场业务会影响利率水平和利率结构。当中央银行大量买进证券,会使证券价格上升,市场利率下降,市场利率的下降使得借入资金的成本降低,刺激社会投资和消费的扩张,刺激经济的增长,货币政策的效果将加强。此外,中央银行在公开市场买卖不同期限的有价证券,可以直接改变市场上不同期限证券的供求状况,从而使利率结构发生变化,影响投资和消费的结构,加强货币政策的效果。反之亦然。

3. 公开市场业务的效果

公开市场业务的优点在于:一是中央银行具有主动性。中央银行可以根据经济运行的不同情况和需要,随时主动出击,进行证券的买卖,而不是被动等待。二是操作灵活。公开市场业务可灵活精巧地进行,可以用较小的规模和步骤进行操作,以较为准确地达到政策目标。公开市场业务可以经常地、连续地以及试探性地操作,具有较强的伸缩性,是中央银行进行日常性调节的较为理想的工具。三是具有可逆转性。当中央银行在公开市场操作中发现错误时,可立即逆向使用该工具,以纠正其错误。而其他的货币政策工具不能迅速地逆转。

公开市场业务的局限性在于:一是告示作用较弱。公开市场业务的操作较为细微,缺乏政策意图的告示作用,对公众预期的引导作用较差。二是作用效果易受影响。公开市场业务的效果比较缓和,各种市场因素的变动可能减轻或抵消公开市场业务的影响力。三是需要较为发达的证券市场。公开市场业务要产生预期的效果,必须有一个高度发达的证券市场,并且是具有相当的深度、广度和弹性的市场。中央银行也要具有相当的资金实力,可供交易的证券种类要比较多,否则都将影响公开市场业务的效果。

4. 我国公开市场业务

我国在 1994 年以前,尚不具备进行公开市场业务的基础和条件。1994 年 4 月 1 日,上海银行间外汇交易市场建立,中国人民银行的外汇公开市场业务正式启动。1995 年,通过中央银行融资券的买卖在本币市场尝试公开市场业务,1996 年以国债为对象进行公开市场业务操作。中国人民银行从 1998 年开始建立公开市场业务一级交易商制度,选择了一批能够承担大额债券交易的商业银行作为公开市场业务的交易对象。随着改革的深入和市场化程度的提高,公开市场业务的基础和条件日益成熟,交易规模逐步扩大。从交易品种看,中国人民银行公开市场业务债券交易主要包括国债回购交易、现券交易和发行中央银行票据。1999 年以来,公开市场业务已成为中国人民银行货币政策日常操作的重要工具,对于调控货币供应量、调节商业银行流动性水平、引导货币市场利率走势发挥了积极的作用。2004 年是中国人民银行公开市场操作发展历程中具有重要意义的一年。针对外汇占款快速增长、财政库款波动较大等流动性变化的新情况,全年重点加强了流动性管理体系建设,进一步完善了公开市场业务制度,积极推进公开市场操作创新,银行体系流动性管理出现了比较主动的局面。在公开市场操作的创新方面具体包括:一是增加操作频率,二是调整央行票据交易时间,三是适时开发新的操作品种,四是改进技术支持系统。根据货币调控需要,近年来中国人民银行不断开展公开市场业务工具创新。2013 年 1 月,立足现有货币政策操作框架并借鉴国际经验,中国人民银行创设了"短期流动性调节工具(Short-term Liquidity Operations,SLO)",作为公开市场常规操作的必要补充,在银行体系流动性出现临时性波动时相机使用。这一工具的及时创设,既有利于央行有效调节市场短期资金供给,熨平突发性、临时性因素导致的市场资金供求大幅波动,促进金融市场平稳运行,也有助于稳定市场预期和有效防范金融风险。

二、选择性货币政策工具

选择性货币政策工具是指中央银行针对某些特殊经济领域或特殊用途的信贷而采用的信用调节工具。选择性货币政策工具并不影响总量,只是从不同领域进行控制,进行的是质的控制,这些工具一般都是有选择地使用,因此这类工具称为选择性货币政策工具或质量工具。

1. 消费信用控制

消费信用控制是指中央银行对不动产以外的各种耐用消费品的消费融资予以控制。目的在于影响消费者对耐用消费品有支付能力的需求。主要内容包括:规定耐用消费品首期付款的最低限额;规定消费信贷的最长期限;规定可用消费信贷购买耐用消费品的种类等。耐用消费品的需求往往与经济周期正向变动,一般在消费信用膨胀和通货膨胀时期,中央银行采取消费信用控制,抑制消费需求和物价上涨。相反在经济衰退、消费萎缩时,中央银行会放宽甚至取消这些限制措施,以提高消费者对耐用消费品的购买能力,刺激消费回升。

2. 证券市场信用控制

证券市场信用控制是指中央银行对有关证券交易的各种贷款的限制。最常用的是规定应支付的法定保证金率,目的在于限制用借款购买有价证券的比重。中央银行规定保证金率的目的在于:一方面以控制证券市场信贷资金的需求,抑制过度投机,稳定证券市场价格,促进金融市场稳定,控制信贷资金流向,改进宏观金融结构;另一方面,由于法定保证金率的提高或降低仅限于证券市场,并不会因此把紧缩或扩张影响扩散到其他部门,从而可避免了因全面信用紧缩或扩张而导致的经济衰退或膨胀。

3. 不动产信用控制

不动产信用控制是指中央银行对商业银行和其他金融机构的房地产贷款所采取的限制措施,目的是抑制房地产的过度投机。不动产特别是住房需求具有两重性:一方面,满足正常的生产和生活需要;另一方面,也是一种重要的投资手段。不动产需求与宏观经济走势密切相关且波动较大,因此控制不动产信贷规模,对抑制过度投机、减轻经济波动意义重大。不动产信用控制一般包括:规定不动产贷款的最高限额、最长期限、首次付款的最低金额及分摊还款的最低金额等。

4. 优惠利率

优惠利率是指中央银行对国家拟重点发展的某些部门、行业和产品规定较低的利率,以鼓励其发展的措施。优惠利率有利于国民经济产业结构和产品结构的升级换代,主要是配合国家的产业政策使用。如对急需发展的基础产业、能源产业、出口行业、农业等,制定较低的优惠利率,提供资金方面的支持。

实行优惠利率有两种方式:一是中央银行对需要重点扶持发展的行业、企业和产品规定较低的贷款利率,由商业银行执行;二是中央银行对这些行业和企业的票据规定较低的再贴现率,引导商业银行的资金投向和投量。优惠利率是国家产业政策在金融领域的体现,不仅在发展中国家普遍采用,在发达国家也十分常见。

5. 预缴进口保证金

预缴进口保证金是指中央银行要求进口商预缴相当于进口商品总额一定比例的存款,以抑制进口的过快增长。预缴进口保证金多为国际收支经常出现逆差的国家所采用。

四、补充性货币政策工具

补充性货币政策工具是指中央银行根据本国的不同情况和不同时期的具体需要,对信用实施直接或间接控制的工具。

(一)直接信用控制

直接信用控制是指中央银行通过行政命令或其他方式,从总量和结构两方面,直接对商业银行等金融机构的信用活动进行控制。

1. 利率最高限额

利率最高限额也称为利率上限,是指中央银行以法律或条例形式规定商业银行和其他金融机构存贷款利率的最高水平。利率最高限额是最常用的直接信用控制工具,美国在 1980 年前长期实行的 Q 条例中曾规定:商业银行对活期存款不准支付利息,对定期存款和储蓄存款支付的利率不得高于规定的最高水平,主要目的是防止商业银行之间通过提高利率而竞控存款,并进行高风险贷款。20 世纪 60 年代,一些发展中国家不顾本国国情,盲目效仿西方国家的货币政策,通过设定利率上限来人为地压低利率水平,导致金融抑制。现在,随着各国相继实行利率市场化改革,这种货币政策工具已较少使用。

2. 信用配额

信用配额是指中央银行根据金融市场状况和客观经济需要,对各商业银行信贷资金加以合理分配和进行必要限制。信用配额最早始于 18 世纪的英格兰银行,目前许多发展中国家由于资金来源严重供不应求,而被广泛采用,而发达国家也曾采用过此类措施。如英国从二战以后到 1971 年 9 月规定由英格兰银行对金融机构的放款限额进行规定和调整;1990 年,日本为了控制信用和物价采用放款限额,要求都市银行和地方银行降低贷款增长率。

3. 流动性比率

流动性比率是中央银行规定商业银行的流动性资产占全部资产的比重。中央银行对商业银行的流动性比率进行规定,主要目的是限制商业银行的信用能力,保障商业银行的稳健经营。因此商业银行为了保持中央银行规定的流动性比率,就不能将资金过多地用于长期贷款和投资,在必要时,还要缩减长期贷款比重,扩大短期贷款比重,以满足流动性比率的需求。

4. 直接干预

直接干预是中央银行对商业银行的信贷业务,放款范围等加以直接干预。主要包括:干预存款吸收、控制放款额度、对业务经营不当的商业银行拒绝其再贴现或采取惩罚性高利率等。

(二)间接信用指导

1. 道义劝告

道义劝告是指中央银行利用其在金融体系中的特殊地位和威望,通过对商业银行及其他金融机构发出通告、指示或采取面谈的方式,劝告其遵守和贯彻中央银行政策,影响商业银行的放款数量和投资方向,从而达到控制和调节信用的目的。道义劝告不具有强制性,因此它不是一种强有力的信用控制措施。其效果取决于商业银行对央行劝告的服从程度。

2. 窗口指导

窗口指导是指中央银行根据市场情况、物价走势、金融市场动向、货币政策要求及上一年同期贷款情况等,规定商业银行每季度的贷款增减额,并要求其遵照执行。如果商业银行不按规定执行,中央银行就可能缩减对该银行的贷款额度,甚至停止提供信用。

间接信用指导是以中央银行在金融体系中的地位与威望及控制信用法律与手段的完善为前提的。如果商业银行对中央银行的依赖性不强,道义劝告和窗口指导的政策效果就会大大削弱。

◆ 延伸阅读

中国特色的结构性货币政策工具体系

近年来,中国人民银行认真贯彻落实党中央、国务院决策部署,发挥好货币政策工具的总量和结构双重功能,围绕支持普惠金融、绿色发展、科技创新等国民经济重点领域和薄弱环节,服务经济高质量发展,逐步构建了适合我国国情的结构性货币政策工具体系。

1. 支农再贷款。支农再贷款自 1999 年起向地方法人金融机构发放,引导其扩大涉农信贷投放,降低“三农”融资成本,发放对象为农村商业银行、农村合作银行、农村信用社和村镇银行。对符合要求的贷款,按贷款本金的 100％予以资金支持。该工具属于长期性工具。

2. 支小再贷款。支小再贷款自 2014 年起向地方法人金融机构发放,引导其扩大小微、民营企业贷款投放,降低融资成本,其发放对象包括城市商业银行、农村商业银行、农村合作银行、村镇银行和民营银行。对符合要求的贷款,按贷款本金的 100％予以资金支持。该工具属于长期性工具。

3. 普惠小微贷款支持工具。按照国务院常务会议决定,2021 年 12 月,人民银行创设普惠小微贷款支持工具,支持对象为地方法人金融机构,对其发放的普惠小微贷款,按照余额增量的 2‰提供激励资金,鼓励持续增加普惠小微贷款。实施期为 2022 年到 2023年 6 月末,按季操作。该工具属于阶段性工具。

4. 碳减排支持工具。按照国务院常务会议决定,2021 年 11 月,人民银行联合国家发改委、生态环境部创设碳减排支持工具,发放对象为 21 家全国性金融机构、部分外资金融机构和地方法人金融机构,明确支持清洁能源、节能环保、碳减排技术三个重点减碳领域。对于符合要求的贷款,按贷款本金的 60％予以低成本资金支持。实施期为 2021 年到2024 年末,按季操作。该工具属于阶段性工具。

5. 支持煤炭清洁高效利用专项再贷款。按照国务院常务会议决定,2021 年 11 月,人民银行联合国家发改委、能源局创设支持煤炭清洁高效利用专项再贷款,发放对象为开发银行、进出口银行、工行、农行、中行、建行和交行共 7 家全国性金融机构,明确支持煤的大规模清洁生产、清洁燃烧技术运用等七个煤炭清洁高效利用领域,以及支持煤炭开发利用和增强煤炭储备能力。对于符合要求的贷款,按贷款本金的 100％予以低成本资金支持。实施期为 2021 年到 2023 年末,按月操作。该工具属于阶段性工具。

6. 科技创新再贷款。按照国务院常务会议决定,2022 年 4 月,人民银行联合工信部、科技部创设科技创新再贷款,发放对象为 21 家全国性金融机构,明确支持“高新技术企业”、“专精特新中小企业”、国家技术创新示范企业、制造业单项冠军企业等科技创新企业。对于符合要求的贷款,按贷款本金的 60％予以低成本资金支持,按季操作。该工具属于阶段性工具。

7. 普惠养老专项再贷款。按照国务院常务会议决定,2022 年 4 月,人民银行联合国家发改委创设普惠养老专项再贷款,发放对象为开发银行、进出口银行、工行、农行、中行、建行和交行共 7 家全国性金融机构,明确支持符合标准的普惠养老机构项目,初期选择浙

元,切实缓解小微企业融资难问题。

三、直达实体经济货币政策工具的特点

与之前的再贷款再贴现等直达实体经济的货币政策工具相比,此次新创设的普惠小微企业延期支持工具和信用贷款支持计划具有更为显著的市场化、普惠性和直达性等特点。

一是市场化。人民银行通过创新货币政策工具对金融机构行为进行激励,但不直接给企业提供资金,也不承担信用风险。二是普惠性。只要符合条件的地方法人银行对普惠小微企业办理贷款延期或发放信用贷款,就可以享受人民银行提供的支持。三是直达性。人民银行创新的这两个结构性货币政策工具将货币政策操作与金融机构对普惠小微企业提供的金融支持直接联系,保证了精准调控。

资料来源:中国人民银行网站。

第三节 货币政策传导机制及其效果

一、货币政策传导机制的基本原理

货币政策传导机制是指中央银行运用货币政策工具作用于操作目标,进而影响中介目标,最终实现既定政策目标的传导途径与作用机理。如图 6-1 所示。

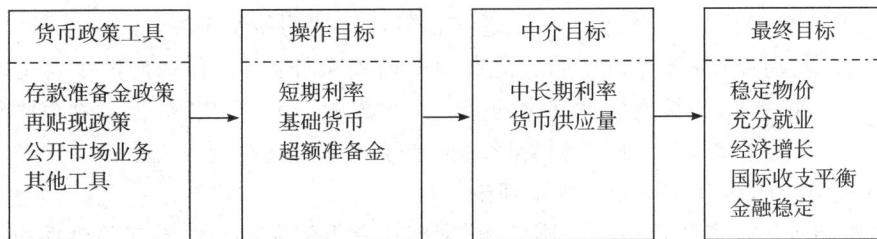

图 6-1 货币政策传导机制

由图 7-1 可知,货币政策传导机制大体可分为三个步骤:第一步,货币政策工具的运用直接作用于货币政策的操作目标;第二步,操作目标的变动影响中介目标;第三步,中介目标的变动影响实际经济活动,从而达到货币政策的最终目标。一般来说,货币政策工具的运用,将对商业银行的超额准备金和短期利率产生比较直接的影响,而这些经济变量的变动将引起中长期利率和货币供应量的变动,从而对实际的经济活动产生影响,最终实现既定的货币政策目标。如果货币政策工具运用得当,将会达到预期的货币政策目标。

二、货币政策的传导机制理论

不同的货币政策工具对操作目标的影响不一,操作目标与中介目标、最终目标之间的关系非常复杂,传导过程本身又无法直接观察到,经济学家对传导过程只能进行一些理论分析,不同的分析形成了各异的传导机制理论。我们以凯恩斯学派和货币学派的传导机制理论来加以分析。

1. 凯恩斯学派的货币政策传导机制理论

凯恩斯学派的货币政策传导机制理论认为传导过程中的主要机制或主要环节是利率,基本思路可归结为:通过货币供给 M 的增减变化影响利率 r,利率的变化通过资本边际效率的影响使投资 I 以乘数方式增减,进而影响社会总支出 E 和总收入 Y。用符号表示为:

$$M \to r \to I \to E \to Y$$

当然,总收入的增加也是有条件的。凯恩斯认为,货币供给增加,既会影响物价,也会影响产量,但首先促进产量增长,在达到充分就业后,才会带来物价的上涨。

在上述分析中,只显示了货币市场对商品市场的初始影响,而没有显示它们之间的循环往复过程,凯恩斯称之为局部均衡分析。如果考虑到货币市场和商品市场的相互作用,就称之为一般均衡分析,具体过程如下:

假定货币供给增加,当产出水平不变时,利率水平相应下降;下降的利率刺激投资,并引起总支出的增加,总需求的增加推动产出增加。这与原来的分析是一样的。

产出的上升,提出了大于原来的货币需求;如果没有新的货币供给投入经济,则货币供求的对比就会使下降的利率回升。这是商品市场对货币市场的作用。

利率的回升,又会使投资下降,总支出减少,总产出相应也会减少,而总产出的减少又会使货币需求下降,利率水平回落。这是一个往复不断的过程。

这一过程最终会达到一个均衡点,这个点同时满足货币市场和商品市场的均衡。此时,利率水平可能较原来的均衡水平低,总产出较原来的均衡水平高。

当然,凯恩斯的利率传导机制的成立有两个前提条件:一是利率是可以自由浮动的,不存在任何管制因素;二是投资对利率的变动是敏感的,更不会出现"流动性陷阱"。当这两个前提条件不存在时,凯恩斯学派货币政策传导机制也就不能成立了。

2. 货币学派的货币政策传导机制理论

以弗里德曼为代表的货币学派则认为,利率在货币传导机制中不起关键性作用,而货币供给量则在整个传导机制过程中起到了直接的作用。货币学派的货币政策传导机制可表示为:

$$M \to E \to I \to Y$$

其中,$M \to E$ 表明货币供给量的变化直接影响支出。这是因为:货币需求有其内在的稳定性,至于货币供给,货币学派把它视为外生变量。当作为外生变量的货币供给改变,比如增大时,由于货币需求并没有改变,公众手持的货币量会超过他们所愿意持有的货币量,从而必然增加支出。

$E \to I$ 是变化了的支出用于投资的过程。货币学派认为,这将是资产结构的调整过程:超过意愿持有的货币,或用于购买金融资产,或用于购买非金融资产,甚至用于人力资本的投资。不同取向的投资会引起不同资产相对收益率的变动,如投资于金融资产,金融资产市值上涨,金融资产价格的上涨会刺激非金融资产的变化,比如产业投资的增加;而产业投资增加,既可能促使产出增加,也会促使产品价格上涨。这就引起资产结构的调整,而在这一调整过程中,不同资产收益率的比值又会趋于相对稳定状态。

由于货币供给 M 作用于支出,导致资产结构调整,并最终引起 Y 的变动,货币学派对这一过程的评价是:货币供给的变化短期内对实际产量和物价水平这两方面均可发生影响;但就长期来说,只会影响物价。

比较有影响的货币政策传导机制理论还有托宾的 q 理论、信贷传导机制理论、财富传导机制理论等。

三、货币政策效应分析

货币政策效应是指货币政策的实施对社会经济生活产生的影响,是货币政策经过传导,作用于经济过程之后的必然结果。但货币政策在实施过程中,要受各种因素的影响,其效应是一种综合结果。各种可能对货币政策产生影响的因素如下:

(一)货币政策时滞

货币政策时滞是货币政策从制定到获得主要或全部的效果所必须经历的一段时间,是影响货币政策效应的最主要的因素。如果收效太迟或难以确定何时收效,则政策本身能否成立也就成了问题。货币政策时滞通常可分为内部时滞与外部时滞。

1. 内部时滞

内部时滞是指经济形势发生变化,需要中央银行采取行动,到中央银行实际采取行动所花费的时间。内部时滞一般可分为认识时滞和行动时滞。

(1)认识时滞。认识时滞是指经济形势发生变化需要实行某种政策,到中央银行在主观上认识到这种变化,并承认需要采取行动的时间间隔。例如通货膨胀已经出现,客观上需要实行紧缩银根、抑制通胀的政策。但中央银行要认识到客观上有实行这种政策的必要,需要一定的观察、分析和判断的时间。这段时滞之所以存在,主要有两个原因:一是搜集各种信息资料需要一定的时间;二是对各种复杂的社会经济现象进行综合性分析,作出客观的、符合实际的判断需要耗费一定的时间。

(2)行动时滞。行动时滞是指中央银行认识到需要采取行动,到实际采取行动的时间间隔。中央银行一旦认识到客观经济过程需要实行某种政策,就要着手拟订政策实施方案,并按规定程序报批,然后才能公布、贯彻执行。这段时滞之所以存在,是因为中央银行根据经济形势研究对策、拟订方案,并对所提方案做可行性论证,最后获得批准,整个制定过程的每一个步骤都需要耗费一定的时间。

内部时滞的长短主要取决于中央银行对经济形势发展的敏感程度、预测能力,以及中央银行制定政策的效率和决心,而这些又与决策人员的素质、中央银行的独立性以及经济体制的约束程度等密切相关。内部时滞可以通过提高中央银行的效率而缩短。

2. 外部时滞

外部时滞是指从中央银行采取行动直到对政策目标产生影响为止的这段时间。外部时滞一般可分为执行时滞和生产时滞。

(1)执行时滞。执行时滞是指中央银行从变更货币政策到经济主体决定调整其资产总量与结构的时间间隔。中央银行一旦调整政策工具的操作方向或力度,需通过工具变量的反应,传导到中介变量。这段时滞之所以存在,是因为在实施货币政策的过程中,无论使用何种工具,都要通过工具变量的变动来影响中介变量,中介变量变化,如利率、信用条件、货币供应量变化之后,企业和个人等微观经济主体决定调整其资产总量和结构,每一过程都需要耗费一定的时间。

(2)生产时滞。生产时滞是指从经济主体决定调整其资产总量与结构到整个社会的生产、就业等发生变化的时间间隔。

外部时滞的长短主要取决于政策的操作力度和金融部门、企业部门对政策工具的弹性大小。外部时滞较为客观,是一个由社会经济结构与产业结构、金融部门和企业部门的行为等多种因素综合决定的复杂因素。因此中央银行对外部时滞很难进行实质性的控制。

货币政策时滞是影响货币政策效应的重要因素。如果货币政策可能产生的大部分影响较快地有所表现,那么货币当局就可以根据期初的预测值来考察政策生效的状况,并对政策的取向和力度作必要的调整,从而使政策能更好地实现预期的目标。假定政策的大部分效应要在较长的时间,比如两年后产生,而在这两年内,经济形势会发生很多变化,那就很难证明货币政策的预期效应是否实现。

(二)其他影响货币政策效应的因素

货币流通速度是影响货币政策效应的另一主要因素。对于货币流通速度一个微小的变化,如果政策制定者未能预料到或在估算时出现了小的误差,都可能使货币政策的效应受到严重影响。假设,在预测年度,GDP 将增长 20%,再假设包括货币流通速度在内的其他条件不变,货币供给等比增长,就可满足 GDP 对货币的追加要求。但如果货币流通速度在预测的期间加快了,则等比增长的货币供给就会成为助长经济过热的因素。在实际经济生活中,对货币流通速度变动的估算,很难做到不发生误差,因为影响它发生变化的因素太多。这当然也就限制了货币政策的有效性。

微观主体预期的影响作用是对货币政策有效性构成挑战的另一因素。当一项货币政策提出后,微观主体会立即根据可能获得的各种信息预测政策的后果,并很快做出决策,以消除政策对其产生的不利影响。微观主体广泛实施的对策,可能会使货币政策的效应大打折扣。

货币政策的透明度是影响货币政策效应的另一重要因素。货币政策透明度是指货币政策的公开程度,中央银行通过向公众明确宣布货币政策、披露决策过程及有关经济信息的多少和信息的准确程度,以消除货币政策在中央银行和公众之间的信息不对称。货币政策在实施过程中没有必要的透明度,那么在公众胡乱的猜测中所造成的紊乱及相应的对策必然会使经济付出代价,也必然抵消货币政策的效应,甚至使政策无效;有了必要的透明度,取得了公众的信任,由此诱导公众预期,使得公众的推测通常符合货币当局决策的意向,从而加强货币政策的效应。

此外,货币政策的效应还受到政治、体制及其他外来因素的影响,中央银行在政策制定和操作过程中应统一考虑。

第四节 货币政策与财政政策的配合

一、货币政策与财政政策配合的基础

(一)货币政策与财政政策的一般作用

货币政策主要包括信贷政策和利率政策。收缩信贷和提高利率是"紧"的货币政策。收缩信贷可直接减少信贷资金量,提高利率可增加贷款使用的成本。因此,"紧"的货币政策能够减少货币供应量,对控制物价有利,能够抑制社会总需求,但对投资和短期内发展有制约作用。放松信贷和利率则是"松"的货币政策。放松信贷可直接扩大信贷资金量,降低利率可以减少贷款使用的成本。因此,"松"的货币政策能够增加货币供应量,扩大社会总需求,对投资和短期内发展有利,但容易引起通货膨胀率的上升。

财政政策包括国家税收政策和财政支出两个方面。增税和减支是"紧"的财政政策。增税使企业和公众可支配的利润及收入减少,减支可直接减少政府需求。所以"紧"的财政政策可以减少社会需求总量,但对投资不利。减税和增支是"松"的财政政策。减税使企业和公众持有的货币增加,增支可直接扩大政府需求。所以,"松"的财政政策有利于投资,但社会需求总量的扩大容易导致通货膨胀。

(二)货币政策与财政政策的共同点

(1)两大政策的调控目标是统一的,都属于实现宏观经济目标可采取的政策,是为实现本国既定的经济发展战略目标服务的。

(2)两者都是为社会提供资金的部门,两种政策执行的结果都体现为货币收支行为。

(3)两者都是需求管理政策。货币政策管理货币供应量,而在商品经济条件下,货币供应量的变动是社会总需求变动的象征;财政政策管理财政收支,其执行结果无论是赤字还是大体平衡,最终对社会总需求都有重大影响。

(4)两种货币收支之间存在着结合点。集中体现在银行代理财政金库和银行结益上缴财政两个方面。

(三)货币政策与财政政策的区别

(1)政策的实施者不同。货币政策是由中央银行实施,而财政政策则是由政府财政部门来实施。

(2)政策工具不同。货币政策使用的工具通常与中央银行的货币管理业务活动相关,主要是存款准备金、再贴现、公开市场业务等。财政政策所使用的工具一般与政府收支活动相关,主要是税收和政府支出、转移性支出等。

(3)政策作用过程不同。货币政策的直接对象是货币运动过程,以调控货币供给的结构和数量为初步目标,进而影响整个社会经济生活。财政政策的直接对象是国民收入再分配过程,以改变国民收入再分配的数量和结构为初步目标,进而影响整个社会经济生活。

(4)政策时滞不同。货币政策工具使用较为简单,而财政政策工具从确定到实施,过程比较复杂。因此,货币政策的内部时滞较短,而财政政策的内部时滞较长;货币政策的外部时滞较长,而财政政策的外部时滞较短。

二、货币政策与财政政策配合的模式

货币政策与财政政策是当代各国政府调节宏观经济最主要的两种政策。虽然这两项政策在宏观经济运行中都有较强的调节能力,但由于它们本身固有的特点,二者都有一定的局限性。无论是货币政策调节还是财政政策调节,仅靠某一项政策很难全面实现宏观经济的调控目标,没有双方的配合,单个政策的实施效果将会大大减弱,这就要求二者相互协调、密切配合,充分发挥它们的综合优势。各国政府同时利用两大政策干预经济时,就会形成"松紧搭配",即松或紧的两大政策进行匹配运行。一般有四种配合模式:(1)货币、财政双紧;(2)货币、财政双松;(3)紧货币、松财政;(4)松货币、紧财政。"双松"和"双紧"政策,反映着货币政策与财政政策的目标侧重点保持一致,主要为解决总量问题;"一松一紧"的政策,反映着货币政策与财政政策在总体要求一致的前提下,政策目标侧重点不同,主要是解决结构问题。在这几种组合中,政府究竟采用哪一种组合取决于客观的经济环境,实际上主要取决于政府对客观经济情况的判断。

(一)货币、财政双紧

双紧的搭配方式一般适用于社会总需求大于总供给,出现了严重的通货膨胀和经济过热,以致影响到经济稳定和正常运转。这种政策的配合可以有力抑制社会总需求的过度增长,以缓解通货膨胀,保持经济稳定。但这一政策长时间运用,可能会导致经济衰退。

(二)货币、财政双松

双松的搭配方式一般适用于社会总需求严重不足,生产资源大量闲置,经济转入严重萧条的时期。这种政策的配合可以通过扩大有效需求,以促进经济增长。但这一政策长时间运用,可能会导致通货膨胀和经济过热。

(三)紧货币、松财政

紧货币、松财政的搭配方式一般适用于社会总需求偏大,物价有一定幅度上涨,但产业结构、产品结构严重不平衡时期。这种政策的配合通过紧缩的货币政策控制货币供给量,有利于抑制通货膨胀;通过宽松的财政政策,降低税率,增加政府的投资和支出,有利于调整产业结构、优化产业结构,提高经济增长的质量。

(四)松货币、紧财政

松货币、紧财政的搭配方式一般适用于总需求与供给大体平衡,但消费偏旺而企业投资不足,物价有逐步上涨趋势的时期。这种政策的配合通过宽松的货币政策增加货币供应量,降低利率,促进企业和个人的投资的增加,有利于经济增长;通过紧缩的财政政策压缩政府消费支出和投资支出,有利于抑制物价的上涨。

货币政策要正常地发挥作用,并取得预期的效果,不仅要与财政政策配合,还必须和产业政策、收入政策等积极配合。

思政教学

中国货币政策执行报告
(2023年第二季度)

内容摘要:

今年以来,在以习近平同志为核心的党中央坚强领导下,我国经济持续恢复、总体回升向好。上半年国内生产总值(GDP)同比增长5.5%,为实现全年经济社会发展目标打下了良好基础;居民消费价格指数(CPI)同比上涨0.7%,物价总体保持平稳。中国人民银行坚持以习近平新时代中国特色社会主义思想为指导,坚决贯彻党中央、国务院的决策部署,坚持稳字当头、稳中求进,稳健的货币政策精准有力,推动经济运行整体好转。

一是保持货币信贷合理增长。综合运用降准、再贷款再贴现、中期借贷便利、公开市场操作等多种方式投放流动性,保持流动性合理充裕,引导金融机构稳固信贷支持实体经济的力度,增强贷款总量增长的稳定性和可持续性。二是推动实体经济融资成本稳中有降。发挥政策利率引导作用,6月、8月公开市场逆回购操作和中期借贷便利中标利率分别合计下行20个和25个基点,持续释放贷款市场报价利率(LPR)改革效能,推动企业融资和居民信贷成本稳中有降。发挥好存款利率市场化调整机制重要作用。继续落实首套房贷利率政策动态调整机制。三是持续发挥结构性政策工具作用。在用好现有结构性政策工具的基础上,增加支农支小再贷款、再贴现额度,延续实施普惠小微贷款支持工具等多项阶段性工具,延期房地产"金融16条"有关政策适用期限,并推动房企纾困专项再贷款和租赁住房贷款支持计划落地生效。四是兼顾内外均衡。深化汇率市场化改革,坚持市场在人民币汇率形成中起决定性作用,发挥汇率调节宏观经济和国际收支自动稳定器功能。五是强化风险防范化解。坚持市场化法治化原则处置风险,构建分级分段的银行风险监测、预警和硬约束早期纠正工作框架,牢牢守住不发生系统性金融风险的底线。

总体看,今年以来货币政策保持前瞻性、有效性、可持续性,根据形势变化合理把握节奏和力度,为经济回升向好创造了良好的货币金融环境。货币信贷保持合理增长,上半年新增人民币贷款15.7万亿元,同比多增2.0万亿元;6月末人民币贷款、广义货币(M2)、社会融资规模存量同比分别增长11.3%、11.3%和9.0%。信贷结构持续优化,6月末普惠小微贷款和制造业中长期贷款余额同比分别增长26.1%和40.3%。贷款利率明显下行,6月新发放企业贷款、个人住房贷款加权平均利率分别为3.95%、4.11%,较去年同期分别低0.21个、0.51个百分点,处于历史低位。人民币汇率双向浮动,人民币对美元汇率5月贬破7元,7月份又升值1.3%,结售汇行为理性有序,市场预期基本稳定。

当前我国经济已恢复常态化运行,高质量发展扎实推进。也要看到,国际政治经济形势复杂严峻,发达经济体快速加息的累积效应继续显现,全球经济复苏动能减弱,国内经济运行面临需求不足、一些企业经营困难、重点领域风险隐患较多等挑战。我国经济具有巨大的发展韧性和潜力,长期向好的基本面没有改变,有利条件和积极因素不断积蓄,要保持战略定力,增强发展信心。下阶段,中国人民银行将坚持以习近平新时代中国特色社会主义思想为指导,全面贯彻落实党的二十大和中央经济工作会议精神,坚持稳中求进工作总基调,完整、准确、全面贯彻新发展理念,加快构建新发展格局,全面深化改革开放,把实施扩大内需战略同深化供给侧结构性改革结合起来,加大宏观政策调控力度,建设现代中央银行制度,充分发挥货币信贷效能,不断推动经济运行持续好转、内生动力持续增强、社会预期持续改善、风险隐患持续化解,推动经济实现质的有效提升和量的合理增长。

稳健的货币政策要精准有力,更好发挥货币政策工具的总量和结构双重功能,稳固支持实体经济恢复发展。综合运用多种货币政策工具,保持流动性合理充裕,保持货币供应量和社会融资规模增速同名义经济增速基本匹配。继续深化利率市场化改革,完善央行政策利率体系,持续发挥贷款市场报价利率改革和存款利率市场化调整机制的重要作用,促进企业融资和居民信贷成本稳中有降。结构性货币政策工具"聚焦重点、合理适度、有进有退",继续实施好存续工具,对结构性矛盾突出领域延续实施期限,持续加大对小微企业、科技创新、绿色发展等支持力度。适应房地产市场供求关系发生重大变化的新形势,适时调整优化房地产政策,促进房地产市场平稳健康发展。发挥好金融在促消费、稳投资、扩内需中的积极作用,保持物价水平基本稳定。坚持以市场供求为基础、参考一篮子货币进行调节、有管理的浮动汇率制度,综合施策、稳定预期,保持人民币汇率在合理均衡水平上的基本稳定,坚决防范汇率超调风险。切实防范化解重点领域金融风险,统筹协调金融支持地方债务风险化解工作,稳步推动中小金融机构改革化险,守住不发生系统性金融风险的底线。

资料来源:新浪网,https://finance.sina.com.cn/china/2023-08-17/doc-imzhpazy2974486.shtml。

本章小结

1. 货币政策是中央银行为实现特定的经济目标,运用各种工具调节和控制货币供应量及信用量,进而影响宏观经济的方针和措施的总和。货币政策包括货币政策目标、货币政策中介目标、货币政策工具及货币政策效果等方面的内容。

2. 货币政策目标也称为货币政策最终目标,它是中央银行通过货币政策的运用所要达到的最终宏观经济目标,主要包括稳定物价、充分就业、经济增长和国际收支平衡。货币政策各目标之间存着矛盾统一。

3. 货币政策中介目标是指受货币政策工具作用,影响货币政策目标的传导性金融指标。货币政策中介目标选择具有五个标准:可测性、可控性、相关性、抗干扰性与适应性。能够作为中介目标的指标主要有利率、货币供应量、基础货币、超额准备金等。

4. 货币政策工具又称货币政策手段,是中央银行为实现货币政策目标而采用的各种手段。一般性货币政策工具主要有包括法定存款准备金政策、再贴现政策和公开市场业务。选择性货币政策工具主要有消费信用控制、证券市场信用控制、不动产信用控制、优惠利率与预缴进口保证金。补充性货币政策工具主要有两类：一是直接信用控制；二是间接窗口指导。

5. 货币政策的传导机制是指中央银行运用货币政策工具作用于操作目标，进而影响中介目标，最终实现既定政策目标的传导途径与作用机理。货币政策传导机制大体可分为三个步骤：第一步，货币政策工具的运用直接作用于货币政策的操作目标；第二步，操作目标的变动影响中介目标；第三步，中介目标的变动影响实际经济活动，从而达到货币政策的最终目标。

6. 货币政策效应是指货币政策的实施对社会经济生活产生的影响，是货币政策经过传导，作用于经济过程之后的必然结果。

7. 货币政策时滞是货币政策从制定到获得主要或全部的效果所必须经历的一段时间，是影响货币政策效应的最主要的因素。货币政策时滞通常可分为内部时滞与外部时滞。货币流通速度、微观主体预期、货币政策透明度、政治因素、体制因素都对货币政策的效应有一定的制约作用，中央银行在政策制定和操作过程中应统一考虑。

8. 货币政策和财政政策在宏观经济运行中都有较强的调节能力，但由于它们本身固有的特点，二者都有一定的局限性。无论是货币政策调节还是财政政策调节，仅靠某一项政策很难全面实现宏观经济的调控目标，没有双方的配合，单个政策的实施效果将会大大减弱。这就要求二者相互协调、密切配合，充分发挥它们的综合优势。

关键词

货币政策　货币政策目标　货币政策中介目标　货币政策工具　一般性货币政策工具　法定存款准备金政策　再贴现政策　公开市场业务　选择性货币政策工具　直接信用控制　间接信用指导　货币政策传导机制　货币政策时滞

练习与思考

一、判断题

（　　）1. 货币政策是调节社会总需求的政策。

（　　）2. 总量调控工具是央行调控货币供给量的最主要的常规手段。

（　　）3. 货币政策目标和国家宏观经济目标是矛盾的。

（　　）4. 充分就业意味着所有的劳动力都得到满意的固定工作。

（　　）5. 任何一个国家要想同时实现货币政策的所有目标是很困难的，因此，各国一般都选择一到两个目标作为货币政策的主要目标。

（　　）6. 货币政策和财政政策只有合理搭配使用，才能更好地发挥效应。

（　　）7. 中央银行在执行扩张性货币政策时，提高法定存款准备金率。

（　　）8. 公开市场业务是通过增减商业银行借款成本来调控基础货币的。

（　　）9. 选择性的货币政策工具通常可在不影响货币供应总量的条件下，影响银行体系的资金投向和不同贷款的利率。

（　　）10. 内部时滞是指中央银行从认识到制定实施货币政策的必要性，到研究政策措施和采取行动经过的时间。中央银行对其很难控制。

（　　）11. 货币政策目标中充分就业的意思是失业率等于零。

（　　）12. 稳定物价就是物价固定不变。

（　　）13. 一般来说，中央银行的货币政策工具都是通过影响超额准备金的水平而发挥作用的。

（　　）14. 窗口指导属于选择性货币政策手段。

（　　）15. 中央银行进行正回购是中央银行卖出证券，减少流动性。

二、单项选择题

1. 下列属于扩张性货币政策的是（　　）。

　　A. 在公开市场业务中卖出政府债券　　B. 提高法定存款准备率

　　C. 减税和增加政府开支　　D. 在公开市场业务中买进政府债券

2. （　　）是指中央银行为实现货币政策目标而采用的措施和手段。

　　A. 货币政策　　B. 货币政策目标

　　C. 货币政策工具　　D. 货币政策的依据

3. 菲利普斯曲线反映（　　）之间此消彼长的关系。

　　A. 物价稳定与失业率　　B. 经济增长与失业率

　　C. 通货紧缩与经济增长　　D. 通货膨胀与经济增长

4. 作为货币政策目标的物价稳定是指（　　）。

　　A. 个别商品价格固定不变　　B. 商品相对价格稳定

　　C. 一般物价水平固定不变　　D. 一般物价水平相对稳定

5. 能够引导改变资金流向，可起到行业抑制或扶持的作用，进而调节经济结构的货币政策工具是（　　）。

　　A. 法定存款准备率　　B. 再贴现政策

　　C. 公开市场业务　　D. 超额准备率

6. 下列各要素的排列顺序正确表示了货币政策的传导过程的是（　　）。

①最终目标　②政策工具　③近期中介目标　④远期中介目标

　　A. ①→②→③→④　　B. ②→④→③→①

　　C. ②→③→④→①　　D. ①→③→②→④

7. 在货币政策的传导中起着承上启下的传导作用的是（　　）

　　A. 货币政策最终目标　　B. 货币政策效应

　　C. 货币政策工具　　D. 货币政策中介目标

8. 中央银行提高法定存款准备金率时，在市场上引起的反应为（　　）。

　　A. 商业银行可用资金增多，贷款上升，导致货币供应量增多

　　B. 商业银行可用资金增多，贷款下降，导致货币供应量减少

　　C. 商业银行可用资金减少，贷款上升，导致货币供应量增多

　　D. 商业银行可用资金减少，贷款下降，导致货币供应量减少

9. 在社会总需求偏大,物价有一定幅度上涨,但产业结构、产品结构严重不平衡时期,应该采用的政策是(　　)。

    A. 财政、货币双松　　　　　　　　B. 财政、货币双紧

    C. 紧财政、松货币　　　　　　　　D. 紧货币、松财政

10. 凯恩斯学派的货币政策传导机制理论中,起关键性作用的因素是(　　)

    A. 收入　　　　　B. 利率　　　　　C. 投资　　　　　D. 产出

三、多项选择题

1. 下列哪些措施属于紧缩型的货币政策(　　)

    A. 在公开市场上买进有价证券　　　B. 降低法定存款准备金率

    C. 在公开市场上卖出有价证券　　　D. 提高法定存款准备金率

    E. 降低再贴现率

2. 中央银行一般性货币政策工具不包括(　　)

    A. 公开市场业务　　　　　　　　　B. 存款准备金制度

    C. 再贴现政策　　　　　　　　　　D. 消费信用控制

    E. 优惠利率

3. 当代各国中央银行的货币政策目标一般包括(　　)。

    A. 充分就业　　　　B. 稳定物价　　　　C. 财政收支平衡

    D. 国际收支平衡　　E. 经济增长

4. 一个完整的货币政策包括(　　)

    A. 货币政策最终目标　　　　　　　B. 货币政策效应

    C. 货币政策工具　　　　　　　　　D. 货币政策中介目标

    E. 货币政策传导机制

5. 适宜的货币政策中介指标应该符合(　　)等原则。

    A. 相关性　　　　B. 可控性　　　　C. 可测性　　　　D. 抗干扰性

    E. 与经济、金融体制的适应性

6. 货币政策的内部时滞包括(　　)。

    A. 认识时滞　　　　B. 决策时滞　　　　C. 影响时滞　　　　D. 效应时滞

    E. 执行时滞

7. 下列关于货币政策的说法正确的有(　　)。

    A. 它是以总量调节为主的政策　　　B. 它是以结构调节为主的政策

    C. 它是调节总需求的政策　　　　　D. 它是调节总供给的政策

    E. 它通过调节总供给而间接影响总需求

8. 属于中期借贷便利 MLF 的特点的是(　　)

    A. 期限较长,可以是 1 个月、3 个月、6 个月

    B. 主动发起方是中央银行

    C. 一般采用抵押的方式

    D. 到期后可展期

    E. 资金投放方向主要是"三农"和小微企业

9. 影响货币政策效应的因素主要是（　　　）

A. 货币政策透明度　　　　　　　B. 微观经济主体的预期

C. 货币政策时滞　　　　　　　　D. 货币政策中介目标

E. 货币流通速度

10. 公开市场业务的优点主要有（　　　）

A. 中央银行掌握主动权　　　　　B. 可以进行微调

C. 可逆向操作　　　　　　　　　D. 可连续操作

E. 操作迅速，见效快

四、简答

1. 如何理解货币政策的各个目标及其之间的关系？

2. 什么是货币政策的中介目标？选择的标准是什么？

3. 传统的货币政策的三大工具是什么？对其政策效果如何进行评价？

4. 什么是货币政策时滞？货币政策时滞分为哪几类？

5. 货币政策与财政政策应怎样协调配合？

6. 什么是 SLO、PSL、SLF、MLF，这几种货币政策工具如何应用？

五、案例分析题

[案例 1]2001 年 9 月 11 日，恐怖组织对美国世贸中心大楼的袭击，不但使美国的航空与保险业陷入困境，而且也扰乱了美国支付与金融体系的正常运行，从而对整个国民经济带来严重的后果。一方面，企业与个人对流动性的需求大幅增加；另一方面，不确定性的增加和资产价格的下降也削弱了银行和其他金融机构的贷款意愿。这一切，对已陷入衰退的美国经济来说，无异于雪上加霜。为了最大限度地减少"9·11"事件对经济复苏的不利影响，美联储通过多种渠道，采取了有力的措施以图恢复市场信心和保证金融与支付体系的正常运行。下面是美联储为"9·11"事件所采取的六大措施，请仔细阅读，并回答问题。

（1）美联储通过其在纽约的交易中心以回购协议的方式为市场注入大笔资金，2001年 9 月 12 日，美联储持有的有价证券金额高达 610 亿美金，在此之前，美联储日平均证券余额仅为 270 亿美金。

（2）美联储通过再贴现直接将货币注入银行体系。9 月 12 日的再贴现余额高达 450亿美金，远远超过在此之前的 5 900 万美金的日平均余额。

（3）美联储联合通货监理局（OCC）劝说商业银行调整贷款结构，为出现临时性流动性问题的借款人发放专项贷款。并声称，为帮助商业银行实现这一目的，美联储随时准备提供必要的援助。

（4）由于交通运输问题妨碍了票据的及时清算，美联储于 9 月 12 日将支票在途资金扩大到 230 亿美金，几乎是此前日平均金额的 30 倍。

（5）美联储很快与外国中央银行签署了货币互换协议，对已有的货币互换协议，也扩大了其协议的金额。

（6）在 9 月 17 日清晨，联邦公开市场委员会（FOMC）又进一步将联邦基金利率的目标利率定为 3%，下降了 0.5 个百分点。同日晚些时候，纽约股票交易所重新开业。

思考：

(1)美联储的上述六大政策各有何不同？哪些政策动用了一般性政策工具？哪些政策平常很少使用？

(2)美联储通过哪些手段增加了货币供应量？增加货币供应量对一国经济有何影响？

［案例 2］为引导金融机构加大对小微企业的支持力度，增加银行体系资金的稳定性，优化流动性结构，中国人民银行决定，从 2018 年 4 月 25 日起，下调大型商业银行、股份制商业银行、城市商业银行、非县域农村商业银行、外资银行人民币存款准备金率 1 个百分点；同日，上述银行将各自按照"先借先还"的顺序，使用降准释放的资金偿还其所借央行的中期借贷便利（MLF）。

央行有关负责人表示，此次对部分金融机构降准以及置换中期借贷便利（MLF）的操作，主要涉及大型商业银行、股份制商业银行、城市商业银行、非县域农村商业银行、外资银行，这几类银行目前存款准备金率的基准档次为相对较高的 17% 或 15%，借用 MLF 的机构也都在这几类银行之中。其他存款准备金率已经处在较低水平的金融机构不在此次操作范围。

关于此次通过降准置换中期借贷便利的主要考虑，央行表示，当前我国小微企业仍面临融资难、融资贵的问题。为了加大对小微企业的支持力度，可以通过适当降低法定存款准备金率置换一部分央行借贷资金，进一步增加银行体系资金的稳定性，优化流动性结构，同时适当释放增量资金。

请结合案情思考：

1.什么是稳健中性的货币政策？

2.我国此次降低法定准备金率的背景是什么？

3.此次降低法定金率的作用是什么，会达到怎样的效果？

4.根据凯恩斯学派的货币政策传导机制理论，这种货币政策工具如何传导以实现最终的货币政策目标？

本章推荐阅读书目

1.李桂君：《中国货币政策的传导机制与操作规则》，经济科学出版社 2011 年版。

2.孟建华：《中国货币政策的选择与发展》，中国金融出版社 2006 年版。

3.汪洋：《中国货币政策工具研究》，中国金融出版社 2009 年版。

4.赵进文：《中国货币政策与经济增长的实证研究》，北京大学出版社 2007 年版。

5.博芬格著，黄燕芬译：《货币政策：目标、机构、策略和工具》，中国人民大学出版社 2013 年版。

第7章 国际收支与外汇

本章导图

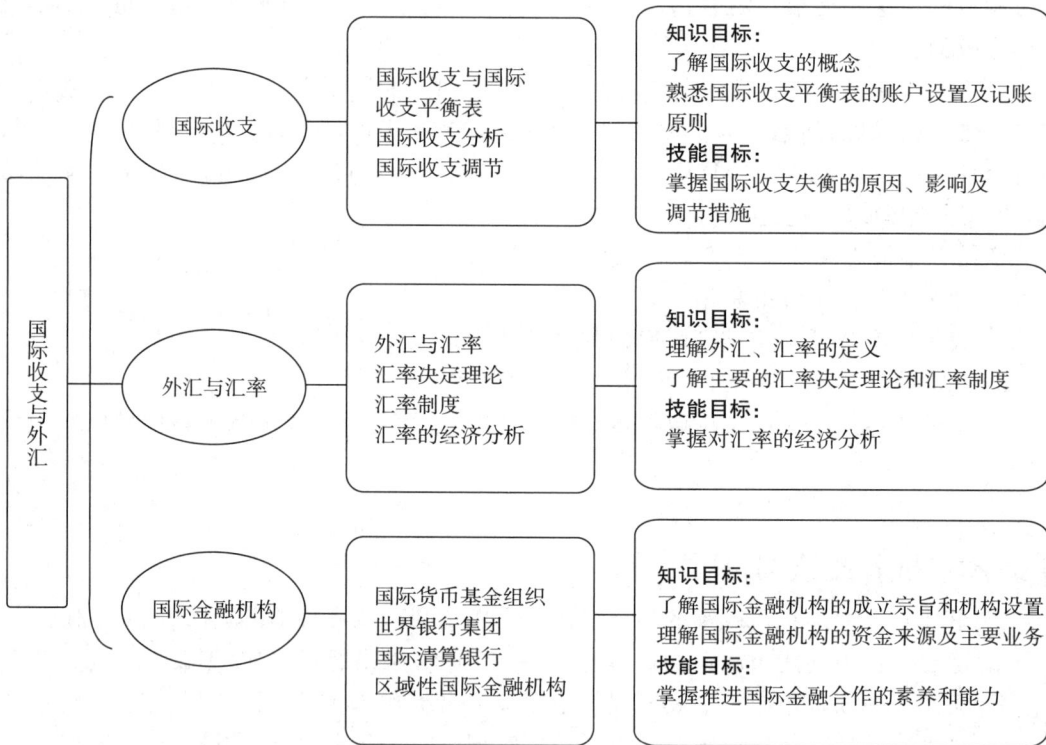

国际收支与外汇	国际收支	国际收支与国际收支平衡表 国际收支分析 国际收支调节	**知识目标：** 了解国际收支的概念 熟悉国际收支平衡表的账户设置及记账原则 **技能目标：** 掌握国际收支失衡的原因、影响及调节措施
	外汇与汇率	外汇与汇率 汇率决定理论 汇率制度 汇率的经济分析	**知识目标：** 理解外汇、汇率的定义 了解主要的汇率决定理论和汇率制度 **技能目标：** 掌握对汇率的经济分析
	国际金融机构	国际货币基金组织 世界银行集团 国际清算银行 区域性国际金融机构	**知识目标：** 了解国际金融机构的成立宗旨和机构设置 理解国际金融机构的资金来源及主要业务 **技能目标：** 掌握推进国际金融合作的素养和能力

案例导读

中美贸易摩擦

2018年的夏天，除了在俄罗斯举行的世界杯之外，最能引起世人关注的应该就是不断发酵的中美贸易摩擦了。2018年7月6日，美国特朗普政府正式开始对340亿美元中国商品加征关税，另外160亿美元将征求民众意见。之后，中国做出同等关税回击，标志着两个世界最大经济体之间的贸易战正式拉开序幕。

城门失火必定殃及池鱼。对于许多东盟国家来说,中国和美国都是其重要的贸易伙伴,在这场贸易战中难免会受到或多或少的影响。从农业到制造业,从企业到政府高层,随着中美贸易摩擦的不断升温,东盟各界也在审视波澜再起的中美贸易摩擦会给各国带来怎样的影响,以及如何寻找相应的对策。

资料来源:今日头条网站。

第一节　国际收支

国际收支均衡、经济增长、充分就业与物价稳定共同构建了一国宏观经济的四大追求目标,作为外部平衡目标,国际收支是开放经济中政府决策者关注的最重要经济指标。国际收支的平衡与否不仅会对一国货币汇率以及对外经济关系与政策产生直接影响,还与国内经济政策的制定和调整密切相关。

一、国际收支与国际收支平衡表

(一)国际收支

1. 国际收支的含义

国际收支(balance of payment)的概念产生于 17 世纪,随着国际经济交易内容的不断扩大,它经历了一个由狭义向广义演变的过程。早在 17 世纪初,国际收支被理解为一个国家的对外贸易收支,且仅限于立即结清的现金收支。第一次世界大战后,国际收支的含义由外贸收支扩大为外汇收支,包括贸易和非贸易收支,这就是狭义的国际收支概念。第二次世界大战后,国际收支的概念不再以现金为基础,而是以交易为基础,国际收支不仅包括贸易收支和非贸易收支,还包括资本的输出输入,从而形成广义的国际收支概念。广义的国际收支概念是指一个国家或地区居民与非居民在一定时期内全部经济交易的货币价值之和。

此外,国际货币基金组织(International Monetary Fund,简称 IMF)自 1945 年成立后,为了统一认识,也对国际收支概念进行了解释。在 2009 年 6 月出版的第六版《国际收支手册》(Balance of Payments and International Investment Position Manual,简称 BPM6)中,IMF 指出,国际收支是对特定时期内一个经济体和世界其他经济体之间的各项经济交易的系统记载。这些经济交易大部分是居民和非居民之间进行的,包括货物、服务、收入、对世界其他经济体的金融债权和债务的交易以及转移项目(如礼赠等),还包括会计意义上用于平衡的对应分录。交易定义为经济流量,反映经济价值的产生、转化、交换或消失,并涉及货物或金融资产所有权的变更、服务的提供或劳务及资本的提供。

2. 国际收支的基本特征

根据 IMF 的解释,可以从以下四个层次对国际收支概念的内涵进行理解:

(1)国际收支是一个流量概念,它与一定的报告期相对应。各国通常是以 1 年为报告期。

(2)国际收支所反映的内容是以货币记录的经济交易,包括交换、转移、移居和其他根据推论而存在的交易四类。

（3）国际收支记录的经济交易必须是本国居民与非居民之间发生的经济交易。在国际收支统计中，居民是指一个国家的经济领土内具有经济利益的经济单位和自然人。在一国居住超过 1 年以上的法人和自然人均属该国的居民，而不管该法人和自然人的注册地和国籍。

（4）国际收支是一个事后的概念，是对已发生事实的记录。

(二)国际收支平衡表

国际收支平衡表(balance of payments statement)是系统记录一个经济体一定时期内居民与非居民之间各项经济交易的一种统计报表(详见表 7-1)。一个国家的国际收支情况，集中反映在该国的国际收支平衡表上。

表 7-1　国际收支平衡表(国际货币基金组织 2009 年第六版)

账　　户	贷方	借方	差额
一、经常账户			
1. 货物和服务			
1.1 货物			
1.2 服务			
2. 初次收入			
2.1 雇员报酬			
2.2 投资收入			
2.3 其他初次收入			
3. 二次收入			
二、资本和金融账户			
1. 资本账户			
1.1 非生产、非金融资产的收买或放弃			
1.2 资本转移			
2. 金融账户			
2.1 直接投资			
2.2 证券投资			
2.3 金融衍生产品(储备除外)和雇员认股权			
2.4 其他投资			
2.5 储备资产			
三、误差与遗漏账户			

1. 国际收支平衡表的编制原则

（1）复式记账原则，即国际收支平衡表按照"有借必有贷，借贷必相等"的原则编制。

也就是说,同一笔国际经济交易要同时记入有关项目的借方和贷方,且金额相等。一切收入项目或负债的增加、资产的减少记入贷方,称正号(＋)项目;一切支出项目或资产的增加、负债的减少记入借方,称负号(－)项目。

(2)权责发生制原则,即国际收支记载时间按权责发生制原则进行,一旦经济价值产生、改变、交换、转移或消失,交易就被记录下来,一旦所有权发生变更,债权债务就随之出现。

(3)计价原则,即国际收支原则上按成交时的市场价格来计价。

(4)单一货币记账原则,即所有记账单位折合成同一种货币。目前我国国际收支平衡表使用的记账单位是美元。

2. 国际收支平衡表的主要内容

2009年,IMF公布了《国际收支手册》第六版,对国际收支平衡表的概念、准则、惯例、分类方法以及标准构成等都作了统一的规定和说明。国际收支平衡表的账户是根据经济资源的本质来划分的,包拓经常账户、资本和金融账户、错误与遗漏账户三大项目。

(1)经常账户(current account)。这是国际收支平衡表中最基本、最重要的项目,反映一国与他国之间真实资源的转移状况。该账户下设三个子项目:①货物和服务,其中货物即有形贸易,包括一般商品的进出口;服务即无形贸易,指由各国之间相互提供劳务或服务所引起的收支。②初次收入,即因生产要素(如劳动力、资本)在国际间流动而引起的要素报酬收支,包括雇员报酬、投资收入和其他初次收入三个细目。③二次收入,指实物或金融资产在国家间单方面的转移而产生的收支,包括政府单方面转移,金融公司、非金融公司、家庭以及非营利的家庭服务机构单方面转移,以及年金变动的调整三个细目。

(2)资本和金融账户(capital and financial account)。资本和金融账户是由资本账户和金融账户组成的。资本账户反映资产在居民与非居民之间的转移,它包括两个子项目:①非生产、非金融资产的收买或放弃,该项目记录与商品和服务的生产相关,但本身却不能被生产出来的有形资产(土地、矿物、森林等地下资产)和无形资产(专利、版权、商标、租赁和经营权等)的收买或放弃。②资本转移,该项目是指涉及固定资产所有权的变更及债权的减免等导致交易一方或双方资产存量发生变化的转移,主要包括政府之间的以及非政府之间的资本转移,具体有三种形式:一是固定资产所有权的转移;二是同固定资产收买或放弃相联系的或以其为债务条件的资本转移;二是债权人不索取任何回报而取消的债务。

金融账户反映的是居民与非居民之间投资与借贷的增减变化,它由以下五个子项目构成:①直接投资,是指一国的经济组织直接在国外采用各种形式,对工矿、商业、金融等企业进行的投资和利润再投资,投资者对直接投资企业拥有经营权和管理权。②证券投资,又称间接投资,指在证券市场购买他国政府发行的债券、企业发行的债券和股票所进行的投资,投资者以取得利息或股息为目的,对投资企业没有管理权和经营权。③金融衍生产品(储备除外)和雇员认股权,该项目指对诸如期权、远期合约、互换等金融衍生产品的投资。④其他投资,是指所有直接投资、证券投资或储备资产未包括的部分,如货币和存款、贷款以及其他类型的应收款项和应付款项。⑤储备资产,包括一国的黄金储备、在国际货币基金组织的储备头寸、特别提款权以及外汇储备。

（3）错误与遗漏账户（net errors and omissions account）。除了上述账户外，为了平衡经常账户、资本和金融账户的"缺口"，国际收支平衡表另外还设置了一个平衡项目——错误与遗漏账户，该项目是人为设置用于调整统计误差的。由于各部门统计口径的差异、同一笔交易发生于借方和贷方的时间差或者存在逃避管制的非法资金流动等原因，使得实际编制国际收支平衡表的过程，总会出现一定的错误与遗漏。该项目的设立可以保证借方和贷方的总额相等。

课堂讨论

国际收支平衡表各分项目的记账规则

如教材中提到的，国际收支平衡表是按照复式记账原理编制的，"有借必有贷，借贷必相等"，即同一笔国际经济交易要同时记入有关项目的借方和贷方，且金额相等。借方记录支出项目或资产的增加、负债的减少，贷方记录收入项目或负债的增加、资产的减少（详见表7-2）。

表 7-2　国际收支平衡表各分项目的记账规则

项　　目			借方	贷方
经常账户	商品贸易		进口	出口
	服务贸易		输入	输出
	初次收入	雇员报酬	外国居民受雇本国所获收入	本国居民受雇国外所获收入
		投资收益	外国居民购买本国证券所获收入	本国居民购买国外证券所获收入
		其他初次收入	外国居民获得的其他初次收入	本国居民获得的其他初次收入
	二次收入		移出	移入
资本账户	非生产、非金融资产的收买或放弃		收买	放弃
	资本转移		移出	移入
金融账户	直接投资	外国直接投资	减少	增加
		本国对外直接投资	增加	减少
	证券投资	资产	居民购买外国证券	居民出售外国证券
		负债	非居民出售本国证券	非居民购买本国证券
	金融衍生产品和雇员认股权	资产	居民购买外国金融衍生产品	居民出售外国金融衍生产品
		负债	非居民出售本国金融衍生产品	非居民购买本国金融衍生产品
	其他投资	资产	增加	减少
		负债	减少	增加
平衡账户	官方储备（储备资产）		增加	减少
	错误与遗漏		与上述各项余额数值相等，符号相反	

试问：国际收支平衡表中各分项目具体的记账规则分别是什么呢？

二、国际收支分析

（一）国际收支平衡与失衡

国际收支状况是一国对外经济关系的缩影，反映一国经济结构的性质、经济活动的范围，也反映一国对外经济开放程度及该国在世界经济中的地位与作用。随着国际交往的深入，国际收支平衡与否将直接影响到国内经济的发展和社会的稳定。因此，各国对国际收支平衡与否都十分重视，都把其作为货币政策的一个重要目标。

按复式记账原理编制的国际收支平衡表，就表的本身来看，总是平衡的。那么，怎样判断一国的国际收支是平衡还是不平衡呢？

国际上通行的方法是将国际收支平衡表上的各个项目分为两类不同性质的交易：自主性交易（autonomous transaction）和调节性交易（accommodating transaction）。前者是指企业和个人为某种自主性目的（如追逐利润、旅游、汇款、赡养亲友等）而从事的交易，如商品和服务的输出入、赠与、侨民汇款和长期资本流出入。后者是指在自主性交易产生不平衡时所进行的用以平衡收支的弥补性交易，如为弥补国际收支逆差而向外国政府或国际金融机构借款、动用国际储备等。自主性交易是由生产经营、单方面支付和投资的需要所引起的，与国际收支其他项目的大小无关；而调节性交易是因为国际收支其他项目出现差额需要去弥补，才相应发生的。通常判断一国国际收支是否平衡，主要是看其自主性交易是否平衡。如果一国国际收支不必依靠调节性交易而通过自主性交易就能实现基本平衡，则是国际收支平衡；反之，则为失衡。

由于统计上和含义上很难精确区别自主性交易与调节性交易，因此，按交易动机识别国际收支平衡与否的方法仅仅只能提供一种思维方式，很难将这一方式付诸实践。按照人们的传统习惯和国际货币基金组织的做法，国际收支不平衡可通过以下四种口径，根据差额状况进行衡量：贸易收支差额、经常项目收支差额、资本和金融项目差额、综合项目差额。

（二）国际收支失衡的原因

国际收支失衡可能是由多种原因引起的。按形成原因不同，国际收支失衡可以分为以下几种：

（1）结构性失衡，是指因国内经济、产业结构不能适应世界市场的变化而发生的国际收支不平衡。这种失衡通常反映在贸易项目或经常项目上。

（2）周期性失衡，是指由于经济的周期性波动而使一国的总需求、进出口贸易和收入受到影响而引发的国际收支失衡情况。

（3）收入性失衡，是指一国国民收入相对快速增长，导致进口需求的增长超过出口增长而引起的国际收支不平衡。

（4）货币性失衡，是指在一定汇率水平下，一国的物价与商品成本高于其他国家，引起出口货物价格相对高昂、进口货物价格相对便宜，从而导致贸易收支和国际收支的失衡。

（5）政策性失衡，是指因一国推出重要的经济政策或实施重大改革而引发的国际收支不平衡。

（6）临时性失衡，是指由于季节性变化、气候变化、政局变动或者短期游资的冲击等偶然性事件带来的国际收支不平衡。

（三）国际收支失衡对经济的影响

（1）国际收支持续性逆差不利于一国的对外经济交往。外汇供给的不足将导致本币贬值，本币的国际地位降低可能引发短期资本外逃。如果一国长期处于逆差状态，不仅会严重消耗一国的储备资产，影响其金融实力，而且还会使该国的偿债能力降低，以致失去在国际间的信誉。

（2）国际收支持续性顺差也会给一国经济带来不利的影响。持续性顺差会使本国货币的汇率上涨，不利于本国商品的出口，从而对本国经济的增长产生不良影响。持续性顺差还意味着该国政府必须投放本国货币来购买市场上积存的大量外汇，从而增加了该国的货币流通量，带来了通货膨胀压力。此外，持续性顺差还容易引起国际摩擦，不利于国际经济关系的发展。

可见，一国国际收支持续不平衡时，无论是顺差还是逆差，都会给该国经济带来危害，政府必须采取适当的调节，使该国的国内经济和国际经济得到健康的发展。

典型案例

希腊国际收支与债务

2008年经济危机爆发后，希腊经济连续处于衰退阶段。2010年年初欧债危机爆发后，希腊更是陷入深度的衰退之中，GDP持续下降，失业率也长期高达10%以上，2012年希腊经常项目的赤字为46亿欧元。同时，国内反对财政紧缩的罢工依然不断，希腊很难在短期内通过经济快速增长的方式来弥补财政赤字并偿还债务（见图7-1），在中期内希腊只能通过开源节流的方式来弥补财政赤字。

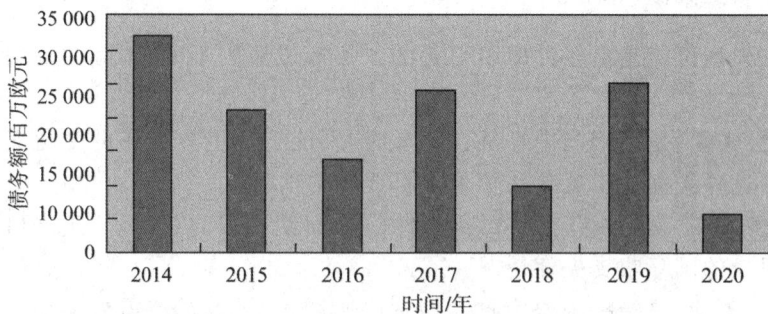

图7-1　希腊每年应偿还的债务额

数据来源：Bloomberg网站。

希腊央行行长、欧洲央行理事会成员普罗沃普洛斯（George Provopoulos）曾指出，希腊的国际收支赤字是不可持续的，需要采取一系列政策组合拳，包括恢复宏微观经济的不平衡，提高经济竞争力和生产力，以恢复可持续性。如果不继续推进经济改革，该国将付出很大的代价。普罗沃普洛斯还表示，大量的债务和赤字只是部分源于经济衰退，主要则是长期宏观经济失衡的结果。

所幸，希腊政策组合拳带来了效果。2013 年，希腊出现自 1948 年有记录以来的首次国际收支经常项目顺差，意味着希腊不再在进口上支出很多，而是通过商品和服务获得收入。这 12.4 亿欧元的顺差中有 16% 是由该国最大的旅游产业收入增长所贡献的。

资料来源：外汇网网站。

三、国际收支调节

国际收支失衡的调节主要有两种方式：一是自动调节，二是政策调节。自动调节是指在经济货币体系中因某种机制的存在，国际收支失衡一定时期后可自动恢复平衡。政策调节是指货币当局通过采取系列政策和措施，促使国际收支趋于平衡。

(一)国际收支自动调节机制

1. 金本位制度下的国际收支自动调节机制

金本位制度下的国际收支自动调节机制又被称为"价格—现金流动机制"，是 1752 年由英国经济学家休谟·大卫最早提出来的，所以又称"休谟机制"。在金本位条件下，当一国国际收支出现逆差时，意味着对外支付大于收入，黄金外流增加，导致货币供给下降；在其他条件既定的情况下，物价下降，该国出口商品价格也下降，出口增加，国际收支因此得到改善。

2. 纸币本位制度下的国际收支自动调节机制

在纸币本位下，国际收支的自动调节机制又细分为固定汇率制度下的自动调节机制和浮动汇率制度下的自动调节机制。在固定汇率制度下，由于一国当局为了维持汇率的稳定，会通过外汇储备变动来干预外汇市场，而这种干预行为会引起利率、价格和国民收入的变动，因此，固定汇率制度下的国际收支自动调节机制是通过国内宏观经济变量的变化来影响国际收支使之趋于平衡的。在浮动汇率制度下，国际收支的自动调节机制是通过汇率变动来实现的，即国际收支差额会引起汇率的变化，并通过后者调节国际收支。

(二)国际收支政策调节措施

当一国出现国际收支失衡、市场失灵时，国际收支自动调节机制的作用将被削弱或失效，政府可通过财政政策、货币政策、汇率政策、直接管制政策、供给调节政策等来进行国际收支调节。以财政政策与货币政策为例，当一国出现国际收支逆差时，政府可以采取紧缩的财政政策，降低投资和消费，使物价相对下降，从而刺激出口，减少进口，改善国际收支。同时，该国还可以通过提高再贴现率促使利率上升，抑制投资和消费，使物价下降影响进出口来改善国际收支。上述政策在调整国际收支时可能会同国内其他经济目标发生冲突，存在一定的局限性。此外，各国政府调节国际收支时往往以本国利益为出发点，采取的有关调节措施可能对其他国家产生不利影响,从而导致其他国家采取相应的报复措施。因此,在开放经济条件下,各国政府之间需要加强对国际收支调节政策的国际协调和合作,以维护世界经济的正常秩序与运转。

第二节 外汇与汇率

一、外汇与汇率

(一)外汇

外汇(foreign exchange)是实现国际经济活动的基本手段,是国际金融基本概念之一,它兼具动态和静态两种含义。

动态的外汇是国际汇兑的简称,是指一种行为,即把一国货币兑换成另一国货币,借以清偿国际间债权债务关系的一种专门性的经营活动。静态的外汇是指一种支付手段,即以外币表示的、用以清偿国际间债权债务关系的一种支付手段和工具。通常意义上对外汇的定义,即指它的静态定义。

国际货币基金组织曾对外汇作过明确的定义:"外汇是货币行政当局(中央银行、货币管理机构、外汇平准基金组织及财政部)以银行存款、国库券、长短期政府债券等形式所保有的在国际收支逆差时可以使用的债权。"该定义是从外汇的内涵角度对外汇进行的诠释。当然这一内涵必将随着国际金融业务活动的不断扩大以及金融支付结算工具和信用工具的不断发展而日益增多。就现阶段而言,外汇的具体内容有:外币现钞(包括纸币和铸币)、外币支付凭证(包括票据、银行存款凭证、银行卡等)、外币有价证券(包括债券、股票等)、其他外汇资产。

虽然外汇必须以外币表示,但并非所有以外币表示的货币都可称为外汇,只有可以自由兑换的外币,才能称为外汇。因此,外汇必须符合两个条件:其一是必须以外国货币表示,其二是这些货币必须满足可自由兑换的条件。

从外汇的构成条件可以总结出外汇的主要特点:一是普遍接受性,即必须是国际上普遍能接受的外币资产;二是可偿性,即这种外币债权可以保证得到偿付;三是可兑换性,即可以自由兑换为其他外币资产或支付手段。常用国家和地区货币名称、货币符号对照表见表 7-3。

表 7-3　常用国家和地区货币名称、货币符号对照表

国家和地区名称	货币名称(中文)	货币名称(英文)	货币符号	货币国际标准代码
中国 CN	人民币元	Renminbi Yuan	RMB¥	CNY
英国 GB	英镑	Pound,Sterling	£	GBP
美国 US	美元	U. S. Dollar	U. S. $	USD

续表

国家和地区名称	货币名称(中文)	货币名称(英文)	货币符号	货币国际标准代码
欧盟 EU	欧元	Euro		EUR
日本 JP	日元	Japanese Yen	￥,J￥	JPY
瑞士 CH	瑞士法郎	Swiss Franc	SF. ,SFR	CHF
加拿大 CA	加拿大元	Canadian Dollar	Can. $	CAD
新加坡 SG	新加坡元	Singapore Dollar	S. $	SGD
中国香港 HK	港币	Hongkong Dollar	HK $	HKD
澳大利亚 AU	澳元	Australian Dollar	$ A.	AUD

资料来源:中国外汇管理局。

知识拓展

金砖国家国际影响力持续上升

最早提出"金砖四国"这一概念的是美国高盛公司。2003 年,高盛公司在一份题为《与 BRICs 一起梦想:通往 2050 年的道路》的全球经济报告中认为,尽管"金砖四国"(中国、俄罗斯、印度、巴西)存在各个方面的差异和缺陷,但作为一个整体将在不到 40 年内实现经济腾飞,总体经济规模将超过世界最大的六个经济体(G6)。该报告还称,到 2050 年时,只有美国和日本仍能位于 G6 之列,其他国家都将被金砖四国挤出世界前六名。2010 年末,南非被四国邀请加入合作机制,"金砖四国"正式发展成为"金砖国家"(BRICS)。

近年来金砖国家之间通过开展贸易、投资、旅游、技术等方面的合作,有效地应对了失业、贫困等多重挑战。金砖国家还积极讨论开发一种"数字货币",以消除金砖国家之间的贸易壁垒,减少金砖国家对美元的依赖。未来金砖国家还会在"金砖+"的平台上,加强与其他国家和地区的互联互通。尤其是一些非洲国家借助中国提出的"一带一路"倡议激活了本国经济,为未来可持续发展找到更大的空间。

资料来源:中国社会科学网网站。

(二)汇率

不同国家之间的货币进行交换,必定涉及货币的比价问题,于是就出现了汇率。汇率(foreign exchange rate)又称汇价,指一个国家的货币折算成另一个国家货币的比率,即两国货币进行买卖的比价,它反映一国货币的对外价值。

折算两种货币的比率,首先要确定以哪一国货币作为标准,这称为汇率的标价方法。国际上常用的汇率标价方法有两种:直接标价法和间接标价法。

(1)直接标价法。直接标价法又称应付标价法,是指以一定单位(1、100、1000、10000个单位)的外国货币为标准,折算为若干单位本国货币的表示方法。在直接标价法下,外汇汇率的升降和本国货币的价值变化成反比例关系：本币升值,汇率下降；本币贬值,汇率上升。目前除美元、英镑、欧元、爱尔兰镑、澳大利亚元、新西兰元以外,其他货币的汇率均采用直接标价法表示。我国人民币汇率也是采用直接标价法(见表 7-4)。

（2）间接标价法。间接标价法又称应收标价法,是指以一定单位(1、100、1000、10000个单位)的本国货币为标准,折算为若干单位外国货币的表示方法。在间接标价法下,外汇汇率的升降和本国货币的价值变化成正比例关系：本币升值,汇率上升；本币贬值,汇率下降。

表 7-4　中国银行外汇牌价

单位：人民币/100 外币 　　　　　　　　　　　　　　　　　　　　　发布时间：2020-07-07

货币名称	现汇买入价	现钞买入价	现汇卖出价	现钞卖出价	中行折算价
美元	700.28	694.58	703.25	703.25	702.07
欧元	788.87	764.36	794.69	797.25	791.7
英镑	876.37	849.14	882.82	886.72	880.73
港币	90.35	89.63	90.71	90.71	90.59
日元	6.5015	6.2995	6.5493	6.5594	6.525
澳大利亚元	485.31	470.23	488.88	491.05	487.57
加拿大元	514.23	497.99	518.02	520.31	516.04
瑞士法郎	742.66	719.74	747.88	751.08	744.88
瑞典克朗	75.59	73.25	76.19	76.56	75.83
新加坡元	500.96	485.5	504.48	506.99	503.21
泰国铢	22.37	21.68	22.55	23.26	22.48

资料来源：中国银行网站。

二、汇率决定理论

汇率决定理论是国际金融理论的核心内容之一,主要分析汇率受什么因素决定和影响。汇率决定理论随着经济形势和西方经济学理论的发展而发展,为一国货币局制定汇率政策提供理论依据。下面就一些主要的汇率决定理论进行介绍。

(一)国际借贷说

国际借贷说(theory of international indebtedness)出现和盛行于金本位制时期,是第一次世界大战前较为流行的汇率理论。1861 年,英国经济学家葛逊(G.I.Goschen)在其所著的《外汇理论》一书中正式提出该学说。该学说的主要观点是：

1. 汇率是由外汇市场上的供求关系决定的,而外汇供求又源于国际间的借贷关系,并由此发生外汇的收入与支出,所以,国际借贷关系是汇率变动的主要依据。

2. 国际借贷关系主要是由国家间商品的进出口、劳务的输出输入、股票和公债的买卖、利润和利息及股息的支付、旅游收支、单方面转移、资本交易等引起的国际间债权债务关系。

3. 国际借贷分为固定借贷和流动借贷两个部分。前者指借贷关系已形成，但未进入实际收支阶段的借贷；后者指已进入实际收支阶段的借贷。只有流动借贷的变化才会影响外汇的供求，进而影响外汇汇率。

由于该理论中的国际借贷实际上是国际收支，因而又称为国际收支说。其主要成就在于运用了古典经济学价格理论的供求法则，通过国际收支与外汇供求的关系成功地解释了汇率短期变动的原因。其观点因符合当时的经济背景，很快被人们所接受。其缺陷在于没有说明汇率形成和决定的基础，不能解释纸币流通条件下的汇率波动，忽略了影响外汇供求的其他因素等。

(二)购买力平价说

购买力平价说(theory of purchasing power parity)是西方国家汇率理论中最具有影响力的一种理论，它由瑞典经济学家卡塞尔(G.Cassel)在其 1922 年出版的《1914 年以后的货币和外汇理论》一书中系统地提出。

这一学说的主要观点是：人们之所以需要外国货币，是因为它在发行国具有购买力。因此，一国货币对另一国货币的汇率，主要是由两国货币分别在两国所具有的购买力决定。两国货币购买力之比决定两国货币交换的比率，也就是汇率。

购买力平价有两种形式，即绝对购买力平价和相对购买力平价。前者说的是某一时点上汇率的决定；后者说的是一定时期内汇率的变动。

1. 绝对购买力平价

绝对购买力平价是指一个时间点上，两国货币间的均衡汇率取决于两个国家货币购买力之比。按照卡塞尔的理论，如果在自由贸易条件下，各国间贸易无任何费用和关税，商品套购会使世界各地商品价格一致。尽管以各国货币标示的价格不一样，但这只不过是按照汇率把以一国货币标示的价格折算成以另一国货币标示的价格而已。因此绝对购买力平价实际上也是"一价定律"(law of one price)。

2. 相对购买力平价

相对购买力平价是指在一定时期内汇率的变动同两国货币购买力水平相对变动成比例，即两国货币之间的汇率等于过去的汇率乘以两国物价上涨率之比。相对购买力平价避开了"一价定律"的严格假设，因而更富于现实意义。

购买力平价说提出后，一直在西方汇率理论中占有重要地位，它把两国货币的购买力之比作为决定其汇率的基础，这是有其合理性的，但其本身仍然存在一定的缺陷与矛盾。如该学说只考虑了可贸易商品，而没有考虑不可贸易商品，也忽视了贸易成本和贸易壁垒；没有考虑到越来越庞大的资本流动对汇率产生的冲击；同时还存在一些技术性问题，如价格指数的选择就是购买力平价理论始终未得到很好解决的难点。

(三)利率平价说

利率平价说(theory of interest rate parity)又称远期汇率理论，是由英国经济学家凯恩斯(J.M.Keynes)于 1923 年在其《货币改革论》一书中首先提出的,后经西方一些经济学家发展而成的。

利率平价理论认为,某种货币的远期汇率是由两个国家金融市场中的利率水平决定的。如果不考虑其他因素,远期汇率与即期汇率之差,等于两国利率之差。因为国际间资本流动的主要目的是获得投资收益,高利率引起资本流入,低利率引起资本流出。资本的流出流入改变外汇供求关系进而使汇率发生相应的变化,最终两国之间的利率差会由两国间的汇率差所抵消,使得同一笔资金在国内外投资的收益相等。

利率平价说从资金流动的角度指出了汇率与利率之间的密切关系,有助于正确认识现实外汇市场上汇率的形成机制,用利率的变化来解释远期汇率的运动,这在理论上和实践上都具有重大的创新和应用价值。其缺陷在于:(1)忽略了外汇交易成本;(2)假定不存在资本流动障碍,实际上,资本在国际间流动会受到外汇率管制和外汇市场不发达等因素的阻碍;(3)人为地提前假定了投资者追求在两国的短期投资收益相等,现实世界中有大批热钱追求汇率短期波动带来的巨大超额收益。

(四)汇兑心理说

汇兑心理说(psychological theory of exchange)是法国经济学家阿夫达里昂(A. Aftalion)在其 1927 年出版的《货币、物价与外汇》一书中提出的。该理论认为:汇率的变动和决定所依据的是人们各自对外汇的效用所作的主观评价。人们之所以需要外国货币,除了需要用外国货币购买商品外,还有满足支付、投资或投机和资本逃避等需要,这种欲望是使外国货币具有价值的基础。外国货币的价值决定于外汇供需双方对外国货币所作的主观评价。该主观评价又是依据使用外币的边际效用(marginal utility)所作的主观评价。不同的主观评价产生了外汇的供应与需求,供求双方通过市场达成均衡,均衡点就是外汇汇率。当均衡被打破时,汇率又将会随着人们对外汇主观评价的变化达到新的均衡。

汇兑心理说是在 1924—1926 年间,法国国际收支均为顺差但法郎的对外汇率反而下降,从而引起物价上涨的反常情况下提出的。它独树一帜,从主观心理评价的角度来探讨一国货币汇率的升降关系,把主观评价的变化同客观事实的变动结合起来考察汇率。直到目前,该学说都有相当的市场。但是该学说是以西方主观价值论——边际效用价值论为理论基础的,把汇兑心理的变动当作影响与决定汇率的依据,因此,带有一定的主观片面性,缺乏说服力。

(五)资产市场说

资产市场说(assets market approach)是 20 世纪 70 年代中期以后发展起来的一种重要的汇率决定理论。该理论是在国际资本流动高度发展的背景下产生的,因此特别重视金融资产市场均衡对汇率变动的影响。该理论认为,国际金融市场的一体化和各国资产之间的高度替代性,使一国居民既可持有本国货币和各种证券作为资产,又可持有外国的各种资产。一旦利率、货币供给量以及居民愿意持有的资产种类等发生变化,居民原有的资产组合就会失衡,进而引起各国资产之间的替换,促使资本在国际间的流动。国际间的资产替换和资本流动,又势必会影响外汇供求,导致汇率的变动。

资产市场说是资产组合选择理论的运用,在现代汇率研究领域占有重要的地位。该理论一方面承认经常项目失衡对汇率的影响,另一方面也承认货币市场失衡对汇率的影响,这在很大程度上摆脱了传统汇率理论的片面性,具有积极意义。但是,该理论也存在着明显的问题:(1)它在论述经常项目失衡对汇率的影响时,只注意到资产组合变化所产生的作用,而忽略了商品和劳务流量变化所产生的作用;(2)它只考虑目前的汇率水平对金融资产实际收益产生的影响,而未考虑汇率将来的变动对金融资产的实际收益产生的影响;(3)它的实践性较差,因为有关各国居民持有的财富数量及构成的资料,是有限的、不易取得的。

三、汇率制度

汇率制度又称汇率安排,是指一国货币当局对本国汇率变动的基本方式所作的一系列安排或规定。根据汇率决定基础和变动幅度的不同,可以把汇率制度分为固定汇率制度和浮动汇率制度两大类型。从汇率制度的演变过程来看,19 世纪末至 20 世纪初、1945年至 1973 年,世界各国主要实行的是固定汇率制度;1973 年以后则主要实行的是浮动汇率制度。从各国实行汇率制度的具体情况来看,除了纯粹的金本位制和一些短暂的历史阶段之外,完全固定的汇率制度和完全浮动的汇率制度在现实当中是极少存在的,现实中各国选择的汇率制度一般兼有固定汇率制和浮动汇率制的某些特点,发展中国家实行的汇率制度具有固定汇率制的特点多一些,发达国家实行的汇率制度则具有浮动汇率制的特点多一些。

(一)固定汇率制度

固定汇率制度是指以本位货币自身的价值或以其法定含金量作为确定汇率水平的基础,是汇率相对固定或汇率波动幅度被限定在一个狭小范围之内的汇率制度。固定汇率制度又可分为金本位制度下的固定汇率制度和布雷顿森林体系下的固定汇率制度。在金本位制度下,决定汇率的基础是铸币平价。各国货币间的汇率以铸币平价为基础,在黄金输送点范围内波动。黄金输出点是外汇汇率变动的上限,黄金输入点是外汇汇率变动的下限。布雷顿森林体系下的固定汇率制是纸币本位下以美元为中心,以黄金为基础的固定汇率制。该固定汇率制的基本内容包括两个方面:一是实行"双挂钩",即美元与黄金挂钩,其他各国货币与美元挂钩;二是货币比价确定之后,汇率波动只能在±1%的幅度内进行(1971 年 12 月以后变为±2.25%)。

(二)浮动汇率制度

浮动汇率制度是指汇率水平由外汇市场上的供求关系决定,一国不规定本币对外币的平价和上下波动幅度的汇率制度。在浮动汇率制度下,由于货币当局不再规定汇率波动幅度的界限,也不再承担维持汇率稳定的义务,汇率是根据外汇市场中的外汇供求状况自行浮动和调整的结果。然而在实践中,货币当局并非绝对不干预外汇市场的供求关系。因此,根据货币当局对市场干预程度的不同可以将浮动汇率制度分为自由浮动和管理浮动。前者也称为清洁浮动,是指货币当局对外汇市场不加任何干预,完全听任外汇供求关系影响汇率的变动。后者又称为肮脏浮动,是指货币当局对外汇市场进行干预,以使汇率朝着有利于本国利益的方向发展。目前,世界各国实行的都是管理浮动,自由浮动已成为理论上的一种模式。

知识拓展

IMF 汇率制度分类

国际货币基金组织在国际汇率体系的演进过程中起着重要的引导作用,IMF 于 1999 年提出汇率制度事实分类法,并于 2009 年对其做出了重大修订,具体分类如下(详见表 7-5):

(1)无独立法定货币的汇率安排(exchange arrangement with no separate legal tender),指一国采用另一国的货币作为其法定货币(完全外币化)或成立货币联盟,货币联盟成员拥有共同的法定货币,包括美元化汇率和货币联盟汇率。采取这种制度安排就意味着放弃了国内货币政策的独立性。

(2)货币局制度(currency board arrangement),指货币当局规定本国货币与某一外国货币保持固定的交换比率,并且对本国货币的发行做特殊限制以保证履行这一法定义务。货币局制度要求货币当局发行货币时,必须有等值的外汇储备作保障,并严格规定汇率,没有改变平价的余地。

(3)传统钉住安排(conventional pegged arrangement),指一个国家正式地或名义上以一个固定的汇率将其货币钉住另一种货币或一个货币篮子。国家当局通过直接干预或间接干预随时准备维持固定平价。

(4)稳定化安排(stabilized arrangement),又称为类似钉住(peg-like)制度,该制度要求无论是对单一货币还是对货币篮子,即期市场汇率的波幅要能够保持在一个 2% 的范围内至少 6 个月(除了特定数量的异常值或步骤调整),并且不是浮动制度。作为稳定化安排要求汇率保持稳定是官方行动的结果。

(5)爬行钉住(crawling peg),指汇率按预先宣布的固定范围作较小的定期调整或对选取的定量指标(诸如与主要贸易伙伴的通货膨胀差或主要贸易伙伴的预期通胀与目标通胀之差)的变化做定期的调整。在爬行钉住制度下,货币当局每隔一段时间就对本国货币的汇率进行一次小幅度的贬值或升值。

(6)类似爬行安排(crawl-like arrangement),该制度要求汇率相对于一个在统计上识别的趋势必须保持在一个 2% 的狭窄范围内(除了特定数量的异常值)至少 6 个月,并且该汇率制度不能被认为是浮动制度。通常,要求最小的变化率大于一个稳定化安排所允许的变化率。

(7)水平带钉住(pegged exchange rate within horizontal bands),该制度要求围绕一个固定的中心汇率将货币的价值维持在至少 ±1% 的某个波动范围内,或汇率最大值和最小值之间的区间范围超过 2%。中心汇率和带宽是公开的或报知 IMF。

(8)浮动(floating),该制度要求汇率在很大程度上由市场决定,没有一个确定的或可预测的汇率路径。在浮动制度下，外汇市场干预可以是直接的或间接的，旨在缓和变化率和防止汇率的过度波动，但是以一个特定的汇率水平为目标的政策与浮动制度是不相容的。

（9）自由浮动（free floating），在该制度下市场干预只是偶尔发生，旨在处理无序的市场状况，并且如果当局已经提供信息和数据证明在以前的 6 个月中至多有 3 例干预，每例持续不超过 3 个商业日。如果 IMF 不能得到所要求的信息或数据，该制度将被归类为浮动制度。

（10）其他管理安排（other managed arrangement），这是一个剩余类别，当汇率制度没有满足任何其他类别的标准时被使用。

表 7-5　IMF1999 年与 2009 年汇率制度分类方法对比

类　型	1999 年的事实分类法	国家数	2009 年的事实分类法	国家数
硬钉住	无独立法定货币的汇率安排	10	无独立法定货币的汇率安排	10
	货币局制度	13	货币局制度	13
	合计	23	合计	23
软钉住	传统固定钉住	68	传统钉住安排	42
			稳定化安排	13
	水平带钉住	3	水平带钉住	4
	爬行钉住	8	爬行钉住	5
	爬行区间钉住	2	类爬行钉住	1
	合计	81	合计	65
浮动型	管理浮动	44	浮动	46
	单独浮动	40	自由浮动	33
	合计	84	合计	79
其他管理安排	合计	—	合计	21
汇总		188		188

资料来源：IMF 网站。

四、汇率的经济分析

(一)影响汇率变动的主要因素

在各国普遍实行浮动汇率制的今天，影响汇率变动的因素错综复杂，这些因素既有经济的，也有非经济的，且各因素之间又有相互联系、相互制约甚至相互抵消的关系。因此，汇率的变动是一个极其复杂的问题。从市场变化来看，主要受制于外汇供求，具体来说，在纸币流通条件下，影响汇率变动的主要因素有国际收支、通货膨胀、利率水平、经济增长速度、财政和货币政策等。

1. 国际收支状况

一国国际收支大体上能够反映该国对外汇的供求状况。一般情况下,一国国际收支出现逆差,就意味着在外汇市场上外汇供不应求,本币供过于求,结果是外汇汇率上升,本币汇率下降;反之,一国国际收支顺差则意味着外汇供过于求,本币供不应求,结果是外汇汇率下降,本币汇率上升。

2. 通货膨胀率

国内外通货膨胀率差异是决定汇率中长期趋势的主导因素。它影响汇率的传导机制包括:(1)当一国通货膨胀率高于其他国家时,该国商品出口竞争力下降,引起贸易收支逆差,从而导致本币贬值,外汇汇率上升;(2)通货膨胀使一国实际利率下降,资本流出,引起资本账户逆差,从而引起本币贬值,外汇汇率上升。总之,如果一国通货膨胀率高于他国,该国货币在外汇市场上趋于贬值,即外汇汇率上升;反之则趋于升值,即外汇汇率下跌。

3. 利率水平

各国利率水平的高低差异对汇率的影响尤其在短期极为显著。利率影响汇率的传导机制包括:(1)一国利率上升会吸引资本流入,在外汇市场上形成对该国货币的需求,从而导致该国货币升值;(2)利率上升意味着信用减缩,会抑制该国通货膨胀和总需求,这会使一国进口减少,从而有助于该国货币升值。

4. 经济增长差异

一国经济增长势头的高低对汇率的影响是多方面的。一方面,一国经济增长率高,意味着该国国民收入增加,社会需求增加,可能导致进口扩张,从而扩大外汇需求,推动本币贬值。另一方面,一国经济增长率提高,往往也意味着生产率的提高和生产成本的降低,由此提高本国产品的国际竞争力,刺激出口,增加外汇供给,引起本币升值。同时,经济增长势头好,意味着投资利润高,会吸引外国资本流入,促使该国资本和金融账户收支改善,从而抬高本币汇率。总的来说,高经济增长率在短期内不利于本国货币汇率的走高,但从长期来看却强有力地支撑着本国货币的升值。

5. 财政、货币政策

一国政府的财政、货币政策对汇率变化的影响虽然是间接的,但也非常重要。一般而言,扩张性的财政、货币政策造成的巨额财政赤字和通货膨胀,会使本国货币对外贬值;紧缩性的财政、货币政策会减少财政支出,稳定通货,支撑本国货币对外升值。但这种影响是相对短期的,其长期影响要视财政、货币政策对经济实力和长期国际收支状况的影响而定,如果扩张政策能最终增强本国经济实力,促使国际收支顺差,那么本币对外必然升值;如果紧缩政策导致本国经济停滞不前,国际收支逆差扩大,那么本币对外必然贬值。

6. 其他因素

一些非经济因素、非市场因素的变化往往也会波及外汇市场。一国政局动荡、有关领导人的更替、政府干预、战争爆发、市场投机、心理预期等等,都会导致汇率的暂时性或长期性变动。其原因在于,无论是政治因素、战争因素或其他因素,一旦发生变化,都会不同程度地影响有关国家的经济政策、经济秩序和经济前景,从而造成外汇市场上人们的心理恐慌,人们或者寻求资金安全、保值,或者乘机进行投机、获利,都会进行迅速的外汇交易,引起市场行情的波动。

另外,诸如黄金市场、股票市场、石油市场等其他投资品市场价格发生变化也会引致外汇市场汇率联动。这是由于国际金融市场的一体化,资金在国际间的自由流动,使得各个市场间的联系十分密切,价格的相互传递成为可能和必然。

(二)汇率变动的经济影响

在当今的浮动汇率制度下,汇率变动频繁而剧烈。汇率变动对一国的国际收支、国内经济以及整个世界经济都有重大影响。

1. 汇率变动对一国国际收支的影响

(1)汇率变动对贸易收支的影响

汇率变动会引起进出口商品价格的变化,抑制或刺激国内外居民对进出口商品的需求,从而引起一国进出口贸易发生变化,也就引起了贸易收支的变化。在一般情况下,如果一国货币汇率下跌,即本币贬值、外币升值,则有利于该国增加出口,抑制进口,从而改善该国的贸易收支状况。相反,如果一国货币汇率上升,即本币升值、外币贬值,则有利于该国减少出口,扩大进口,从而恶化该国的贸易收支状况。

(2)对非贸易收支的影响

一国货币汇率的变动对该国国际收支经常项目中的旅游和其他劳务收支的状况也会产生一定的影响。如果一国货币汇率下跌,外国货币的购买力相对提高,该国的劳务商品价格相对降低,这对外国游客或客户无疑增加了吸引力,扩大了非贸易收入的来源。如果一国货币汇率上升,外国货币购买力相对下降,该国的劳务商品价格相对提高,就会减少非贸易收入的来源;同时,由于本国货币购买力的相对提高,使外国劳务商品价格相对降低,还会刺激非贸易支出的增加。

(3)对资本流动的影响

当一国货币汇率存在下跌趋势时,资本所有者担心该国货币汇率下跌造成损失,就会将资本调出国外,一旦该国货币汇率下跌并终止,上述资本外逃停止;相反该国货币汇率具有上升趋势时,资本所有者为了取得货币汇率上浮带来的收益,就会将资本调入该国,而一旦该国货币汇率上升并终止,资本流入就会停止。

(4)对外汇储备的影响

一方面,汇率变动主要通过对进出口及资本流动的影响引起外汇储备的增减变化,即汇率变动通过影响国际收支而引起储备变动;另一方面,汇率变动还会使外汇储备的实际价值发生变化。如关键货币的汇率下跌,使该储备货币持有国受到无形损失。

2. 汇率变动对一国国内经济的影响

(1)对国内物价的影响

在货币发行量一定情况下,本币汇率上升会引起国内物价水平下降。因为本币汇率上升、外汇汇率下降,就会使以本币表示的进口商品在国内售价相对便宜,刺激进口增加,并带动用进口原料生产的本国产品价格下降。另外,由于本币汇率上升,以外币表示的出口商品在国外市场价格升高,降低了出口商品的竞争力,促使一部分出口商品转内销,增加了国内市场供给量,也会引起国内物价水平的下降。反之,在货币发行量一定的情况下,本币汇率下跌则会引起国内物价水平的上升。

（2）对国内利率水平的影响

在货币发行量一定条件下,本国货币汇率上升,使国内利率总水平上升。因为本币汇率上升会减少商品出口和资本流入,增加商品进口和资本流出,引起本国外汇收入减少、外汇支出增加,从而使国内资金总供给减少,引起国内利率总水平上升。相反,本国货币汇率下降,有利于增加本国外汇收入,国内资金供应增加,导致国内利率总水平下降。因此,凡是货币汇率高估而有逆差的国家,其国内利率水平一般偏高;凡是货币汇率低估而有顺差的国家,其国内利率水平则又偏低。

（3）对国内就业和国民收入的影响

在其他条件不变时,本币汇率下跌,出口增加,从而有利于本国第一产业、第二产业和第三产业的发展,促进国内就业岗位增多和国民收入增加;反之,由于本国货币汇率上升,出口减少,限制了本国经济的发展,必然减少国内就业量和国民收入。在经济进入相对过剩、国内就业压力日益加大的情况下,许多国家不时采用各种措施降低本国货币汇率,以达到增加国民收入和充分就业的目的。

3. 汇率变动对世界经济的影响

欠发达国家或小国的货币汇率变动只对其贸易伙伴国的经济产生轻微的影响,而被国际社会普遍接受的发达国家的货币汇率的变动会对国际经济产生较大的影响。（1）这些国家的货币大幅度贬值或升值至少在短期内不利于其他工业国和发展中国家的贸易收支,由此可能引起贸易战和汇率战,并影响世界经济的景气。（2）这些国家的货币汇率变动将会引起国际金融领域的动荡。货币的升值或贬值,对参与此种货币的交易或以此种货币作为交易媒介的经济主体,即跨国公司、跨国银行等将会产生直接的利害关系。为了避免汇率变动可能造成的损失,上述经济主体往往进行频繁的金融交易以对资产保值或谋取投机利润,由此使国际金融形势呈现出动荡不定的局面。（3）这些国家货币汇率的不稳定性会给国际储备体系和国际金融体系带来巨大影响,目前的国际货币多样化正是其结果之一。

专栏

人民银行:继续推进汇率市场化改革　增强人民币汇率弹性

人民网北京 2022 年 6 月 8 日电（记者罗知之）国务院新闻办公室今日举行政策例行吹风会,介绍推动外贸保稳提质有关情况。人民银行国际司负责人周宇在发布会上表示,在宏观层面,人民银行将继续推进汇率市场化改革,增强人民币汇率弹性,发挥汇率调节宏观经济和国际收支自动稳定器作用,引导市场主体树立"风险中性"的理念,保持人民币汇率在合理均衡水平上的基本稳定。

周宇介绍,在帮助企业应对汇率波动方面,人民银行和商务部、外汇局采取了一些具体措施,帮助企业应对当前的汇率波动。第一,指导金融机构为进出口企业提供更多的汇率风险管理产品,在风险可控的情况下,帮助企业特别是外贸企业规避汇率风险,降低企业汇率避险成本。第二,减免一些中小微企业进行外汇交易的手续费,降低外汇套期保值成本。同时还减少了一些外汇套保保证金的占用。第三,人民银行下属分支机构及商业银行开展了有针对性的宣传、培训工作,并提供了一些上门服务,帮助企业提升汇率风险管理水平。今年1—4月份的数据显示,企业外汇套保规模同比增长了48%,首次办理汇率避险业务的企业数量新增了将近1万家。

关于人民币跨境结算问题,周宇表示,人民银行在不断优化人民币跨境结算的政策支持体系,引导金融机构为市场提供优质便利的跨境人民币金融服务。首先,在全国范围内开展了更高水平贸易投资人民币跨境结算便利化试点,支持银行在"展业三原则",也就是了解客户、了解业务,同时要开展尽职调查,在此基础上,凭收付款指令直接为企业办理跨境贸易的人民币结算。第二,对实体经济要实现创新发展真正需要的新型离岸国际贸易业务,提供金融支持。第三,拓展了银行海外贷款的业务范围,进一步明确了业务办理要求,为企业"走出去"以及产业供应链上下游企业提供更好的金融支持。

"目前,人民银行正在完善涉及跨境电商等新业态的跨境人民币业务的政策,促进外贸新业态发展。总体来看,跨境人民币业务支持实体经济的能力正在不断提升。今年1—4月,跨境贸易人民币收付规模合计2.6万亿元,同比增长24%。"周宇说。

资料来源:人民网,http://finance.people.com.cn/n1/2022/0608/c1004-32441375.html。

第三节　国际金融机构

为适应国际经济发展的需要,世界各地先后出现各种进行国际金融业务的政府间国际金融机构。其发端可以追溯到1930年5月在瑞士巴塞尔成立的国际清算银行。第二次世界大战后建立了布雷顿森林国际货币体系,并相应地建立了国际货币基金组织、世界银行等全球性的国际金融机构,作为实施这一国际货币体系的组织机构。从1957年到20世纪70年代,欧洲、亚洲、非洲、拉丁美洲、中东等地区的国家为发展本地区经济的需要,通过互助合作方式,先后建立起区域性的国际金融机构,如泛美开发银行、亚洲开发银行、非洲开发银行等。各金融机构的性质和活动范围、业务重点有所不同,以下逐一简要介绍。

一、国际货币基金组织

(一)国际货币基金组织的建立

国际货币基金组织(International Monetary Fund,IMF)是根据1944年7月联合国国际货币金融会议(简称布雷顿森林会议)通过的《国际货币基金组织协定》建立的。1945年12月正式成立,1947年3月开始工作,同年11月15日成为联合国的一个专门机构。IMF的会员国最初为39个,截至目前已增至189个。

(二)国际货币基金组织的宗旨

国际货币基金组织的宗旨是:通过会员国共同研讨和协商国际货币问题,促进国际货币合作;促进国际贸易的扩大和平衡发展,开发会员国的生产资源;促进汇率稳定和会员国有条不紊的汇率安排,避免竞争性的货币贬值;协助会员国建立多边支付制度,消除妨碍世界贸易增长的外汇管制;协助会员国克服国际收支困难。

(三)国际货币基金组织的机构设置

国际货币基金组织是以会员国入股方式组成的企业经营性质的金融机构。其最高权力机构是理事会,由各会员国选派理事和副理事各一人组成。基金组织处理日常业务的机构是执行董事会,由 24 人组成,其中 8 名由基金份额最多的 5 个国家(美、英、德、法、日)和另外 3 个国家(中、俄、沙特阿拉伯)任命,其余 16 名执行董事由其他成员国分别组成 16 个选区选举产生。

国际货币基金组织的重大问题都由理事会或执行董事会通过投票表决的方式做出决定。每个会员国都有 250 票的基本投票权,在此基础上,按各会员国在基金组织中认缴的份额,以每 10 万特别提款权增加 1 票。基本上,会员国投票权的多少取决于该国认缴的份额的多少。基金组织一般事项的表决由简单多数通过,但在重大问题上,则需要获得占总投票 80%～85%的多数才能通过。

(四)国际货币基金组织的资金来源

国际货币基金组织的资金主要来源于会员国缴纳的基金份额、借款和信托基金三个方面。

1. 份额

会员国缴纳的基金份额是基金组织最主要的资金来源。这些份额作为会员国的共同国际储备资产,可用来解决其国际收支不平衡时的短期资金需要。会员国应缴份额的大小是根据其黄金和外汇储备、对外贸易量和国民收入的大小而定。基金组织最初规定,会员国缴纳份额的 25%应为黄金,75%为本国货币。1978 年 4 月第 2 次修改的协定条款,取消了 25%以黄金缴纳的规定,改为以特别提款权或外汇缴纳。特别提款权是基金于 1969 年创造的记账单位,在此以前,基金的记账单位是美元。

2. 借款

借款是基金组织的另一资金来源。《国际货币基金组织协定》条款授权基金组织,在其认为有必要时,可通过与会员国协商,向会员国借入资金,作为其补充资金。

3. 信托基金

基金组织于 1976 年 1 月决定,将其持有黄金的 1/6(2500 万盎司)出售,以所获得的溢价利润和会员国捐款作为信托基金,向低收入的会员国提供优惠贷款。

此外,捐款和经营收入也构成国际货币基金组织少量的资金来源。

(五)国际货币基金组织的主要业务

国际货币基金组织的主要业务活动除了对会员国的汇率政策进行监督,与会员国就经济、金融形势进行磋商和协调外,则是向会员国提供借款和各种培训、咨询服务。

基金组织设有多种贷款,根据不同的政策向会员国政府提供资金。不过,对会员国来说一般不称借款,而称提款(drawing),即指有权按所缴纳的份额,向基金组织提用一定的资金;或称购买(purchase),即可用本国货币向基金组织申请购买外汇,还款时则以外汇购回本国货币。基金组织的贷款不论使用什么货币都按特别提款权计值,主要包括以下几类:

1. 普通贷款

普通贷款是基金组织最基本的一种贷款,用于解决会员国一般国际收支逆差的短期资金需要。贷款的最高额为会员国所缴份额的125%,其中每25%划为一档,在每档贷款的掌握分寸上有很大的不同。①储备部分贷款(即第一个25%)。会员国申请贷款金额不超过自己认缴份额的25%,无须特殊批准,可自行使用,不付息;②第一档信用部分贷款(即第二个25%)。只要申请国对克服国际收支逆差做出安排,就可得到批准;③高档信用部分贷款(即其他的三个25%),申请国一般须提交内容广泛的稳定财政计划,如获批准,一般都采用信贷安排方式,即会员国要与基金组织事先商定,在规定有效期内(1~3年)按需要使用。

2. 中期贷款

中期贷款用于解决会员国国际收支困难的中、长期资金需要。会员国由于生产、贸易、价格等方面的结构性失调,可能出现较长时期的国际收支逆差,需要较长期的资金支持。贷款期限4~10年,贷款的最高额度为份额的140%。基金组织对这项贷款掌握更严。申请国要进一步提出实现经济计划所采取的政策措施以及实施的进展情况。

3. 补偿与应急贷款

补偿与应急贷款主要解决会员国因初级产品国际市场价格变化引起出口收入下降或进口成本过高而面临国际收支逆差不断扩大的困难。贷款期限3~5年,贷款最高额为会员国所缴份额的100%。

4. 缓冲库存贷款

缓冲库存贷款用于帮助初级产品出口国建立缓冲库存的资金需要,以稳定国际市场上初级产品价格。贷款期限3~5年,贷款最高额为会员国所缴份额的45%。

5. 补充贷款

补充贷款是用于补充普通贷款和中期贷款的不足,帮助会员国解决持续的国际收支逆差问题,贷款期限3~7年,必须与普通贷款和中期贷款相结合才能获得此项贷款。

6. 信托基金贷款

信托基金贷款是基金组织将其持有的黄金按市场价格出售所得的利润,以优惠条件向收入水平较低的发展中国家提供贷款。贷款利率优惠,年利率为0.5%,期限为10年。

在提供培训、咨询等服务方面,为了提高会员国有关专业人员的素质,国际货币基金组织帮助会员国组织人员培训、编辑出版各种世界经济及国际金融专题的刊物和书籍。同时基金组织派往各地的人员积极搜集世界各国的经济金融信息,并以委派代表团的形式,对会员国提供有关国际收支、财政、货币、银行、外汇、外贸和统计等诸方面的咨询及技术援助。

二、世界银行集团

世界银行集团(World Bank Group)是世界上最大的国际金融机构,它包括世界银行、国际金融公司、国际开发协会、多边投资担保机构和国际投资争端解决中心 5 个机构,主要致力于以贷款和投资的方式向其会员国尤其是发展中国家的经济发展提供帮助。

(一)世界银行

1. 世界银行的建立

世界银行(World Bank)即国际复兴开发银行(International Bank for Reconstruction and Development,IBRD),是根据 1944 年 7 月 1 日布雷顿森林会议通过的《国际复兴开发银行协定》建立的政府间的国际金融机构。1945 年 12 月正式成立,1946 年 6 月开始营业,到目前共有 189 个会员国。世界银行与 IMF 是密切联系和相互配合的两个国际金融机构,凡是参加世界银行的国家,必须参加 IMF,但参加 IMF 的国家不一定参加世界银行。两者都是联合国的专门机构,每年这两个机构的理事会都联合召开年会。

2. 世界银行的宗旨

根据《国际复兴开发银行协定》第一条规定,世界银行的宗旨是:对用于生产目的的投资提供便利,以协助会员国的复兴与开发,并鼓励不发达国家的生产与资源开发;通过保证或参与私人贷款和私人投资的方式,促进私人对外投资;用鼓励国际投资以开发会员生产资源的方法,促进国际贸易的长期平衡发展,维持国际收支的平衡;与其他方面的国际贷款配合,提供贷款保证。

总之,世界银行的主要任务是通过向会员国提供中长期资金,解决会员国二战后恢复和发展经济的部分资金需要,促进会员国的经济复兴与发展,并协助发展中国家发展生产、开发资源,从而起到配合 IMF 贷款的作用。

3. 世界银行的机构设置

世界银行的组织机构与 IMF 相似,也有理事会和执行董事会。理事会是世界银行的最高权力机构,理事会下设执行董事会,负责处理日常事务,理事会、执行董事会的组成也与基金组织的理事会、执行董事会相同。

世界银行也是按股份公司的原则建立起来的金融机构。凡会员国均须认购该行的股份,权利的分配也按认股多少来进行。每个会员国的投票权也是由基本投票权(250 票)和每认缴股金 10 万美元加 1 票加总计算。美国持股最多,享有最大的表决权,目前它拥有的投票权约占总数的 16%。

4. 世界银行的资金来源

世界银行的资金来源主要有以下几个方面:(1)会员国缴纳的股金。会员国缴纳的股金以它们在 IMF 的份额为准。按原规定,股金中有 2% 须以黄金或美元缴纳,这一部分股金,世界银行有权自由使用;18% 以本国货币支付,世界银行须征得该会员国的同意才能将这部分股金用于贷款;其余 80% 为待缴资本,应在世界银行因偿还借款或保证贷款的债务需要向会员国催缴时,以黄金、美元或所需的货币缴付。虽然从世界银行成立以来,尚未向成员国征集过待缴资本,但由于待缴资本的存在,为世界银行在国际金融市场上借款提供了有力的信用保证;(2)向国际金融市场借款,特别是发行中长期债券;(3)出让债权,即世界银行将其贷出款项的债权转让给私人投资者(主要是商业银行),以收回部分资金;(4)利润收入,主要是从贷款中赚取的利息和收费,以及因投资于流动资产而获得的收入。

5. 世界银行的主要业务

世界银行的主要业务活动是向发展中国家提供长期生产性贷款。贷款条件一般比国际资金市场上的贷款条件优惠,只贷给会员国中低收入国家和由政府担保的国有企业或私营企业。贷款一般要与特定的某一工程项目相联系,称为项目贷款。这些项目要经世界银行精心挑选,认真核算,严密监督和系统分析。贷款一般只提供该项目所需建设资金总额的 30%~40%,项目建设费用中当地货币部分应由本国政府筹措。借款国要承担货币汇价风险,并必须按期归还贷款。总之,世界银行贷款从贷款项目确立到归还,都有一整套严格的政策和程序。20 世纪 80 年代以来,世界银行大量采用联合贷款形式,即世界银行与官方的双边援助机构或多边援助机构、官方支持的办理出口信贷的机构以及商业银行联合对某一项目贷款,并要求以项目的收益偿还贷款。

除贷款以外,世界银行还提供技术援助,提供国际联合贷款团的组织工作以及协调与其他国际机构的关系等。

(二)国际金融公司

国际金融公司(International Financial Corporation,IFC)建立于 1956 年 7 月。申请加入国际金融公司的国家必须是世界银行的会员国。国际金融公司的主要任务是对属于发展中国家的会员国中私人企业的新建、改建和扩建等提供资金,促进外国私人资本在发展中国家的投资,促进发展中国家资本市场的发展。其资金来源主要有:(1)会员国认缴的股金。最初为 1 亿美元,分 10 万股,后经几次增资,达到 6.5 亿美元;(2)公司积累的利润、会员国偿还的款项及出售国际金融公司的投资所得;(3)必要时可向世界银行借到不超过本身认缴资本与公积金之和 4 倍的贷款。国际金融公司提供贷款的期限为 7~15年,贷款利率接近于市场利率,但比市场利率低,且贷款无须政府担保。

(三)国际开发协会

国际开发协会(International Development Association,IDA)于 1960 年 9 月 24 日正式成立,同年 11 月开始营业。该协会的宗旨是:对低收入的成员国提供条件优惠的长期贷款,以促进其经济的发展。贷款对象仅限于成员国政府,主要用于发展农业、交通运输、电子、教育等方面。其资金来源主要有:会员国认缴的股本;工业发达国家会员国提供的补充资金;世界银行从净收益中拨给协会的资金;协会业务经营的净收益。协会对贷款不收利息,只对已支付额每年收取 0.75% 的手续费。1982 年 1 月起,对未支付部分每年征收 0.5% 的承诺费。贷款的最后偿还期为 50 年,头 10 年可不还本,第二个 10 年内每年还本 1%,以后逐年还本 3%,并可用借款国货币偿还。

(四)多边投资担保机构

多边投资担保机构(Multilateral Investment Guarantee Agency,MIGA)成立于 1988 年,是世界银行集团里成立时间最短的机构。多边投资担保机构的宗旨是向外国私人投资者提供政治风险担保,包括征收风险、货币转移限制、违约、战争和内乱风险担保,并向成员国政府提供投资促进服务,加强成员国吸引外资的能力,从而推动外商直接投资流入发展中国家。多边投资担保机构还帮助各国制定和实施吸引和保持外国直接投资的战略,并以在线服务的形式免费提供有关投资商机、商业运营环境和政治风险担保的信息。

(五)国际投资争端解决中心

国际投资争端解决中心(International Center for Settlement of Investment Disputes,ICSID)成立于 1966 年,到目前为止有 159 个会员国。其成立的目的是通过为国际投资争端提供一个协调和仲裁的国际机构,以促进东道国与外国投资者之间建立相互信任的关系,从而鼓励国际投资。许多与国际投资有关的协议都规定以国际投资争端解决中心作为仲裁机构。

三、国际清算银行

国际清算银行(Bank for International Settlements,BIS)于 1930 年成立于瑞士巴塞尔,其目的是处理第一次世界大战后德国赔款的支付和解决德国国际清算问题。此后,其宗旨改为促进各国中央银行间的合作,为国际金融往来提供额外便利,以及接受委托或作为代理人办理国际清算业务等。其目标是促进货币金融稳定。该行建立时只有 7 个成员国(地区),目前已发展至 60 家中央银行或货币当局。

国际清算银行的资金来源包括会员国缴纳的股金、各国中央银行和商业银行的存款、向各国中央银行的借款。其基本业务活动主要有:

(1)处理国际清算业务。二战后,为给政府间的国际金融业务提供便利,BIS 先后成为欧洲经济合作组织、欧洲支付同盟、欧洲货币合作基金等国际金融业务的代理人,承担着大量的国际结算业务。

(2)为各国中央银行提供服务,包括办理会员国中央银行的存款和贷款,代理各国中央银行和一些国际机构办理买卖或为其保存黄金、外汇及国债券等金融资产,协助各国中央银行管理外汇储备与金融投资。

(3)定期举办中央银行行长会议。BIS 至少每两个月在巴塞尔举行西方主要中央银行行长会议,并每年召开股东大会,共同商讨有关国际金融问题,协调有关国家的金融政策,推动国际金融合作。

(4)进行国际货币与金融问题的研究。

四、区域性国际金融机构

（一）亚洲开发银行

亚洲开发银行（Asian Development Bank，ADB）创建于 1966 年 11 月，同年 12 月正式营业，总部位于菲律宾首都马尼拉。目前，亚洲开发银行的成员国共有 68 个，其中 49 个来自亚太地区，19 个来自其他地区。

其管理机构由理事会、执行董事会和行长组成。亚洲开发银行的宗旨是通过发展援助帮助亚太地区发展中成员消除贫困，促进亚太地区的经济和社会发展。亚行主要通过开展政策对话、提供贷款、担保、技术援助和赠款等方式支持其成员在基础设施、能源、环保、教育和卫生等领域的发展。

亚洲开发银行的资金来源主要是亚太地区加盟银行的成员国和地区认缴的股本、借款和发行债券，以及某些国家的捐赠款和由营业收入所积累的资本。亚行的主要业务是向亚太地区加盟银行的成员国和地区的政府及其所属机构，境内公私企业以及与发展本地区有关的国际性或地区性组织提供贷款。贷款分为硬贷款、软贷款和赠款三类。硬贷款的贷款利率为浮动利率，每半年调整一次，贷款期限为 10～30 年（2～7 年宽限期）；软贷款也就是优惠贷款，只提供给人均国民收入低于 670 美元（1983 年的美元）且还款能力有限的会员国或地区成员，贷款期限为 40 年（10 年宽限期），没有利息，仅有 1％的手续费；赠款用于技术援助，资金由技术援助特别基金提供，赠款额没有限制。

（二）非洲开发银行

非洲开发银行（African Development Bank，AFDB）成立于 1964 年 9 月，1966 年 7 月正式营业，总部设在科特迪瓦的首都阿比让。目前，非洲开发银行的成员国共有 81 个，非洲 54 个国家全部为其成员，此外还有包括中国在内的区外成员 27 个。

非洲开发银行的宗旨是：向非洲成员国的经济和社会发展提供资金支持和技术援助，协助非洲大陆制定发展的总体战略，协调各成员国的发展计划，以期达到非洲经济一体化的目标。非洲开发银行的资金来源主要是成员国认缴的股本、国际金融市场的贷款、发达国家的捐款以及银行的经营利润。其主要业务是向成员国提供普通贷款和特别贷款，以发展公用事业、农业、工业项目以及交通运输项目。普通贷款是该行用其普通股本资金提供的贷款和担保偿还的贷款，特别贷款是用该行规定专门用途的特别基金开展的优惠贷款，条件比较优惠，期限较长，最长可达 50 年，不计利息，主要用于大型工程项目建设。此外，银行还为开发规划或项目建设的筹资和实施提供技术援助。

（三）泛美开发银行

泛美开发银行（Inter-American Development Bank，IADB）成立于 1959 年 12 月，1960 年 10 月正式营业，总部设在华盛顿，目前共有成员国 48 个，是世界上成立最早的区域性、多边开发银行。

泛美开发银行的宗旨是：动员美洲内外资金，为拉美成员国经济和社会发展提供项目贷款和技术援助,以促进拉美经济的发展和"泛美体系"的实现。该行的资金来源主要是成员国认缴的股本和通过发行债券在国际金融市场筹措的资金,以及由几个成员国存放在该行并由该行管理的社会进步信托基金。泛美开发银行的资金主要用于成员国的项目贷款,期限一般为 10～25 年,利率为筹资成本加上 0.5% 的利差。特别业务基金用于成员国长期低息的项目贷款,期限为 20～40 年,宽限期为 5～10 年,利率在 1%～4% 之间,可全部或部分用本国货币偿还。

思政教学

2022 年我国国际收支延续基本平衡格局

2022 年,全球主要发达经济体通胀高企,货币政策加快紧缩,地缘政治形势更趋复杂,国际金融市场动荡加剧。我国有效应对内外部挑战,国民经济顶住压力保持增长。国内外汇市场运行总体平稳,韧性显著提升,人民币汇率弹性增强。

2022 年,我国国际收支延续基本平衡。经常账户顺差 4 019 亿美元,较 2021 年增长 14%,与国内生产总值(GDP)之比为 2.2%,继续保持在合理均衡区间。其中,货物贸易顺差较 2021 年增长 19%,体现了我国产业链、供应链韧性以及出口新动能的快速成长;服务贸易逆差收窄 9%,主要是新兴生产性服务贸易收入增长。非储备性质的金融账户逆差 2 110 亿美元,与经常账户顺差形成自主平衡格局。其中,直接投资仍是境外资本流入的稳定渠道,国内经济发展前景和广阔的市场空间继续吸引国际长期资本投资。经常账户顺差、外商来华投资等涉外资金来源的总体规模保持较高水平,主要转换为境内企业、银行等市场主体的境外资产,包括对外直接投资 1 497 亿美元和对外证券投资 1 732 亿美元等;因交易形成的储备资产小幅增加。从存量看,2022 年末我国对外净资产 2.53 万亿美元,较 2021 年末增长 16%。

本章小结

1. 国际收支是指一个国家或地区居民与非居民在一定时期内全部经济交易的货币价值之和。

2. 国际收支平衡表是将国际收支根据复式记账原则和特定账户分类原则编制出来的统计报表。国际收支平衡表账户分为经常账户、资本和金融账户以及错误与遗漏账户三大类。

3. 按照国际收支不平衡的原因来分,国际收支有结构性、周期性、收入性、货币性、政策性和临时性不平衡。由于国际收支出现持续性的逆差或顺差均会对国民经济产生不利影响,国际收支失衡时有必要进行调节。国际收支的调节机制主要包括自动调节机制和政策调节机制。

4. 外汇是指以外币表示的、用以清偿国际间债权债务关系的一种支付手段和工具。

5. 汇率是指一个国家的货币折算成另一个国家货币的比率,即两国货币进行买卖的比价,它反映一国货币的对外价值。在表示汇率时,有直接标价法和间接标价法。

6. 汇率决定理论中,居于主导地位的主要有国际借贷说、购买力平价说、利率平价说、汇兑心理说、资产市场说。

7. 影响汇率变动的主要因素有国际收支、通货膨胀、利率水平、经济增长速度、财政和货币政策等。同时,汇率变动对一国的国际收支、国内经济以及整个世界经济都有着重大影响。

8. 国际金融机构主要包括国际货币基金组织、世界银行集团、国际清算银行及区域性国际金融机构,它们各自有着特定的服务宗旨、内部组织结构、资金来源与运用渠道以及其他业务内容。

关键词

国际收支　国际收支平衡表　外汇　汇率　直接标价法　间接标价法　国际借贷说
购买力平价说　利率平价说　汇兑心理说　资产市场说　国际货币基金组织
世界银行集团　国际清算银行　区域性国际金融机构

练习与思考

一、判断题

(　　)1. 国际收支是一个事后、流量的概念。

(　　)2. 若其他条件不变,国际收支持续逆差的国家其货币汇率可能上升。

(　　)3. 美国驻外使领馆办理其他国家居民赴美签证,以美元收取签证费。由于签证发生在驻在国,而美元对于美国来说又是本币,因此,签证费收入不应计入美国国际收支平衡表。

(　　)4. 外汇就是以外国货币表示的支付手段。

(　　)5. 甲币对乙币贬值 10%,即乙币对甲币升值 10%。

(　　)6. 在间接标价法下,若外币贬值,则汇率所表示的数字会变小。

(　　)7. 一般来说,利率较低的货币其远期汇率会呈现升水。

(　　)8. 国际投资及其收益在国际收支平衡表中均列在资本和金融账户中。

(　　)9. 只有实际发生货币收付的国际交易,才能被称为国际收支。

(　　)10. 反映在国际收支平衡表上的官方储备资产是持有额,而非增减额。

(　　)11. 广义的外汇泛指一切以外币表示的金融资产。

(　　)12. 外汇是在国外能得到偿付的货币债权,至于它能否兑换成其他货币表示的资产或支付手段则无关紧要。

(　　)13. 要成为世界银行的成员国必须首先成为国际货币基金组织的成员国。

(　　)14. 特别提款权是国际货币基金组织向其成员国发行的货币。

(　　)15. 国际货币基金组织的主要任务是向成员国政府提供长期贷款,以帮助这些国家发展生产和开发资源。

二、单项选择题

1. 国际收支平衡表全面系统反映一个经济体与其他经济体在( )的交易情况。
   A. 过去某一时刻　　　　　　　　　B. 过去某一时期
   C. 将来某一时刻　　　　　　　　　D. 将来某一时期

2. 国际货币基金组织划分居民与非居民的依据是在该国从事经济活动( )以上。
   A. 半年　　　　　B. 一年　　　　　C. 两年　　　　　D. 三年

3. 用( )调节国际收支失衡,容易与国内经济发展发生冲突。
   A. 财政货币政策　　　　　　　　　B. 汇率政策
   C. 直接管制　　　　　　　　　　　D. 对外缓冲政策

4. 直接标价法下,汇率的变动是以( )来表示的。
   A. 本国货币数额变动
   B. 本国货币数额减少,外国货币数额增加
   C. 外国货币数额变动
   D. 本国货币数额增加,外国货币数额减少

5. 一国对外开放程度较高,则汇率变动对该国经济影响( )。
   A. 较小　　　　　B. 两者无关　　　　　C. 较大　　　　　D. 两者呈负相关

6. 我国现行的汇率制度是( )。
   A. 固定汇率制　　　　　　　　　　B. 钉住汇率制
   C. 有管理的浮动汇率制　　　　　　D. 多重汇率制

7. ( )是国际收支平衡表中最基本、最重要的项目,反映一国与他国之间真实资源的转移状况。
   A. 经常账户　　　　　　　　　　　B. 资本账户
   C. 金融账户　　　　　　　　　　　D. 错误与遗漏账户

8. 最早建立的国际金融机构是( )。
   A. 国际货币基金组织　　　　　　　B. 国际开发协会
   C. 国际清算银行　　　　　　　　　D. 世界银行

9. 专门向低收入成员国提供长期贷款的国际金融机构是( )。
   A. 世界银行　　　　　　　　　　　B. 国际开发协会
   C. 亚洲开发银行　　　　　　　　　D. 泛美开发银行

10. 从理论上判断一个国家的国际收支平衡的标准是( )的差额为零。
    A. 经常项目　　　　　　　　　　　B. 资本和金融项目
    C. 自主性交易项目　　　　　　　　D. 调节性交易项目

三、多项选择题

1. ( )等项目记录在国际收支平衡表的借方交易情况。
   A. 对外负债的增加　　　　　　　　B. 对外资产的减少
   C. 对外负债的减少　　　　　　　　D. 对外资产的增加

2. 国际收支平衡表中的经常项目包括( )。
   A. 货物贸易　　　B. 服务贸易　　　C. 投资收益　　　D. 经常转移

3. (　　)是影响汇率变动的因素。

    A. 国际收支状况　　B. 通货膨胀　　　　C. 利率水平　　　　D. 政府干预

4. 调节一国的国际收支顺差的措施可以有(　　)。

    A. 提高利率　　　　　　　　　　　　B. 降低利率

    C. 增加国民收入　　　　　　　　　　D. 本币法定升值

5. 为维护本国汇率稳定可采取的措施有(　　)。

    A. 提高贴现率　　　　　　　　　　　B. 举借外债

    C. 动用国际储备　　　　　　　　　　D. 实行货币公开贬值

6. 调节国际收支失衡的主要手段有(　　)。

    A. 汇率政策　　　　B. 财政政策　　　　C. 货币政策　　　　D. 产业政策

7. 国际货币基金组织的资金来源包括(　　)。

    A. 份额　　　　　　B. 借款　　　　　　C. 信托基金　　　　D. 捐款和经营收入

8. 以下属于区域性的国际金融机构是(　　)。

    A. 国际开发协会　　B. 亚洲开发银行　　C. 非洲开发银行　　D. 泛美开发银行

9. 世界银行的宗旨包括(　　)。

    A. 协助成员国的复兴与开发　　　　　B. 促进私人的对外投资

    C. 协助成员国克服国际收支困难　　　D. 促进成员国之间的贸易往来

10. 人民币参考一篮子货币汇率制度的作用有(　　)。

    A. 有助于稳定人民币实际有效汇率

    B. 可以有效配置资源

    C. 有助于增强货币政策独立性

    D. 可以增加市场预期的不确定性

四、问答题

1. 简述国际收支失衡的原因及调节措施。

2. 简要叙述并比较各个阶段出现的汇率决定理论。

3. 影响汇率变动的因素有哪些？

4. 以货币贬值为例说明汇率变动对一国经济有哪些影响。

5. 试比较国际货币基金组织与世界银行的职能差异。

五、案例分析题

[中国国际收支持续顺差]我国的国际收支在过去十几年里除个别年份外，持续出现经常项目顺差、资本和金融项目顺差的"双顺差"状况，尤其是近年来双顺差增长规模呈不断扩大趋势。2018 年，我国经常账户顺差 491 亿美元，资本和金融账户顺差 1111 亿美元，国际收支总顺差 1602 亿美元。2019 年，我国经常账户顺差 1413 亿美元，资本和金融账户顺差 567 亿美元，国际收支总顺差 1980 亿美元，较 2018 年增长 23.6%。虽然国际收支保持较大顺差可以增强我国的综合国力，提高抵御外部冲击的能力，但不容否认，长时期的国际收支双顺差也会给我国经济带来负面的影响。

思考：我国国际收支持续出现顺差的原因是什么？请结合实际谈谈如何实现我国国际收支的基本平衡。

本章推荐阅读书目

1. 姜波克:《国际金融新编》,复旦大学出版社 2018 年版。
2. 朱孟楠:《国际金融学》,厦门大学出版社 2013 年版。
3. 陈雨露:《国际金融》,中国人民大学出版社 2015 年版。
4. 奚君羊:《国际金融学》,上海财经大学出版社 2019 年版。
5. 克鲁格曼:《国际金融》,中国人民大学出版社 2016 年版。

第8章 金融创新与金融发展

● 本章导图

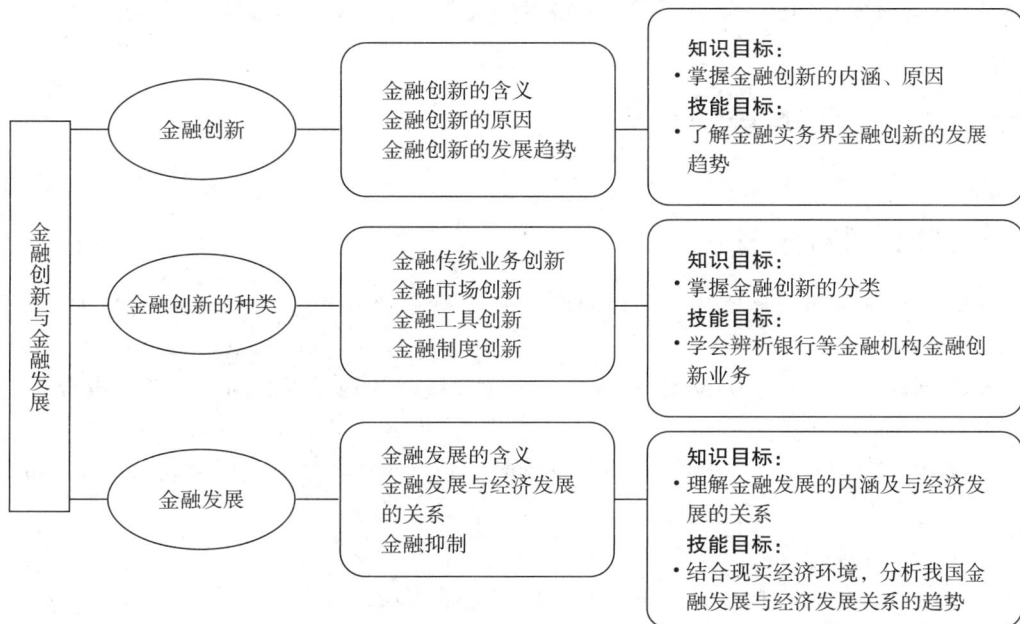

● 案例导读

典型金融创新——余额宝

余额宝是由第三方支付平台支付宝打造的一项余额增值服务。通过余额宝,用户不仅能够得到较高的收益,还能随时消费支付和转出,用户在支付宝网站内就可以直接购买基金等理财产品,获得相对较高的收益,同时余额宝内的资金还能随时用于网上购物、支付宝转账等支付功能。转入余额宝的资金在第二个工作日由基金公司进行份额确认,对已确认的份额会开始计算收益。将用于电子支付的货币池和理财的货币池合二为一,是阿里在2013年的一个大胆实践。天弘基金与支付宝的合作,公开地开创了一个新模式。

对于支付宝的客户而言,货币基金可以提供较低的风险和较好的流动性,又不影响其随时可能调用的支付功能。天弘和支付宝合作的货币基金,可以像支付宝余额一样随时用于消费、转账等支出。两者一结合,既可提高支付宝客户资金余额的收益率,也可以为基金公司带来新的业务增长点。在推出这个项目后,从行业内外不断出现类似的跟进者可以看出,这是数年来最重要的一次互联网思维与政策内突围相结合的具有想象力的一次创新。

金融创新与发展是近几十年来国际金融业最重要的发展趋势,可以说近代金融业的发展史就是一部金融创新史。金融业的每一次重大发展,都离不开金融创新。信用货币的出现、商业银行的建立、中央银行制度的形成、支票和信用卡的诞生及普遍使用等都是历史上最为重要的金融创新。金融创新的本质是各种金融要素的重新组合,它是一个涉及范围极为广泛的金融学范畴。本章主要介绍金融创新的概况、金融创新的种类、金融创新的影响、金融发展概述、金融发展与经济发展关系、金融抑制、金融深化等问题。

第一节　金融创新

一、金融创新的概念

金融创新为金融发展提供了深厚而广泛的微观基础,是推动金融发展的最为直接的动力。

金融创新(financial innovation)就是在金融领域内各种要素之间实行新的组合。

1. 狭义的金融创新

狭义的金融创新是指金融工具的金融创新。以 1961 年美国花旗银行首次推出的大额可转让定期存单(CD)为典型标志。

2. 广义的金融创新

广义的金融创新包括金融工具、金融机构、金融市场以及金融制度的创新。广义的金融创新是金融活动方方面面的变革和改进。

二、金融创新的原因

金融创新总体而言就是新的金融产品被生产和消费的过程。它可从两个方面来诠释:一是既有对金融创新的需求,又有对金融创新的供给才会形成金融创新;二是金融创新的预期成本低于预期收益才会形成金融创新。金融创新是各经济主体在追求各自利润最大化的共同原则下的博弈结果。

(一)需求引发的金融创新

1. 规避风险的需求

由于利率波动频繁,投资主体对其难以把握和预测,这就有可能给投资主体带来风险。以银行在国际市场上融资为例,如果以浮动利率融资,以固定利率运用所筹资金,若该种货币利率上升,银行就会因为融资成本的增加而受到损失。因此,银行需对此风险加以规避,从而导致了防范利率风险的新金融工具的出现。除了利率风险,投资主体还可能面对汇率风险。国际金融市场上的交易者一般都来自不同的国家,防范汇率风险是普遍的需求。从信用风险上看,由于银行处于信息不对称的劣势一方,为防止信用风险,银行对资金的运用就会很谨慎,有可能错失盈利机会,而贷出的资金有可能形成呆、坏账,加之80年代以来发生的债务违约事件和债务危机使得如何防范和化解信用风险成了金融机构的普遍需求。

2. 金融工具本身的流动性和收益性需求

银行的经营管理追求"三性"(安全性、收益性、流动性)的和谐统一(尽管不同时期侧重点不同),故其对金融工具的运用就要充分体现这一点。但不同的金融工具其三性的侧重点各不相同(有的侧重于流动性,如现金;有的侧重于收益性,如股票),流动性和收益性很难同时兼顾,而现实中却存在将二者统一起来的客观需求,这就导致此类金融工具的创新。

(二)技术进步引发的金融创新

金融创新是以技术为依托的,尤其是以计算机和现代先进的通信技术为依托。首先,通过计算机的运用使银行业务摆脱了手工操作,提高了系统的效率。传统业务中计算简单、重复性强、核算数据量大的统计、记账、支票业务全部采用计算机处理,使金融系统的资金运用和调度实现了计算机化,提高了效率。其次,计算机对银行的资产、负债、中间三大业务实行联机作业管理。最后,采用计算机进行自动转账。这种系统通过计算机网络将银行、企业和个人联成一体,使人们通过计算机终端和其他通讯设备即可完成账务的清算了结,极大地降低了社会各方面在资金往来、清算结算、费用交纳等人力耗费,提高了整个社会的运转效率,也为金融创新提供了必要的技术支持。

(三)管制放松激发了金融创新

放松金融管制的根本原因在于世界经济形势的剧变和计算机技术的运用。第一,世界经济形势剧变引起金融机构"非中介化"(货币脱媒)。第二,计算机和现代先进通信技术为金融机构进行业务创新提供了技术条件,使其规避和突破管制具备可行性。计算机和现代先进通信技术的运用,提高了金融交易的速度,降低了交易的成本。同时使资金借贷双方获取市场信息的速度优于传统金融中介,从而相对削弱了金融中介的重要性,迫使其突破各种规章制度的限制,不断进行业务创新以增强其竞争力。第三,国际金融市场的发展对各国的货币当局进行严格的金融管制提出了挑战。金融全球化、一体化是不可逆转的趋势,国内的银行纷纷"走出去",到国外设立分支机构展开国际金融业务,实现银行业务的国际化,这无疑对金融监管提出了挑战,从而也导致了对现行管制的突破和规避,并进一步迫使金融监管当局放松管制。

(四)竞争加剧逼迫金融创新

在技术进步降低了各种金融机构交易成本的同时,也逐步促成了利润平均化。要在市场竞争中处于有利的地位,就必须进行金融创新。竞争的加剧,利润空间的缩小,迫使银行开发新的产品,探索新的业务领域。此外,由于储蓄和投资形式的变化,引起金融市场格局的重新划分,这种变化迫使那些市场不断缩小的金融机构进行两方面的金融创新:一是在传统的业务领域对传统业务进行重新组合,以此获取传统业务市场上更多的市场份额;二是在传统业务领域之外积极开拓新的业务领域。

各种金融工具的创新都是以现有金融工具为基础。有些金融工具,如浮动利率票据、存款证、回购协议等在20世纪六七十年代是新的金融工具,但到了80年代不再被视为新的金融工具,而成为传统金融工具了。20世纪80年代新的金融工具就是在这些传统的金融工具身上吸取了一些技术加以改善而创造出来的。一些新的金融工具后来又有许多新的变种,也可能又出现更新的金融工具。可见,金融创新是一个不断吐故纳新的过程。

三、金融创新的发展趋势

(一)证券化

证券化是以美国为中心发展起来的新金融产品,它有两方面的含义:一是指"企业融资的证券化",即企业融资从间接融资转向直接融资;二是指"资产的证券化",即将商业银行贷款债权、赊款债权等流动性差的资产转让给特别设立的公司,再由该特别公司发行证券,使资产以证券形式发生流动。这里所说的"证券化"是后者,即将无流动性资产转化为有流动性证券的金融技术。资产证券化成为银行寻求分散风险、减少和摆脱债务危机的重要途径。证券化本身就意味着银证的直接融合。

国际资本市场上存在700多种证券。在市场经济高度发达的国家,证券的总值已大大超过以货币形式存在的金融资产的总规模,占当年GNP或GDP的比重越来越大,证券化程度显著提高。进入90年代,证券投资已经逐步成为国际资本流动的主要形式。在银行贷款、直接投资、证券投资三者中,证券投资发展最快,已从70年代末的15%左右上升到90年代初的75%以上。2019年,全球企业债券规模约为8.3万亿美元。

(二)资产负债表外业务的重要性与日俱增

表外业务是指商业银行从事的,按照通行的会计准则不计入资产负债表内,不影响资产负债总额,但能改变当期损益及营运资金,从而提高资产报酬率的经营活动。根据巴塞尔委员会的权威划分,广义表外业务包括或有债权/债务类和金融服务两大类。前者是指那些虽然不在资产负债表中反映,但由于同资产业务和负债业务关系密切,在一定的条件下会转化为资产业务和负债业务,因此需要在表外进行记载以便对其进行反映、核算、控制和管理的业务。这些业务构成了商业银行的或有资产和或有负债,它们在实际发生支付或风险转化为现实时就转为表内业务。后者是指商业银行不运用或较少运用自己的资财,而只是以中介人的身份为客户提供办理支付、进行担保和其他委托事项等金融服务并收取手续费的业务。这类业务具有风险低、收入高等特点。70年代以来,由于受资本市场发展和金融创新的影响,商业银行的传统业务受到巨大冲击,盈利空间不断萎缩,为进一步增强盈利能力,同时为了规避越来越严的金融监管,西方各国的商业银行都十分重视表外业务的发展。目前,国际上许多商业银行的表外业务收入一般占其总收入的50%左右。

(三)金融市场全球一体化

长期以来,各国在政策法规、金融体制、金融资产等方面的差异,造成金融市场相对隔绝的状态。而欧洲货币市场进行各种自由兑换货币的交易,不同货币之间的相互兑换非常方便,实际上就是一个统一的市场。同时欧洲货币市场同各国国内货币市场之间又有密切的联系,如利率的相关性、资金的相互利用等,从而将各国市场有机地联系在一起。目前的国际金融中心不再是局限于少数几个发达国家,而是分散在全世界各个地区。然而由于信息革命在国际金融领域得到迅速普及,形成全球化的信息网络,资金的跨地区调拨可以在瞬间完成,使得各地的金融市场和金融机构紧密联系在一起,形成一个全时区、全方位的一体化国际金融市场。金融市场全球一体化突出表现为证券市场一体化。在主要发达国家的证券交易所,都有大量的外国公司股票债券上市交易,证券跨境交易日益膨胀。更为重要的是,各大证券交易所之间的电子通信系统和自动报价系统也日趋完善。

第二节　金融创新的种类

一、金融传统业务创新

对金融传统业务的创新主要是指银行的传统业务创新。资产业务是银行运用资本取得赢利的业务,主要包括贷款和投资。具有代表性的银行资产业务创新主要有消费合同、银团贷款(也称辛迪加贷款)、平行贷款、住宅贷款和组合性融资等。负债业务是形成银行资金来源的业务,主要包括活期存款、定期存款和储蓄存款。负债业务的创新主要发生在20世纪60年代以后。各商业银行通过推出一些新型负债工具,在规避政府管制的同时,也增加了银行的资金来源。主要的负债业务创新工具有:大额可转让定期存单(CD)、可转让支付命令账户(NOW)、自动转账服务(ATS)和货币市场存款账户(MMDA)等。银行的中间业务是银行作为中间人为客户提供的服务。银行中间业务的创新主要表现为20世纪70年代以来信托业务和租赁业务的充分发展。这使得银行改变了传统的业务结构,增强了竞争力。信托业务创新主要包括证券投资信托、公益信托、动产和不动产信托等。而租赁业务创新主要包括金融租赁、经营租赁和衡平租赁等。

二、金融市场创新

金融市场是指资金融通的市场,它是各种金融商品进行交易的场所,其基本功能是在资金的需求者和资金的供给者之间充当交易中介。自20世纪70年代尤其是80年代以来,金融市场的创新如火如荼,日新月异。新的金融衍生商品、新的金融交易方式、新的金融交易机制、新的金融交易规则层出不穷。为了适应金融管制的放宽或取消以及国际金融市场价格变动等新变化,为了在激烈的市场竞争中求得生存和发展,各种金融中介机构纷纷设计和开发新的金融商品、开发和推销新的金融服务,从而推动了金融市场和金融市场创新活动的发展。

金融市场创新一方面指相对于传统的国际金融市场而言的离岸金融市场,另一方面是指相对于商品市场、外汇市场、证券市场和保险市场等基础市场而言的金融衍生商品市场。

(一)离岸金融市场(off-shore financial market)

离岸金融市场又称境外市场,它是一种经营非居民之间国际金融业务且不受市场所在国金融法规和税制管制的新型国际金融市场。它是相对于传统的在岸金融市场(on-shore financial market)而言的。

目前世界上大约有30多个离岸金融市场,几乎覆盖了世界各大洲。这些离岸金融市场大致可分为三种类型,即伦敦型、纽约型和避税港型。

1. 伦敦型离岸金融市场(London type)

伦敦型离岸金融市场是一种内外混合型的离岸金融市场,即离岸金融业务和在岸金融业务并不分离的市场。典型的伦敦型离岸金融市场以伦敦金融市场和香港金融市场为代表,其次还有卢森堡、摩洛哥等离岸金融市场也属于这种类型。

2. 纽约型离岸金融市场(New York type)

纽约型离岸金融市场是一种内外业务分离型的离岸金融市场。这种市场是专为非居民交易而人为设置的市场。在该市场上,管理当局对非居民交易给予金融和税收优惠,对境外资金的流入可以豁免预扣税、存款准备金和利率限制。但非居民账户和国内账户严格分离,严禁非居民经营在岸金融业务和国内金融业务。典型的内外分离型离岸金融市场的代表是纽约、东京和新加坡的金融市场。

3. 避税港型离岸金融市场(tax haven type)

避税港型离岸金融市场是凭借地理优势和税收优惠来吸引投资者的离岸金融市场。在该市场上,没有金融管制,也免征任何税费,资金供求双方均为非居民。外国金融机构往往仅在那里开设账户,并不进行实际业务的交易。即没有资金的提供和筹集,只是通过簿记来完成非居民间的交易。典型的避税港型离岸金融市场有加勒比海的巴哈马、开曼以及百慕大群岛等。

(二)欧洲货币市场

欧洲货币市场是指在货币发行国国境之外进行该种货币的借贷业务所形成的市场。该种市场起源于20世纪50年代末期的欧洲,并逐步发展到世界各地。这里的"欧洲"一词,意指"非国内的"、"境外的"。欧洲货币市场上的经营非常自由,其经营范围不受任何国家的金融法规和税收限制,资金规模庞大,货币种类繁多,并且它还拥有独特的利率结构。这些特点吸引了广大的投资者,并使欧洲货币市场成为离岸金融市场的核心。欧洲货币市场的产生和发展,是金融市场创新的一个重要标志。

(三)金融衍生商品市场

金融衍生商品市场主要是以某些传统的金融商品为基础,衍生出新的金融商品,并融入新的交易技术从而创造出的新市场。20世纪70年代以来国际金融市场上利率、汇率和股价的剧烈波动使国际金融市场风险增大,为给从事国际金融活动的相关主体提供能控制这些风险的工具和机制,金融衍生商品市场便应运而生。金融衍生商品市场又称为派生市场,它是相对于传统的商品市场、外汇市场、证券市场和保险市场等基础市场而言的。可以说20世纪70年代以来的金融市场创新主要集中在金融衍生商品市场上。金融衍生商品市场主要开展期货、期权、远期和互换等业务。该市场上的金融工具被称为衍生金融工具。伴随着衍生金融工具的不断创新,金融衍生商品市场也得到了不断的发展和完善。金融衍生工具的大量涌现、金融衍生商品市场的规模和范围不断扩大是当代金融市场创新的充分体现。对金融衍生工具的创新将在下面给予详尽的讨论。

三、金融工具创新

金融工具是在信用活动中产生,能够证明金融交易金额、期限、价格的书面文件。金融工具种类很多,自1960年美国花旗银行推出第一张大额可转让定期存单以来,国际金融市场上出现了许多具有各种不同功能的金融创新工具。这些新的金融工具的出现,极大地丰富了国际金融市场上的交易内容,并扩大了国际金融市场规模。进入20世纪80年代,金融创新工具有了进一步的发展,除了现货、远期、期货和期权外,一些组合型的新型工具也不断涌现出来。这里主要介绍80年代以来最具代表性的几种金融创新工具:远期、金融期货、金融期权和互换。

(一)远期

远期合约属于一种比较简单的衍生工具,它指的是一种以固定的价格在将来某个确定的时间买入或卖出一种证券或一种商品的协议。在合约中同意在未来买入的一方,称为持有多头头寸;同意在未来卖出的一方被称为持有空头头寸。合约双方均承担对方不履约的风险。合约的价值将随相关资产市场价格的波动而变化。远期合约交易一般在交易所外部进行。在远期合约创新工具中,发展最快、最重要的一种就是远期利率协议(forward rate agreement,FRA)。

远期利率协议是一种利率远期合约,它是指交易的双方同意在未来某一确定的日子,对一笔确定了期限的象征性本金按协定利率支付利息的交易。其目的在于锁定未来利率,以防范未来利率水平的波动而给双方带来不利的影响。作为一种不通过交易所而在场外交易的金融创新工具,远期利率协议的优点在于它能使银行不改变它们的流动性状况而调整其利率风险,并且与运用同业拆借市场的方法相比,远期利率协议对银行资产负债表的规模和信贷的影响更小。因此,远期利率协议自1983年由欧洲货币市场推出以后,便迅速得到了广泛的应用,而且主要是在银行同业间进行。银行与非银行客户所进行的远期利率协议交易则极为少见。银行同业的远期利率协议大多是通过经纪人中介成交。参与该市场的银行主要有美国的一些大银行,英国的商业银行和清算银行等。

(二)金融期货

金融期货是指交易双方按约定的时间、约定的价格买卖某种标准化金融资产的合约。世界上第一份金融期货合约是 1975 年 10 月,由美国芝加哥商品交易所推出的一份以美国政府国民抵押协会证券为基础的利率期货合同。金融期货同商品期货比较,其交易的标的物并非商品,而是诸如外汇、债券、利率、股票价格指数等金融产品。交易的目的主要是为了套期保值和投机。金融期货合约是一种标准化合约,在该期货合约中,交易的品种、规格、数量、期限、交割地点等都已标准化,唯一可变的是价格。这样,合约的流动性就大大增强。在期货合约中,虽然合约双方分别承诺了在到期日供货和付款,但只有不足 5% 的合约最终进行实物交割(go physical),大多数交易者在到期之前往往就通过购买一份内容相同方向相反的合约来对冲(off setting)而避免实物交割。在实际交易中,金融期货的种类在不断地发展和丰富,但大体上有以下几种划分:

1. 利率期货

在金融资产中,有许多有息资产。以有息资产为标的物的金融期货就是利率期货。利率期货是利率自由化的产物。利率自由化使得利率出现了频繁而大幅度的变动,使各种金融机构和公司企业对其资产负债管理变得十分不易,并加大了资金市场的风险,影响了金融业的安全性。为防范利率风险,利率期货便作为一种有效的套期保值工具应运而生。利率期货合约发展到现在,其种类已经十分丰富,根据基础证券期限的长短,利率期货合约可以分为两类:短期债券期货合约和中长期债券期货合约。短期债券期货合约是指基础证券的期限不超过一年的利率期货合约;长期债券期货合约是指基础证券的期限超过 10 年的利率期货合约。

2. 外汇期货

外汇期货是最早出现的金融期货品种。外汇期货交易是交易双方约定在将来某一时点上以特定的货币,按照特定的价格、数量和规则进行交易的金融业务。外汇期货合约是其标准化的外汇远期合约。除价格外,在交易单位、交易品种、交易时间、交割时间和地点方面都有统一的规定。目前,在全球各交易所中,提供外汇期货合约的主要有三个:附属于芝加哥交易所的国际货币交易所(IMM)、新加坡国际商品交易所(SSIMEX)以及伦敦国际金融货币交易所(LIFFE)。其中 IMM 的外汇期货合约占了全球 90% 以上的成交量。

3. 股票价格指数期货

股票价格指数期货是股票的投资者为了规避投资风险而创立的一种金融创新工具。其原理是:根据股票价格指数反映整个股市价格的特点,将股票价格指数转换成一种可供买卖的商品,就可利用这种商品的期货交易来进行保值。

(三)金融期权

金融期权是一种权利合约,它是在买方向卖方支付一定的权利金后,赋予买方在规定的时间内按双方事先约定的价格购买或出售一定数量的某种金融资产的权利。最早的金融期权交易起始于 1973 年,是从芝加哥交易所的股票期权开始的。

通常我们把金融期权分为两类:看涨期权(call option)和看跌期权(put option)。看涨期权是指期权的购买者向期权的出售者支付一定金额的期权费后,所拥有的在期权合约有效期内买入某种期权合约的权利,而不承担一定要买的义务。通常情况下,只有当某种金融资产价格上升,或者预期价格将上升,且上升幅度在补偿权利金后仍有盈余时,看涨期权合约的持有者才会按照履约价格向期权出售者买入某一特定数量的金融标的资产。看跌期权与看涨期权刚好相反,它给予期权购买者在期权合约有效期内卖出某种金融标的资产的权利,而不承担一定要卖的义务。通常,只有当金融资产价格下跌或预期要下跌时,人们才会购买看跌期权。

(四)互换

互换(swap)也被称为掉期,它是指交易双方依据事先约定的规则,在未来的一段时间内,相互交换一系列现金流量(本金、利息、价差等)的交易。互换实际上可以看作是一系列远期合约的组合。互换双方签订互换协议,体现双方的权利以及约束双方的义务。互换交易的基础主要是比较优势和分享利益。如果一家公司在 A 货币市场具有比较优势,而在 B 货币市场上却具有比较劣势;而另一家公司在 B 货币市场具有比较优势,却在 A 货币市场上具有比较劣势,双方就可以商定,在各自拥有比较优势的市场筹措资金,然后互相交换,互换双方可以通过互换更加合理地配置资金,并实现更好的资产负债管理。

由于互换具有期限灵活、非标准化交易及操作简便的优点,加之它还省去了由于使用其他金融创新工具带来的对头寸的日常管理的麻烦,所以它从问世伊始就成为一种重要的金融创新工具,并受到投资者和金融机构的青睐。

四、金融制度创新

金融制度是关于资金融通的一个体系或系统的规则,它主要包括构筑金融体系的金融组织制度(包括作为高阶结构的中央银行制度和作为基础结构的微观组织安排,如商业性金融机构、政策性金融机构、金融市场等),以及规范金融秩序的金融监管制度。因此,我们可以把金融制度的创新定义为在金融组织或金融机构方面所进行的制度性变革或安排。

(一)金融组织制度的创新

现代金融组织制度是一种二级金融制度,其制度创新主要包括三个部分,即中央银行及其相关制度的创新、商业银行的组织结构及其创新、非银行金融机构的发展创新。

1. 中央银行及其相关制度的创新

中央银行及其相关制度创新是现代社会的重大发明和制度创新的结果,它是金融管理制度上的最主要的创新,在本质上构成了现代市场经济体系和现代金融制度结构的一个重要的不可缺少的部分。

从中央银行的发展中我们可以看到,中央银行制度也在不断地发展和创新,中央银行制度已经成为国民经济中不可缺少的重要组成部分。

2. 商业银行的组织结构及创新

商业银行制度创新包括其内部组织结构(产权结构)和外部组织结构的创新。前者与金融机构的决策、动力和行为方式息息相关;后者与金融机构的合理配置、金融体系的运行成本、效率息息相关。

商业银行的内部组织结构主要是指其产权结构或内部财产关系。按照现代制度经济学的基本思想,金融企业同其他生产企业一样是一种产权交易的方式或契约安排。商业银行作为一种金融企业,其组织结构的核心仍是产权关系及其安排。产权关系从根本上规定着其行为目标和行为方式,并进一步影响着金融资源的配置和金融机构的运行效率。典型的两种银行业产权结构便是高度计划经济体制下的国有银行与现代市场经济体制下的股份制银行。

商业银行的外部组织结构是指其同外部市场的其他行为主体交易过程中的存在方式及其外部经济状况。外部组织结构与商业银行的成本效益及机构本身的生存发展息息相关,是制度创新的重要内容。商业银行的外部组织结构大致可分为四种形态:单元银行制、分支银行制、集团银行制和连锁银行制。其中,分支银行制在现代金融制度中占有主导地位。

3. 非银行金融机构的发展创新

非银行金融机构的大量涌现是金融制度创新的一个重要标志。20 世纪 50 年代以来,传统的银行业、保险业、证券业开始逐步突破原有的业务分工,逐步走向现代的混业经营。因此在这一阶段中,非银行金融机构得到迅速发展,其机构种类和业务品种都超过了银行。非银行金融机构主要的组织形式有保险公司、养老基金、住宅金融机构、金融公司、信用合作社和投资基金等。这些非银行金融机构的产生和发展相应地引起了金融制度的创新。这些创新带来了交易成本的节约或下降,从而进一步推动了金融交易的空间范围和数量规模的扩展,以及金融机构的相应发展,使二者呈现出一种相互促进的良性循环。

(二)金融监管制度的创新

金融监管是指各国中央银行和金融管理当局对商业银行和各种金融机构的业务经营活动进行监督和管理。金融监管制度形成于 20 世纪 30 年代的经济金融大危机之后,其目的主要是为了经营的安全性和竞争的平等性。

一国政府为了金融业的稳定和经济发展的需要,通过法律、法令对金融机构实行管制是必要的,但银行作为一种金融企业,为了实现收益最大化的目标,也就必须在市场竞争和金融管制的条件下求其生存。金融业为了其生存而逃避金融监管便产生了金融创新。金融创新使得原有的金融监管制度失去效能,于是更严厉的监管制度被制定出来,以约束金融机构的行为。而约束的结果,是更高级的金融创新形式的出现。所以我们说金融监管制度创新与金融创新是一个互动的过程,它们的动态变化使得金融制度得以不断调整和变革。

金融监管和金融创新的互动过程大致分为三个阶段:第一阶段,管制阶段。金融监管当局通过法律或法令对金融业实施管制,允许金融业有限经营,约束不正当竞争行为。第二阶段,金融创新阶段。金融管制的出现限制了金融机构的获利机会,但微观组织的趋利冲动会驱使其绕过管制以获取更大的利润,于是管制之外的金融产品和服务产生,以逃避金融监管,这就是金融创新。第三阶段,再管制阶段。金融业的创新行为部分抵消了金融监管的预期效果,使得管理当局的预期目标无法实现。于是监管部门便调整对策,采用新的监管政策和措施以消除金融创新活动所导致的宏观负效应。于是,"监管—金融创新—再监管—再创新"的循环过程形成。金融监管制度随着每一次新的循环被不断创新,由此推动了金融业的变革和进步。

第三节 金融发展

一、金融发展的内涵

(一)金融发展的含义

金融发展是指金融结构的变化,这种变化既包括短期的变化也包括长期的变化,既是各个连续时期内的金融交易流量变化,也是对不同时点上的金融结构的比较变化。而金融结构则是指各种金融工具和金融机构的形式、性质及其相对规模,也就是说金融结构是由金融工具与金融机构共同决定的。

(二)金融发展的规律

(1)在一国的经济发展过程中,金融上层结构的增长比国民产值及国民财富所表示的经济基础结构的增长更为迅速,因而金融相关比率(FIR)有提高的趋势。

(2)一国金融相关比率的提高并不是永无止境的。一旦达到一定的发展阶段,特别是当FIR达到1~1.5之间时(西欧和北美20世纪初就达到了这一水平),该比率将趋于稳定。

(3)经济欠发达国家的FIR比欧洲和北美国家要低得多。欠发达国家目前(指20世纪60年代)的FIR多在1和2/3之间,相当于美国和西欧在19世纪后半期就达到并超过的水平。

(4)决定一国金融上层结构相对规模的主要因素是不同经济单位和不同经济集团之间储蓄与投资功能的分离程度。

(5)在多数国家中,金融机构在金融资产的发行额与持有额中所占份额随着经济的发展而大大提高了。即使一国的FIR已停止增长,该份额却依然呈上升势头。

(6)储蓄与金融资产所有权的这一"机构化"趋势对各种主要金融工具有着不同的影响。与股票相比,债券的机构化进展较快;在债券之中,长期债券的机构化又比短期债券更为明显;公司股票大多直接掌握在个人股东手里。

(7)在任何地方,现代意义上的金融发展都是从银行体系发展开始,并且依赖于纸币在经济中的扩散程度。

(8)随着经济的发展,银行系统在金融机构资产总额中的比例会趋于下降,而与此同时,其他各种新型的金融机构的这一比率均有所上升。结果,在经济最发达的国家中,银行系统(中央银行和商业银行)的资产已低于其他各种金融机构资产的总和,但在欠发达国家中,情况正好相反。

(9)外国融资作为国内不足资金的补充或作为国内剩余资金的出路,在大多数国家的某个发展阶段都发挥了重大作用。

延伸阅读

上海自贸区最新金融创新成果公布,入选的 30 个案例有这些

上海自贸区金融创新持续推进。2022 年 11 月 24 日,上海市推进上海国际金融中心建设领导小组办公室(市地方金融监管局)会同人民银行上海总部、上海银保监局、上海证监局、国家外汇管理局上海市分局、自贸试验区管委会(浦东新区政府)、临港新片区管委会共同举办自贸试验区第十一批金融创新案例发布会。

据悉,自贸试验区挂牌以来,已发布十批 130 个金融创新案例,第十一批自贸试验区金融创新案例择优发布了 30 个,主要涉及金融开放创新、金融市场创新、跨境金融服务优化、金融扶持重点产业、绿色金融产品服务创新、金融营商环境优化六个方面,具有首创性、标杆性、可借鉴性。

具体来看,在金融开放创新方面,聚焦落实金融扩大开放举措,进一步打造金融开放枢纽门户,本次发布了 7 个案例,分别是央行上海总部、国家外汇管理局上海市分局在临港新片区开展跨境贸易投资高水平外汇管理改革试点;上海银保监局积极落实扩大开放政策,在上海自贸试验区陆续落地一批外资控股合资理财公司、外商独资人身险公司、"一带一路"在沪分支机构等若干有影响力的标志性扩大开放项目;上海证监局积极推进全国首家外资独资公募基金管理公司、外资独资证券公司等一批有影响力的外资证券基金经营机构落户自贸试验区。

另外,还有海通证券等金融机构会同中央国债登记结算公司上海总部支持深化自贸区离岸债券创新推广,落地首单上海自贸区离岸人民币债券等多个"首单";上海清算所与国际证券存管机构合作推出"玉兰债",先后支持银行、券商等机构发行;上海证券交易所深化上海资本市场与境外市场互联互通,将交易型开放式基金(ETF)纳入内地与香港股票市场交易互联互通机制,将瑞士和德国纳入境内外证券市场互联互通存托凭证机制适用范围;中国证券登记结算上海分公司上线 QFII(合格境外机构投资者)、RQFII(人民币合格境外机构投资者)结算模式创新项目。

在金融市场创新方面,立足深化金融要素市场改革,不断推升上海国际金融中心服务能级,本次发布了 8 个案例,分别是上海证券交易所推出科创板股票做市交易业务,是科创板又一个重要交易机制改革措施;海通证券、国泰君安先后保荐中芯国际、九号公司在科创板公开发行股票、发行存托凭证,成为科创板允许红筹企业境内上市后的首批实践案例;上海期货交易所子公司上海国际能源交易中心上市国际铜期货、原油期权,并进一步推广 20 号胶期货定价运用,提升"上海价格"对国际大宗商品市场定价影响力。

另外还有中国金融期货交易所同步挂牌上市中证 1000 股指期货和期权,是我国首次推出以小盘股为主要标的的股指期货和期权产品;上海保险交易所上线数字化健康保险

交易平台和全球首创数字化再保险登记清结算平台两款数智化平台;中国信托登记有限责任公司建设全国信托公司股权托管中心,上线股权信息管理系统;上海清算所创新推出大宗商品现货清算业务,并推出清算通供应链金融信息服务;上海股权托管交易中心上线运营上海私募股权和创业投资份额转让平台,拓宽基金份额转让退出渠道,助力金融资本与产业资本循环畅通。

在跨境金融服务方面,围绕优化跨境金融服务,用好国内国际两个市场两种资源,本次发布了4个案例,分别是人民银行上海分行与上海市商务委出台自由贸易账户支持离岸经贸业务相关举措,中国银行上海市分行落地首单自由贸易账户为离岸加工贸易提供跨境结算业务;浦发银行与证券公司携手打造A股上市公司通过自由贸易账户实施外籍员工股权激励计划服务模式;跨境银行间支付清算有限责任公司推出标准收发器和跨境创新服务终端机(CISD),并增加港元业务;上海票据交易所建设跨境人民币贸易融资转让服务平台,促进人民币跨境贸易融资业务发展。

在金融扶持重点产业方面,紧扣金融服务实体经济,积极支持科技创新等重点产业发展,本次发布了4个案例,分别是人保财险等全国18家保险公司和再保险公司联合成立中国集成电路共保体,通过加强行业协同,提供高质量的集成电路产业风险解决方案;上海证券交易所落地首批不动产投资信托基金(REITs)试点项目,推动基础资产扩展及已发项目扩募,牵头成立长三角基础设施REITs产业联盟;上海证券交易所推出科技创新公司债券,进一步发挥公司债券服务国家创新驱动发展战略和产业转型升级功能;工商银行上海市分行为境内民营企业打造自贸区离岸业务综合金融服务方案,为其于"一带一路"沿线重大项目筹组双币种国际银团。

在绿色金融创新方面,激发绿色金融产品与服务创新,打造国际绿色金融枢纽,本次发布了5个案例,分别是中债估值中心(中央国债登记结算公司下属公司)推出全球首个全面覆盖中国债券市场公募信用债发行主体的ESG评价体系;上海环境交易所、上海证券交易所和中证指数公司发布"中证上海环交所碳中和指数",汇添富基金、富国基金等国内首批中证上海环交所碳中和ETF产品先后上市;中海信托成立全国首单以国家核证自愿减排量为基础资产的碳中和服务信托"中海蔚蓝CCER碳中和服务信托";中国银联、上海环境交易所共同发布银联绿色低碳主题银行卡产品,为个人和企业分别配置低碳生活服务权益和碳减排量购买权益;农业银行上海市分行筹组国内首笔人民币可持续发展挂钩(SLL)国际银团贷款。

在金融营商环境优化方面,着眼建设逐步与国际接轨的优质金融营商环境,提升国际金融中心软实力,本次发布了2个案例,分别是在沪金融管理部门着力构建金融消费者权益保护机制,上海证监局牵头倡议成立上海投保联盟,进一步构建投资者服务保护机制,上海银保监局指导设立的全国首家专业性、行业性独立第三方调解组织正式更名为"上海银行业保险业纠纷调解中心",建设全流程金融消费者权益保护;上海市高级人民法院、上海证监局联合出台落实证券虚假陈述民事赔偿案件司法解释协作意见,进一步明确证券司法审判与证券监管执法之间的协作配合机制。

资料来源:新浪网,https://finance.sina.cn/china/gncj/2022-11-25/detail-imqm-mthc5948973.d.html。

二、金融发展与经济发展的相互关系

(一)金融发展对经济发展的积极作用

(1)金融发展有助于实现资本的积聚与集中,可以帮助企业实现现代化的大规模生产经营,实现规模经济效益。

(2)金融发展有助于提高资源的使用效率,从而提高社会经济效率。

(3)金融发展有助于提高用金融资产进行储蓄的比例,因而有助于提高社会的投资水平。

(二)经济发展对金融发展的作用

(1)经济的发展使社会的收入水平不断提高,因而提高人们对金融投资和理财服务的需求。

(2)经济发展形成越来越多的大企业集团,这些大的企业集团要求与其融资需求相匹配的现代金融机构为其提供服务。

三、金融抑制

(一)金融抑制的含义

麦金农和肖等人将金融抑制(financial repression)含义归结为:发展中国家存在的金融资产单调、金融机构形式单一、市场机制未充分发挥作用、存在较多的金融管制(包括利率限制、信贷配额、汇率及资本流动管制等),致使金融效率低下的现象。

他们认为,金融发展与经济发展之间存在相互推动和相互制约的关系。一方面,健全的金融体制能有效地将储蓄资金动员起来并引导到生产性投资上去,以促进经济发展;另一方面,稳步发展的经济也会通过国民收入的提高和社会公众对金融服务需求的增加而刺激金融业的发展,二者间形成一种良性循环。但在大多数发展中国家,由于金融体制的落后和效率低下,使经济发展受到束缚,停滞的经济反过来又限制了资金的积累和对金融服务的需求,制约了金融业的发展,这样,二者间就呈现一种恶性循环。

(二)金融抑制的主要表现

在发展中国家中受到抑制的金融体系有几个显著表现:

1. 金融工具形式单一,规模有限

这主要表现在银行等储蓄机构仅仅开办存、贷款业务,而且期限单一,利率僵硬,无法满足储蓄和借贷双方对金融资产流动性、盈利性和安全性等方面的需要;因商业信用不佳,商业票据无法广泛流通;证券交易品种有限,投资者缺乏选择金融资产的机会。

2. 金融体系存在着明显的"二元结构"

现代化金融机构是以现代管理方式经营的大银行和其他金融机构(包括外国银行),

它们主要集中在经济和交通发达的大城市；传统金融机构是以传统方式经营的钱庄、当铺、合会等民间金融机构，它们主要分布在经济落后的小城镇和广大农村地区。这种状况使得货币政策和传导机制受到严重扭曲，从而难以发挥预期的效应。

3. 金融体系发展不平衡，效率低下

发展中国家的金融机构单一，商业银行在金融活动中居于绝对的主导地位，专业化程度不高，经营效率低下；而非银行金融机构极不发达，无法有效地发挥其功能。

4. 金融资产价格严重扭曲，无法反映资源的相对稀缺性

具体表现是政府对利率和汇率实行严格的管制，使实际利率偏低，本国货币的币值估值较高。

5. 直接融资市场发展落后

发展中国家经济发展的严重不确定性压制了直接融资的发展，因而证券市场上的交易品种和数量十分有限，限制了通过多种渠道、多种方式大规模地组织和融通社会资金的能力，从而导致资本形成不足。

6. 金融市场不健全

由于经济上的分割性，银行和非银行等金融机构多局限于在各自的传统领域活动，它们之间缺少一个完整的、有机的短期货币市场来连接，再加之同业拆借的资金量不足，使得金融市场效率非常低下。

(三)金融抑制的主要手段

金融抑制虽然与发展中国家经济落后的客观现实、存在二元经济结构有关，但发展中国家政府所实行的金融抑制政策更是起直接作用。发展中国家的政府都想积极推动经济发展，但面对的现实是经济发展水平低，政府财力薄弱，外汇资金短缺。为获得资金实现发展战略，政府常常对金融活动的强制干预，例如：政府为获得资金以实现发展战略，对存贷款利率、汇率、信贷资金的配置、金融机构的市场进入等实行严格的限制和干预。这种压抑性的金融手段主要有：

1. 利率管制

利率作为资金的价格，反映着资本的社会稀缺程度，并能够灵活地调节社会资金的供求关系。但是很多发展中国家为了降低公共部门的融资成本，扶持国有经济的发展，通过设定存贷款利率上限来压低利率水平，不允许利率自由浮动，使利率不能正确反映发展中国家资金供求市场的信息和资金短缺的现象。同时，政府为弥补巨额财政赤字，常常不得不依靠通货膨胀政策，使通货膨胀率居高不下，在政府规定的低利率水平下，往往使得名义存款利率低于通货膨胀率，导致实际存款利率为负数，进而阻碍了金融体系吸收社会闲置资金的能力，进入金融体系的社会资金减少；而另一方面，较低的利率又刺激了更多的社会资金需求，甚至是投机活动，导致资金需求远远大于供给，从而加剧了资金供求矛盾。

2. 信贷配额

这是利率管制所导致的必然结果。在资金短缺的情况下，为了解决资金供求的失衡，金融当局不得不使用"信用配额"的方式进行资金分配。这种情况下，能获得优惠利率信贷的大部分是享有特权的国有企业，或与官方金融机构有特殊关系的私营企事业机构。

但这些借款人的投资并非总能获得较高的收益,它们往往不能偿还贷款。可见,信贷配给政策导致一些高效益的投资项目无法获得贷款,贷款不讲经济效益、资金集聚困难和使用效率低下严重阻碍了经济和金融的发展。与此同时,大多数民营企业因得不到信贷配额而不得不转向传统的金融机构如高利贷者、当铺等组织进行融资,使其发展受到严重影响。这种游离于金融体系之外的融资反过来又加剧了金融管制的盛行,政府会更加坚定地认为"市场机制会带来无效和混乱",并采取诸如信贷配给的办法来分配有限的社会资本,进一步加剧了资金分配的不平等和分配效率的低下。

3. 汇率管制

发展中国家为了降低进口机器设备的成本,常常通过官方汇率人为地高估本币的汇率,使其严重偏离均衡的汇率水平。但是,本币高估不可避免地会造成外汇市场的供不应求。在高估本币币值的情形下,一方面,外汇供给只能通过配给来满足,能以官定汇率获得外汇的只是一些享受特权的机构和阶层,这不仅助长了黑市交易活动,使本已缺乏的外汇使用不当,而且使持有官方执照的进口商能利用所享受的特权赚取超额利润,从而刺激进口需求。另一方面,国内出口业将受到损害,尤其是农副产品及其他初级产品的出口。因为过高的本币汇率使出口商按国际市场价格出售商品后收回的外汇兑换成本币的收入远远低于在国内市场上销售的收入,并使本来就处于弱势的发展中国家出口产品的国际竞争力更弱,出口受到极大损害,这又进一步加剧了外汇短缺状况以及官定汇率与均衡汇率的偏离。因此,当低估外汇价格时,只利于进口与消费,而不利于出口与储蓄,并将使本国经济的发展进一步增强了对外援与进口的依赖。

4. 对金融机构的限制

在发展中国家,政府出于对金融体系和资金分配进行控制的目的,对金融机构的设立及经营活动严加管制,现代金融机构不足,商业竞争无法充分展开。政府通常鼓励直接为政府服务、其活动易被政府掌控的部门与机构的发展,而限制民间私营金融机构的发展,形成金融业的高度垄断;各种金融业务必须由规定的机构在批准的业务范围内进行,结果形成金融市场的分割;对金融机构要求很高的法定准备金率和流动性,以便于政府有效地集中资金;同时,还限制股票、债券等资本市场工具的发展,使整个金融业效率低下。

(五)金融抑制产生的负效应

由于金融与经济的密不可分性,金融抑制会对经济发展产生一些负效应,主要表现在以下方面:

1. 负收入效应

一般来说,公众和企业所持有的实际货币余额越多,储蓄和投资就越多,而储蓄和投资的增加又会带来生产的增长和收入的提高。但在许多发展中国家,却出现了与此相悖的结果。因为许多发展中国家都处于金融抑制状态,同时大多数国家还存在着严重的通货膨胀,因此,人们为了逃避通货膨胀,就会减少以货币形式保有的储蓄,从而导致投资来源减少,进而使国民收入的增长受到影响。与此同时,这又会反过来制约储蓄与投资的增长,于是不可避免地形成恶性循环,最终结果将导致收入增长缓慢。

2. 负储蓄效应

在许多发展中国家,由于市场分割和经济货币化程度很低,以及收入水平低,加之金融工具的品种单调、数量有限,因此资产选择的余地就很小。在通货膨胀率很高的情况下,当存款低利率甚至负利率政策无法弥补物价上涨造成的损失时,人们被迫采用购买实物(物质财富)、增加消费支出,以及向国外转移资金的方式来回避风险,这样就会使国内储蓄率受到严重的影响。

3. 负投资效应

由于发展中国家急于实现"工业现代化",常常利用国家集权将有限的资金投向那些大规模、高技术的新型产业,但由于技术条件的限制,这些产业并不能带来较高的投资效率,使投资的边际生产力大大降低,造成资金的浪费。同时,将巨量资金耗费在重工业上的投资政策也在无形中限制了向其他传统部门的投资,特别是阻碍农业和轻工业的正常发展。这样不但增加了对粮食和原材料的进口需求,而且由于这种传统行业发展的限制又会进一步影响国家出口的增长,导致经济发展缺乏必要的投资动力。

4. 负就业效应

在金融压抑的条件下,由于缺乏必要的资金投入,传统部门与小规模生产受到限制,劳动密集型产业得不到发展,使得大量农村劳动力涌向城市。而城市中所发展的工业大都是资本密集型产业,其对劳动力的吸纳又是非常有限的,因此,那些大量的尤其是未受过专业训练的简单劳动力只能寻找更低工资的职业,甚至处于失业状态,从而形成了大中城市特有的贫民阶层与贫民区。即使那些已经就业的劳动者,随着生产的发展和技术的改进,也将面临失业的可能性。

总之,金融抑制加剧了金融体系发展的不平衡,极大地限制了金融机构的业务活动,束缚了金融市场的形成和发展,阻滞了社会储蓄向社会投资的正常转化,造成投资效益低下,最终制约了国民经济的发展,并通过消极的反馈作用加剧了金融业的落后,从而陷入金融落后和经济落后的恶性循环。

案例分析

汇付天下:互联网金融缘于金融抑制

近日,汇付天下总裁周晔在上海交通大学上海高级金融学院高端金融论坛上表示,中国的所有新兴业态几乎都有一个"美国爸爸",但互联网金融却是中国土生土长的,而且发展火爆。

对于互联网金融的诞生,周晔认为,"支付宝、财付通等传统 C 客户型支付企业对于账户的突破,汇付天下等金融支付企业对于航空客票、保理、网上基金等垂直型行业应用的突破,监管部门对于牌照管理的突破,都是互联网金融孕育过程中的重要奠基石。"

周晔还指出,互联网有着为普惠金融服务的天然优势。"理财、信贷标准的产品已经顺利和互联网对接了,我们也看到最近有很多尝试,把非标的金融产品放到互联网上进行销售,提供服务。"这也是促进互联网金融迅速发展的原因之一。

至于为什么互联网金融会是在中国产生和火爆发展,周晔认为,金融抑制是根本原因。

"中国现实的金融环境下,在大部分行业,客户获得资金的成本和资金收益之间存在较大利差,确实存在着资金和收益都不是双轨制、三轨制,这样的金融是得到了比较大的压抑。"虽然政府一直在鼓励发展为小微企业服务的金融,但周晔认为收效甚微,"中国家庭金融调查最新的数据显示,中国小微企业资金可得性比例大概是 26.7%,这意味着有四分之三的希望获得融资的家庭在正常情况下拿不到资金。"

另外,谈及互联网金融的发展和未来,周晔认为核心仍然是支付。"因为支付在过去十年中产生了一个完全在金融或者银行体系之外的客户群。并且这个庞大的客户群是拥有资金的。"

互联网金融在发展中也受到来自监管层的考验,在周晔看来,互联网出身的企业对金融的理解和经验不足,可能很多信用的模型包括风控的模型还有待于检验,另外身份的识别尚未有法律规范,互联网和传统的征信系统之间并没有对接,还有很多偶发性的风险都会导致流动性等风险的出现。

思考:结合所学知识,分析金融抑制与互联网金融发展的关系。

四、金融深化

(一)金融深化的含义

罗纳德·麦金农与爱德华·肖等经济学家一致认为,金融抑制是发展中国家经济发展的一大障碍,妨碍了储蓄投资的形成,造成资源配置的不合理,从而阻碍了经济发展。针对金融抑制所产生的负效应,发展中国家必须通过金融深化政策来促进金融部门自身的发展,进而促进经济增长。

所谓金融深化,是指政府放弃对金融体系与金融市场的过分干预,放松对利率与汇率的管制,使之能充分反映资金市场与外汇市场的供求状况,并实施有效的通货膨胀控制政策,使金融体系能以适当的利率吸引储蓄资金,也能以适当的贷款利率为各经济部门提供资金,并进一步引导资金流向高效益的部门和地区,以促进经济的增长和金融体系本身的扩展。

可以看出,金融深化主要是针对发展中国家实行的金融抑制政策,如对利率和信贷实行管制等而提出的。其实质就是放弃政府对金融领域的过度干预和保护,依靠市场机制的作用提高金融体系的效率,优化金融结构和金融资源的合理配置,形成正的投资、就业、收入和结构优化效应,从而建立起经济发展和金融发展的良性循环。

(二)衡量金融深化程度的指标

金融的发展包括量的发展与质的发展。量的发展是指金融在数量或规模方面的扩大,具体表现为金融资产的增长、金融机构的增加、金融人员的增多和金融市场的扩充;质的发展则主要指金融结构的优化,具体表现为金融工具的多样化。两者分别从总量与结构的角度体现了金融深化的程度。根据"金融结构论"与"金融深化论",衡量一国金融深化程度常用指标主要有以下几个。

1. 金融存量指标

反映一国在某一时点的金融发展状况的指标体系,这些指标如下:

(1)货币化比率,即用广义货币存量与国内生产总值之比(M_2/GDP)来表示。罗纳德·麦金农和爱德华·肖认为与金融深化相伴随的是流动性资产存量的增加,由于金融资产的流动性大于实物资产,因此在宏观上这一过程就体现为一国金融资产存量与国民收入之比的提高。但随着经济的发展,人们认识到经济货币化仅仅是金融深化的初级表现,或者说经济货币化程度指标还不能全面而正确地反映一国金融发展和金融深化,因此当经济发展到一定程度之后,货币量和准货币量的增长便会趋缓,非货币性金融工具(如各类债券、票据、股票等)则会快速增长。如发达国家从 20 世纪 50 年代以来货币存量与名义收入的比值便基本停滞不动甚至趋于下降,而发展中国家的该项比值则大幅上升。若仍以该项比值作为依据来考察金融深化的程度,则将高估发展中国家金融深化程度。

(2)金融相关比率

金融深化会导致金融资产结构的变化,因此一定时点上各金融资产存量之间的比例关系是表现金融深化程度的又一指标。由于货币化比率缺陷的存在,目前在学术界得到广泛认可的衡量方式是经济金融化,普遍认为经济金融化更能反映一国的金融深化程度。在经济学中通常以戈德史密斯提出的金融相关比率作为衡量一国经济金融化程度的指标。

2. 金融流量指标

利用一个时段内的金融发展状况来反映一国的金融深化程度。这些指标包括:

(1)投资来源构成中财政所占的比重。爱德华·肖指出,随着金融深化的深入,投资中财政所占的比重应当逐渐减少。

(2)居民总储蓄中银行储蓄所占的比重。从理论上说,这一比例将随着金融深化程度的加深而减少。

(3)企业融资中银行贷款的比例变化。金融深化将使这一指标有渐趋缩小的趋势。

3. 金融工具的多样化

金融资产包括了流通中的现金、金融机构存款余额、各种债券余额、股票筹资额和市价总额、保险费收入等。随着金融化程度的加深,广义货币会继续增长,但其在金融资产或金融工具中的比重会不断降低。因此,金融资产与广义货币的比值可以用来表示金融工具的多样化程度。金融工具的多样化能反映一国金融发展在质上的进步,或者说是金融深化的深层次体现。

4. 金融资产价格指标

即用金融市场的各种价格水平来表征金融深化的程度,这是金融深化与否的最重要的表征,肖认为这一指标体系"也许是金融深化与否的最明显的表现"。它包括以下两个:

(1)实际利率水平。这一指标与金融深化程度是正相关的。在金融不够发达的经济中,金融资产的需求被低水平的实际利率所抑制,初级证券的供给被信贷配额所压制,甚至场外非法市场也被反高利贷法和政府的管制所压制。而金融深化则意味着,利率必须准确地反映客观存在的、能替代即期消费的投资机会的多少和消费者对延迟消费的非意愿程度,因此,实际利率通常比较高,而各种利率之间的差别则趋于缩小。

(2)实际汇率水平。金融抑制的另一个表现是,在官方的即期外汇市场上,本国货币的币值被高估,但是在黑市和远期外汇市场上,本国货币的贴水率却很高。而金融深化则意味着汇率的扭曲得以纠正,外汇黑市和远期外汇市场上本国货币的贴水率下降。

5. 金融体系的规模和结构

在金融发展不够充分的经济中,银行系统包揽了有组织的金融活动,其他金融活动则只能通过外汇交换及由高利贷者和互助团体组成的非法市场进行。而金融深化则会扩大金融体系的实际规模,同时给银行之外的其他金融机构,如证券交易商和保险公司,带来获利机会。因此,金融深化意味着金融职能和金融机构的专业化,同时相对于外汇市场和场外非法市场而言,有组织的国内金融机构和金融市场将有较大的发展。

(三)金融深化的效应分析

根据罗纳德·麦金农和爱德华·肖对金融深化的分析,认为金融深化对经济的发展具有积极的促进和推动作用,他们分别从不同的角度论述了金融深化对经济增长的正效应。

1. 爱德华·肖的观点

爱德华·肖认为,以取消利率和汇率管制为主的金融深化政策具有储蓄效应、就业效应、收入效应等一系列正效应。

(1)收入效应。收入效应是指由于货币供应量的增加,使企业单位的货币余额增加,因而提高了社会生产力,引起收入的增长。但爱德华·肖认为,实际货币余额并不是社会财富,因而实际货币余额的增长也不是社会收入。因此他认为,收入效应实际上是指实际货币余额的增长引起社会货币化程度的提高,对实际国民收入的增长所产生的影响。同时他指出,这种收入效应是"双重的",既包括正收入效应,也包括负收入效应。正收入效应是指货币行业为国民经济服务所产生的促进作用;负收入效应则是指货币供应需要耗费实物财富和劳动,减少了可用于国民收入生产的实际资源。金融深化所指的收入效应正是那种有利于经济发展的正收入效应,而货币政策的目标正是在不断提高这种正收入效应的同时,相应降低其负收入效应。此外,金融自由化及其相关的政策,还有助于促进收入分配的平等。

(2)储蓄效应。储蓄效应是指金融深化和金融改革对储蓄所产生的刺激作用。罗纳德·麦金农认为,金融深化的储蓄效应由三部分组成:一是由收入效应引起的,即金融深化引起的实际国民收入的增加。在储蓄条件不变的情况下,社会储蓄总额将随国民收入的增加按一定比例相应地增加。二是由于政府实施金融深化和金融改革的各项措施(如抑制通货膨胀),提高了货币的实际收益率(实际利率),同时由于储蓄者资产选择范围的扩大,从而私人部门储蓄的积极性将提高,致使整个经济储蓄倾向上升。三是汇率扭曲的纠正会使得在国际资本市场上进行融资更为容易,同时使得资金的外逃得以扭转,从而使国外部门的储蓄增加。

(3)投资效应。金融深化的投资效应包括两个方面:一是储蓄效应的产生增加了投资总额;二是金融深化提高了投资效率。爱德华·肖认为,金融深化可以从4个方面提高投资的效率：①金融深化通过统一资本市场，减少了地区间和行业间投资收益的差异，同时提高了社会平均收益率；②促使金融深化的政策减少了实物资产和金融资产未来收益的不确定性，促使投资者对短期投资和长期投资做出较为理性的选择；③金融深化促进了资本市场的统一，为劳动力市场、土地市场和产品市场的统一奠定了基础，有利于促进资源的合理配置和有效利用，获得规模经济的好处，进而提高投资的平均收益率；④金融深化可以促使那些不易上市的实物财富，如建筑物、土地等通过中介机构或证券市场进行交易和转让，使之通过资本的自由转移提高投资效率。

（4）就业效应。落后经济中的失业，在某种程度上是金融抑制的结果。由低利率造成的低储蓄本来就不能为生产提供足够的资金，更为糟糕的是，由于利率的人为压低，这些和劳动力相比本来就十分稀缺的资金往往又被大量投资于资本密集型产业，从而使失业状况更为严重。而金融深化的结果会使实际利率水平提高和利率趋向市场化，投资者对资本的运用更加谨慎和注重资金的使用效率，从而促使有限的资本流向经济效益较高的部门，进而促使整个社会生产力水平的提高，使经济发展驶入良性发展的轨道，为社会增加更多的就业机会。

（5）稳定效应。金融自由化还有利于就业和产出的稳定增长，从而摆脱经济时走时停的局面。原因之一在于，通过采取适宜的金融自由化政策，国内储蓄流量和国际收支状况都可以得到改善，从而经济对国际贸易、国际信贷与国际援助等方面的波动就可以有较强的承受能力。更重要的一个原因还在于，由金融自由化带来的储蓄增加可以减少对爆发式通货膨胀和以通货膨胀税平衡财政预算的依赖，从而使稳定的货币政策成为可能。

（6）减少政府干预带来的效率损失和贪污腐化。由于货币变量难以控制，详尽的价格控制就显得很有必要了。由于汇率高估，因而要实行复杂的关税制度、进口许可证制度和对出口进行不同的补贴。由于储蓄缺乏，贷款就要逐项配给。一个丧失了边际相对价格灵活性的经济，必定要用人为的干预政策来平衡市场，但这是行政机构不可能胜任的任务，并且还要为之付出高昂的低效率和贪污腐化的代价。金融自由化的主要目的，就是用市场去代替官僚机构。

2. 麦金农的观点

麦金农从金融深化的导管效应和替代效应来解释金融深化对经济增长的促进作用。

（1）货币与实物资本的互补性假说。传统理论一般认为，货币和实物资本作为两种不同的财富持有形式，是相互竞争的替代品，而麦金农却认为上述理论不能成立，他提出了货币与实物资本的互补性假说。这一假说建立在两个假设前提基础上：第一，发展中国家金融市场不发达，所有经济单位必须依靠自我积累来筹集投资所需的资金，即只限于内源融资，从而储蓄者和投资者是一体的；第二，投资具有不可分割性，因为投资必须达到一定规模才能获得收益，所以投资者必须是在积累相应规模的货币以后才能进行一次性的投资，加之发展中国家基础设施薄弱，配套投资少，缺乏金融市场和金融工具，使投资前的货币积累量增大。基于这两个假设，麦金农认为，经济主体对实物资本的需求越高，其货币需求也越大，所以货币和实物资本是互补品而不是替代品。

（2）发展中国家的货币需求函数。根据货币与实物资本的互补性假说，麦金农提出了以下适用于欠发达国家的货币需求函数：

$$(M/P)d = L(Y, I/Y, d - P^*) \tag{8-1}$$

上式中，$(M/P)d$ 为实际货币需求，M 是名义货币存量（指广义货币，包括定期存款、储蓄存款、活期存款及流通中的通货等），P 是价格水平，L 为需求函数，Y 代表收入，I 指投资，I/Y 为投资率，d 为各类名义存款利率的加权平均数，P^* 为预期的通货膨胀率，$d - P^*$ 代表实际利率。

L 的所有偏导数都是正数，这表明解释变量与实际货币需求都是正相关关系：货币需求与收入正相关，这与传统理论相同；I/Y 与实际货币需求是正相关关系，表明投资率越高，实际货币需求越大；存款的实际利率 $d - P^*$ 与货币需求也是成同向变动，因为在严重的利率压制和通货膨胀的情况下，存款的实际利率往往为负数，这制约了货币需求，如果采取金融深化政策，使存款货币的实际利率提高并转为正值，则持有货币有实际收益，就会引致实际货币积累的不断增长和货币需求的增加。

（3）金融深化的导管效应（tube effect）。麦金农在以上分析的基础上导出了发展中国家的投资函数，其表达式为：

$$I/Y = f(r, d - P^*) \tag{8-2}$$

上式中，r 是实物资本的平均回报率，它与投资率成正向关系；货币存款的实际利率 $d - P^*$ 对投资率的影响分为两种不同的效应，即"导管效应"与"替代效应"。当货币存款的实际利率低于投资的实际回报率时，由于货币需求与实际利率成正相关，实际利率的上升，就会提高人们以货币的形式进行内部储蓄的意愿。在投资不可分割的假设下，内部储蓄的增加，导致内源融资型投资上升。麦金农将实际利率对投资的这种正向影响称为"导管效应"，即货币在一定条件下是资本积累的一个导管，而不是实物资本的替代资产。当实际利率超过实物资本的平均回报率 r 以后，"替代效应"开始发挥作用，即经济主体将持有货币，而不愿进行投资，货币与实物资本成为相互竞争的替代品，利率与投资的关系由同向变动转化为反向变动关系。另外，麦金农的上述观点可用图 9-1 表示。

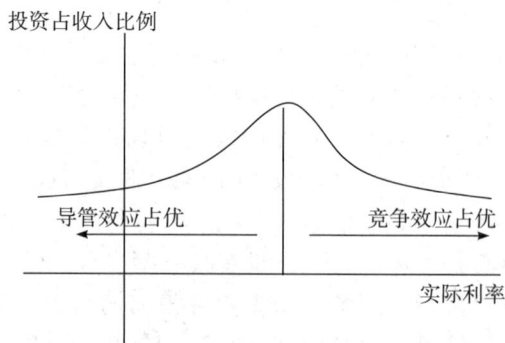

图 8-1　实际利率与投资

3. 金融深化的负面效应

麦金农和肖等经济学家认为金融深化对发展中国家具有积极的正面效应，但与此同时，金融深化也会产生一些负面效应，主要体现在以下方面：

(1)冲击银行体系的稳定性。以金融自由化为特征的金融深化将把银行体系置于广阔的市场风险之中,金融深化的短期金融市场利率和资本市场利率(公司债券与股票市场利率)、国际业务汇率被随市场供求而变动的自由利率所替代,提高了金融业务预期收益的不确定性和风险性。金融深化为企业开辟了更多的直接融资渠道,银行间的金融业务竞争加剧,从而使银行利润下降。若银行储备金中的一部分来自利润,就会减少银行应付呆账、坏账贷款的储备金,削弱银行战胜金融危机的能力;若银行欲获取短期内的最大化利润,就会助长银行的非生产性和潜在不稳定性的投机行为,把银行置于破产倒闭的危险之中。金融深化往往使实际利率高于市场出清的均衡利率。当利率上升时,所有投资项目的回报率下降,低风险项目可能不获利,激励效应会引致公司转而追求更具风险的项目。因信息是不对称的,即借款者比贷款者知道更多有关拟建项目的信息,若银行把利率作为审查标尺,又无完善的对借贷人行为的监督机制,则可能使银行因可贷资金的过度供给而产生风险。

(2)债务危机。一些发展中国家在未能有效控制财政赤字、实现预算平衡的情况下急于推行金融深化战略,从而提高了实际利率。一方面,政府为避免财政赤字所导致的通货膨胀,往往以高于市场利率的利率在国内大量举债,这势必增加政府负债的融资成本;另一方面,政府为推动经济起飞而大量从国外融资,为国内经济运行注入资金,但因微观经济活力不足、投资收益率低下,因而难以征收足够的税收来弥补政府赤字、偿还债务。债务高利率的累积效应将使债务与其 GDP 的比例上升到无法控制的地步,从而引发债务危机。

(3)经济滞胀。金融深化可能导致投资和产出的增加,可能导致实际利率高于均衡利率,居民的边际储蓄倾向提高,银行可贷资金供给增加。但是也存在如下问题:一是居民的边际消费倾向下降,减少了拉动投资的社会总需求;二是高利率增加了企业流动资金的成本和融资成本,降低了投资收益率,甚至使企业无利可图或亏损,从而制约了企业的投资动力;三是短期外国资本流人和追求高利润常导致更多的消费信用等。所有这些,加上政府为控制赤字而减少支出所产生的投资减少乘数效应会大规模收缩经济,使经济出现停滞和衰退。

(4)可能导致破坏性的资本流动。金融深化使国内存款利率高于世界金融市场的利率水平,而其间的利差往往不能通过国内货币的预期贬值而抵消;资本的边际生产力通常较高,国内企业能从国外大量融资;政府为扩张经济而大量吸引外资,因此过早地放松或取消了对资本流动的限制。这些都会导致大规模的短期资本流入,破坏中央银行控制货币流通基数的能力,引起严重通货膨胀。一旦抑制经济过热,又会引起资本大量流出,导致经济迅速衰退。

(四)发展中国家金融深化的政策改进

爱德华·肖和罗纳德·麦金农的金融发展模型从不同角度揭示了金融深化对经济增长产生的正效应,并得出了相同的政策结论,那就是发展中国家应该采取金融深化政策,减少政府干预,解除金融抑制,促进经济发展。根据理论分析与发展中国家的现实,要打破金融抑制状态,实施金融深化战略,发展中国家应实施以下几方面的金融政策:

1. 取消对存放款利率的人为限制,使利率真实地反映资金供求状况

在发展中国家,为了更多地吸引储蓄资金转入投资,实际利率必须为正数,因为只有正的实际利率才有利于更多地吸引储蓄资金并转化为投资,而负利率会阻碍资本的形成。因为从发展中国家看,由于储蓄率低,资金极度缺乏,经济中的投资机会极多,资本的预期收益率也较高,因而较高的名义利率或正的市场利率并不会严重影响投资,但其对储蓄资金的形成有着积极的刺激作用。而且较高的名义利率或正的市场利率也可以限制资金的过分集约化投入和消费性使用,有利于劳动密集型产业的发展,扩大社会就业机会,提高资金的边际效率。要将负利率转变为正的市场利率,可采取两种方法:一是提高名义利率,使之高出实际的通货膨胀率;二是通过有效抑制通货膨胀,降低通货膨胀率而使实际利率为正。而抑制通货膨胀不仅有提高实际利率的作用,还有稳定货币,促进经济稳定增长的作用。

2. 减少对金融业的干预,促进金融业的发展与竞争

发展中国家的金融管制导致金融业的高度垄断,引起了金融业的低效率与服务质量低劣。要改变这种状况,一是要彻底进行金融体制改革,放松金融业的进入限制,允许非国有、非银行金融机构的存在和发展,放宽金融机构开业的条件,改变国家高度垄断金融业的状态,促进金融业的市场竞争。二是要鼓励与促进民营金融事业的发展,特别是在农村地区及非发达地区,政府应大力支持有关金融机构的发展,如农业银行、农村信用合作社、农业贷款协会等,促进农村地区与落后地区金融机构的发展。三是放宽对金融市场的管理和限制,放宽对金融工具发行流通的控制,发展规范化的金融市场体系,培育有组织的金融市场主体,允许资本工具的市场流通,使金融市场成为分配资金,调节资源配置的重要渠道。

3. 放弃以通货膨胀促进经济增长的做法

金融深化理论认为,经济增长与金融状况是紧密相连的。在金融抑制的条件下,经济增长受阻,此时实行通货膨胀政策,既不利于社会储蓄,也不利于实际投资的增加,会使得金融抑制和经济停滞的恶性循环加剧。因此,政府应通过平抑物价与稳定货币的政策,为金融体系有效地吸收存款和发放贷款创造条件。这样,一方面社会储蓄率上升,可增加储蓄资金;另一方面,在市场利率均衡条件下,储蓄资金的增加可极大地促进实际投资的增长和国民收入的提高,使得经济在非通货膨胀情况下稳定地增长,形成金融与经济发展相互促进的良性循环,即通过金融深化来促进经济增长。在具体的措施上,可采用紧缩通货控制货币供应量的政策,也可采用逐步提高存款利率,以增强对货币的需求的政策。

4. 放松对汇率的管制,使汇率能真正反映外汇市场的供求状况

汇率的自由浮动是外汇市场发挥积极作用的基本条件。发展中国家因顾虑国际收支的平衡与本国经济的国际竞争力,往往管制汇率,不让其反映外汇市场的供求状况,结果导致了官方汇率与市场供求的严重脱节与越来越严厉的封闭,对国内经济的发展带来严重的抑制作用。金融深化要求政府当局放松对外汇的管制与汇率的控制,逐步完善汇率的市场形成机制与自由浮动,使其真实地反映外汇市场的供求状况。外汇管制的放松,可使高估的本币价值自然回落,有利于鼓励本国产品的出口竞争与外资的流入,同时汇率自由浮动以后,更接近于市场汇率,也能抑制不必要的进口,从而有利于国际收支状况的改

善。当然,由于发展中国家经济基础较为薄弱,承受力较差,因此,外汇和汇率的管制应逐步放开,以免引起本币的过度贬值和由此造成的国内经济震荡。

5. 努力发掘本国资本潜力,减少对外资的依赖

金融深化理论认为,经济发展的优先策略是依靠本国的资金来发展经济,而不是依赖外资来消除资金紧张的状态。因为发展中国家内部有可支配资金的潜力,应该可以通过金融深化来求得资金上的"自助",避免过分和长期地依赖外国资金。当然,这还需要通过贸易自由化、财税体制改革等政策的配合,才能开拓国内资金来源,促进经济发展。

6. 实行财税体制的改革与外贸体制的改革

因为财税政策的扭曲可导致收入分配的不公,减少社会的金融资产,降低金融资产质量。因此,金融深化要求改革财税体制,一是要求消除财政赤字,抑制通货膨胀;二是财政放弃对金融活动的干预,减少财政性投资、直接拨款和行政性的资金调拨分配,以发挥金融系统的资金调节分配功能;三是实行税制改革,简化税种和降低税收管理成本,并放弃对金融资产收入的歧视性税收政策。在外贸体制改革方面,在汇率自由浮动与外汇市场放松管制的条件下,应逐步取消进出口的歧视性关税,推进对外贸易的自由化。

思政教学

学习贯彻党的二十大精神,金融创新服务自贸试验区提升!

为深入学习贯彻党的二十大精神,11 月 11 日下午,一场以"学习贯彻党的二十大精神,金融创新服务自贸试验区提升战略"为主题的研讨会在中国(江苏)自由贸易试验区南京片区举行。省市自贸办、市地方金融监管局、南京江北新区自贸区综合协调局、南京大学商学院等 30 多家单位的有关领导、专家、企业家代表齐聚一堂,学习贯彻党的二十大精神,畅谈金融改革前景、描绘金融创新蓝图,为金融创新赋能中国(江苏)自由贸易试验区南京片区高水平开放出谋划策。

据了解,自贸试验区南京片区已经累计形成了 170 多项具有首创性的制度创新成果,其中金融领域改革创新就有近 20 项,集聚了各类金融机构 1000 多家,资金跨境流动更加便利,科技金融服务日益优化,数字金融应用不断丰富,绿色金融业态加快发展,金融创新的作用进一步显现。南京江北新区党工委委员、管委会副主任林其坤希望通过此次研讨会的机会,自贸试验区南京片区与智库专家、金融机构、企业共同努力,形成紧密配合、高效衔接的创新工作机制,认真梳理研究企业在跨境支付结算、科创金融服务、境外投资管理等方面的需求,实现"制度创新在片区,复制推广在全市;创新案例在片区,场景应用在全市",推动自贸试验区南京片区高质量发展迈上新台阶。

金融开放创新是自贸试验区改革试点的重点领域,也是自贸试验区持续推进要素型开放和稳步扩大制度型开放的重要内容。"南京市商务局党委委员、副局长谈勇表示,南京片区在金融市场准入、账户体系、投融资汇兑便利、金融服务产业发展、金融风险防范等方面积极探索,扎实推进了国家的金融改革,加快了人民币国际化的步伐,促进了资本项目有序开放,推动了实体经济转型升级,为实现"资金自由进出"的改革目标积累了经验。希

望各家金融机构和企业以本次活动为契机,聚焦金融合作需求,深挖金融创新潜力,用好智库平台资源,激发自贸改革活力,合力推动跨境资金流动、人民币跨境使用、金融支持实体经济发展等领域的改革试点,共建开放特色鲜明、要素便捷流动、产业集聚发展的国际化自贸片区。

中国建设银行南京分行副行长齐震军谈到,为全方位支持自贸试验区南京片区高质量发展,建行南京分行专门成立自贸区支行,精准服务自贸区创新发展。自贸区支行先后落地南京市首支由银行系主导的私募股权投资基金——南京建信合翼科技创新投资基金;南京市首家试点人行小微企业简易开户等创新成果。未来,建行也将继续赋能自贸试验区南京片区经济蓬勃发展。

江苏自贸研究院院长、南京大学商学院韩剑教授以"自贸区金改与南京重要金融中心建设"为题发表了主旨演讲,他指出,大国经济下的区域金融中心竞争因为全球化向区域化转变,我国构建双循环新发展格局以及城市群、都市圈等国家重大战略实施充满了机遇和挑战,中国特色区域金融中心的建设既要遵循全球金融中心形成和发展的普遍规律,更要立足本国国情的中国特色,这种特色就是要明确金融服务实体经济、深化金融改革、防控金融风险三项任务,推动健全具有高度适应性、竞争力、普惠性的现代金融体系。

南京推动自贸试验区与区域金融中心联动发展,要瞄准"打造重要金融中心新金融增长极"这个目标,依托长江经济带金融合作和南京金融都市圈两大平台,构建南京—上海、南京—杭州、南京—合肥三大金融走廊,建设产业金融、科创金融、可持续金融、跨境金融四大金融高地。南京片区金融创新服务自贸试验区提升战略,要重点支持高水平科技自立自强,促进创新链、产业链、资金链、政策链、人才链五链融合。一是重点打造科技金融改革策源中心、科技金融要素配置中心、科技金融服务体验中心、科技金融人才聚集中心、科技金融监管示范中心、科技金融交流合作中心六大中心,二是优化匹配科创企业跨境全链条的贸金服务,创新开发国际人才贷创业贷、知识产权专利融资和担保、专精特新企业离岸直贷、跨境数贸金融与绿色供应链金融等金融产品,三是加强金融生态环境建设,比如科技信用信息共享共用、科技金融法治建设、科技金融风险监测、科技金融人才队伍建设以及对标 CPTPP 新金融条款开展沙盒监管。

⋯⋯

资料来源:中国江苏网,http://jsnews.jschina.com.cn/shms/202211/t20221112_3110319.shtml。

🔷 本章小结

1. 金融创新虽由来已久,但对于金融创新的含义这个基本理论问题仍存在很大争议,目前国内外尚无统一的解释。美国纽约 Barron's Educational Series Inc 出版的《银行辞典》(*Dictionary of Banking Terms*)将金融创新定义为"支付制度促进银行及一般金融机构作为资金供求中介作用的减弱或改变",并指出金融创新包括四个方面:(1)技术创新;(2)风险转移的创新;(3)产生信用的创新;(4)产生股权的创新。

2. 金融创新通过影响法定存款准备金率、超额准备金率、定期存款比率、通货—存款比率而扩大了货币乘数的作用。金融创新对货币定义、货币政策传导机制以及货币政策有效性产生了影响,使货币定义变得模糊;货币政策传导机制的客体发生变化;中央银行三大政策工具的相对作用发生变化,影响了货币政策的有效性。

3. 金融创新的发展促使金融监管做出适应性调整,金融监管结构、金融监管制度发生重大变化,国际间的金融监管合作得到加强。

4. 金融创新一方面提高了金融体系的效率,便利了社会投融资活动,促进了经济增长;另一方面使金融业系统风险加大,影响到经济稳定。

5. 金融发展与经济发展相互作用十分密切。金融发展有助于实现规模经济的效益,提高社会经济效率,提高社会的投资水平。经济的发展催生了更多的金融投资和理财服务,也促成了与不同融资需求相匹配的现代金融机构和金融服务。

6. 金融抑制对经济的副作用较为突出,主要表现在对收入、储蓄、投资和就业等方面。

7. 金融深化的衡量指标有多个。主要包括金融存量指标(如货币化比率)、金融流量指标、金融资产价格指标(如实际利率水平、实际汇率水平)以及金融工具的多样化等。

🔷 关键词

金融创新　金融互换　技术革命　金融深化　金融抑制　金融自由化　金融抑制负效应

🔷 练习与思考

一、判断题

(　　)1. 金融深化理论的核心观点是全面推行金融自由化,取消政府对金融机构和金融市场的一切管制和干预。

(　　)2. 一般来说,金融结构越趋于简单化,金融功能就越强,金融发展的水平也就越高。

(　　)3. 实行金融抑制的国家往往对金融活动强制干预,人为的压低利率和汇率。

(　　)4. 发展中国家的金融有其自身的运行特征,表现在:货币化程度低,现代金融机构与落后的传统的金融机构并存,没有金融市场,政府对于金融机构的管制较松。

(　　)5. 实行金融抑制的发展中国家,金融部门中国有银行占垄断地位,非国有的其他金融机构处于附属地位,金融业无法通过合理竞争提高业务能力。

(　　)6. 在许多发展中国家实行"进口替代"政策的情况下,发展中国家通常采用高估本国币值和低估外国币值的汇率政策,以降低出口成本,提高进口成本。

(　　)7. 实行金融抑制的发展中国家压低贷款利率,资金使用成本的降低吸引了大量的投资者,投资的扩大解决了大量的劳动力就业。

(　　)8. 由于发展中国家资金缺乏,投资机会极多,投资的边际效益较高,因而即使名义利率提高,也不会抑制投资。

(　　)9. 发展中国家劳动力相对便宜,有利于劳动密集型产业的发展,从而会扩大就业水平。

（　　）10. 1997 年东南亚金融危机的直接原因是金融衍生工具过渡泛滥。

（　　）11. 金融发展有助于提高资源的使用效率,从而提高社会经济效率。

（　　）12. 一国金融相关比率的提高是永无止境的。

（　　）13. 产业结构的高级化指的是实现产业的升级换代。

（　　）14. 当代金融创新在提高金融宏观、微观效率的同时,也减少了金融业的系统风险。

（　　）15. 二元金融体系结构的核心内容是指我国金融机构的金融技术和设备的现代化程度不高。

二、单项选择题

1. 交易双方依据预先约定的规划,在未来的一段时期内,彼此对调一系列现金流量(本金、利息、价差等)的交易行为,称之为(　　)。

    A. 金融期货　　　　B. 金融期权　　　　C. 远期合约　　　　D. 金融互换

2. 在几种主要的衍生金融工具中,远期合约的最大功能在于(　　)。

    A. 转嫁风险　　　　B. 价格发现　　　　C. 套期保值　　　　D. 组合套利

3. 反映一国在某一时点的金融发展状况的指标有(　　)。

    A. 货币化比率　　　　　　　　　B. 金融相关比率

    C. 实际利率水平　　　　　　　　D. 实际汇率水平

4. 交易双方在合约中规定,在未来某一确定时间以约定价格购买或出售一定数量的某种资产的衍生金融工具是(　　)。

    A. 金融期货　　　　B. 互换　　　　C. 远期合约　　　　D. 金融期权

5. 商业银行负债业务创新的最终目的是创造(　　)。

    A. 低成本的存款来源　　　　　　B. 存款账户的灵活性

    C. 存款的获利能力　　　　　　　D. 更多的派生存款

6. 期权与其他衍生金融工具的主要区别在于交易风险在买卖双方之间的分布(　　)。

    A. 确定性　　　　B. 不确定性　　　　C. 对称性　　　　D. 非对称性

7. (　　)是金融衍生产品中相对简单的一种,交易双方约定在未来特定日期按既定的价格购买或出售某项资产。

    A. 金融期货合约　　　　　　　　B. 金融期权合约

    C. 金融远期合约　　　　　　　　D. 金融互换协议

8. 金融创新是指(　　)。

    A. 在金融领域内金融机构数量增加

    B. 在金融市场上金融资产规模扩大

    C. 在金融领域内投资者数量增加

    D. 在金融领域内各种要素之间实行新的组合

9. 商业银行在资产业务方面进行创新的主要目的在于(　　)。

    A. 扩大资金来源,创造派生存款

    B. 套期保值,回购交易,贷款证券化

  C. 扩大业务范围,强化银企关系

  D. 降低风险,服务客户,扩大收益

10. 希克斯和尼汉斯认为金融创新的支配因素是( )。

  A. 制度变革   B. 规避管制   C. 市场竞争   D. 降低交易成本

三、多项选择题

1. 金融创新的积极作用有( )。

  A. 提高了金融市场的运作效率   B. 提高了金融机构的运作效率

  C. 不易产生新的金融风险   D. 降低了原有的系统风险

  E. 提高了金融资源的开发利用程度和配置

2. 金融制度的创新主要表现在( )。

  A. 金融机构业务的改变   B. 分业管理制度的改变

  C. 新的金融工具的出现   D. 金融市场准入制度趋向国民待遇

  E. 对商业银行与非银行金融机构实施不同管理制度的改变

3. 制约我国金融创新的因素有( )。

  A. 金融体制僵化   B. 金融创新的环境不理想

  C. 利率机制弹性过大   D. 金融市场不完整

  E. 科学技术水平及通讯业的发展程度有限

4. 金融期货的最主要的功能在于( )。

  A. 逃避管制   B. 转移风险   C. 追逐利润   D. 价格发现

  E. 平衡权益

5. 金融互换的优越性有( )。

  A. 互换的期限相当灵活

  B. 互换能满足交易者对非标准化交易的要求

  C. 互换能满足交易者对标准化交易的要求

  D. 进行互换可以进行套期保值,可以省却其他产品对头寸的日常管理和经常性重组的麻烦

  E. 互换的期限相对固定

6. 商业银行主要的负债业务创新工具有( )。

  A. 可转让支付命令账户(NOW) B. 自动转账服务(ATS)

  C. 货币市场存款账户(MMDA) D. 大额可转让定期存单(CD)

  E. 回购协议

7. 金融抑制的原因包括( )。

  A. 计划经济体制   B. 不适当的金融管制

  C. 经济不发达   D. 缺乏金融发展的良好环境

  E. 外资金融机构的恶性竞争

8. 按金融创新的动因划分,金融创新可以分为( )等类型。

  A. 逃避管制   B. 规避风险型   C. 政策推动   D. 技术推动型

  E. 理财型

9. 按金融创新的内容划分,金融创新可以分为( )等类型。

    A. 金融工具   B. 金融风险   C. 金融制度   D. 金融业务

    E. 金融环境

10. 按创新的主体划分,金融创新可以分为( )等类型。

    A. 逃避管制   B. 规避风险型   C. 市场主导型   D. 技术推动型

    E. 政府主导型

四、问答题

1. 什么是金融深化?衡量一国金融深化程度常用指标有哪些?

2. 何为金融创新?金融创新的原因有哪些?

3. 何谓金融抑制?金融抑制的主要手段有哪些?

4. 实施金融深化战略,发展中国家应实施哪几方面的金融政策?

5. 简述金融发展与经济发展的相互关系。

五、案例分析题

[20 世纪 90 年代日本银行赤字危机]90 年代以来,素有世界第二经济大国之称的日本,陷入了金融风险与危机不断的困境,战后 50 年苦心经营的财政金融体系在经济萧条、金融危机与社会丑闻的多重打击下,岌岌可危。尤其是银行赤字危机所产生的破坏力之大,影响之深远,远远超过了人们的想象。银行业曾经是日本经济增长的强大后盾,但到了 1996 年底,却出现了连连亏损,20 家主要银行中的 16 家银行赤字飘红,而这 20 家银行的总资产占全国 147 家银行总资产的 74%。其中 10 家银行的经营收益与上年同期相比,除樱花银行略有增长外,其余 9 家均为赤字,平均每家亏损 16 139 亿日元(折合人民币 700 多亿元);3 家长期信用银行如日本兴业、日本长期和日本债券则家家亏损,平均每家亏损 5 200 亿日元;七家信托银行中的 3 家,如三井信托、安田信托和日本信托也是赤字,亏损金额分别为 133 亿、151 亿和 40 亿日元。

赤字危机导致日本城市银行中历史悠久的阪和银行破产,它与在此之前破产的兵库银行分别成为日本战后第一家倒闭的城市银行和地方银行,开了战后日本大银行破产历史先河,令整个日本金融界震惊。

90 年代日本的银行赤字危机,可以说是日本社会经济矛盾发展的必然结果,主要根源在于:

其一,80 年代资产价格的恶性膨胀和泡沫经济的异常"繁荣",为 90 年代的银行赤字危机埋下了隐患。1986 年开始以地价、股价连续暴涨为代表的泡沫经济诱使日本的银行业纷纷涉足房地产和股市。据日本银行统计,泡沫经济破裂对日本金融界的直接危害仅银行无法收回的贷款的呆账就高达 50 万亿日元。

其二,日本高速增长时期形成的旧经济体制不适应经济发展的新要求。

其三,超低利率和高干预是促使日本银行危机的政策因素。1986 年连续 5 次下调利率,1987 年 2 月降低到历史上乃至国际上的最低水平(2.5%)成为 20 世纪末的超低利率,与此同时,政府还 9 次调低贴现率,从 6% 降低到 90 年代的 0.5%,这在世界经济史上是绝无仅有的。超低利率引起金融的扩张,对金融的高度集权和经济的过度管制在政策上有意无意地导致了这场深刻的银行危机。

日本银行赤字危机的影响是十分深远的。

就其原因,从国际因素看:它是世界范围市场经济竞争及国际经济和金融形式变化的结果;从国内因素看:它是日本工业化进入成熟阶段逐步向工业社会过度的过程中产业结构和经济发展失衡,是日本的产业结构调整过分追求高技术化、高服务化,过度朝着日益脱离物质生产的方向发展所造成的,其形式之复杂、危害之大、持续时间之长,超过历次危机而呈现严重的综合性萧条症状,从而使日本经济复苏乏力,摆脱危机困境无策。据国际清算银行的统计,在扣除汇率变动的因素后,日本的银行资产余额 1991—1992 年共减少了 4 000 亿美元,1993 年又减少了 5 000 亿美元,呈连续递减的趋势。另据世界著名的穆迪投资服务公司 1997 年 6 月发布全球 61 个国家和地区的银行体系和检测报告,61 个国家和地区的银行按信誉度和资信的优劣依次为 A 至 E 级在多达 58 家 E 等劣迹银行中,发达国家 18 家,而日本的银行竟占了一半,以往以 A 级占主导的日本银行,1995 年仅一家银行进入 B 级,多数竟沦为 D 级和 E 级。

日本的赤字危机也值得我国经济和金融部门的深思:

第一,加快金融管理体制改革,强化维护金融安全的监督体系。日本在 70 年代末就开始了金融自由化、国际化的进程,但在这一过程中,政府没有及时进行金融管理体制改革,没有及时建立起"新的规矩"。因此在金融机构营业状况的透明度、金融机构的内部监管和贷款的审查制度等方面都落后于其他欧美发达国家,管理上存在很多漏洞。正是这些漏洞为金融机构的违规操作、投机牟利提供了方便,并为最后引发泡沫经济、银行赤字危机埋下了伏笔。

第二,正确认识金融政策的时滞效应和宏观调节作用。从日本银行赤字危机的产生来看,日本金融政策对经济发展的时滞效应是导致日本金融界危机的不可忽视的重要因素。如日本的投资或减税政策须先获得大藏省的首肯,调整银行利率也需要日本银行与大藏省之间就时间、幅度往返扯皮,历时 2～3 个月;再如,1986—1990 年日本泡沫经济的后期膨胀是在日本已经提高法定利率之后出现的,这是早期超低利率政策扩张效应对经济活动的延续反映,这种延续即为政策后果与政策执行的时滞效应,政策的时滞往往给人们的心理预期造成错误的影响。

第三,鼓励竞争进取,抑制金融投机,建立和健全金融机构的自律性风险机制。从日本金融危机的因果关系中不难看出,泡沫经济固然是赤字风暴的罪魁祸首和金融危机的主要诱因,而银行超低利率的扩张政策也为泡沫经济的膨胀起了推波助澜的作用。但是金融业务自身尤其接受存贷业务的商业银行抑制金融投机的自律性风险机制的欠缺也是一个重要因素。在市场经济条件下,无论市场是繁荣还是萧条,金融机构内部必须有一个严格的风险防范机制,机构的决策者应保持清醒的头脑超前意识,要有足够能力应付各种风险和危机,以利于在激烈的市场竞争中立于不败之地。

思考:

(1)根据案例,分析金融创新与金融监管的关系。

(2)在中国经济环境下,如何处理金融深化与金融抑制的关系?

本章推荐阅读书目

1. F.米什金:《货币金融学》,中国人民大学出版社 2011 年版。

2. 胡庆康:《现代货币银行学教材》,复旦大学出版社 2011 年版。

3. 朱新蓉:《货币金融学》,中国金融出版社 2010 年版。

4. 盖锐:《金融学》,清华大学出版社 2007 年版。

5. 张晓辉:《金融学》,经济科学出版社 2011 年版。

第9章  金融监管与金融稳定

● 本章导图

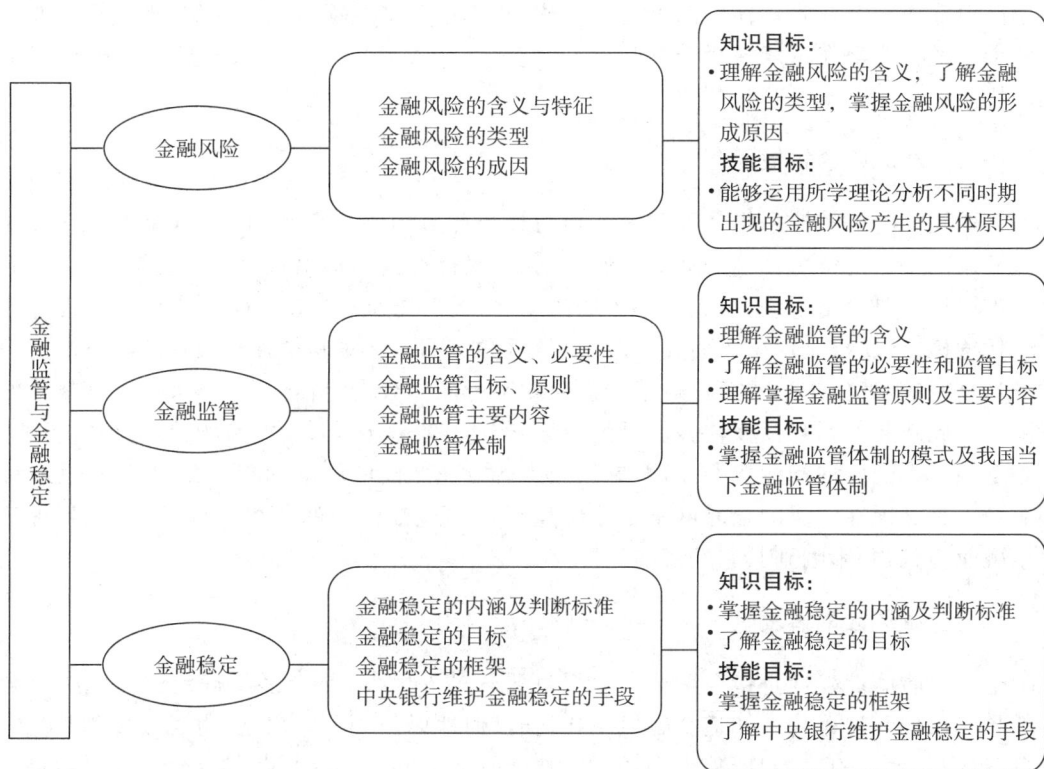

			知识目标：
金融监管与金融稳定	金融风险	金融风险的含义与特征 金融风险的类型 金融风险的成因	·理解金融风险的含义，了解金融风险的类型，掌握金融风险的形成原因 技能目标： ·能够运用所学理论分析不同时期出现的金融风险产生的具体原因
	金融监管	金融监管的含义、必要性 金融监管目标、原则 金融监管主要内容 金融监管体制	知识目标： ·理解金融监管的含义 ·了解金融监管的必要性和监管目标 ·理解掌握金融监管原则及主要内容 技能目标： ·掌握金融监管体制的模式及我国当下金融监管体制
	金融稳定	金融稳定的内涵及判断标准 金融稳定的目标 金融稳定的框架 中央银行维护金融稳定的手段	知识目标： ·掌握金融稳定的内涵及判断标准 ·了解金融稳定的目标 技能目标： ·掌握金融稳定的框架 ·了解中央银行维护金融稳定的手段

● 案例导读

随着金融创新工具的不断涌现，银行、证券、保险、信托等行业的界限越来越模糊，使已有的分业监管模式难以进行有效监管，从而增加了金融业的系统性风险。金融风险聚积到一定程度，极易爆发金融危机。2007 年 8 月，由次级抵押贷款机构破产、投资基金被迫关闭、股市剧烈震荡导致的次贷危机席卷美国、欧盟和日本等世界主要金融市场。次贷危机引发了美国对其金融监管体系及其监管理念的反思。2008 年 3 月，美国财政部部长

保尔森向美国国会提交了《现代金融监管架构改革蓝图》。美国财政部推动金融监管架构改革,既是为了处理当时美国次贷危机带来的各种问题,更是为了应对金融发展对金融监管提出的诸多挑战。

第一节 金融风险

一、金融风险的含义及特征

风险是指人们从事各种活动产生不良后果的可能性。风险存在于经济生活的各个领域。金融领域由于其高负债的特性,与其他行业相比,其经营活动和运营过程更是容易聚积风险。金融风险是指经济主体从事经济活动时,由于各种因素随机变化,导致结果与预期偏离而造成资产或收入损失的可能性。从1694年英格兰银行成立开始,现代银行业乃至整个金融行业都在重复演绎着"风险——危机——监管——化解"的过程,体现出以下几个特征:

(一)金融风险的扩散性

金融风险的扩散性是指个别金融活动的某个环节出现经营危机,会迅速扩散到其他金融机构甚至引起整个社会的动荡。例如,一家银行经营不善出现大量不良资产,一方面会使该银行股票价格下跌,引起资本市场的动荡;另一方面,会造成社会公众对该银行产生信任危机,出现挤兑现象。而客户对一家银行的挤兑,会对其他存款银行的客户产生一种"暗示"效应,其他银行的客户对他们的存款银行同样会产生信任危机,进而诱发挤兑的风潮。由此引起一系列债权债务关系的破坏,产生"多米诺骨牌效应",殃及整个银行业。随着金融体系的发展和业务交叉,金融领域内各行业之间的联动和相互影响日益增强,许多金融工具必须在广泛的金融网络中才能运行,这样,银行业的危机会向证券、保险等整个金融业蔓延,并影响到其它经济实体。

(二)金融风险的偶发性

金融风险的偶发性是指金融风潮大都由偶然事件触发,是众多不确定因素随机组合的结果。人们无法确切地知道金融风险在何时、何地以何种形式出现,也无法预测其危害程度、范围如何,一旦出现即猝不及防。巴林银行在1994年底税前利润仍为1.5亿美元,而仅仅不到3个月,它就因金融衍生工具的巨额损失而破产。中航油(新加坡)公司在破产的6个月前,其CEO还公开宣称公司运行良好,风险极低,在申请破产前的一个月,还被新加坡证券委员会授予"最具透明度的企业"。

(三)金融风险的破坏性

金融风险的破坏性是指金融风险一旦发生,不仅会使客户和股东蒙受很大的经济损失,而且会波及社会再生产的所有环节,影响社会再生产的顺利进行和经济的持续增长,造成社会巨额的经济损失,甚至危及社会稳定,引发政治危机。2008 年 10 月 20 日香港恒指成分股中信泰富突然惊爆,因投资杠杆式外汇产品而巨亏 155 亿港元!其中包括约 8.07 亿港元的已实现亏损和 147 亿港元的估计亏损,而且亏损有可能继续扩大。中信泰富两名高层即时辞职。2008 年 10 月 21 日中信泰富股价开盘即暴跌 38%,盘中更一度跌至 6.47 港元,跌幅超过 55.4%,当日收报于 6.52 港元,跌幅达 55.19%,远远超过业界预计的 20%左右的跌幅。

(四)金融风险的社会性

金融风险的社会性是指金融风险的爆发有其深刻的社会经济根源,是社会经济危机积累到临界状态的集中反映,其防范与化解往往需要整个社会机制的作用。

(五)金融风险的周期性

金融风险的周期性是指金融风险受国民经济循环周期和货币政策变化的影响,呈现周期性的变化。一般而言,在货币政策宽松期,社会资金流动量大,货币供需矛盾相对缓和,影响金融机构安全的因素减弱,金融风险就小。但此时金融风险又往往被忽视、被掩盖,因此又是金融风险聚积的时期。当风险聚积到一定时期后又会再爆发。

(六)金融风险的可控性

金融风险的可控性,是指市场金融主体在一定条件下,依一定的制度、措施可以对风验进行事前识别、预测,事中防范、转嫁和事后化解,控制风险的发生和尽量减少资产、收入的损失。人们可以通过分析预测到产生金融风险的因素,利用现代科学技术和管理手段进行改善和化解,并利用现代金融法律法规、条例和监管办法等为控制金融风险提供制度保证。

(七)金融风险的隐蔽性和叠加性

由于商业银行具有一定的信用创造能力,因而可以在较长的时间里,通过不断创造新的信用来掩盖已经出现的风险和问题,使这些风险因素不断的被隐蔽和叠加起来。当风险叠加到一定程度时,就可能因某个事件将潜在的风险转化为现实的风险。

二、金融风险的类型

金融风险按不同的标准有不同的分类。根据风险发生的范围可以将金融风险分为系统性风险和非系统性风险。系统性风险,指由那些影响整个金融市场的风险因素所引起的风险,它无法通过资产组合分散。这些风险因素包括经济周期、国家宏观经济政策变动等。非系统性风险,指一种与特定公司或特定行业相关的风险,它可以通过资产组合分散。根据诱发风险的具体原因可以将金融风险分为市场风险、信用风险、流动性风险、结算风险、操作风险和法律风险等。以下着重介绍后一种分类方法。

(一)市场风险

市场风险是金融体系中最常见的风险之一,它通常是指市场变量变动而带来的风险,或被定义为金融工具及其组合的价值对市场变量变化的敏感度。根据这些市场变量的不同,市场风险又可以分为利率风险、汇率风险、证券价格风险等。

1. 利率风险

利率风险是指市场利率变动的不确定性给商业银行造成损失的可能性。巴塞尔委员会在 1997 年发布的《利率风险管理原则》中将利率风险定义为:利率变化使商业银行的实际收益与预期收益或实际成本与预期成本发生背离,使其实际收益低于预期收益,或实际成本高于预期成本,从而使商业银行遭受损失的可能性。例如原本投资于固定利率的金融工具,当市场利率上升时,可能导致其价格下跌。

2. 汇率风险

汇率风险是由于本币贬值或因不同外币之间汇率变化而带来的风险。本国借款人借取外债最后必须用当地货币兑换成外币或用产品出口所得到的外汇来偿还。对中国的借款人来说前者是用人民币兑换成外汇额度,因此他们所承担的汇率风险有两方面:一是人民币贬值的风险,例如,2018 年 4 月人民币对美元的汇率大致为 100 美元＝635 元人民币,这时借款人如果承担 1 亿美元的债务额度,他可以用 6.35 亿人民币来偿还这笔债务,而到了 2018 年 7 月 31 日,他就需要用 6.85 亿人民币才能抵偿 1 亿美元债务,为此承担了 0.5 亿元人民币的汇率损失;二是不同外币之间汇率变化的风险。例如,借入的是欧元,偿还时用美元,由于欧元对美元在借入时和偿还时的汇率发生变化(例如欧元比借入时升值),借款人就要承受一定的汇率风险。

3. 证券价格风险

证券价格风险是指由于证券价格的不确定变化导致行为人遭受损失的可能性。在世界各国的证券市场上,每天都有大量的股票、债券交易发生。然而,由于政治、经济、社会心理等多种因素的不确定性很大,导致行市波动频繁而又复杂,尤其是股票价格更是时起时伏、变幻莫测。所以,投资者既可能获得意外的收益,也可能遭受惨重的损失。可以说,证券价格风险是金融风险中较明显、突出的风险。

(二)信用风险

信用风险是商业银行面临的最主要最常见的风险之一,具体表现为借款人不能按期还本付息的风险。在证券业务中,信用风险主要表现为交易对手风险,即由于种种原因,交易对手不能实际完成已达成的交易。因此,信用风险通常被定义为交易对手不能正常履行合约而造成损失的风险,因而又称为违约风险。

(三)流动性风险

流动性通常可以在产品、市场和机构三个层面上讨论。产品层面的流动性是指金融产品在正常的市场价格上变现的能力。现金的流动性最高,短期资产的流动性较高,而长期资产的流动性较差。市场层面的流动性是指通过该市场来出售和购买相关金融产品的便利程度,通常由市场的交易量来表示。机构层面的流动性指的是通过将资产变现或对外融资来清偿到期债务的能力。对于金融机构而言,流动性风险往往是指其持有的资产流动性差和对外融资能力枯竭而造成的损失或破产的可能性。如果金融机构没有足够的现金支付到期的债务,就会被迫出售资产,如果其资产的流动性差,该资产就很难以正常的价格出售,金融机构就会因此遭受损失。

(四)结算风险

结算风险是指不能按期收到交易对手支付的现金或其他金融工具而造成损失的可能性。结算风险可能由交易对手的信用状况下降(如破产)引致,此时结算风险实际上也是信用风险的一种表现形态,也可能是由银行间清算系统失灵引起。由于外汇市场涉及两国货币和市场,同时在交易时间和制度上都存在差异,因此,结算风险在外汇交易中表现最为突出。结算风险的典型案例就是赫斯塔特(Hersttat)风险。1974年,由于Hersttat银行在外汇市场上过度投机,无法清偿债务,德国政府授权关闭了这家银行。这一行动选择在当天欧洲市场关闭时执行,而此时纽约市场仍然开放,银行倒闭的消息冲击了纽约市场,所有与Hersttat银行有关的交易被迫停止,即其交易对手无法通过纽约市场获得相应的现金,给交易对手带来巨大损失。

(五)操作风险

操作风险是指金融机构因信息系统或内控机制失灵而造成意外损失的风险。这种风险一般是由人为错误、系统的失灵、操作程序发生错误或控制失效等引起的。尽管操作风险涵盖了金融机构许多内部风险,但是长期以来,对信用风险、市场风险以及流动性风险的管理占据了金融机构风险管理的主导地位,而操作风险并没有得到足够的重视。直到最近几年,不少银行由于没有有效地管理操作风险而蒙受了巨大的损失,操作风险才受到越来越多的重视。在操作风险失控的案例中,最突出的有:日本大和银行纽约营业机构,其美国政府债券交易员在长达十年的时间内,挪用客户证券掩盖其交易的巨额损失,最终使大和银行损失巨大;Morgan Grenfell资产管理公司的基金经理违反投资指令将资金投资于未上市的投机性股票,使公司蒙受巨额损失;1995年,交易员尼克·里森更是钻了巴林银行内部控制失效的漏洞,使这家英国著名的老牌银行毁于一旦。

(六)法律风险

法律风险是指在法律实施过程中,由于金融机构外部的法律环境发生变化,或由于包括金融机构自身在内的各种主体未按照法律规定或合同约定行使权利、履行义务,而对金融机构造成负面法律后果的可能性。按照《巴塞尔新资本协议》的规定,法律风险是一种特殊类型的操作风险,它包括但不限于因监管措施和解决民、商事争议而支付的罚款、罚金或者惩罚性赔偿所导致的风险敞口。

三、金融风险的成因

随着金融自由化、国际化进程不断深入,不同种类的金融风险相互交织,金融风险显现出与以往不同的特征,金融风险形成的原因也因不同国家、不同历史时期和不同经济、社会背景而各不相同。比较认可的原因大致有以下几方面:

(一)金融资产价格的波动

在市场经济条件下,利率、汇率、通货膨胀率和证券价格处于不断的波动过程中,而且相互影响、相互作用。在一般情况下,通货膨胀率的上升,会造成利率上升,企业成本增加,同时会影响证券投资者的成本,降低证券市场需求,引起证券价格下跌;汇率的变动可能引起输入型的通货膨胀;证券尤其是股票价格的大幅波动则可能引起监管当局的干预行为,引起利率的变化。因此,金融资产价格的波动过程,也是金融风险聚积的过程。

(二)社会信用制度不完善

马克思在《资本论》提出信用在过度投机中发挥了杠杆作用,信用不仅加剧了部门之间、企业之间的不平衡性,造成对商品的虚假需求,而且刺激了金融投机,推动了虚拟资本的过度膨胀,为信用崩溃和金融危机的爆发创造了条件。而市场主体的失信和征信系统的不完善,制度的不健全,监管的不到位,进一步加剧了金融风险。

(三)货币政策的干预

货币政策对经济的干预,必然会引起经济活动中投资总量、投资结构的变化以及货币供应量的变化,进而影响实际物价水平和人们对通货膨胀的心理预期,这些变化都会通过金融机构的客户影响金融机构的盈利和资产的安全性。货币主义的代表人物弗里德曼认为货币政策失误是引发金融风险的主要原因。如果没有货币的过度供给,金融体系的动荡不太可能发生或至少不会太严重。金融动荡的基础在于货币政策,正是货币政策的失误引发了金融风险的产生和积累,结果使得小小的金融动荡演变为剧烈的体系灾难。

(四)经济周期的波动

通常,随着经济周期的扩张,固定投资的增加,货款需求也随之增加,进而出现物价上涨,利率上升,证券价格下降。而物价的上涨使未能偿付的债务实际价值下降,结果就会刺激借款进一步扩大,从而使经济处于一种随时都会面临偿付能力不足的过度负债状态。一旦缺乏充足的流动资产来偿还债务,就可能引发金融的混乱。不能偿还债务的借债人将被迫出售资产获取流动性。如果这种由财务紧张导致的出售现象四处蔓延,并且缺乏货币当局作为最后贷款人而进行的必要干预,则将触发一场金融危机和萧条。

(五)金融机构的微观决策和管理失误

利润最大化是企业经营的基本原则,因此在一定条件下,金融机构都存在扩张动机。但是,由于信息不对称、市场竞争的加剧以及内部管理水平的差异,金融机构的决策或多或少存在失误,导致坏账增加、利润下降,风险加剧,进而影响金融机构的安全稳健运行。

(六)经济一体化和金融国际化的发展

经济的发展过程来看,经济一体化和金融国际化的发展促使国际资本的流动速度加快,金融机构的业务范围和金融工具日益扩大和增加,这就增加了经济和金融体系的不稳定性和金融监管的难度,使产生金融风险的原因更为复杂,表现形式更为多样,在国际上的传播速度加快,传播范围扩大,风险程度加深。

金融风险是金融市场的一种内在属性,对金融活动起着一定的调节作用。尽管一些市场参与者在金融风险中也获取了一些收益,但金融风险的发展、风险因素的不断积聚,却会对经济及社会发展带来严重影响。从微观上看,金融风险会给经济主体带来潜在的或直接的损失,影响着投资者的预期收益,增大了经营管理的成本,降低了资金的利用率。它不仅影响经济主体的经营和收益,对市场参与者造成重大损失,而且影响国家宏观经济的稳健发展,甚至可能造成社会动荡。从宏观角度看,容易造成产业结构畸形发展,降低整个社会生产力水平。严重的金融风险还会引起金融市场秩序混乱,破坏社会正常的生产和生活秩序,既增加了宏观政策制定的难度,又削减了宏观政策的效果,甚至使社会陷入恐慌,极大地破坏生产力。并在此基础上影响着一个国家的国际收支。为此,应加强金融监管,将金融风险最大限度地控制,尽量避免金融危机的爆发。

第二节　金融监管

一、金融监管的含义

金融监管是金融监督和金融管理的总称。金融监督是指一国或一个地区中央银行或其他金融监管当局对该国或该地区的金融机构实施的全面性、经常性的检查和督促,并以此促进金融机构依法稳健、安全、健康地经营和发展。金融管理是指中央银行或金融监管当局依法对所辖的金融机构及其经营活动实施领导、组织、协调和控制。

概括地说,金融监管是指中央银行或其他金融监管机构依据国家法律规定对整个金融业(包括金融机构和金融业务)实施的监督管理。综观世界各国,凡是实行市场经济体制的国家,无不客观地存在着政府对金融体系的监督和管制。

金融监管有广义和狭义之分。上述是从狭义上对金融监管进行界定。广义的金融监管在上述含义之外,还包括金融机构的内部控制和稽核、同业自律性组织的监管、社会中介组织的监管等内容。

根据此定义,我们可以看出,金融监管的主要对象是国内银行业和非银行金融机构,但随着金融工具的不断创新,金融监管的对象将逐步扩大到那些业务性质与银行类似的准金融机构,如集体投资机构、贷款协会、银行附属公司或银行持股公司所开展的准银行业务等,甚至包括对金边债券市场业务有关的出票人、经纪人的监管等等,即一国的整个金融体系都可视为金融监管的对象。

二、金融监管的必要性

金融运行对于现代经济社会运行意义重大。然而,随着金融创新的不断涌现,金融系统的风险也在不断聚集。如果不加以防范和监管,必将产生金融危机,进而引发全面的经济危机。经济危机的出现,不仅会造成经济衰退和大量失业,而且会影响社会稳定。因此,实施金融监管的现实理由就是对金融危机的防范。而市场经济国家普遍推行金融监管,其内在原因则是对金融市场失灵和市场缺陷的纠正和弥补。

金融市场失灵和缺陷主要是指金融市场对资源配置的无效率或低效率,它反映出的主要是金融市场配置资源的不完全竞争所导致的垄断或者寡头垄断、规模不经济及负外部性等问题。金融市场的失灵决定了政府有必要对金融活动进行外部监管,以此纠正金融市场失灵和缺陷。具体而言,金融监管的必要性主要体现在以下几方面:

(一)有利于维持金融体系健康运行,最大限度地减少金融业的风险,保障存款人和投资者的利益

金融业是风险较大的行业,它既有一般行业共有的风险,也有金融业特有的风险。而作为现代市场经济的核心,金融的状况对社会经济运行和发展以及债权人的利益起到至关重要的作用。经济发展、体制改革、宏观调控、资源的合理配置、资金余缺的调剂都要求对金融风险进行有效控制。只有加强金融监管,防范和控制金融风险,维护金融机构的安全稳定,才能维护社会信用中介、支付中介体系的良好运行,才能保障存款人的利益,增强投资者的投资信心,进而保证国民经济的健康发展。

(二)有利于规范金融机构经营活动,维护金融活动各方的合法权益

现代社会的经济活动都是通过法律来加以规范和约束的。金融活动是经济活动的一个重要组成部分,而金融立法为金融活动提供了平等的法律基础。不仅参与金融活动的各方履行权利和义务有法可循,而且金融监管主体对各金融机构的金融活动进行监管也有法可依。这有利于形成有效的约束监督机制,促进金融机构依法经营,促进宏观经济、金融政策的有效施行,实现中央银行执行货币政策的传导机制,同时也有利于维护金融活动各方的合法权益。

(三)促进金融机构之间的公平竞争

金融机构是金融市场的主体之一。既然是市场主体,它们之间也同样存在着竞争,公平竞争是市场经济的重要特征之一。但竞争必须符合市场规则,必须是有序的。无序的竞争必然造成金融秩序混乱和金融市场动荡,进而对整个经济秩序和社会活动带来负面影响。金融监管主体可以通过一系列的审慎监管法规,使金融机构在平等条件下开展竞争,维护金融秩序和金融市场的稳定,促进金融业降低成本提高效率,为社会提供优质的金融服务。

现代经济学的发展,为金融监管奠定了理论基础。金融监管的理论基础是管制理论,诸如"社会利益论"和"社会选择论"。社会利益论认为:监管是政府对公众要求纠正某些社会个体和组织的不公正、不公平和无效(或低效)的一种回应,是政府用来改善资源配置

和收入分配的手段。其核心思想是自由的市场机制不能带来资源的最优配置,垄断、外部性和市场信息不完善通常造成市场价格扭曲,终将导致自由市场的破产。作为社会公共利益代表的政府必须在不同程度上介入经济过程,通过实施管制来纠正市场缺陷,避免市场破产。社会选择理论则认为:政府管制作为政府职能的一部分,对什么进行管制,如何管制等,都属于公共选择问题。当市场不能在完全竞争的状态下运行时,就会发生市场失灵。政府作为代表社会利益的管制者,应该独立发挥监管职能,纠正市场失灵,增加公共利益,努力使自己的目标与促进一般社会福利相一致。不过,这种监管存在低效和高成本的问题。

三、金融监管的目标

金融监管作为一项有组织、有目的的活动,必须确立可以操作的目标。总体目标应是:通过对金融业的监管,维持一个稳定、健全、高效的金融制度。具体来说,可以分为四个层次:(1)保证金融机构的正常经营活动,防范金融风险,维护金融体系的安全;(2)保护信息掌握较少者的利益,主要是存款人的利益;(3)创造公平竞争的外部环境,鼓励金融业在竞争的基础上提高效率;(4)确保金融机构经营活动中与中央银行的货币政策目标一致。

值得一提的是,各国由于历史、文化背景不同,以及在不同经济发展阶段,具体监管目标存在差异。例如,《美国联邦储备法》规定金融监管的目标是"建立美国境内更有效的银行监管制度",维持公众对一个安全、完善和稳定的银行系统的信心;为建立一个有效的和有竞争力的银行系统服务;保护消费者;允许银行体系随着经济的变化而变化。《英国银行法》则规定:"授权英格兰银行行使职权,对接受存款的机构予以管制;对这些机构的存款人进一步予以保护,禁止使用欺骗性的经济手段接受存款。"再如,《日本普通银行法》规定的监管目标:"银行业务以公正性为前提,以维护信用,确保存款人的利益,谋求金融活动的顺利进行和银行业务的健全妥善运营,有助于国民经济的健全发展为目的。"

我国中央银行于1994年8月颁布的《金融机构管理规定》提出的金融机构监管目标是"维护金融秩序稳定,规范金融机构管理,保障社会公众的合法权益"。1995年3月颁布的《中华人民共和国中国人民银行法》第三十条规定:"中国人民银行依法对金融机构及其业务实施监督管理,维护金融业的合法、稳健运行。"1995年5月颁布的《中华人民共和国商业银行法》进一步提出"保护商业银行、存款人和其他客户的合法权益,规范商业银行的行为,提高信贷资产质量,加强监督管理,保障商业银行的稳健运行,维护金融秩序,促进社会主义市场经济的发展"的监管目标。

由此可以看出,经济发展程度不同的国家在不同时期都确定了自己的金融监管目标,尽管这些目标的表述有所不同,但都有一些共同点,那就是:防范金融风险,确保金融安全稳定;保护存款人的利益;促进公平竞争,增进金融体系效率。

四、金融监管的原则

所谓金融监管的原则,就是融监管机构在金融监管活动中,应当遵循的价值追求和最低行为准则。它是货币信用活动的客观要求和反映,是金融监管操作的基本规范,是进行有效的金融监管的前提条件。当今世界各国都把金融监管原则写进了本国的有关法律。根据 1997 年 9 月巴塞尔委员会公布的《有效银行监管的核心原则》,各国都将下列基本原则渗透和贯穿于监管体系的各个环节和过程中:

(一)监管主体独立性原则

监管主体独立性是指金融业监管机构及其从事监管工作的人员依法履行监督管理职责,受法律保护,地方政府、各级政府部门、社会团体和个人不得干涉。根据《有效银行监管的核心原则》,"在一个有效的银行监管体系下,参与银行监管的每个机构要有明确的责任和目标,并应享有操作上的自主权和充分的资源"。之所以要求监管主体要独立监管(即避免政府的干预),是因为金融监管机构与政府关心的问题重点存在差异,且政府过于注重短期利益,容易出现"政治交易周期"。近年来世界上一些国家不断发生金融危机,通过总结经验教训,都将加强金融监管独立性作为金融改革的一项主要内容,可见其重要性。

(二)依法监管原则

依法监管原则是指金融监管必须依据法律、法规进行。监管的主体、职责权限、监管措施等均由金融监管法规法和相关行政法律、法规规定,监管活动均应依法进行。虽然各国金融管理体制和监管风格各有不同,但在依法监管上是一致的。最主要体现在两个方面:一是金融机构必须接受国家金融管理当局的监督与管理,无一例外;二是实施监管也必须依法进行。这样才能保证监管的权威性、严肃性、强制性、一贯性和有效性。在依法监管的同时,监管当局应最大限度地提高透明度,公正执法,平等对待所有金融市场参与者,做到实体公正和程序公正。

(三)"内控"与"外控"相结合的原则

即自我约束和外部强制相结合。通常说内因是变化的根本,外因是变化的条件,要实现监管的及时和高效,既不能完全依靠外部强制管理,也不能完全寄希望于金融机构自身自觉的自我约束。因为外部强制管理无论多么缜密严格,如果监管对象不配合、不协作,那么外部监管也难以收到预期效果;反之,如果将全部希望寄托在被监管的对象自身的"内控"上,利益的驱动还是难以避免一些金融机构的冒险行为,以及由此带来的金融风险。因此必须二者相结合。

(四)安全稳健与经济效益相结合的原则

安全稳健是金融监管的中心目标,是各国都要坚持的金融监管政策之一。因此涉及金融监管的一系列金融法规和指标体系都应着眼于金融业的安全稳健和风险防范。但是金融业的发展毕竟在于满足社会经济的需要,增进经济和社会效益,因此,金融监管要切实把风险防范和促进效益协调起来。

(五)母国与东道国共同监管的原则

随着世界经济一体化,跨国金融机构日趋增多。跨国金融机构的母国与东道国在对其监管上应建立联系,交换信息,明确各自的责任,方可节约监管成本,实现有效监管。根据《有效银行监管的核心原则》,母国监管者的责任是:"银行监管者必须实施全球性并表监管,对银行在世界各地的所有业务进行充分的监测并要求其遵守审慎经营的各项原则,特别是其外国分行、附属机构和合资机构的各项业务。"东道国监管机构的责任是:"确保外国银行按东道国国内机构所同样遵循的高标准从事当地业务,而且从监管并表的目的出发,有权分享其母国监管当局所需的信息。"

(六)适度竞争原则

通过竞争实现优胜劣汰是一种有效机制。但是金融管理的重心应该在创造适度竞争上,既要避免金融高度垄断,排斥竞争从而丧失效率和活力,又要防止过度竞争恶性竞争从而波及金融业的安全稳定,引起经常性的银行破产以及剧烈的社会动荡。

五、金融监管的内容

(一)市场准入的监管

市场准入监管是金融监管的起点,是指通过对金融机构开业前的审查、登记和注册,对申请进入特定金融市场的机构和人员进行筛选,保证只让合格的机构和人员进入市场,维持市场公平竞争的秩序。金融机构的市场准入包括三个方面:机构的准入、业务准入和高级管理人员准入。

1. 机构法人准入的一般条件

(1)符合国民经济发展的客观需要;

(2)符合金融业发展的政策和方向,金融机构布局合理;

(3)符合最低资本金及股权结构和股东资格要求;

(4)高级管理人员任职资格和金融从业人员比例要求符合规定;

(5)法人治理结构和内控制度的要求;

(6)经济核算的要求,确定的综合经营计划和预期财务指标水平比较合理;

(7)办公和营业场所的安全要求。

2. 业务准入的一般条件

(1)符合社会和经济发展的客观需要;

(2)符合国家金融经营模式的法律规定与政策;

(3)符合金融机构的功能定位与业务发展能力;

(4)根据业务风险特征建立完善的风险控系统;

(5)已建立严格科学的业务操作规程和安全保障;

(6)符合对从业人员专业素质的要求。

3. 高级管理人员任职资格的基本标准

(1)能正确贯彻执行国家的经济、金融方针政策;

(2)熟悉并严格遵守有关经济、金融法律法规;

(3)具有与担任职务相适应的学历与经历;

(4)具备与担任职务相称的专业知识、组织管理能力和业务能力;

(5)无违法、违规、违纪等不良记录。

(二)市场运作过程的监管

金融机构经批准开业后,金融监管机构还要对金融机构的运行过程进行有效监管,以便更好地实现监管的目标。监管一般从以下几个方面进行:

1. 资本充足率监管

资本充足率是指资本对风险加权资产的比率,这里的资本就是监管资本,是在商业银行实收资本的基础上再加上其他资本工具计算而来的。以监管资本为基础计算的资本充足率,是监管当局限制商业银行过度风险行为,保障市场稳定运行的重要工具。由于其必须在非预期损失出现时随时可用,因此其强调的是抵御风险、保障商业银行持续稳健经营的能力,并不要求其所有权归属。1988 年,《巴塞尔资本协议》首次提出了资本充足率监管的国际标准,即资本充足率不得低于 8%,核心资本充足率不得低于 4%。2004 年 6 月巴塞尔委员会出台《巴塞尔协议 II》,提出国际银行的资本充足性标准——商业银行的核心资本与风险加权资产的比率不得低于 4%,总资本与风险加权资产的比率不得低于 8%。《巴塞尔协议 II》对银行资本充足率的相关规定作为新协议的第一支柱,成为世界银行界考核资本充足率的重要标准。与旧巴塞尔协议(1988 年)相比,新资本协议明确了应考虑市场风险和操作风险因素,对具体的计算方法提出了修订。2010 年通过的《巴塞尔协议 III》规定,自 2015 年 1 月起,全球各商业银行的一级资本充足率下限将从 4% 上调至 6%。其中,由普通股构成的核心一级资本占银行风险资产的下限将从 2% 提高至 4.5%;此外,各银行还需增设"资本防护缓冲资金",总额不得低于银行风险资产的 2.5%。资本充足率保持 8% 不变。

2. 流动性监管

根据我国银监会 2018 年 7 月 1 日起实施的《商业银行流动性风险管理办法》规定,流动性风险监管指标包括流动性覆盖率、净稳定资金比例、流动性比率、流动性匹配率和优质流动性资产充足率。资产规模不小于 2000 亿元人民币的商业银行应当持续达到流动性覆盖率、净稳定资金比例、流动性比率和流动性匹配率的最低监管标准。资产规模小于 2000 亿元人民币的商业银行应当持续达到优质流动性资产充足率、流动性比率和流动性匹配率的最低监管标准。

(1)流动性覆盖率。该指标旨在确保商业银行具有充足的合格优质流动性资产,能够在规定的流动性压力情景下,通过变现这些资产满足未来至少 30 天的流动性需求。适用于资产规模不小于 2000 亿元(含)人民币的商业银行。其计算公式为:

$$流动性覆盖率 = \frac{合格优质流动性资产}{未来\,30\,天现金净流出量} \times 100\%$$

通常情况下流动性覆盖率的最低监管标准为不低于 100%。

（2）净稳定资金比例。该指标旨在确保商业银行具有充足、稳定的资金来源，以满足各类资产和表外风险敞口对稳定资金的需求。该指标值越高，说明银行稳定资金来源越充足，应对中长期资产负债结构性问题的能力越强。净稳定资金比例的最低监管标准为不低于 100%。其计算公式为：

$$净稳定资金比例 = \frac{可用的稳定资金}{所需的稳定资金} \times 100\%$$

净稳定资金比例风险敏感度较高，但计算较为复杂，且与流动性覆盖率共用部分概念。因此，采用与流动性覆盖率相同的适用范围，即适用于资产规模不少于 2000 亿元（含）人民币的商业银行。

（3）流动性比率。该指标是衡量银行财务安全状况和短期偿债能力的重要指标，它反映商业银行资产流动性的强弱，对监督和评价商业银行的资产流动状况，考核银行是否具备足够的资金储备以防范市场风险具有重要意义，适用于全部商业银行。其计算公式为：

$$流动性比率 = \frac{流动性资产余额}{流动性负债余额} \times 100\%$$

流动性比率最低监管标准为不低于 25%，但也不能过高，流动性比率过高，有可能表明银行资金的使用效率不高。

（4）流动性匹配率。该指标衡量商业银行主要资产与负债的期限配置结构，旨在引导商业银行合理配置长期稳定负债、高流动性或短期资产，避免过度依赖短期资金支持长期业务发展，提高流动性风险抵御能力。2020 年前，流动性匹配率为监测指标。其计算公式为：

$$流动性匹配率 = \frac{加权资金来源}{加权资金运用} \times 100\%$$

流动性匹配率的最低监管标准为不低于 100%。该指标值越低，说明银行以短期资金支持长期资产的问题越大，期限匹配程度越差。流动性匹配率计算较简单、敏感度较高、容易监测，可对潜在错配风险较大的银行进行有效识别，适用于全部商业银行。

（5）优质流动性资产充足率。该指标旨在确保商业银行保持充足的、无变现障碍的优质流动性资产，在压力情况下，银行可通过变现这些资产来满足未来 30 天内的流动性需求。该指标值越高，说明银行优质流动性资产储备越充足，抵御流动性风险的能力越强。其计算公式为：

$$优质流动性资产充足率 = \frac{优质流动性资产}{短期现金净流出}$$

通常情况下，优质流动性资产充足率的最低监管标准为不低于 100%。

该指标与流动性覆盖率相比而言更加简单、清晰,便于计算,较适合中小银行的业务特征和监管需求,因此适用于资产规模小于 2000 亿元的商业银行。

商业银行应当在法人和集团层面,分别计算未并表和并表的流动性风险监管指标,并表范围按照银行业监督管理机构关于商业银行资本监管的相关规定执行。

3. 业务范围的监管

金融机构可经营哪些业务、不能经营哪些业务是有限制的。一些国家把商业银行业务与投资银行业务分开,并禁止商业银行认购股票;一些国家则限制银行对工商企业的直接投资。有的国家禁止银行同时经营银行业务与非银行业务,有的国家则允许,但限制投资规模。业务范围如何规定最终都取决于金融机构的经营模式和监管模式,即分业监管还是混业监管。我国目前还是采取分业经营、分业监管模式。今后采取何种模式仍在探讨中。

4. 贷款风险的控制

追求利润最大化是商业银行经营的直接目的。但由于获利多的投资,风险相对也大,因而大多数国家监管机构都尽可能限制金融机构贷款投向过渡集中,通常限制一家银行对单个借款者提供过多的贷款,以分散风险。分散风险既是银行的经营策略,也是金融监管的重要内容。在经济金融环境不断变化的情况下,任何形式的风险集中都有可能使一个正常运营的银行陷入困境。因此,如何对风险集中进行准确的评估和有效控制,也是监管的一个重要内容。

5. 外汇风险管理

当今世界上大多数国家对银行的国际收支都制定了适当的国内管理制度,但各国的外汇管制松紧差异较大。我国的外汇管制是偏严的,我国外汇管理制度基本上属于一种不对称管制,对资本外流管制严于资本内流。鉴于我国长期国际收支顺差,外汇储备连续数年位居世界第二,大规模资本内流的副作用却日益显著,改革不对称外汇管制势在必行。首先可考虑逐步放松购汇管制,改强制结汇为意愿结汇。其次,强化对资本内流的监控。再次,在逐步减少资本管制的同时强化剩余资本管制项目的效力,尽力堵塞变相、违规资本流动的渠道。

6. 准备金管理

由于银行的资本充足率与其准备金政策之间有着内在的联系,因此,对资本充足性的监管必须考虑准备金因素。监管机构的主要任务是确保银行的准备金是在充分考虑谨慎经营和真实评价业务质量的基础上提取的。准备金政策和方法的统一是增强国际金融体系稳健的一个重要因素,也有助于银行业在国际范围内的公平竞争。

7. 存款保险管理

为了维护存款者利益和金融业的稳健运行与安全,有些国家建立了存款保险制度。在金融体系中设立负责存款保险的机构,规定本国金融机构按吸收存款的一定比率向专门保险机构缴纳保险金。当金融机构出现信用危机时,由存款保险机构向金融机构提供财务支援,或由存款保险机构直接向存款者支付部分或全部存款,以维护正常的金融秩序。我国于 2014 年年底由国务院全文公布《存款保险条例(征求意见稿)》,向社会各界征求意见,标志着酝酿 20 多年的存款保险制度即将建立。2015 年 5 月 1 日,我国存款保险制度正式实施。存款保险制度建立后,将有力地保护存款人权益。我国存款保险偿付限额很高,能保障绝大多数存款。央行调查显示,将偿付限额设为50万元,能为我国99.63%的存款人提供100%的全额保护。当个别银行出现问题时,存款保险通常用市场手段促成好银行收购问题银行,将问题银行的存款转移到好银行,实际上使存款人得到100%的全额保障。只有在极少数情况下,才会对倒闭银行实施清算。从国外做法看,如果遇到重大危机,还可以临时采取全额保险方式,最大限度地保护存款人权益。

延伸阅读

《商业银行流动性风险管理办法》修订背景及主要内容

2014年发布的《商业银行流动性风险管理办法(试行)》(以下简称《流动性办法(试行)》)对加强商业银行流动性风险管理,维护银行体系安全稳健运行起到了积极作用。2015年9月,根据《商业银行法》修订进展,《流动性办法(试行)》也进行了相应修订,将存贷比由监管指标调整为监测指标。

近年来,随着国内、国际经济金融形势变化,银行业务经营出现新特点。《流动性办法(试行)》只包括流动性比例和流动性覆盖率两项监管指标。其中,流动性覆盖率仅适用于资产规模在2000亿元(含)以上的银行,资产规模小于2000亿元的中小银行缺乏有效的监管指标。此外,作为巴塞尔Ⅲ监管标准的重要组成部分,巴塞尔委员会于2014年推出了新版的净稳定资金比例(NSFR)国际标准。因此,有必要结合我国商业银行业务特点,借鉴国际监管改革成果,对流动性风险监管制度进行修订。

此次修订的主要内容包括:一是新引入三个量化指标。其中,净稳定资金比例适用于资产规模在2000亿元(含)以上的商业银行,优质流动性资产充足率适用于资产规模小于2000亿元的商业银行,流动性匹配率适用于全部商业银行。二是进一步完善流动性风险监测体系。对部分监测指标的计算方法进行了合理优化,强调其在风险管理和监管方面的运用。三是细化了流动性风险管理相关要求,如日间流动性风险管理、融资管理等。

资料来源:中国银保监会《商业银行流动性风险管理办法》,2018年5月23日。

(三)市场退出的监管

1. 市场退出的方式

金融机构市场退出的原因与方式有很多,一般分为自愿(主动)退出和强制(被动)退出两种。自愿退出是指金融机构因分立、合并或出现公司章程规定的事由需要解散,因此退出市场,其主要特点是"主动地自行要求解散"。强制退出是指该金融机构已经发生严重的支付危机,难以救助或者救助宣告失败,法院宣布其破产等情况而遭关闭,监管机构依法关闭金融机构,取消其经营金融业务的资格,金融机构因此而退出市场。

2. 强制退出的前提

金融机构退出市场应符合下列条件:

(1)严重违法违规经营;

(2)资产质量严重恶化;

(3)严重资不抵债;

(4)不能支付到期债务,已经或者即将发生支付危机,救助无望或者救助失败。

3. 强制市场退出的基本程序

(1)作出市场退出决定并予以公告;

(2)成立清算组,控制金融机构的所有活动;

(3)确认债权,清收和变现资产;

(4)支付个人储蓄存款本息,制订清算法案;

(5)对于被撤销的金融机构,要先与单位债权人协商债务清偿方案并按照达成的协议偿付债务,如果协商失败,则进入破产还债程序,即按法定偿债顺序向债权人分配变现收入或财产;

(6)注销被撤销或破产的金融机构的企业法人资格,结束工作。

六、金融监管体制

金融监管体制是指金融监管的职责和权利分配的方式和组织制度,其要解决的是由谁来对金融机构、金融市场和金融业务进行监管,按照何种方式进行监管,由谁来对监管效果负责以及如何负责等问题。金融监管体制首先要选择和建立一个能够实现最佳监管的模式,即对一国金融机构经营所采取的监管方式。由于各国在历史发展、政治经济体制、金融法律等各方面的差异,金融监管模式也存在着一定的差别。但总的来看,主要有两种模式,即分业经营、分业监管模式和混业经营、集中监管模式。

(一)分业经营、分业监管体制

分业经营是指银行、证券、保险和信托等金融机构只能经营本行业的业务,不能兼营其他行业业务的一种经营模式。与此相适应,对这种经营模式的监管就需要多个监管机构,实行分业监管体制。也就是说,分业监管体制是一国按照不同的监管对象,由不同的金融监管机构共同承担监管责任的监管制度。一般银行业由中央银行负责监管;证券业由证券监督管理委员会负责监管;保险业由保险监督管理委员会负责监管。各监管机构既分工负责,又协调配合,共同组成一个国家的金融监管组织体系。

在分业监管体制下,监管当局对金融机构的业务范围一般有严格限制,主要包括:

(1)禁止商业银行从事投资银行业务;

(2)禁止证券经营机构吸收存款和发放贷款;

(3)银行、证券等金融机构的高级管理人员不得互相兼任。

分业经营、分业监管体制的优点在于:能较好地提高金融监管的效率;防止金融权力过分集中,因地制宜地选择监管部门;有利于金融监管专业化,提高对金融业务服务的能力。但也存在一些缺点:管理机构交叉重叠,容易造成重复检查和监督;金融法规不统一,加剧金融领域的矛盾和混乱;降低货币政策与金融监管的效率。在 20 世纪 30 年代以后的几十年里,世界上大多数国家都实行这种监管体制。

(二)混业经营、集中监管体制

混业经营是指金融机构可以经营银行、证券、保险和信托在内的全方位金融业务的一种经营模式。集中监管体制是指一个国家只设一个统一的金融监管机构,对金融机构、金融市场以及金融业务进行全面的监管。代表国家有英国、日本等。

混业经营有两种表现形式:

(1)全能银行,即银行可以直接经营银行、证券、保险等金融业务。

(2)银行通过投资证券公司、保险公司等持有股份或控股,间接地从事非银行业务。

混业经营有利于金融体系的集中统一和监管效率的提高,但需要各金融管理部门之间的相互协作和配合。如果在一个不善于合作、法制不健全的国家,这种体制就难以有效运行。

此外,世界上有些国家和地区金融机构的经营模式和监管体制并不完全相对应。例如韩国金融机构实行的是分业经营模式,而金融机构则是集中监管;我国香港地区金融机构实行混业经营模式,金融监管则实行分业监管体制。

20世纪80年代以来,随着金融自由化、金融创新的迅猛发展,传统的金融机构经营模式逐渐被打破,监管体制也发生了变化。英国、日本分别在1986年、1996年实行混业经营,金融监管体制也随之转变为集中监管模式。美国在1999年通过了《金融服务现代化法案》,取消了分业经营法案,开始进入混业经营时代。21世纪,金融机构的混业经营已是大势所趋。

知识拓展

"双峰"监管

1995年,英国经济学家迈克尔·泰勒首先提出"双峰"监管理论。他认为,金融监管的目标应当是"双峰"的:第一,以防范风险、维护金融稳定为目标,实施审慎监管;第二,以促进市场行为规范、防止投机行为、保护消费者权益为目标,实施行为监管。目标导向的监管理念和"双峰"监管模式逐步成为金融监管体制的主流。

澳大利亚于1998年率先开始实践并运行至今。澳大利亚政府设置审慎监管局和证券与投资委员会,分别负责金融系统稳定和消费者权益,这种金融监管体制使得澳大利亚在全球金融危机中保持了金融系统良好的稳定性。英国在2012年金融危机后进行监管体制改革并转向"双峰"监管模式。

七、我国金融监管体制发展概况

1993年《国务院关于金融体制改革的决定》指出:国有商业银行"在人、财、物等方面与保险业、信托业和证券业脱钩,实行分业经营"。这标志着我国现代金融制度的建设进入分业监管的历史阶段。2003年3月10日第十届全国人大一次会议第三次会议通过了国务院机构改革方案,中国银行业监督管理委员会获准成立;当年 12 月 27 日,第十届全国人大常务委员会第六次会议通过了《中华人民共和国银行业监督管理法》(简称《银行业监督管理法》)、《关于修改〈中华人民共和国中国人民银行法〉的决定》和《关于修改〈中华人民共和国商业银行法〉的决定》,并于 2004 年 2 月 1 日起正式施行。经修订的《中国人民银行法》保留了中国人民银行为履行其央行职责所必要的金融监管权力,强化了中国人民银行在执行货币政策和宏观经济调控上的职能,将对银行业金融机构的监管职能转移给新成立的中国银行业监督管理委员会,保留了与执行中央银行职能有关的部分金融监督管理职能,继续实行对人民币流通、外汇的管理、银行间同业拆借市场和银行间债券市场、银行间外汇市场、黄金市场等金融市场活动的监管。至此,中国金融监管将分别由中国人民银行、中国银行业监督管理委员会、中国证券市场监督管理委员会和中国保险业监督管理委员会四个机构分别执行,形成了我国"一行三会"的金融监管体制。2017 年 11月 8 日成立了国务院金融稳定发展委员会,作为国务院统筹协调金融稳定和改革发展重大问题的议事协调机构。2018 年 3 月 13 日,根据国务院发布的机构改革方案,银监会和保监会合并,组建中国银行保险监督管理委员会,作为国务院直属事业单位,将银监会和保监会拟定银行业、保险业重要法律法规草案和审慎监管基本制度的职责划入中国人民银行。"一行两会"共同接受国务院金融稳定发展委员会的监管协调,至此形成了"一委一行两会"新的监管格局。

目前,我国依据《中国人民银行法》、《商业银行法》、《证券法》、《保险法》和《银行业监督管理法》的规定实施具体的金融监管。从体制上看,我国的金融监管体制应属于"一元多头",即金融监管权力集中于中央政府,由中央政府设立的金融主管机关和相关机关分别履行金融监管职能,同时,我国法律还规定金融业的自律监管和社会监管作为辅助监管。自律监管包括金融机构自我监管和行业自律监管,社会监管主要是指中介机构的监管。

现阶段的金融监管体制还是符合我国国情的。因为,"一元多头"的分业监管体制成立的时间不长,从监管的连续性和专业性出发,继续实行分业监管有利于进一步发挥这种体制的作用,使相关行业做深、做细,保持部门稳定,更好地提高监管的效率。分业经营和分业监管的实践也证明了这种监管体制对于规范我国的金融秩序、降低和化解金融风险、促进整个金融业的持续、稳定发展发挥了重要作用。而且从金融体制改革的任务看,继续实行"一元多头"的分业监管体制有利于加快金融体制改革,有利于金融业尽快做大做强。尽管我国的金融业已经不断朝着综合经营的模式发展,但是在现阶段金融综合经营和混业经营都还只是处于初级阶段,具有局部性、小规模和试点性的特点,因此"一元多头"的分业监管体制仍然适合我国金融业目前的发展情况。

当然,在世界金融全球化、集团化趋势日益明显的背景下,我国传统的金融监管理念应该有所更新,也就是要由严格限制金融机构的经营业务和经营行为向促进金融业竞争、促进金融混业经营的方向转变,由限制金融机构的合并转向鼓励金融机构之间的联合。特别是在从金融分业经营到混业经营的转变过程中,必然会出现许多的金融创新,所以,金融监管当局应该早做准备,改进金融监管方式,实现由静态监管向动态监管的转变,时刻关注、控制、防范和化解金融机构的风险。同时加强跨境金融监管的合作。根据巴塞尔协议的相关规定,对于跨境银行,母国监管当局和东道国监管当局应该进行合理的监管分工和合作。因此,我国应积极参加金融监管的国际性组织,广泛开展与相关国家的监管机构的双边及多边合作。我国可从国际交流与合作中学习国际上有效的监管经验与具体方法。

第三节 金融稳定

案例导读

人类走过的 20 世纪是金融危机如影相随的一个世纪。尤其是 20 世纪 90 年代以来,伴随着经济全球化程度的提高,一个国家或地区的金融危机往往在短时间内迅速传导成全球性的金融危机,进而演变为全球经济的衰退。1997 年 10 月至 1998 年 8 月,俄罗斯在不到一年里发生了四次金融动荡,且程度越来越强,规模越来越大,每次都出现股市、汇市急剧下跌,生产下降,国库亏空等现象,进而引发金融危机、经济危机甚至政治危机。由此可见,促进金融稳定、加强对金融危机的防范,是各国政府的一个重要任务。

一、金融稳定的含义

世界银行的统计表明,自 20 世纪 70 年代至 2000 年,金融稳定日益受到挑战,全球共有 93 个国家先后爆发 112 起系统性银行危机,并有 46 个国家发生了 51 起局部的银行危机。由此可见金融稳定是一个全球性的课题,它涉及金融监管的各个方面。金融稳定不仅涉及金融机构,而且与国家宏观经济政策的制定与实施以及社会保障体系建设密切相关。我国在加入世界贸易组织以后,金融体系面临巨大的挑战和新的风险,维护金融稳定已经成为促进经济增长的关键因素。

维护金融稳定的职责通常由一国的中央银行承当,并需要政府的有关部门配合。金融稳定是一个动态的概念,是以预期为基础的、依赖众多要素共同作用的一种动态过程。根据 2005 年的《中国金融稳定报告》,我国将金融稳定定义为:金融体系处于能够有效发挥其关键功能的状态。而欧洲中央银行有关金融稳定的定义具有一定的代表性,其表述为:金融稳定是指金融机构、金融市场和市场基础设施运行良好,抵御各种冲击而不会降低储蓄向投资转化效率的一种状态。这个状态也就是一个国家的整个金融体系不出现大的波动,金融作为资金媒介的功能得以有效发挥,金融业本身也能保持稳定、有序、协调发展。

这是一个具有丰富内涵、动态的概念,它反映的是一种金融运行的状态,体现了资源配置不断优化的要求,服务于金融发展的根本目标。具体而言,金融稳定具有以下内涵:

(一)金融稳定是具有全局性的广义概念

金融稳定不仅涵盖金融体系本身的各个方面(包括金融基础设施、金融机构、金融市场和金融监管框架),而且涵盖对金融体系产生直接重大影响的国际、国内宏观经济运行的相关政策以及本国的财政状况。其中,金融基础设施——金融法规、监管框架、支付体系、统计数据的质量和透明度、会计制度和破产框架等,是金融体系赖以稳健运行的基础。国际货币与金融体系的运行对一国金融稳定产生着深刻的影响,货币稳定是金融稳定的重要组成部分。由于金融体系处于经济的核心地位,其各个组成部分之间联系紧密,因此,维护金融稳定是一项全面系统的工程。

(二)金融稳定是一个动态概念

由于金融在不断发展和创新,金融稳定是一个动态的、不断发展的概念,其标准和内涵随着经济金融的发展而发生相应的改变,并非是一成不变而固化的金融运行状态。健康的金融机构、稳定的金融市场、充分的监管框架和高效的支付清算体系及其相互之间会进行策略、结构和机制等方面的调整及其互动博弈,形成一种调节和控制系统性金融风险的整体的流动性制度架构,以适应不断发展变化的金融形势。

(三)金融稳定是一个相对概念。

金融稳定程度可通过金融不稳定对经济的潜在影响来衡量。如果金融市场的波动或金融机构的变动不会对经济运行造成重大的破坏性冲击,就不应将其视为对金融稳定的威胁。

(四)金融稳定具有综合性

金融稳定作为金融运行的一种状态,需要采取不同的政策措施及方式(包括货币政策和金融监管的手段等)作用或影响金融机构、市场和实体经济才能实现,从而在客观上要求对金融稳定实施的手段或政策工具兼具综合性的整体考量。

二、金融稳定的判断

(一)价格稳定是金融稳定的重要条件

相对较低且稳定的通货膨胀率可以给市场主体以稳定的预期,保持实体经济的正常运转,为经济的持续增长创造良好的条件。在欠缺价格稳定的经济环境下,市场主体面临的不确定性增加,金融交易及金融制度运行的成本升高,储蓄转化投资的机制易遭遇“梗阻”,从而增加了金融体系的脆弱性,难以保持金融稳定。

但价格稳定并非实现金融稳定的充分条件。金融失衡或不稳定的情形在稳定的价格环境下有时也会累积和发生。例如,20 世纪 80 年代后期日本经济的物价水平相当稳定,但由于过度依赖美国的经济模式、日渐落后的金融体制、恶化的国际经济环境使其后不久资本市场崩溃,金融机构积累了巨额不良资产乃至倒闭,进入长达 10 年的衰退期。

(二)银行稳定是金融稳定的核心

商业银行是经营货币信用业务的金融企业,银行业是以货币和信用为基础的行业。银行业在一国金融体系中占有举足轻重的地位。较之于证券业、保险业,银行业在信息不对称、风险分担和校正纠错机制方面具有更高的风险性和脆弱性,其发生不稳定的情形进而危及金融体系的概率也大大高于证券和保险行业。

(三)金融稳定是金融安全的基础

金融安全是一国经济安全的核心,金融稳定是确保一国金融安全的重要基础。在一国出现金融市场大幅动荡、支付清算体系运行受阻、不少金融机构倒闭破产等金融不稳定的情形下,是不可能有任何金融安全可言的。当然,金融稳定并不必然带来绝对的金融安全。运行稳健、效率良好和结构合理状态下的金融稳定可以为金融安全奠定有力的基础;过度管制、效率低下和结构失衡状态下的稳定状况则会损害金融体系的中介功能,增加其脆弱性,酝酿着金融风险。

📦 延伸阅读

2001 年阿根廷金融危机

2001 年 7 月,由于阿根廷经济持续衰退,税收下降,政府财政赤字居高不下,面临丧失对外支付能力的危险,酝酿已久的债务危机终于一触即发,短短一个星期内证券市场连续大幅下挫,梅尔瓦指数与公债价格屡创新低,国家风险指数一度上升到 1 600 点以上,国内商业银行为寻求自保,纷纷抬高贷款利率,其甚至达到 250%～350%。之后,各商业银行实际上停止了信贷业务,布宜诺斯艾利斯各兑换所也基本停止了美元的出售。8 月份阿根廷外汇储备与银行存款开始严重下降,外汇储备由年初的 300 亿美元下降到不足 200 亿美元。危机爆发后短短几个星期内,阿根廷人已从银行提走了大约 80 亿美元的存款,占阿根廷私人存款的 11%。11 月份阿根廷股市再次暴跌,银行间隔夜拆借利率更是达到 250%～300%的天文数字。受此影响,纽约摩根银行评定的阿根廷国家风险指数曾一度突破 2 500 点。12 月,阿根廷实施限制取款和外汇出境的紧急措施,金融和商业市场基本处于停顿状态,并进一步削减公共支出,加大税收力度。同时,阿根廷政府与 IMF 有关 12.64 亿美元贷款到位的谈判陷入僵局。有关阿根廷陷入债务支付困境和货币贬值的谣言四起,银行存款继续流失。2002 年 1 月 3 日,阿根廷没有按时偿付一笔 2 800 万美元的债务,正式开始拖欠该国高达 1 410 亿美元的债务。1 月 6 日,阿根廷国会参众两院通过了阿根廷新政府提交的经济改革法案,为放弃执行了 11 年之久的联系汇率制和比索贬值开了绿灯。此后,在国会的授权下,阿根廷终于宣布放弃了比索与美元 1:1 挂钩的货币汇率制,阿根廷比索贬值 40%。至此,由杜阿尔德总统领导的新政府正号召全国团结起来,积极配合国际经济组织,寻求国外援助,尽快摆脱经济崩溃的厄运。

资料来源:祁敬宇、祁绍斌:《金融监管案例评析》,首都经济贸易大学出版社 2011 年版。

三、金融稳定的目标

(一)实现金融业稳健发展

金融稳定可以为经济增长做贡献。金融系统能够通过有效动员和传导资源,满足经济增长的需要;通过动员社会储蓄为经济增长奠定基础,而金融创新满足了经济增长所需条件,从而由金融引导或促进经济增长。

(二)保障金融安全

只有金融安全才会有金融稳定。而金融安全又是经济增长的必要环境。不稳健的金融市场使投资和融资的风险加大,筹资成本提高,汇率不稳定,不利于经济增长。并且,不稳定的金融系统还会导致金融资本和物质资本的背离,从而产生金融泡沫,引发金融危机。这对于经济增长是极为不利的。只有发达稳定的金融市场方可保障投融资双方的利益,降低筹资成本,防范金融风险。

(三)优化金融结构

金融结构是指构成金融总体的各个组成部分的分布、存在、相对规模、相互关系与配合的状态。金融总体主要由金融各业(银行、证券、保险、信托、租赁等)、金融市场、各种信用方式下的融资活动及其所形成的金融资产构成。人们一般从金融体系结构、金融工具结构和利率结构三个方面来概括金融结构。

(四)不断提高金融效率

金融效率就是指以尽可能低的成本(机会成本、交易成本),将有限的金融资源(货币和货币资本)进行最优配置以实现其最有效的运用,并实现金融公平。在现代金融经济条件下,金融效率就是资金融通的效率,就是在健康的体制下实现融资双方或多方在市场服务体系下实现的资金融通活动的效率,并且达到福利经济学意义上的社会效用最大化。

四、维护金融稳定的框架

维护金融稳定的框架可用图 9-1 来表示。

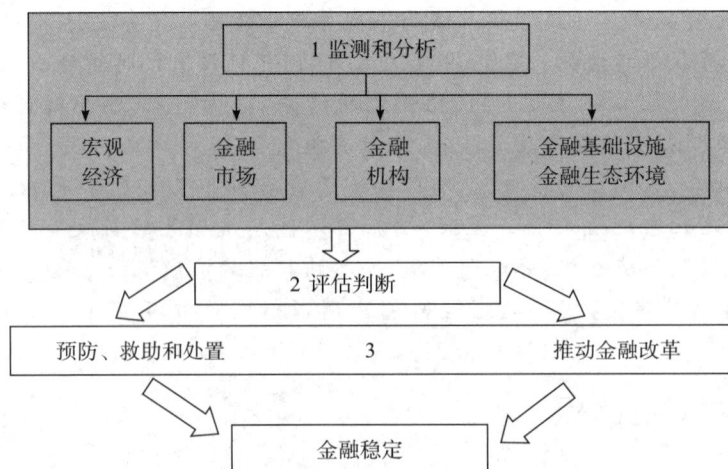

图 9-1　维护金融稳定的框架

(一)监测和分析金融风险

通过监测和分析金融风险,密切跟踪和分析宏观经济环境、金融市场、金融机构、金融基础设施和金融生态环境及其变动。金融风险监测的内容:

1. 经济增长

经济平稳增长可以增强抗风险能力,为金融稳定奠定坚实的物质基础。

2. 币值稳定

实现币值稳定有助于维护金融稳定。在高通货膨胀的环境下,企业和金融机构行为扭曲,社会不稳定,金融难以健康发展。

3. 利率、汇率政策与国际收支平衡

能准确反映资金稀缺程度的利率水平、适应本国经济发展需要的汇率政策、良好的国际收支状况和充足的外汇储备,有助于一国实现内外均衡,降低爆发银行危机和货币危机的可能性。

4. 财政收支状况

良好的财政收支状况、合理范围内的财政赤字及适度的债务水平,可增强一国经济抵御内外冲击的能力。

5. 完善的金融基础设施和金融生态环境

金融基础设施是指金融运行的硬件设施和制度安排,主要包括支付清算体系、法律法规、公司治理、会计标准、征信体系、反洗钱体系,以及由审慎金融监管、中央银行"最后贷款人"职能、投资者保护制度构成的金融安全网。广义上的金融生态环境是指宏观层面的金融环境,指与金融业生存、发展具有互动关系的社会、自然因素的总和,包括政治、经济、文化、地理、人口等一切与金融业相互影响、相互作用的方面,主要强调金融运行的外部环境,是金融运行的一些基础条件;狭义上的金融生态环境是指金融基础设施及其运行状况。完善的金融基础设施和生态环境是维护金融稳定的基本条件和重要保障。

金融机构风险的识别与监控,主要采用美联储的骆驼评级系统(CAMELS)。CAMELS 通过对商业银行的资本充足率(capital adequacy)、资产质量(asset condition)、管理质量(management quality)、盈利记录(earnings record)、流动性头寸(liquidity position)和市场风险的敏感度(sensitivity to market risk)等方面的判断,对银行进行评级。

🔲 延伸阅读

中国人民银行的金融稳定职能

2003 年修订的《中国人民银行法》赋予了中国人民银行防范和化解金融风险、维护金融稳定的职能,明确了中国人民银行为维护金融稳定可以出具的各种法律手段。为了适应职能调整的需要,中国人民银行总行和分支行设立了专门的金融稳定职能部门。中国人民银行总行设立了金融稳定局,分行及省会城市中心支行设立了金融稳定处。中国人民银行总行金融稳定局的主要职责是:研究银行、证券和保险业协调发展问题,会同有关部门综合研究金融业改革发展规划;评估金融系统风险,研究实施防范和化解系统性金融风险的政策措施;协调风险处置中财政政策工具和货币政策工具的选择;实施对运用中央银行最终支付手段机构的复查,并参与有关机构市场退出的清算或重组等工作;负责金融控股公司和交叉性金融工具的监测;承办涉及运用中央银行最终支付手段的金融企业重组方案的论证和审查工作;管理人民银行与金融风险处置或金融重组有关的资产。

分行及省会城市中心支行金融稳定处的职责是:负责与所辖区金融监管机构及有关部门的协调沟通;监测、评估省辖金融系统风险,研究实施系统性金融风险防范和化解的政策措施;根据总行有关规定,参与有关风险的处理和其他涉及金融稳定的事项。

资料来源:中国人民银行官网。

(二)评估和判断金融稳定形势

按照有关评估标准和方法,评估和判断宏观经济环境、金融机构、金融市场、金融基础设施和金融生态环境对金融稳定的影响。

国际货币基金组织和世界银行在借鉴亚洲金融危机的基础上,于 1999 年 5 月联合推出了"金融部门评估规划"(FSAP,financial sector assessment program),对成员国和其他经济体的金融体系进行全面评估和监测。

FSAP 通过以下三个层次评估金融体系是否稳健:

(1)宏观层次,衡量宏观审慎监督的效果。主要是通过编制和分析金融稳健指标判断金融体系的脆弱性和承受损失的能力,通过压力测试评估冲击对银行体系的影响。

(2)微观层次,判断金融基础设施是否完善。通过对照国际标准与准则,检验一国支付体系、会计准则、公司治理等是否完善。

(3)监管层次,评估金融部门监管是否有效。重点评估对银行、证券、保险、支付体系的监管是否符合国际标准。

FSAP 框架下进行的金融稳定评估通常采用以下三种分析工具:

(1)金融稳健指标。金融稳健指标是基金组织为了监测一个经济体中金融机构和市场的稳健程度,以及金融机构客户(包括公司部门和居民部门)的稳健程度而编制的一系列指标,它用来分析和评价金融体系的实力和脆弱性。金融稳健指标包括核心指标和鼓励指标两类。

(2)压力测试。压力测试是对金融稳健指标分析的有效补充。压力测试的目标是通过分析宏观经济变量的变动可能对金融体系稳健性带来的影响,来对因宏观经济与金融部门之间具有的内在联系而产生的风险和脆弱性进行评估。

一般来说,压力测试有几大步骤:确定测试对象,即进行压力测试的机构的资产/负债组合,比如某银行的房地产开发贷款;识别影响该组合的主要风险因子,比如房价;设计压力情景,比如房价下跌的幅度;计算压力情景下相关指标的可能变动;根据测试结果,有针对性地制定相应政策,如可针对某类可能出现的风险,制定应急预案。

压力测试是金融稳定性评估的重要工具。在总结 1998 年亚洲金融危机经验教训的基础上,IMF 和世界银行于 1999 年 5 月联合推出了"金融部门评估计划",通过压力测试、金融稳健指标、标准与准则评估三个分析工具,对各经济体的金融体系进行全面评估和监测,其中最为核心的工具即为压力测试。

延伸阅读

银行业金融稳定压力测试

为健全系统性金融风险监测预警体系,不断提高金融稳定评估的前瞻性和科学性,发挥压力测试在宏观审慎管理和防范系统性金融风险方面的重要作用,2019年上半年,人民银行选取了包括6家大型商业银行、12家股份制商业银行、68家城市商业银行、383家农村商业银行、212家农村信用社、8家农村合作银行、435家村镇银行、8家民营银行和39家外资法人银行共计1171家银行开展压力测试,评估银行体系在"极端但可能"冲击下的稳健性状况。测试内容包括偿付能力压力测试和流动性风险压力测试。

偿付能力压力测试结果显示:在宏观情景压力测试中,30家参试银行整体抗冲击能力较强,整体资本充足水平较高,总体运行稳健。在轻度冲击下,9家参试银行未通过压力测试;重度冲击下,17家参试银行未通过压力测试。不过,宏观情景压力测试采用了比国际通行做法更为严格审慎的通过标准,若在压力测试通过标准中剔除储备资本要求,在轻度和重度冲击下,分别有1家和7家参试银行未通过压力测试。

信用风险是30家参试银行的主要风险来源。在重度冲击下,30家参试银行全部损失中约80%来自信用风险损失,其中关键因素是压力情景下贷款质量恶化,不良贷款率上升。相比于信用风险,市场风险对30家参试银行影响有限。在重度冲击下,银行账户利率风险、债券投资风险分别导致参试银行整体资本充足率下降0.54个、0.64个百分点,人民币贬值导致参试银行整体资本充足率上升0.01个百分点。充足的拨备水平和稳定的盈利能力有效缓解资本下降压力。2018年末,30家参试银行整体拨备覆盖率为216.7%,远高于现行监管要求。贷款损失准备作为一种逆周期管理工具,在经济下行期起到以丰补歉的作用。同时,参试银行整体盈利能力较强,2018年末,30家参试银行资产利润率0.92%,利润在测试期间先于资本吸收损失,从而在一定程度上缓解了压力期间资本充足水平下降的压力。

敏感性压力测试显示:银行体系对整体信贷风险恶化有一定的抗冲击能力。截至2018年末,1171家参试银行各项贷款余额103.72万亿元,不良贷款率1.7%。不过,部分重点领域(客户集中度、地方政府债务、房地产贷款、表外业务等)风险值得关注。

流动性风险压力测试结果显示:银行体系流动性风险承压能力需进一步增强。在轻度、重度压力情景下,1171家参试银行中分别有90家、159家未通过测试,占比7.69%、13.58%。30家大中型银行在重度压力情景下,有10家银行在全部可动用的合格优质流动性资产耗尽后仍无法弥补缺口,未通过测试。个别银行表外业务规模较大,需要关注极端情况下由于或有融资义务导致资金流失对银行的不利影响,需要加强表外业务管理。

资料来源:《中国金融稳定报告(2019)》。

(3)标准与准则评估。涉及九个领域,即"货币与金融政策透明度良好行为准则""巴塞尔有效银行监管核心原则""具有系统重要性的支付系统的核心原则""反洗钱与反恐融资 40+9 条建议""证券监管的目标与原则""保险业监管的核心原则""公司治理原则""国际会计标准""国际审计标准"。

延伸阅读

反洗钱与反恐融资 40+9 条建议

反洗钱金融行动特别工作组(Financial Action Task Force on Money Laundering),简称 FATF,是当今世界最具权威性的反洗钱国际组织,它成立于 1989 年 7 月,秘书处设在法国巴黎。FATF 是原西方七国集团为专门研究洗钱的危害、预防洗钱并协调反洗钱国际行动而成立的政府间国际组织,目前,其成员遍布各大洲,截至 2007 年 9 月底。该组织已拥有 34 个正式成员(32 个国家和地区及 2 个国际组织)以及 30 个观察员(2 个国家、9 个 FATF 类型的地区性反洗钱和反恐融资组织、超过 19 个其他国际组织或机构)。其中,FATF 在亚洲的正式成员包括中国、中国香港、日本和新加坡。

FATF 自成立以来,通过不懈的努力,成功推动了国际社会制定相关法律规则、改革监管制度,在全球反洗钱和反恐融资领域发挥了重要作用。特别是其"40+9 项建议"和NCCT 制度对国际反洗钱和反恐融资领域产生了巨大而深远的影响。

FATF 于 1990 年 2 月提出了《关于洗钱问题的 40 项建议》(简称"40 项建议"),"40 项建议"对各国和地区如何在立法、执法、金融和非金融等领域完善反洗钱措施以及加强国际合作方面提出了相关建议。这"40 项建议"主要分为三类。第一,法律。立法部门需要创立一个全面的反洗钱法律框架,例如,法律建议第一条是:政府应在自己的权力范围内把洗钱视作违法行为,而并非只是在与毒品交易相联系时才视为犯罪。第二,金融监管。政府应加强对金融体系的监管,例如,政府应该要求金融机构向主管当局报告可疑活动。为此,政府需要为提供信息的企业和雇员提供安全庇护。第三,国际合作。例如,各国和地区政府应当在犯罪问题上相互合作并互通信息,还应当就资产的查封、罚没和收入分配签订双边协定。

"9·11"事件后,防范和打击与恐怖融资有关的洗钱犯罪活动成为国际反洗钱合作的重要内容,2001 年 10 月,FATF 在"40 项建议"的基础上,针对防范和打击恐怖融资提出了 8 条特别建议,并于 2004 年 10 月 22 日又通过了一项特别建议。这 9 项特别建议与"40 条建议"合称"40+9 项建议"。"40+9 项建议"是国际反洗钱和反恐融资领域中最具权威性的指导性文件,目前它已经得到 130 多个国家和地区、国际货币基金组织和世界银行等国际组织的认可,成为反洗钱和反恐融资领域的国际标准和准则。

为了减少金融系统被利用来进行洗钱的风险,并促进各国和地区采用并执行反洗钱的国际标准,FATF 建立了不合作国家和地区名单(NCCT)制度。一旦被 FATF 列为不合作国家和地区名单,如果不采取有效措施,该国或地区就会面临 FATF 的反措施,在吸引国外投资、国际结算等方面受到制裁。2000 年,FATF 公布了不合作国家和地区的 25

条标准,同年公布了第一批不合作国家和地区的名单。此后,该名单基本每年度都会有增减情况。但总体趋势是不断减少,到了 2006 年 10 月,随着缅甸被从名单中删除,FATF 的 NCCT 名单中一直为空,直到现在。这一措施促使很多国家采取积极措施进行反洗钱和反恐融资活动,对于国际金融系统的健康、有序运行发挥了重要作用。

(三)根据评估结果,采取预防、救助和处置措施,推动金融改革

在金融运行处于稳定状态时,充分关注潜在风险,采取预防措施;在金融运行逼近不稳定的临界状态时,采取救助措施;对有系统性影响、财务状况基本健康、运行正常、出现流动性困境的金融机构提供流动性支持,并通过重组和改革,促使其正常运行;在金融运行处于不稳定状态时,迅速采取危机处置措施,对严重资不抵债、无法持续经营的金融机构,按市场化方式进行清算、关闭或重组,强化市场约束,确实保护投资者利益维护经济和社会稳定。

五、金融安全网

(一)金融安全网的内涵

金融安全网是政府为了保持整个金融体系的稳定,用以预防和应对在金融机构发生问题时,防止危机向其他金融机构和整个金融体系扩散的政策制度设计。金融安全网在一国的经济金融体系中对于稳定金融秩序、维护公众信心,保护实体经济不遭受损害等方面起到非常重要的作用。

金融安全网从流程角度看,包括预防性管理、应急性管理和市场退出管理。其中,预防性管理主要是对金融机构的市场准入、经营行为的监管以及建立公众信心稳定机制和安全预警机制;应急管理主要是指如何对困境中的金融机构进行救助,以稳定金融系统;市场退出管理主要是对不良金融机构的处理。金融安全网所使用的制度工具有审慎监管、存款保险制度、最后贷款人制度、市场退出政策等,其涉及的制度执行主体包括金融监管当局、存款保险机构、中央银行等。一般来说,狭义的金融安全网只包括存款保险制度,或包括存款保险制度及央行最后贷款人。广义的金融安全网除上两项外还包括监管机构的审慎监管和破产处置程序。现在比较认同的金融安全网的构成一般包括央行最后贷款人、监管机构的审慎监管和存款保险制度三大支柱。

(二)金融安全网的功能

1. 风险防范功能

金融当局通过对金融机构的市场准入、经营合规性和风险性实施监管,有较强的事前安全屏障作用。这对稳定公众对金融机构的信心以及金融体系的稳定具有重要意义。

2. 风险分摊补偿功能

存款保险制度的实质是一种将个别银行面临的风险在整个银行业内部进行分摊和补偿的机制,它最原始的意义是银行业之间通过保险这一手段共同防御风险的一种努力。通过建立存款保险机构,发生危机的银行将危机分摊、转嫁到保险公司,直至整个银行系

统,从而达到银行安全的目的。

3. 危机救助处理功能

金融安全网中的最后贷款人和存款保险制度是各国救助处理发生危机的金融机构的核心机制。最后贷款人通过流动性援助,使陷入困境的银行走出困境。存款保险制度通过保险费支出、资金援助等手段使危机机构走出困境。不仅如此,许多国家还赋予存款保险更广泛的金融监管职能,存款保险机构不仅具有金融检查权,还具有金融机构的处置权,因而提高了危机救助处理效率。如 1934—1936 年间,美国联邦存款保险公司(FDIC)共清算倒闭银行 276 家,而经 FDIC 帮助处理使银行复业的就有 190 家。

4. 促进经济稳定发展功能

金融安全网通过维护金融的稳定,使金融中介的各项功能,如促进储蓄向投资的转化,为社会提供支付服务,对企业进行监督等得以正常维持,从而促进经济的稳定和发展。有效的金融安全网还有助于维护金融市场的公平竞争,迫使一些缺乏效率的金融机构退出市场,从而保证了金融资源的有效配置。

(三)金融安全网的负效应

自从金融安全网诞生以来,其功过一直就是"毁誉参半"。它在促进金融稳定的同时,也带来了一定的负效应和成本。主要有:

1. 道德风险

最后贷款人和存款保险制度都会带来道德风险问题,从而损害了市场纪律。从最后贷款人来看,如果银行产生了中央银行会出手拯救危机机构的预期,它们往往会过于从事高风险的活动,从而更加加大了金融风险。从存款保险制度来看,其道德风险主要来自两个方面:一是银行。投了保的银行往往具有从事高风险活动的倾向,从而加大了银行系统的风险。二是来自于存款人。由于有了存款保险,存款人不去关心银行的经营状况,也没有动力去监督关心银行的风险状况,市场纪律的约束力量大大削弱。

2. 逆向选择

存款保险还会带来逆向选择的问题。尤其是在自愿参加保险的国家中,那些最爱冒险、风险最大、最有可能造成不利结果(银行倒闭)的人正是那些想充分利用保险的人。而经营稳健的银行往往不愿意参加保险。这样一来,存款保险成了纯粹冒险者的避风港,不仅加大了银行的系统性风险,也加大了存款保险机构的破产可能。

3. 资源配置失当

一方面,目前绝大多数实行存款保险的国家都采用单一的费率。在这种制度下,各银行交纳的保险费按统一的保险费率征收,无法反映其财务状况、经营水平和风险程度,无形中促使银行放心大胆地追逐利润,从事高风险业务。存款人也因有保险作后盾,风险意识淡化,忽视对银行安全性的考察,一家问题银行只要法律上未宣布破产,仍可以从存款人那里获得大量的存款,导致存款的错配。另一方面,过度的安全保护会使得一些严重缺乏效率的金融机构得以勉强存续下来,造成金融资源的浪费。

4. 加大成本负担

谨慎性监督、存款保险制度会给银行业带来直接的制度成本负担。当然,与收益比较起来,这种成本应该是值得付出的。否则,各国就不会热衷于这方面制度的建立。

📦 延伸阅读

我国金融安全网建设的里程碑

2014 年 11 月 30 日晚,《存款保险条例(征求意见稿)》向社会公开征求意见,标志着我国金融安全网建设行至一个新阶段,也可以说,到达一个新的里程碑。

金融安全网在稳定金融秩序,维护公众信心,进而保护实体经济不遭受损害起到非常重要的作用。在全球范围内,监管机构的审慎监管、央行最后贷款人制度和存款保险制度作为金融安全网的三大支柱,得到了广泛认同。

金融安全网是保护金融体系稳定的系列制度安排。近年来金融危机的频繁发生,使得金融管理当局目光从金融监管对象的风险管理与控制,向系统性金融风险控制转移。监管机构的审慎监管、央行最后贷款人制度和存款保险制度,作为金融安全网的三大支柱,得到了各国金融管理当局的重视。金融监管机构的审慎监管,既包括微观审慎监管,也包括宏观审慎管理,是有关金融管理部门运用综合工具与手段,对金融系统风险进行管理,属于风险预防措施。央行最后贷款人制度,主要提供流动性支持与援助,避免金融机构因暂时流动性缺失而危及整体金融体系,属于风险干预措施。而存款保险制度向存款人提供补偿机制,可以有效减少金融风险传导过程中的共振,属于风险减振措施。由此可见,三者属于一国金融风险防范与化解的"无缝衔接"关系。

存款保险制度在保护存款人权益,防范商业银行挤兑,降低金融市场运行风险上作用十分突出。目前,全世界已经有 112 个国家建立了存款保险制度并运作良好。理论上分析,在存款保险制度框架下,因为存款人权益受到更好地保护,可以有效避免市场谣言传播可能引发的储户恐慌。实践也同时证明,存款保险制度在保护存款人、防范金融风险中发挥了重要作用。在存款保险制度已经成为全球各国金融业基础性制度标准配置的情况下,我国建立存款保险制度的紧迫性也非常明显。

建立存款保险制度,是构建我国金融安全网的一个重要支柱。应该看到,存款保险制度对维护我国金融体系稳定的重要性不言而喻。从各国经验看,民营银行、中小银行的稳健发展离不开存款保险制度所提供的安全保障。目前,我国中小银行的数量和规模均较以往有明显增长,民营银行也即将成立,因此加快构建完善的国家金融安全网、推出存款保险制度具有极其重要的现实意义。同时,随着我国金融市场规模以前所未有速度发展壮大,存款保险制度对构建国家金融安全网的作用凸显。决策层在过去多个重要文件与场合提出要加快建立存款保险制度。去年党的十八届三中全会《关于全面深化改革若干重大问题的决定》以及今年的《政府工作报告》中都提出要建立存款保险制度。从 1993 年至今,经过长达 21 年的酝酿和期间大量调研与论证,这次存款保险条例向社会公开征求意见,标志着我国金融安全网建设已到达了一个新的里程碑。

各国实践表明,存款保险制度出台后各国金融市场运行平稳。我国存款保险制度出台,金融市场预计也会平稳运行。在监管当局的审慎监管、央行最后贷款人制度和存款保险制度这"三位一体"的保护下,我国金融体系运行将更加稳健,存款人权益将得到更好地保护。

资料来源:《经济参考报》2015 年 12 月 1 日。

思政教学

强化风险防控,严守金融安全底线

2023 年上半年,大西洋两岸的银行业发生剧烈动荡。在美国规模体量巨大的硅谷银行、签名银行和第一共和银行接连倒闭。在欧洲有着 167 年历史的瑞士信贷陷入危机并最终被收购。银行接连倒闭事件反映了全球金融体系存在安全风险。防范化解风险是金融业永恒的主题。党的二十大报告明确要求,强化金融稳定保障体系,依法将各类金融活动全部纳入监管,守住不发生系统性风险底线。要从国家安全的高度去认识和把握金融风险,坚持底线思维、极限思维,增强忧患意识,把促进实体经济健康发展作为防范化解金融风险的出发点和归宿点,不断完善全面风险管理体系,不断提高抗风险能力和可持续发展能力。

本章小结

1. 金融风险是指经济主体从事经济活动时,由于各种因素随机变化,导致结果与预期偏离而造成资产或收入损失的可能性。金融风险具有扩散性、偶发性、社会性、周期性、破坏性、可控性、隐蔽性和叠加性等特征。金融风险按不同的标准有不同的分类。根据风险发生的范围可以将金融风险分为系统性风险和非系统性风险。根据诱发风险的具体原因可以将金融风险分为市场风险、信用风险、流动性风险、结算风险、操作风险和法律风险等。金融风险形成的原因主要是金融资产价格的波动、社会信用制度不完善、货币政策的干预、经济周期的波动、金融机构的微观决策和管理失误,以及经济一体化和金融国际化的发展。

2. 金融监管是中央银行或其他金融监管机构依据国家法律规定对整个金融业(包括金融机构和金融业务)实施的监督管理。金融监管有利于维持金融体系健康运行,最大限度地减少金融业的风险,保障存款人和投资者的利益;有利于规范金融机构经营活动,维护金融活动各方的合法权益;促进金融机构之间的公平竞争。金融监管的主要对象是国内银行业和非银行金融机构,但随着金融工具的不断创新,金融监管的对象将逐步扩大到那些业务性质与银行类似的准金融机构。

3. 尽管经济发展程度不同的国家在不同时期都确定了自己的金融监管目标,但这些目标都有一些共同点:防范金融风险,确保金融安全稳定;保护存款人的利益;促进公平竞争,增进金融体系效率。金融监管应坚持监管主体独立性原则;依法监管原则;"内控"与"外控"相结合的原则;安全稳健与经济效益结合的原则;母国与东道国共同监管的原则;适度竞争原则。

4. 市场准入监管是金融监管的起点,包括机构的准入、业务准入和高级管理人员准入。对金融机构的运行过程进行有效监管,一般从资本充足率、流动性、业务范围、贷款风险的控制、外汇风险控制、准备金管理、存款保险管理等方面进行。市场退出的方式一般分为自愿（主动）退出和强制（被动）退出两种。金融机构退出市场应符合有关条件和程序。

5. 金融监管体制是指金融监管的职责和权利分配的方式和组织制度。金融监管体制首先要选择和建立一个能够实现最佳监管的模式，主要有分业经营、分业监管模式和混业经营、集中监管模式。

6. 金融稳定是指金融机构、金融市场和市场基础设施运行良好，能抵御各种冲击而不会降低储蓄向投资转化效率的一种状态。价格稳定是金融稳定的重要条件。银行稳定是金融稳定的核心。金融稳定是金融安全的基础。金融稳定的目标是实现金融业稳健发展，保障金融安全，优化金融结构，不断提高金融效率。

7. 维护金融稳定的框架首先应通过监测和分析金融风险，密切跟踪和分析宏观经济环境、金融市场、金融机构、金融基础设施和金融生态环境及其变动。其次要用 FSAP 评估和判断金融稳定形势。最后根据评估和判断的结果，采取预防、救助和处置措施以及推动金融改革。

8. 金融安全网的构成一般包括央行最后贷款人、监管机构的审慎监管和存款保险制度三大支柱。金融安全网具有风险防范、风险分摊补偿、危机救助处理、促进经济稳定发展的功能。但它在促进金融稳定的同时，也带来了一定的负效应和成本，包括道德风险、逆向选择、资源配置失当、加大金融业成本负担等。

关键词

金融监管　金融稳定　市场准入监管　流动性比例　核心负债依存度　流动性缺口率　人民币超额备付金率　道德风险　逆向选择　金融安全网　金融基础设施　金融生态环境　审慎监管　存款保险制度　金融风险　信用风险　结算风险　操作风险　流动性风险　汇率风险　净稳定资金比率　优质流动性资产充足率　流动性匹配率

练习与思考

一、判断题

（　　）1. 金融监管的对象仅限于国内银行业。

（　　）2. 狭义的金融监管是指金融机构的内部控制和稽核、同业自律性组织的监管。

（　　）3. 保护信息掌握较少者的利益，主要是存款人的利益是金融监管的目标之一。

（　　）4. 中央银行和其他金融监管机构应独立于政府进行金融监管。

（　　）5. 由于金融机构缺乏自觉的自我约束能力，因此金融监管效率完全取决于外部的各监管部门。

（　　）6. 银行监管者必须实施全球性并表监管，对银行在世界各地的所有业务进行充分的监测并要求其遵守审慎经营的各项原则。

（　　）7. 金融稳定必然带来金融安全。

（　　）8. 在分业监管模式下,银行、证券等金融机构的高级管理人员不得互相兼任。

（　　）9. 维护金融稳定的职责由一国的中央银行单独承当。

（　　）10. 金融稳定是一个静态概念,在客观上要求对金融稳定实施的手段或政策工具兼具综合性的整体考量。

（　　）11. 风险是指人们从事各种活动产生不良后果的必然性。

（　　）12. 一家银行出现挤兑,并不会造成其他银行出现挤兑的现象。

（　　）13. 人们可以明确地知道金融风险在何时、何地以何种形式出现,并预测其危害程度和范围。

（　　）14. 金融风险一旦发生,不仅会使客户和股东蒙受很大的经济损失,而且会波及社会再生产的所有环节,甚至危及社会稳定,引发政治危机。

（　　）15. 经济一体化和金融国际化的发展增加了经济和金融体系的不稳定性和金融监管的难度,使金融风险的程度加深。

二、单项选择题

1. 金融风险被忽视、掩盖后,聚积到一定时期又爆发,这是金融风险的（　　）。
    A. 隐蔽性　　　　B. 叠加性　　　　C. 周期性　　　　D. 社会性

2. （　　）实际上是信用风险的特殊表现形式。
    A. 结算风险　　　B. 汇率风险　　　C. 利率风险　　　D. 流动性风险

3. 自 2013 年 1 月 1 日起,我国大型银行和中小银行的资本充足率监管要求分别为（　　）。
    A. 8％和 4％　　　　　　　　　　B. 11.5％和 10.5％
    C. 8％和 10.5％　　　　　　　　D. 11.5％和 4％

4. 在我国银监会检测流动性的一系列指标中规定,核心负债依存度应（　　）。
    A. 不低于 60％　　B. 不低于 25％　　C. 不低于 3％　　D. 不超过 75％

5. 赫斯塔特（Hersttat）风险是（　　）的典型案例。
    A. 汇率风险　　　B. 操作风险　　　C. 法律风险　　　D. 结算风险

6. 自 2015 年 1 月起,全球各商业银行的一级资本充足率下限将从 4％上调至（　　）。
    A. 4.5％　　　　　B. 6％　　　　　　C. 8％　　　　　　D. 10％

7. 金融稳定的核心是（　　）。
    A. 股市稳定　　　B. 价格稳定　　　C. 银行稳定　　　D. 保险稳定

8. 2014 年 2 月,银监会公布了《商业银行流动性风险管理办法(试行)》。在《办法》中增加了（　　）这一新的监管指标
    A. 流动性覆盖率　　　　　　　　B. 流动性比例
    C. 人民币超额备付率　　　　　　D. 杆杆率

9. 2015 年 5 月 1 日,我国存款保险制度正式实施。存款保险制度建立后,我国存款保险偿付限额设为（　　）万元。
    A. 100　　　　　　B. 80　　　　　　C. 60　　　　　　D. 50

10. 自 2018 年 4 月 20 日起,制定融资租赁公司、商业保理公司、典当行业务经营和监管规则的职责划给（　　）,有关职责由其履行。

A. 中国保险业监督管理委员会

B. 中国银行业监督管理委员会

C. 中国银行保险监督管理委员会

D. 中国证监会

三、多项选择题

1. 广义的金融监管包括（　　　）

A. 对金融机构和金融业务的监管

B. 金融机构的内部控制和稽核

C. 同业自律性组织的监管

D. 社会中介组织的监管

2. 当前我国金融监管的主要对象是（　　　）。

A. 国内银行业　　　　　　　　　　B. 非银行金融机构

C. 集体投资机构　　　　　　　　　D. 债券市场的有关经纪人

3. 金融风险具有（　　　）可控性、隐蔽性和叠加性等特征。

A. 扩散性　　　　B. 偶发性　　　　C. 社会性　　　　D. 周期性

E. 破坏性

4. 根据诱发风险的具体原因可以将金融风险分为（　　　）和法律风险等。

A. 市场风险　　　B. 信用风险　　　C. 流动性风险　　　D. 结算风险

E. 操作风险

5. 金融机构强制退出市场应符合下列条件（　　　）。

A. 严重违法违规经营　　　　　　　B. 资产质量严重恶化

C. 严重资不抵债　　　　　　　　　D. 救助无望或者救助失败

E. 不能支付到期债务,已经或者即将发生支付危机

6. 下列实行"混业经营、分业监管"体制的是（　　　）。

A. 中国大陆　　　B. 日本　　　　C. 英国　　　　D. 中国香港

7. 金融风险形成的原因是多方面的。主要有（　　　）,以及经济一体化和金融国际化的发展。

A. 金融资产价格的波动　　　　　　B. 社会信用制度不完善

C. 货币政策的干预　　　　　　　　D. 经济周期的波动

E. 金融机构的微观决策和管理失误

8. 金融结构通常用（　　　）来概括。

A. 金融体系结构　　　　　　　　　B. 金融工具结构

C. 利率结构　　　　　　　　　　　D. 金融市场结构

9. 广义的金融安全网的构成一般包括（　　　）。

A. 央行最后贷款人　　　　　　　　B. 监管机构的审慎监管

C. 存款保险制度　　　　　　　　　D. 破产处置

10. 金融安全网具有（　　　）的功能。

A. 风险防范　　　　　　　　　　　B. 风险分摊补偿

    C. 危机救助处理   D. 促进经济稳定发展

四、问答题

1. 常见的金融风险有哪些？

2. 简述金融风险的成因。

3. 为何要进行金融监管？

4. 试述金融监管的原则。

5. 金融机构法人准入和业务准入的一般条件有哪些？

6. 简述强制市场退出的基本程序。

7. 如何评价金融安全网？

五、案例分析题

[台湾地区"卡债"危机]据台湾媒体公布的资料，2000 年时，台湾信用卡及现金卡数量仅有 1830 万张；2006 年这两种卡数量增长到 4555 万张。信用卡、现金卡放款余额由 2004 年 6 月的 6631 亿新台币剧增至 2005 年 7 月的 8056 亿新台币。在经历了一段时间的高速发展后，从 2005 年 7 月开始，"双卡"逾期放款余额明显增加，由 6 月的 138.5 亿元新台币上升为 7 月的 182.29 亿新台币，当月增幅 31.6%；到 2006 年 5 月已达 341.26 亿新台币，一年内提高到 2.5 倍。"双卡"逾放比由 2005 年底开始显著上升，由 2005 年末的 2.22% 上升至 2006 年 5 月末的 4.98%。其中，现金卡逾放比由 2005 年末的 1.83% 上升至 2006 年 5 月末的 7.84%。但台湾民众收入的增加速度却滞后，因此造成"卡债"和"卡奴"大增。据统计，台湾 900 多万人拥有信用卡和现金卡，其中 40 万～50 万人出现缴款困难的情况。"双卡"逾放客户年龄层大多在 35 岁以上，未缴金额大部分都超过 60%，而当时找不到工作的 40 万失业人口中，又以 35 岁以上的族群为主。2006 年 2、3 月份，台湾的一些"卡奴"因受到银行逼债，甚至被黑道上的讨债公司逼迫而自杀的新闻报道屡屡见诸台湾媒体，后果十分严重。

结合所学知识分析上述资料，我们可得到哪些借鉴和启示？

📦 本章推荐阅读书目

1. 祁敬宇：《金融监管学》，西安交通大学出版社 2013 年第 2 版。

2. 邢天才：《20 世纪金融大危机》，陕西人民出版社 2010 年版。

3. 刘肖原、李中山：《中央银行学教程》，中国人民大学出版社 2011 年第 2 版。

4. 祁敬宇、祁绍斌：《金融监管案例评析》，首都经济贸易大学出版社 2011 年第 2 版。

5. 陈学彬：《中央银行概论》，高等教育出版社 2008 年第 2 版。

6. 黄达：《金融学》，中国人民大学出版社 2014 年第 3 版。

7. 钱晔：《货币银行学》，高等教育出版社 2013 年版。

8. 吴少新、许传华：《货币金融学》，高等教育出版社 2014 年版。